Kerstin Diacont

REITEN BEGINNT IM KOPF

200 Dinge, die jeder Reiter wissen sollte – in 30 Sekunden auf den Punkt gebracht

Müller Rüschlikon

Impressum

Einbandgestaltung: R2 I Ravenstein, Verden

Bildnachweis
Umschlagillustration: Kerstin Diacont
Archiv Diacont: Karin Anders: S. 164, 198 li · Daniela Bach: S. 198 re · Jenny Breimer: S. 81, 91, 99, 107, 112 · Katharina Deutschbein: S. 63, 192 · Jessica Dörsam: S. 16, 79, 166, 188 · Martina Engelberg: S. 41 · Julia Eldracher: S. 13, 18, 22, 78, 84, 152, 197, 201 unten, 204, 205 · Kristin Eschedor: S. 157, 164 · Astrid Förster: S. 104 · Anja Gebauer: S. 199 · Julia Jung: S. 86, 87, 102 · Florian Kupke: S. 28 · Andrea Löffler: S. 56, 145 · Bettina Meints-Korinth: S. 101 · Michaela Michel: S. 134, 137, 139, 190, 202 unten · Effi B. Rolfs: S. 17, 32, 60, 75, 114, 200 · Katharina Schaller: S. 58 · Anne Schwab: S. 30, 178 · Silke Stenger: S. 167 · Miriam Stickler: S. 25, 40, 65, 73, 105, 110, 157 · Heidrun Süßmuth: S. 71, 109, 173, 175 · Verena Troschke: S. 123, 169, 172 · Jutta Walenski: S. 65, 180
Alle anderen Fotos, illustrative Bearbeitung der Fotos und Grafiken: Kerstin Diacont

ISBN 978-3-275-02221-2

Postfach 103743, 70032 Stuttgart
Ein Unternehmen der Paul Pietsch Verlage GmbH & Co. KG

4. Auflage 2025

Sie finden uns im Internet unter www.mueller-rueschlikon-verlag.de

Lektorat: Claudia König
Innengestaltung: Kerstin Diacont
Druck und Bindung: Graspo CZ, 76302 Zlin
Printed in Czech Republic

Inhalt

Inhalt

Gleichgewicht des Pferdes, Ausbildungsskala und Lektionen

Vorwort

Liebe Leser,

die Idee zu diesem Buch ist schon vor einigen Jahren entstanden, als ich für die Video-Reihe ›Einfach reiten lernen‹ einen Katalog aus über 200 ›Charts‹ entwickelt hatte, die wir als Block und auch zum einzeln Abrufen in den Film integrierten. Diese verdeutlichten in wenigen Schlagworten in Form eines ›Spotlights‹ auf ein Thema die Zusammenhänge im ›Energiekreis‹ Reiter-plus-Pferd. Die Charts verbreitete ich über einen längeren Zeitraum über facebook, um für die Filme zu werben – und bekam viele Rückmeldungen, dass ich das doch unbedingt auch in Buchform bringen sollte.

Nach vielen Überlegungen, wie man das strukturell am besten in Form bringt, liegt jetzt das Ergebnis vor: 1 Seite – 1 Thema mit jeweils einer Illustration, einem so knapp wie möglich gehaltenen Haupttext und einigen ergänzenden Gedanken sowie Verweisen, unter welchen Begriffen man die Themen findet, die mit dieser Seite in Verbindung stehen.

Mit der Sortierung habe ich mich etwas schwergetan und mich schließlich für 4 Themen-Blöcke entschieden, beginnend mit allgemeinen Gedanken, Denkanstößen, Grundideen, erklärungsbedürftigen Begriffen und einer Zusammenstellung von Lerninhalten und Fähigkeiten, die in das komplexe ›Thema Pferd‹ hineinspielen. Der 2. (kleine) Block beschäftigt sich mit der Vorbereitung aufs Reiten wie Erziehung und Boden- bzw. Handarbeit. Dann folgen im 3. Block Seiten zu ›Reittechnik‹, Haltung und Gleichgewicht des Reiters, zu Kommunikation und sinnvoller Hilfengebung. Der 4. Block befasst sich im Anschluss hauptsächlich mit der Haltung des Pferdes und den Begriffen der Ausbildungsskala sowie gerittenen Lektionen. Die Trennung der einzelnen Themenbereiche ist mir verdammt schwer gefallen, weil alles mit allem in Zusammenhang steht. Eine alphabetische Sortierung war anfangs angedacht, doch das hätte viel Hin- und Herblättern zur Folge gehabt, wenn man sich über die Verweise näher mit manchen Themenbereichen beschäftigen will. Jetzt liegen verwandte Themen nahe beieinander und sind schneller zu finden, wenn man sich nicht über Register und Inhaltsverzeichnis orientieren will.

Prinzipiell ist das Buch als ›Ein-Seiten-Lesebuch‹ in leicht verdaulichen Häppchen zu verstehen. Die wesentlichen Punkte eines Themas stehen auf einer Seite. Wer will schlägt irgendwo auf, beginnt zu lesen und sucht dann in den Verweisen nach ergänzenden Themen. Man kann jedoch natürlich auch einfach von vorne beginnen, wie bei einem normalen Sachbuch.

Um das Wesentliche schneller zu erfassen, gibt es nur Zeichnungen und freigestellte, illustrativ überzeichnete Fotos im Buch – ohne störenden Hintergrund. Das war arbeitsintensiv, aber ich denke, es hat sich gelohnt.
Das Buch richtet sich hauptsächlich an Reiter, die das absolute Anfängerstadium hinter sich haben. Der fortgeschrittene und wissbegierige Anfänger kann jedoch schon einiges daraus mitnehmen und sich an die komplexen Zusammenhänge herantasten.

Da Reiten nicht in Form eines Kochrezeptes erlernt werden kann und wegen der ausgeprägten individuellen Unterschiede sowohl bei Pferden als auch bei Reitern nicht starren Regeln folgen darf, möchte ich mit diesem Buch Anregungen zum Nachdenken und Reflektieren sowie zum ›Sehen lernen‹ geben, die es erlauben, sich eine Meinung über Sinn und Unsinn mancher Reitsysteme zu bilden.

In diesem Sinne wünsche ich erfolgreiches Stöbern in der inzwischen 4. Auflage des Buches und das eine oder andere Aha-Erlebnis.

Kerstin Diacont, im Oktober 2025

8 Das minimalistische Prinzip

Um was geht es?

»Einfachheit ist das Resultat der Reife«
(Friedrich von Schiller)

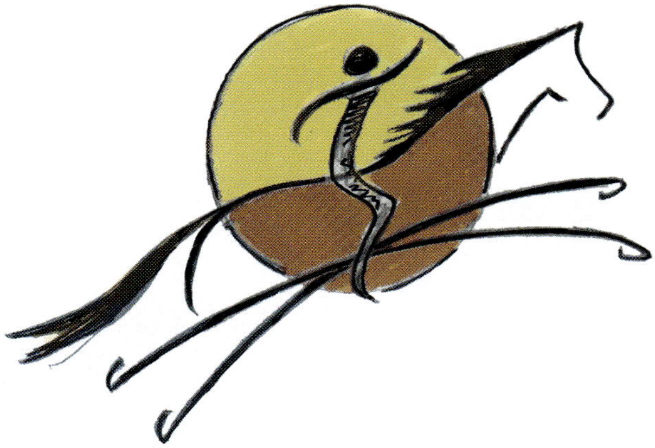

›Keep it simple‹ – so viel wie nötig, so wenig wie möglich

Natürliche Bewegungen verlaufen stets auf dem direkten Weg. Die Natur betreibt möglichst geringen Aufwand. Dieses physikalische ›Prinzip der kleinsten Wirkung‹ ist 1:1 auf die Reiterei zu übertragen. **Pferd und Mensch sind von Natur aus Energiesparer** und versuchen, mit dem geringsten Aufwand an Energie das beste Ergebnis zu erzielen. Übertragen wir das auf die Hilfengebung, so landen wir beim Reiten mit feinen Impulsen. Reiter und Pferd befinden sich dabei unabhängig voneinander im Gleichgewicht, so dass sich nicht einer beim anderen abstützen muss (das Pferd liegt nicht auf der Hand und der Reiter zieht nicht am Zügel). Für das unabhängige Gleichgewicht müssen beide eine zweckmäßige Haltung einnehmen, die jedoch der sorgfältigen Ausbildung bedarf und nie mit Zwang (z.B. Hilfszügeln) zu erreichen ist.

Ökonomisch arbeiten

Die zweckmäßige (ökonomische) Haltung ist diejenige, die für eine geforderte Bewegung oder Lektion die geringstmögliche Energie verbraucht. Nehmen wir als Beispiel das Thema ›das Pferd von hinten nach vorne an die Hand heranreiten‹. So mancher Reiter betreibt da einen hohen Energie-Aufwand, hält mit viel Kraft vorne gegen und treibt mit vermehrtem Druck des Schenkels. Damit stellt er sein Becken in eine blockierende Stellung und behindert das Pferd in seiner Rückenbewegung, so dass es nicht mehr ›über den Rücken‹ vortreten kann.
Einfacher (energiesparender) wäre es, das Pferd auf impulshaftes Treiben zu sensibilisieren, seinen Rücken mit senkrecht stehendem Becken freizugeben und auch am Zügel nur mit kurzen Impulsen einzuwirken – so wie es in allen Arbeitsreitweisen praktiziert wird.

Ergänzende Themen

Der Energiekreis
Kopfarbeit – mentales Training
Empathie
Energiekonzepte
Sich in die Lage des Pferdes versetzen
Führen und Folgen
Die Idee der Bewegung
Reiten mit Vorstellungskraft
Fehlhaltungen des Reiters
Die Ausbildungsskala
Treibende Hilfen
Beckenstellung
Die Funktion des Pferderückens
Gegensitzen und Gegenhalten
Falsche Zügeleinwirkung
Die Funktion des Zügels

Haltung ist Bewegung ...

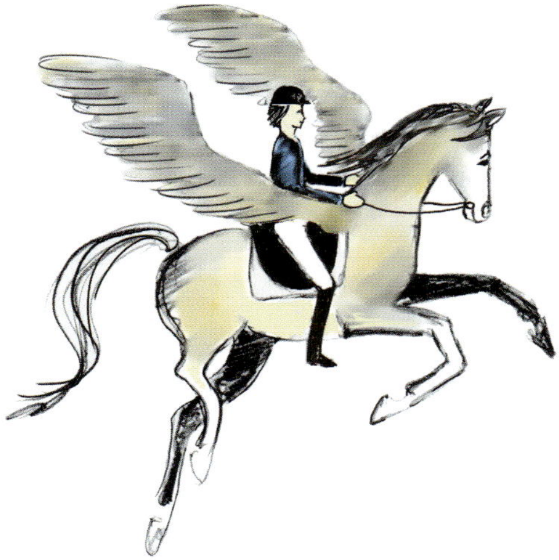

... und Bewegung kann man nicht festhalten

Bewegung braucht Freiheit. Eine der wichtigsten Aufgaben bei der Ausbildung des Pferdes ist es, dessen volle Bewegungsfreiheit mit dem zusätzlichen (störenden) Gewicht des Reiters wieder herzustellen. Durch Funktionsgymnastik, Kraft- und Konditionstraining soll das Pferd lernen, sich unter dem Reiter auszubalancieren und Schubkraft in Tragkraft umzuwandeln. Die neue Balance unter dem Reiter findet das Pferd jedoch nur, wenn es dabei möglichst wenig eingeengt wird und seinen Hals als Balancierstange frei tragen kann. Eine zweckmäßige Haltung mit aktiver Hinterhand und schwingendem Rücken stellt sich schließlich dann ein, wenn es der Reiter schafft, das Pferd möglichst wenig zu stören und an den richtigen Stellen mit kurzen korrigierenden Impulsen einzugreifen. Eine einmal erreichte Haltung ›festzuhalten‹ ist dabei keine Option, denn damit behindert man Bewegung. Es gilt stattdessen, **Haltung in jedem Augenblick immer wieder neu zu erarbeiten – die des Pferdes und die des Reiters.**

Menschen sind ›handorientiert‹

Etwas Erreichtes (mit den Händen) festhalten zu wollen ist eine verbreitete menschliche Eigenschaft, die beim Reiten oft dazu führt, dass die Zügelanlehnung zu starr wird. Wir freuen uns, wenn wir eine als richtig erfühlte Haltung des Pferdes erreicht haben und haben Angst davor, diese wieder zu verlieren. Also versuchen wir, ›den Augenblick festzuhalten‹. Damit nehmen wir dem Pferd seine Bewegungsfreiheit. Es wird in Kiefer und Genick starr, macht in der Folge den Rücken fest und lässt den Reiter nicht mehr gut sitzen. Die Übertragung der Energie aus der aktiven Hinterhand wird gestört und die Bewegungen werden stumpf und zäh – das Pferd wird ›triebig‹.

Um was geht es?

»Panta rhei«
Alles fließt
(Heraklit)

Mit einer Adaption
von Goethe
in seinem Gedicht
›Eins und Alles‹

»Es soll sich regen,
schaffend handeln
Erst sich gestalten,
dann verwandeln
Nur scheinbar
steht's Momente still
Das Ewige regt sich fort
in allen
Denn alles muss
in Nichts zerfallen
Wenn es im Sein
beharren will«

Ergänzende Themen

Lerninhalte für Pferd und Reiter
1+1=1 die Balance im System
Losgelassenheit
Kraft
Tragkraft und Schubkraft
Über den Rücken gehen
Spannung und Verspannung
Hände weg!
Freie Balance
Hart im Maul?
Die getragene, balancierte Hand
Stabilität ohne Druck
Kriterien für gute Haltung
Der Hals als Balancierstange
Impulsreiten
Übergänge und ihr Nutzen

10 Lerninhalte für das Reitpferd

Um was geht es?

Was die Ausbildung des Pferdes leisten muss.

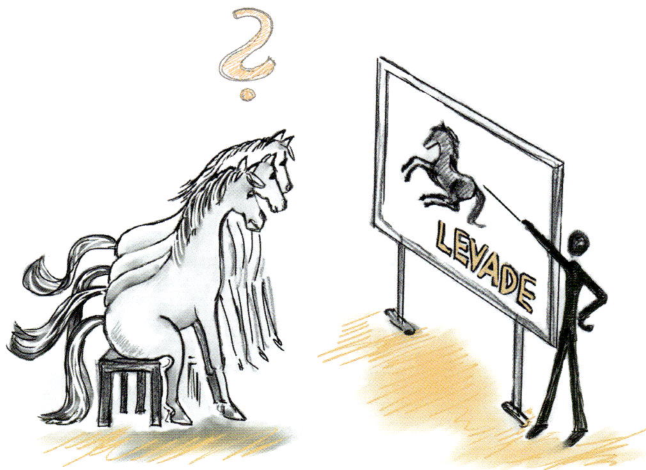

... damit Reiten gesund, sicher und effektiv funktioniert

Das Pferd lernt**, seine Aufmerksamkeit** auf den Menschen zu richten, und ihn als Beschützer und als ›weisungsbefugt‹ anzuerkennen.
Erziehung – Grenzen und Kontrolle akzeptieren: Das Pferd darf nicht in den persönlichen Bereich des Menschen eindringen. Anrempeln, Umrennen und sonstige Respektlosigkeiten sind absolut verboten.
Es muss **Vertrauen in die Anweisungen (Hilfen) des Menschen bekommen**: Der Mensch fordert nichts, was es nicht leisten kann.
Und schließlich als wesentlichen Lerninhalt: Es muss **eine neue Balance unter dem Reitergewicht finden** – was es nur kann, wenn es durch Beziehungsarbeit und muskuläres Training darauf vorbereitet wurde und weder Angst noch Schmerzen hat.

Vom Weidepferd zum Reitpferd

Alles, was das Pferd in seiner natürlichen Umgebung lernen muss, wird ihm von der Mutter und in der Herde beigebracht. Eine vernünftige Sozialisation kann nur in der Herdengemeinschaft erfolgen. Deswegen ist es auch unerlässlich, dass Jungpferde in der Herde aufwachsen. Nur dort lernen sie, ihren Platz in der Gemeinschaft zu finden.
Kommen sie dann in menschliche Obhut, so müssen sie sich neu orientieren. Sie müssen lernen, dass der Mensch bestimmte Verhaltensweisen nicht mag, die in der Herde durchaus in Ordnung waren: z.B. das ›Beknabbern‹, die gegenseitige Fellpflege. Unter Pferden eine Geste der Zuneigung, für den Menschen jedoch nicht zuträglich.
Dazu ist es erforderlich, dass der Mensch klare Aussagen macht, was er duldet und was nicht. Dabei muss er ein ›Nein‹ dem Pferd gegenüber nicht begründen. Es reicht, wenn er deutlich macht, was er nicht will. Nie darf er es z.B. zulassen, dass das Pferd in seinen Taschen nach einem Leckerli wühlt. Auch wenn er mit Leckerli belohnt, muss klar sein, dass das Pferd die Belohnung nicht einfordern darf.

Ergänzende Themen

Erziehung und Beziehung
Lob und Tadel
Parallelen in der Haltung von Reiter und Pferd
Funktion des Pferderückens
Angstbewältigung
Vertrauen gegen Vertrauen
Angst vor Gleichgewichtsverlust
Freie Balance
Stabilität ohne Druck
1+1=1 die Balance im System

Lerninhalte für den Reiter

Das Wichtigste in Kürze

Stabilität, Gleichgewicht und Losgelassenheit auf dem Pferderücken erreichen

Weichen Kontakt zum Pferd herstellen an den zwei Hauptschaltstellen Becken/Gesäßknochen-Pferderücken und Hand-Zügel-Pferdemaul und durch eine mentale Verbindung.

Sichere Kommunikation zur Richtungs- und Tempokontrolle des Pferdes = Lenken, Beschleunigen, Verzögern, Anhalten

Und was sonst noch dazugehört ...

Verständnis und Einfühlungsvermögen: Versetzen Sie sich in die Lage des Pferdes, um zu verstehen, mit welche Schwierigkeiten das Pferd als Reitpferd zu tun hat. Lernen Sie die Bedürfnisse des Pferdes kennen und schaffen Sie ihm ein Umfeld, in dem es sich wohlfühlt.

Respektieren Sie die Persönlichkeit des Pferdes mit allen ihren Eigenarten. Stellen Sie angemessene und erfüllbare Forderungen ans Pferd.

Übernehmen Sie Verantwortung für Konzepte, Ideen und Ziele, Orientierung im Raum, folgerichtiges Handeln: Der Mensch ist für alles verantwortlich, was die beiden Partner gemeinsam unternehmen: Ziele, Ausbildungsschritte, Lerntempo, Bewegungsrichtung, Tempo, Gleichgewicht, Sicherheit ...

Arbeiten Sie mit **bildhaften Vorstellungen und Hilfen-Kürzeln**. Damit können Sie schneller (re-)agieren. Sehen Sie zu, dass Sie die richtigen Bilder in den Kopf bekommen und fokussiert an das denken, was Sie erreichen wollen und nicht an das, was Sie befürchten.

Begreifen Sie sich selbst und das Pferd als ein **geschlossenes System in Bewegung**, in dem jede Aktion immer das ganze System beeinflusst (Der Energiekreis). Lernen Sie, die eigene Energie zu lenken und Ihre Gedanken zu kontrollieren.

Erwerben Sie **Wissen über Anatomie, Psychologie und Kommunikationsmechanismen** bei Mensch und Pferd.

Entwickeln Sie **Führungsqualitäten**: Autorität, Selbstbewusstsein, Willensstärke.

Verbessern Sie **Körpersprache, Koordination und Kommunikation**: Der Mensch muss immer genau wissen, was er tut und was sein Körper ausdrückt. Er ist der Lehrer in der Partnerschaft.

Selbstabfrage und -beobachtung: Was tue ich, wie fühle ich mich dabei und wie reagiert das Pferd darauf? Fragen Sie die Spannungsverhältnisse im eigenen Körper von oben nach unten ab, als ob Sie Ihren Körper scannen würden.

Achtsamkeit, Aufmerksamkeit und Konzentration: Lernen Sie, die Körpersprache des Pferdes zu lesen. (Das Pferd tut das bei uns sowieso. Pferde sind Meister im Lesen der Körpersprache ... Sie kennen ›ihren‹ Menschen und dessen Befindlichkeiten genau.) Vermeiden Sie Ablenkungen und bleiben konzentriert bei der Sache.

Gelassenheit: Wer ruhig und souverän bleiben kann, hat eine bessere Kontrolle.

Um was geht es?

Der umfangreiche Aufgabenkatalog für den Reiter.

Was so alles zum Reiten dazugehört.

Ergänzende Themen

Der Energiekreis
Kommunikation – Die Hilfen
Koordination
Reiten ist logisch
Was alles dazugehört
Sich in die Lage des Pferdes versetzen
Das Pferd spiegelt den Reiter
Gedankenkontrolle, Emotionskontrolle
Konzentration und Aufmerksamkeit
Freie Balance
Haltung und Balance
Machen Sie sich ein Bild!
Einwirkung mit dem Zügel
Konzentrierter Kontakt, flexibler Rahmen

12 Was alles dazugehört

Um was geht es?

Faktoren, die ins Thema Reiten hineinspielen.

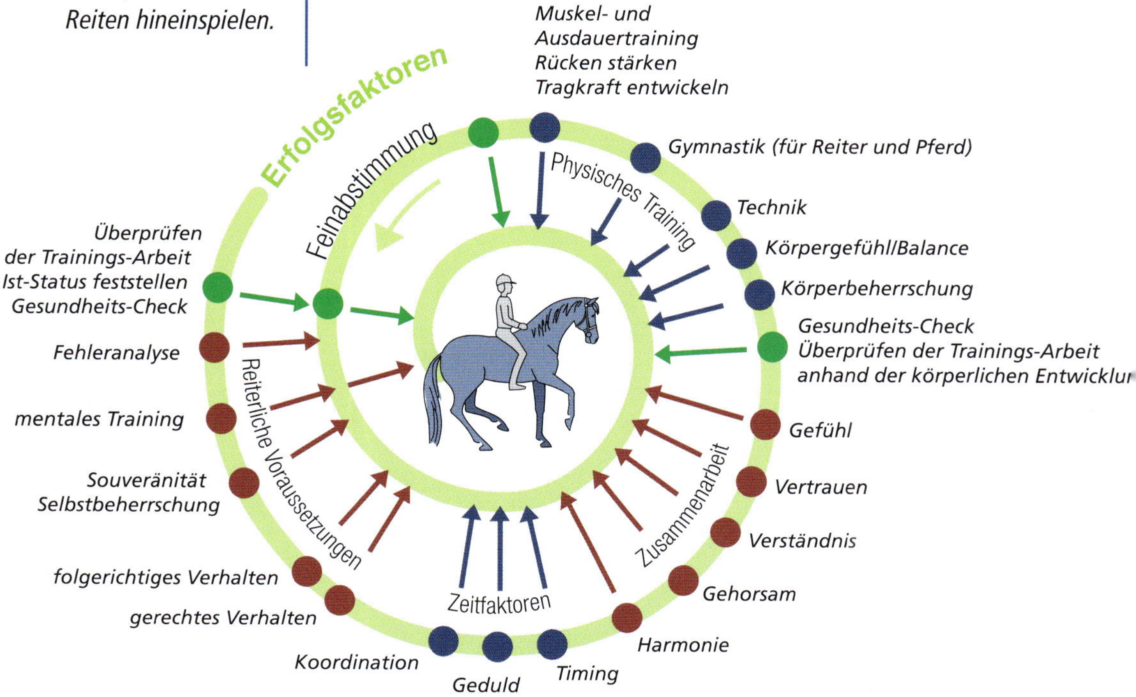

Ergänzende Themen

Kommunikation – Die Hilfen
Bodenarbeit
Klassische Handarbeit
Longenarbeit
Sich in die Lage des Pferdes versetzen
Empathie
Die Ausbildungsskala
Geraderichten
Asymmetrie
Reiten mit Vorstellungskraft

Reiten ist vielschichtig. Das macht es interessant, bedeutet jedoch einen immerwährenden Lernprozess. Der Reiter arbeitet lebenslang an der Verbesserung seiner eigenen psychischen und physischen Fähigkeiten und denen des Pferdes sowie an der Optimierung von Schwachstellen und der Beseitigung von Asymmetrien. Und vor allem an der Verfeinerung seiner Kommunikation mit dem Pferd.

Gute Vorbereitung von Mensch und Pferd auf das Reiten

Das beginnt schon lange, bevor der Mensch auf dem Pferd sitzt. Durch Schulung der eigenen Körperwahrnehmung, der Beweglichkeit und der Beobachtungsgabe kann der Reiter seine Einwirkung auf das Pferd optimieren.

Artgerechte Erziehung, Hand-, Longen- und Bodenarbeit bereiten das Pferd auf seine ›tragende Rolle‹ als Reitpferd vor.

Regeln brechen?

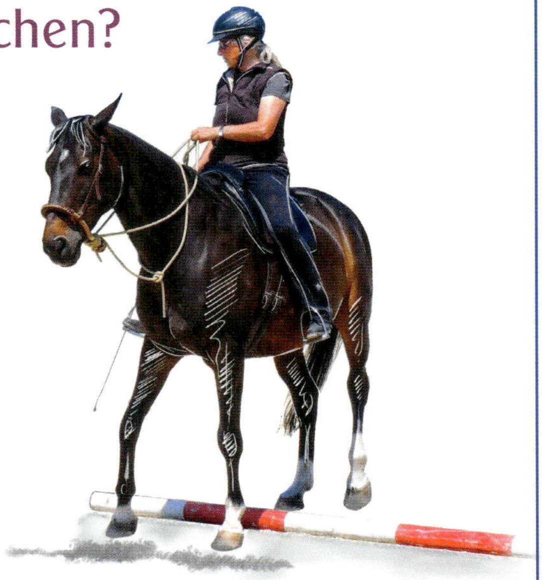

Stil- und Methodenmix. Im Zuge einer vielseitigen Ausbildung, die mit der Zeit immer weniger Druck benötigt, kann man die breite Palette von Übungen aus verschiedenen Systemen nutzen.

Um was geht es?

Wer das System verstanden hat, kann nach eigenen Regeln reiten.

Regeln sind von Menschen gemacht – und Menschen machen Fehler

Für die Reiterei gibt es viele Regelwerke, die Ausbildung und Turniergeschehen in den verschiedenen Reitstilen zum Inhalt haben. Vieles davon ist sinnvoll, weil es auf Erfahrungen von vielen Reitern beruht. Jedoch gibt es auch einiges, was in die Mottenkiste gehört – zum Teil, weil es inzwischen ›bessere Methoden‹ gibt und zum Teil, weil sich die Bedingungen geändert haben. Regeln sind nicht in Stein gemeißelt.

Jedes Regelwerk ist Fiktion, also eine menschliche Erfindung. Vergleichbar mit Ideologien und Religionen. Auch wenn diese erfundenen Regeln für viele Menschen durchaus gute Richtlinien bereitstellen, so sind sie veränderbar und passen nicht auf jeden Reiter und jedes Pferd. Ein bombensicheres Rezept, was der Reiter zu welchem Zeitpunkt bei welchen Schwierigkeiten zu tun hat, gibt es nicht. Die Variablen sind zu vielfältig.

Immer von links aufsteigen?

Die Anweisung, grundsätzlich von links aufzusteigen, hat heute keine Berechtigung mehr; sie geht zurück auf die militärische Reiterausbildung. Der berittene Soldat konnte nicht von rechts aufsteigen, weil er links den Säbel trug, den er nicht gut über den Pferderücken schwingen konnte. Heute ist es durchaus zu empfehlen, wechselweise von links und rechts aufzusteigen – und dabei zur Schonung des Pferdes eine Aufstiegshilfe zu benutzen.

Das Beste heraussuchen

Wenn man Zusammenhänge verstanden hat, ist es durchaus möglich, sich das Beste aus verschiedenen Systemen herauszusuchen. Wie oben in dem Bild, wo das Bosal, eine Zäumung aus der altkalifornischen Westernreitweise, sowie Trail-Koordinationsübungen für die klassische Reitausbildung eingesetzt werden. Wichtig ist nur, dass Pferd und Reiter eine funktionelle Haltung einnehmen, die maximale Bewegungsfreiheit bei guter Stabilität zulässt.

Ergänzende Themen

Gymnastizierung
Haltung des Pferdes
Haltung des Reiters
Stabilität ohne Druck
Bewegungsvielfalt
Hilfen als antrainierte Reflexe
Kontrollinstrumente des Reiters
Koordination
Reiten mit Vorstellungskraft
Kontakt zum Pferd
Haltung bewahren
An den Hilfen
Ausrüstung
Hilfszügel helfen nicht!

14 Aufmerksamkeit des Reiters

Um was geht es?

Kommunikation funktioniert nicht ohne gegenseitige Aufmerksamkeit.

Der Reiter muss aufmerksam auf die Signale des Pferdes achten und das Pferd auf die Signale (= Hilfen) des Reiters.

intern-weit: (lila) *Wahrnehmung der Befindlichkeiten des Pferdes sowie der eigenen Interaktion mit dem Pferd. Konzentration auf die Bewegungsqualität im gesamten Energiekreis.*

extern-weit: (gelb) *Überblick, Ziel, Orientierung im Raum, Hinschauen, wohin man reiten will*

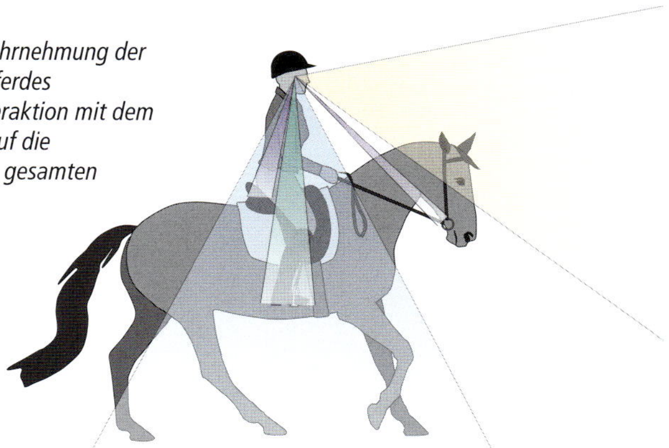

intern-eng: (grün) *Was geht im eigenen Körper und im eigenen Kopf vor? Wahrnehmung der eigenen psychischen Befindlichkeiten und der körperlichen Spannungszustände.*

extern-eng: (blau) *Konzentration auf eine Lektion; auf welcher Linie bewege ich mich mit dem Pferd im Raum? Bildhafte Vorstellung des Reiter-Pferd-Paares in Bewegung.*

Die 4 Formen der Aufmerksamkeit

Im Energiekreis gibt es vier verschiedene Konzentrationsschwerpunkte in der Innen- und Außensicht für den Reiter, auf die er seine Aufmerksamkeit richten und die er ständig in schneller Folge ›abfragen‹ muss. Das erfordert Flexibilität und schnelles ›Umschalten‹ von Eigenwahrnehmung auf Außenwahrnehmung und wieder zurück.
Insbesondere, wenn etwas nicht so klappt, wie man es sich vorstellt, ist es wichtig, den Fehler nicht vorrangig im Außen und im pferdischen Partner zu suchen, sondern seine eigenen Befindlichkeiten und oft auch Befürchtungen wahrzunehmen und zu hinterfragen.

4 wichtige Fragen ...

1. Was tut mein eigener Körper? Das Bewusstmachen von Gesäßknochen- und Beckenstellung, Körperspannung, Blickrichtung und Losgelassenheit in den Gelenken.
2. Wie soll das aussehen? Das richtige Bild, die Idee der gemeinsamen Bewegung von Pferd und Mensch im Kopf haben. Mit der Vorstellungskraft wird ein ›Soll-Zustand‹ erzeugt und ständig mit dem ›Ist-Zustand‹ verglichen.
3. Wie fühlt sich das an? Die Aktionen und Reaktionen des Pferdes (der Körper des Pferdes und dessen Spannungszustände = Ist-Zustand) bewerten. Entsprechen sie dem hinterlegten Gefühl und der Idee der Bewegung? Fühlt sich das gut, d.h. leicht an? Kann ich sitzen oder wirft das Pferd?
4. Wo soll es hingehen? Die Orientierung im Raum (Bewegungsrichtung und Ausrichtung, bewusste Steuerung von Schulter und Hinterhand des Pferdes im Raum).

Ergänzende Themen

Der Energiekreis
Empathie
Sich in die Lage des Pferdes versetzen
Orientierung im Raum
Die Idee der Bewegung
Reiten mit Vorstellungskraft
Haltung des Reiters
Haltung des Pferdes
Denkanstöße
Kommunikation – Die Hilfen
Präsenz statt Ausrüstung
Kontrolle und Selbstkontrolle
Das Pferd macht keine Fehler
Das Pferd spiegelt den Reiter

Der Energiekreis

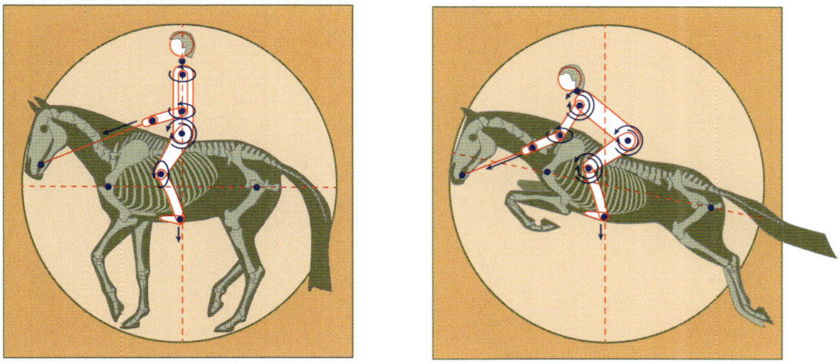

Um was geht es?

Egal, was Sie oder das Pferd tun – es wird das ganze System verändern: in jedem einzelnen Bewegungsmoment.
Sie sind der Steuermann des Systems und deswegen verantwortlich für alles, was passiert: Bewegungsqualität, Spannungszustände und Motivation bei Pferd und Mensch.

Der Energiekreis als Modell für Zusammenhänge und Steuerung im System ›Reiter plus Pferd‹

Reiter und Pferd bilden ein bewegtes dynamisches System, in dem jede Aktion von Mensch oder Pferd an beliebiger Stelle immer das gesamte System beeinflusst.
Das Pferd liefert dabei die Energie und der Reiter übernimmt die Steuerung. Umgekehrt funktioniert es nicht!

Die Aufgabenverteilung im Energiekreis

Der Reiter ist als ›Steuermann‹ des Systems verantwortlich:

A Für das physische und psychische Gleichgewicht sowie die Stabilität von Pferd **und** Reiter (verlangen Sie also nichts vom Pferd, was es noch nicht leisten kann, und bleiben Sie selbst ausbalanciert und stabil).
B Für die Losgelassenheit von Pferd und Reiter und die Bewegungsqualität im System (als Folge von Punkt A).
C Für die Orientierung im Raum, die Kontrolle von Bewegungsrichtung und Tempo.

Das Pferd hat nur eine einzige Aufgabe:

Es muss die Bewegungsenergie für beide bereitstellen.
Im Verlauf der Ausbildung soll es lernen, diese Energie freiwillig zu liefern und vom Reiter kontrollieren zu lassen.

Ergänzende Themen

Funktionelle Haltung des Reiters
Freie Balance
Kommunikation – Die Hilfen
Die Einstellung macht's
Hilfszügel helfen nicht
Losgelassenheit
Schwung / Energie / Motivation
Spannungsbogen und Selbsthaltung
Stabilität ohne Druck
Orientierung im Raum
Energiekonzepte
Bewegungsvielfalt

Ein arbeitsfähiger Grundzustand

Um was geht es?

Voraussetzungen für gute Kommunikation und prompte Reaktionen schaffen.

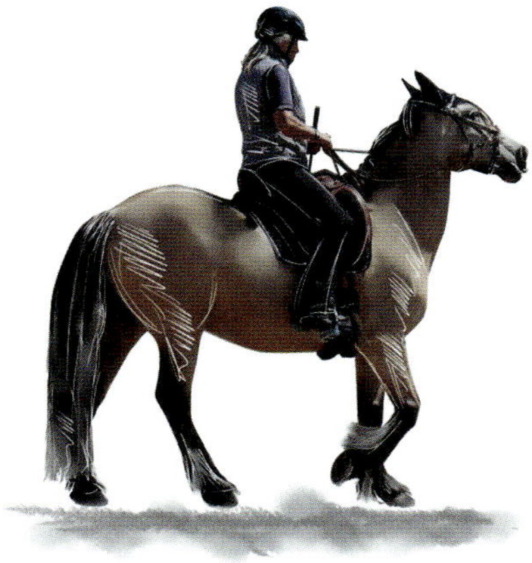

Solange sich das Pferd in einer Abwehrhaltung befindet und den Rücken wegdrückt, kann man nicht mit ihm arbeiten.

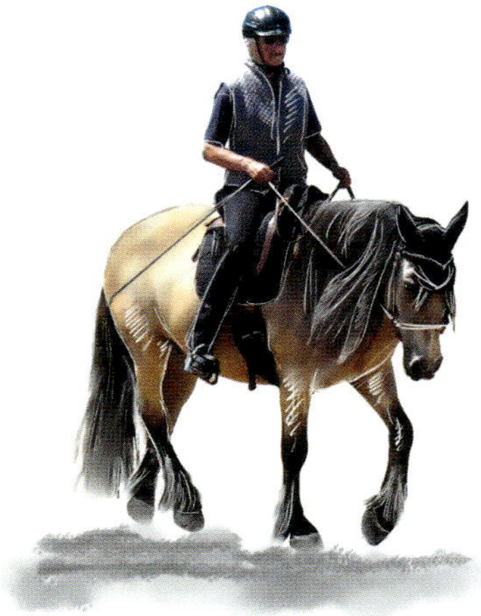

Erst, wenn der Rücken als Energieüberträger zwischen hinten und vorne frei beweglich und oben ist, befindet sich das Pferd in einem arbeitsfähigen Zustand.

Die Voraussetzungen für Kommunikation und Lernen

Ein aufgeregtes oder abgelenktes Pferd hat keine Konzentration für die Wünsche seines Reiters übrig. Das Gleiche gilt für ein Pferd, welches Schmerzen hat.
Grundlage für eine fruchtbare Zusammenarbeit ist ein schmerzfreies, aufmerksames und ausgeglichenes Pferd mit Vertrauen zum Reiter.
Der Reiter muss also zuerst die Aufmerksamkeit mit allen Mitteln bekommen und dann das Pferd mit gedehnter Oberlinie entspannen (um schmerzhafte Verspannungen zu vermeiden).
Aufmerksamkeit bekommt er nur, wenn sich das Pferd bei ihm sicher fühlt, also wenn es ›seinem‹ Menschen vertraut.
Auch das Vertrauen wiederum muss sich der Mensch verdienen: damit, dass er das Pferd nicht ›in Schwierigkeiten‹ bringt (z.B. aus dem Gleichgewicht) und mit souveränem, ruhigem Auftreten.

Bodenarbeit als Mittel für Vertrauensaufbau und Kommunikation

Um den ›Angstfaktor‹ auf beiden Seiten gering zu halten, bietet sich die Bodenarbeit an, wenn es Probleme mit Aufmerksamkeit und Gehorsam gibt. Der Reiter muss keine Angst vor dem Herunterfallen haben und kann souveräner auftreten. Das Pferd muss nicht um sein Gleichgewicht fürchten und lernt, dass der Mensch weisungsbefugt ist – vorausgesetzt, der Mensch hat einen ›Plan‹ und weiß, was er tut – und was er vom Pferd verlangen bzw. ihm zumuten kann.
Gute Bodenarbeit beginnt mit guter Erziehung des Pferdes: beim simplen Führen. Klappt das nicht, weil das Pferd sich dem Führtempo des Menschen nicht anpasst, sind disziplinierende, koordinatorische und gymnastizierende Übungen in der Boden- und Handarbeit nicht möglich.

Ergänzende Themen

Vertrauen gegen Vertrauen
Angstbewältigung
Angst vor Gleichgewichtsverlust
1+1=1 die Balance im System
Erziehung und Beziehung
Bodenarbeit
Klassische Handarbeit
Koordination
Gebisslos?
Die Funktion des Pferderückens
Kommunikation – Die Hilfen
Hilfen als antrainierte Reflexe
Gedankenkontrolle, Emotionskontrolle
Selbstvertrauen

Aufregung, falsche Spannung

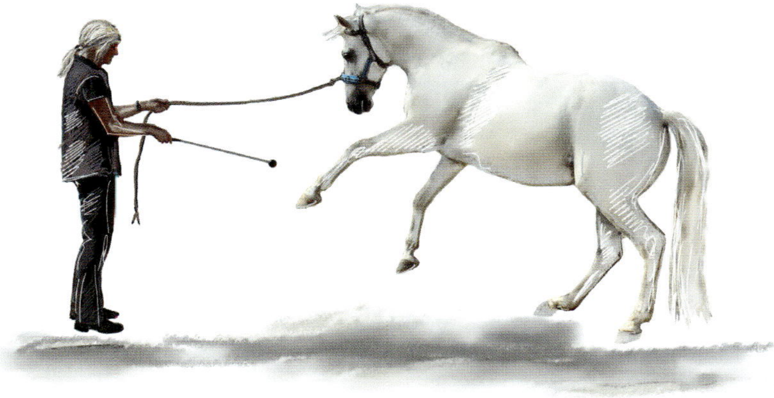

Keine Angst vor heftigen Reaktionen des Pferdes

Kurzfristige Aufregung bei der Korrektur in Kauf nehmen
Im Zuge von Disziplinierungsmaßnahmen bei ungezogenen, unaufmerksamen Pferden muss der Mensch nötigenfalls in Kauf nehmen, dass sich das Pferd zeitweise richtig aufregt.
Er sollte allerdings jede sich bietende Gelegenheit nutzen, wieder Spannung aus dem Mensch-Pferd-System herauszunehmen und dem Pferd zu signalisieren: »Wenn du dich benimmst, darfst du dich wieder entspannen.«
Am besten (sichersten) erfolgen Disziplinierungsmaßnahmen am Boden, so dass der Mensch auch souverän auftreten kann, wenn das Pferd ›fiese Kapriolen‹ macht. (Manche Pferde verstecken sich regelrecht hinter ihrer Aufregung, weil sie wissen, dass sie damit den Menschen beeindrucken können.)
Ganz wichtig: Versuchen Sie nie, ein zappeliges Pferd festzuhalten. Erstens können Sie das nicht und zweitens provozieren Sie möglicherweise eine explosive Reaktion, der Sie unter Umständen nicht gewachsen sind.

Nicht festhalten!

Lassen Sie einem aufgeregeten Pferd ein Ventil, seine nervöse Spannung abzureagieren. Am Boden bei Desensibilisierungsmaßnahmen, indem Sie es an einem langen Seil wegspringen lassen oder frei in einem Roundpen arbeiten.
Unter dem Sattel, indem Sie ihm eine Aufgabe stellen, um es abzulenken und am Zügel mit der ›Stotterbremse‹ arbeiten, so dass Sie nach kurzen kontrollierenden Impulsen wieder loslassen können. Richtig ausgeführtes Schulterherein (ohne am inneren Zügel zu ziehen) ist eine gute Möglichkeit, Pferde abzulenken. Übergänge in den Seitengängen desgleichen.
Versuchen Sie bei allen Maßnahmen so weit zu kommen, dass das Pferd nach der Aufregung wieder ruhig ist und Sie mit einem positiven (entspannten) Ergebnis abschließen können.

Um was geht es?

Konsequente Korrektur ohne Angst vor einem aufgeregten Pferd.

Ein aufgeregtes Pferd wieder ruhig bekommen.

Ergänzende Themen

Angstbewältigung
Bodenarbeit
Desensibilisierung
Schulterherein
Übergänge in den Seitengängen
Ein arbeitsfähiger Grundzustand
Korrekturregeln
Das Pferd macht keine Fehler
Beharrlichkeit
Druck erzeugt Gegendruck

Resensibilisierung und Servolenku

Um was geht es?

Reaktionsbereitschaft herstellen.

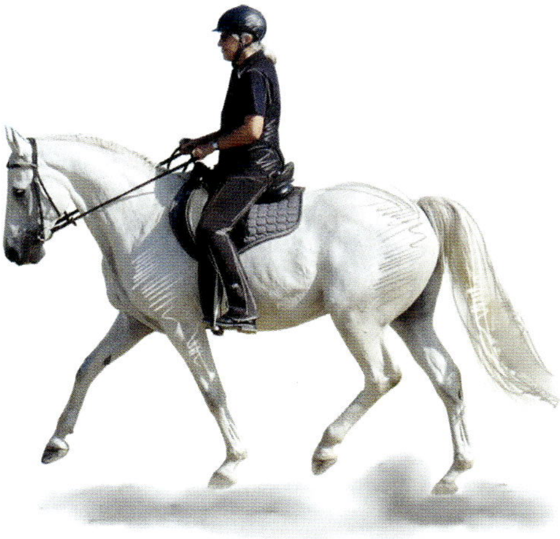

Um das Reiten nicht zum Kraftakt zu machen, sondern die Servolenkung einzuschalten, braucht es die Sensibilisierung auf feine Hilfen, nötigenfalls bei manchen Pferden auch eine **Resensibilisierung**. Damit soll absolute **Reaktionsbereitschaft** hergestellt, schlecht kontrollierbare Hyperaktivität (Zappeligkeit) jedoch vermieden werden.

Resensibilisierung lebt davon,

- dass der Reiter ganz genau weiß, was seine Körpersprache dem Pferd in jedem Augenblick sagt, so dass er nicht unbewusst eine Hilfe mit einer anderen neutralisiert.
- dass der Reiter eine Reaktion des Pferdes auf leichte Signale unter allen Umständen einfordert (mit passenden Verstärkern, z.B. der Gerte, nicht mit vermehrtem Druck!).
- dass er seine Einwirkung minimiert. Jedes Signal soll eine Reaktion bewirken: Damit muss das ›Einspannen‹ des Pferdes mit dauerndem Treiben und Gegenhalten zugunsten freier Balance entfallen.

Vergeuden Sie Ihre Hilfen nicht für den ›Normalbetrieb‹, sonst haben Sie nichts mehr übrig, wenn Sie mehr Energie vom Pferd haben wollen – z.B. für die Versammlung.

Ergänzende Themen

Angstbewältigung
Desensibilisierung
Gerteneinsatz
Sporeneinsatz
Prompte Reaktionen einfordern
Freie Balance
1+1=1 die Balance im System
Haltung bewahren
Ein arbeitsfähiger Grundzustand
Reaktionsbereitschaft herstellen

Voraussetzung für die Servolenkung

beim Pferd

Das Pferd muss im Gleichgewicht sein und soll in freier Balance genug Energie aus der Hinterhand zu Verfügung stellen, wenn es der Reiter dazu auffordert. Es muss jedoch auch psychisch ausgeglichen sein, damit es nicht überreagiert, was eine Lenkung auch wieder schwierig macht.

beim Reiter

Die Haltung des Reiters muss stabil und ausbalanciert sein, damit er frei entscheiden kann, wann, wo und mit welcher Intensität er einwirkt.
Die Peripherie (Arme, Hände, Unterschenkel) müssen frei beweglich und ›handlungsfähig‹ sein und dürfen nicht damit beschäftigt sein, das Gleichgewicht zu halten.

Zeitfaktoren

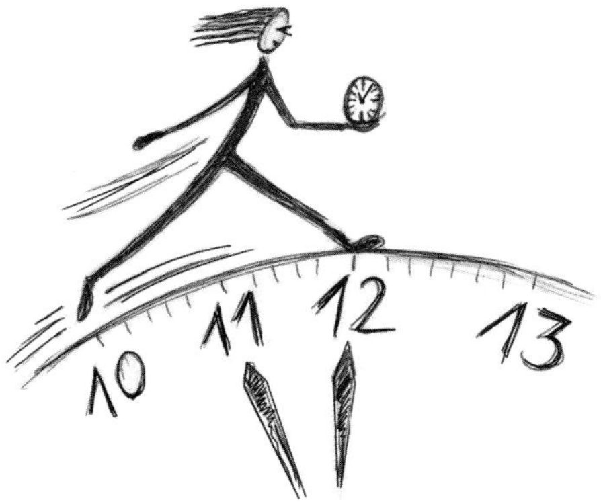

Um was geht es?

»Gras wächst auch nicht schneller, wenn man daran zieht.« (afrikanisches Sprichwort)

Zeit ist das neue Statussymbol

»Gras wächst auch nicht schneller, wenn man daran zieht.« Für die Ausbildung von Pferd und Reiter bedeutet das: Geben Sie sich selbst und dem Pferd die Zeit, die es braucht, um die notwendigen Fähigkeiten für eine gemeinsame harmonische Bewegung zu entwickeln.

Zeit ist Geld – das gilt leider auch immer mehr bei der Pferdeausbildung. Junge Pferde sollen möglichst schnell aufs Turnier, um ihren Wert zu steigern; ehrgeizige Reiter wollen das Gleiche – bisweilen, ohne wirklich verstanden zu haben, wie Reiter- und Pferdekörper gut zusammenarbeiten. Sie ›ziehen am Gras‹ und wollen die Ausbildung beschleunigen, ohne dass Psyche und Körper mitkommen.
Wer *Zeit (und Geld) sparen will* und ein junges Pferd nach drei Monaten Training als fertig ausgebildet betrachtet oder selbst nach einem Jahr Reitpraxis meint, er könne nun reiten, unterliegt einem gewaltigen Irrtum, denn gute Ausbildung arbeitet **ein Leben lang** an den Schwachpunkten von Pferd und Reiter.
»Ich habe (genug) Zeit« sollte als Richtlinie für die Pferdeausbildung gelten.
Ein gutes *Zeitmanagement* und *Zeit sinnvoll zu nutzen* kann allerdings für alle Abläufe am Stall, die z.B. die Haltung betreffen, durchaus hilfreich sein.

Zeitvorsprung durch Wissen

Setzen Sie Prioritäten und nutzen Sie die vorhandene Zeit sinnvoll: Investieren Sie Zeit in das Erwerben von Informationen und Wissen rund ums Pferd. Versuchen Sie, Zusammenhänge zu verstehen. Das wird Sie zwar nicht vor allen Fehlern und Rückschlägen bewahren, aber vor vielen.
Die Zeit heilt alle Wunden: Und wenn doch etwas gravierend schiefgelaufen ist – geben Sie sich und dem Pferd Zeit, um alles wieder ins Lot zu bringen und Verletzungen auszukurieren.

Ergänzende Themen

Lerninhalte für den Reiter
Lerninhalte für das Pferd
Konzeptionelle Fehler des Reiters
Die Einstellung macht's
Artgerecht, schonend, gewaltfrei
Das Pferd macht keine Fehler
Reitweisen
Energiekonzepte
Was hat das Pferd davon?

20 Konzeptionelle Fehler des Reiters

Um was geht es?

Eine Zusammenstellung der häufigsten konzeptionellen Fehler auf der geistigen Ebene.

Der Reiter ...

... hat keine gute Wahrnehmung der Interaktion mit dem Pferd.
... weiß nicht immer genau, was sein eigener Körper tut.
... fühlt zu wenig in die Spannungszustände bei sich selbst und beim Pferd hinein.
... versucht, das Pferd festzuhalten oder anzuschieben.
... will alle Probleme mit der Hand lösen
... verliert die Orientierung.
... macht dem Pferd keine klaren Vorgaben.
... ist zu zaghaft.
... hat Angst vor der eigenen Courage.
... gibt missverständliche oder widersprüchliche Signale.
... unterstellt dem Pferd ›böse Absichten‹.
... zeigt keine Präsenz und keine Autorität.
... hat kein Vertrauen zu sich selbst.
... überschüttet das Pferd ständig mit Signalen.
... macht zu viel und dauerhaften Druck.
... lobt und bestätigt zu wenig.
... konzentriert sich zu wenig auf das Pferd.
... hört den ›Antworten‹ des Pferdes nicht zu.
... kontrolliert zu viel oder zu wenig. Greift zu früh oder zu spät ein.
... fordert nicht konsequent eine Reaktion auf die Hilfen ein.
... bringt das Pferd aus dem Gleichgewicht, indem er den Oberkörper auf eine Seite hängt.
... schiebt das Pferd auf die Schulter, indem er den Oberkörper als Hebel einsetzt und/oder in Rücklage sitzt.
... stützt sich im Bügel ab oder klemmt mit dem Knie.
... sitzt nicht im Gleichgewicht.
... verdreht den Oberkörper.
... zieht am inneren Zügel.
... blockiert seine Gelenke.
... blockiert sein Becken oder reitet dauerhaft mit gekipptem Becken.
... hat nicht genug Körperspannung und hängt dem Pferd im Kreuz.
... hat Spannung an der falschen Stelle (in der Peripherie, d.h. Armen und Beinen).

Ergänzende Themen

Haltungsfehler = Kommunikationsfehler
Angstbewältigung
Machen Sie sich ein Bild!
Der Energiekreis
Das Pferd macht keine Fehler!
Prompte Reaktionen einfordern
Angst vor Gleichgewichtsverlust
Präsenz statt Ausrüstung
Haltung bewahren
Schulterfreiheit
Schulterkontrolle
Hände weg!
Die Funktion des Zügels
Falsche Zügeleinwirkung
Freie Balance

Zusammenhänge

Konzeptionelle und reittechnische Fehler greifen Hand in Hand und sind beide durch eine Veränderung des Bildes korrigierbar, das sich der Reiter von sich selbst und dem Pferd als ›Gesamtsystem‹ macht.

Dem Pferd eine Aufgabe geben

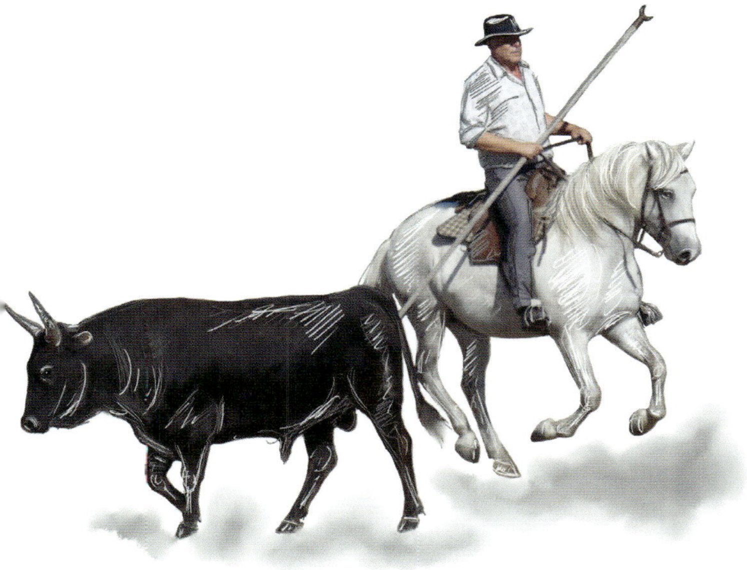

Das Pferd als Mitarbeiter, nicht als Befehlsempfänger

Viele Pferde arbeiten deutlich motivierter mit, wenn sie einen Grund in der Arbeit sehen. ›Cuttingpferde‹ z.B. sondern ein vom Reiter bezeichnetes Rind selbstständig von der Herde ab – mit einer katzenhaften Geschmeidigkeit und Reaktionsschnelligkeit, die jede Möglichkeit einer Hilfengebung durch den Reiter ausschließt. Das Pferd hat in der Ausbildung gelernt, was man von ihm erwartet und erledigt seine Aufgabe. Der Reiter bestimmt nur Anfang und Ende der Aktion und ist danach nur noch ›Passagier‹.

Nicht jedes Pferd hat natürlich die Anlagen für solch eine Arbeit; aber Springgymnastik, Stangenarbeit und koordinatorische Trailübungen sind für weniger athletische Pferde eine gute Alternative.

Struktur geben

Nicht nur für das Pferd ist die Nutzung von Pylonen, Stangen und Gassen eine Erleichterung, sondern auch der Reiter **profitiert von Strukturen, auf die er sich fokussieren kann**. Er arbeitet weniger mit dem Zügel und mehr mit seiner Körperausrichtung hin zum nächsten Hindernis. Geschicklichkeitsparcours sind eine willkommene Abwechslung bei der Ausbildung von Pferden.

Um was geht es?

Klare Aufgaben erleichtern die Fokussierung.

Ergänzende Themen

Angstbewältigung
Hände weg!
Reaktionsbereitschaft erreichen
Koordination
Stabilität ohne Druck
Konzentriertes Nichtstun
Reitweisen
Bewegungsvielfalt
Koordination verbessern, Struktur geben
Orientierung im Raum

22 Präsenz statt Ausrüstung

Um was geht es?

Ausstrahlung und Sicherheit.

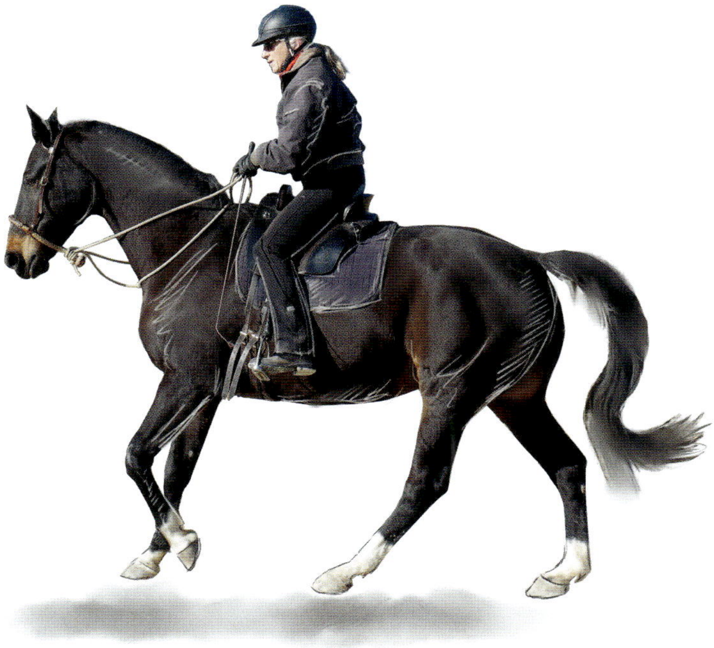

Ein Fels in der Brandung

Pferde reagieren auf die Ausstrahlung der Reiter und auf deren klare Vorstellung von der gemeinsamen Bewegung. Diese findet wiederum ihren Ausdruck in der positiven Körperspannung vom Reiter (und in der Folge vom Pferd) und langfristig in der Reduzierung der Ausrüstung und dem Verzicht auf Zwangsmittel.

Ergänzende Themen

Außen- und Innenrotation in Arm und Bein

Stabilität ohne Druck

Reiten mit Vorstellungskraft

Haltung bewahren

Machen Sie sich ein Bild!

Druck erzeugt Gegendruck

Energiekonzepte

Konzentration und Aufmerksamkeit

Gedankenkontrolle, Emotionskontrolle

Kraft

Verbale Hilfen

Die Steuerung des Pferdes erfolgt aus der Mitte. Verbale Kommandos können jedoch für mehr Klarheit bei Mensch und Pferd sorgen.

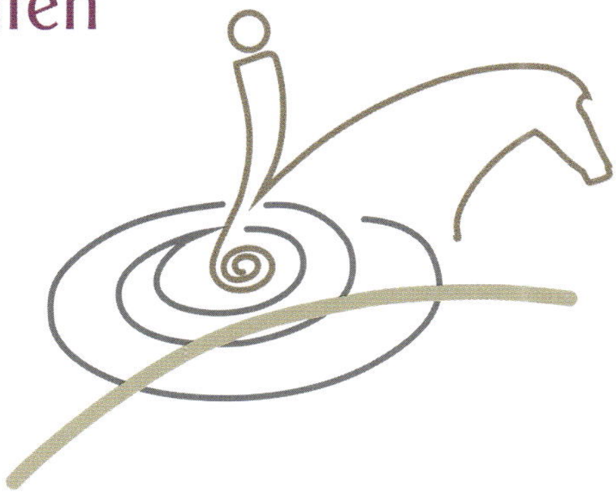

Um was geht es?

Reden Sie mit Ihrem Pferd – das ersetzt oft Schenkel und Zügel.

Die Stimme des Reiters und was sie bewirken kann

Die Stimme des Reiters in Verbindung mit einem klaren Bild von dem, was man errreichen möchte, ist eine Hilfe, auf die der Reiter im Training nicht verzichten sollte, auch wenn verbale Kommandos im Turniersport verpönt und teilweise sogar verboten sind.
Zum Longieren sind Stimmkommandos absolut notwendig – und warum sollte man sich mit diesen Kommandos, die das Pferd schon zu befolgen gelernt hat, nicht auch beim Reiten die Kommunikation erleichtern.
Bewegen Sie die Lippen statt nur an ein Kommando zu denken, bringt allein diese kleine Bewegung mehr Klarheit in Ihren Kopf und verbessert die Deutlichkeit der Hilfen.
Sagen Sie die Gangarten an, wie beim Longieren. Das hilft dem Pferd, die Hilfen zu unterscheiden, z.B. wenn nicht so ganz klar ist, ob Sie aus dem Halten im Schritt anreiten oder antraben wollen.
Mit Stimmkommandos können Sie ›Anhaltereflexe‹ programmieren, was den ›Sicherheitsfaktor‹ erhöht.
Westernreiter verwenden für die Sliding Stops das Kommando ›Whoa‹ – mit einem schnellen Ausstoßen des Atems, welches das Becken kippt und Bewegung ›einfrieren‹ kann, wenn die Hilfe im richtigen Moment gegeben wird.
Nicht nur das Anhalten, sondern auch Übergänge können überwiegend mit der Stimme in Verbindung mit guter Energiesteuerung geritten werden, so dass Sie in vielen Fällen auf vermehrte Handeinwirkung verzichten können.

Die Stimme transportiert Emotionen und verrät dem Pferd, ob Sie es ernst meinen. Ein Treiben / Aufmuntern mit der Stimme funktioniert deswegen auch oft ganz gut.
Wenn die Stimmlage jedoch nicht zu Ihrem Kommando passt, wird das Pferd nicht wunschgemäß reagieren. Wenn Sie z.B. mit überkippender, ängstlicher Tonlage ›Whoa‹ schreien, wird das Pferd vermutlich nicht anhalten.

Ergänzende Themen

Machen Sie sich ein Bild!
Kopfarbeit – mentales Training
Übergänge und Seitengänge im Leichttraben
Paraden
Atmung
Gebisslos?
Selbstvertrauen
Anhaltereflexe installieren
Energiearbeit für Reiter
Konzentration und Aufmerksamkeit
Gedankenkontrolle, Emotionskontrolle
Selbstvertrauen

24

Nichts hat Bestand

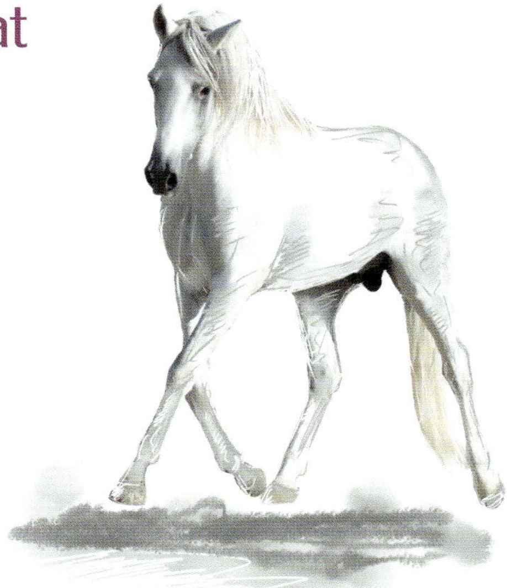

Um was geht es?

Die Sinnfrage.

Reiten und Pferdeausbildung als immerwährender Prozess.

Körper und Geist verändern sich sekündlich

Wir können den Augenblick nicht festhalten (und Bewegung erst recht nicht). Pferde- und Reiterausbildung kann deswegen immer nur ein Prozess sein. **Der Weg ist das Ziel** und er hört nie auf. Man kann sich an einzelnen gelungenen Übungen erfreuen und sich daran erinnern, wenn z.B. eine Parade harmonisch und stockungsfrei geklappt hat. Und man kann diese erfreulichen Momente, den Erfolg, immer wieder suchen.

Erfolg (oder auch Glück) ist jedoch relativ. Der eine ist glücklich, wenn er bisweilen Momente des völligen Einklangs mit dem Pferd erlebt: Er denkt und das Pferd führt aus. Der andere braucht Turniersiege, um motiviert weiterarbeiten zu können. Bleiben die aus, stellt er sich die Sinnfrage: Wofür treibe ich eigentlich den ganzen Aufwand? Und er versucht unter Umständen, dem Erfolg mit härterem Training oder Hilfsmitteln ›auf die Sprünge zu helfen‹.

Fakt ist, dass sich im Umgang mit dem Pferd nichts mit Gewalt erzwingen oder beschleunigen lässt. **Der Prozess der Ausbildung an sich und das Zusammensein mit dem Pferd muss Spaß machen** (auch wenn man sicher des Öftern genervt ist, weil etwas gar nicht klappen will). Kann man sich auch an kleinen Details freuen, so hält man ›Durststrecken‹ eher durch. Und so manches Mal führt der Weg auch in eine ganz andere Richtung als die ursprünglich geplante – wenn z.B. der vermeintliche Dressurcrack lieber springt oder Spaß an Trailhindernissen hat ...

Und auf die Frage: »**Wofür mache ich das?**« kann man antworten »weil es mir – immer wieder – Spaß macht« / »weil ich mich gut dabei fühle«. Auch das Pferd sollte sich allerdings gut dabei fühlen. **Und wenn beide sich gut fühlen bei dem, was sie tun, sollte das Sinn genug sein.**

Ergänzende Themen

Funktionelle Haltung des Reiters
Losgelassenheit
Reiten mit Vorstellungskraft
Die Idee der Bewegung
Zeitfaktoren
Bremsen: die Paraden
Was hat das Pferd davon?
Hilfszügel helfen nicht!
Freie Balance
Hilfen als antrainierte Reflexe
Druck erzeugt Gegendruck
Das minimalistische Prinzip

Timing

Wenn Sie eine Seitwärtsbewegung vom Pferd verlangen, müssen Sie die Voraussetzungen dafür schaffen, dass das Pferd die Hilfen befolgen kann: einen arbeitsfähigen Grundzustand mit losgelassener Bewegungsmuskulatur und Aufmerksamkeit.

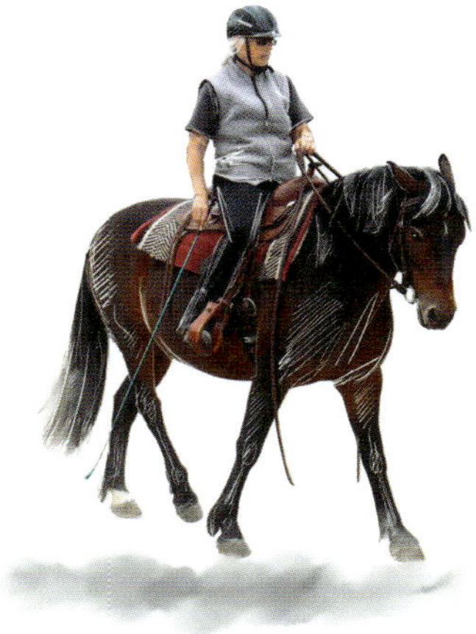

Um was geht es?

»Zwischen zu früh und zu spät liegt immer nur ein Augenblick.« (Franz Werfel)

Bei der Ausbildung des Pferdes kommt es oft darauf an, den richtigen Moment für eine Hilfe oder auch für eine Korrektur zu finden. Es hat wenig Sinn ›Forderungen‹ ans Pferd zu stellen, wenn es seine Aufmerksamkeit nicht beim Reiter hat, wenn es gerade ›auf dem falschen Fuß‹ steht oder gegen den Zügel kämpft. Und vor allem sollte man keinen Druck machen, wenn das Pferd gerade kurz vorm Explodieren steht. Provozieren Sie keinen unnötigen Widerstand, versuchen aber trotzdem, eine machbare Forderung durchzusetzen – zur Not über Ablenkungsmanöver, indem Sie dem Pferd eine Aufgabe geben, einen (Trail-)Parcours aufbauen oder es über Stangen marschieren lassen. Unter Umständen ist es sinnvoll, auf das Reiten zu verzichten, wenn das Pferd ›schlecht gelaunt‹ ist. Boden- und Handarbeit ist dann eine vernünftige Alternative. Beobachten Sie das Pferd, um einzuschätzen, welche Maßnahmen sinnvoll sind.

Das Verhalten des Pferdes richtig einschätzen

Kann es nicht oder will es nicht? Oder versteht es nicht, was ich will?
Explodiert es gleich oder muss es aufgeweckt werden?
Ist es aufmerksam und achtet auf den Reiter (ein Ohr zum Reiter ausgerichtet)? Oder schaut es in der Gegend herum?

Zufriedenes Abschnauben und ärgerliches Schnauben

Zufrieden: Das Pferd dehnt sich an die Reiterhand heran und schnaubt mit tiefer Nase und langem Hals; es lässt ›die Luft raus‹; seine Haltung signalisiert Wohlbefinden und positive Energie.
Ärgerlich: Das Pferd prustet kurz und hart, schüttelt oft den Kopf dabei und kämpft meist gegen die Vorgaben des Reiters. Es steht ›unter Strom‹.

Stimmungsprüfung vor dem Reiten

Schon vor dem Reiten kann der Mensch prüfen, wie das Pferd gerade ›drauf‹ ist. Lässt es sich überall anfassen (z. B. beim Putzen)? Wie beweglich fühlen sich die Beine an, wenn man die Hufe auskratzt? Zappelt das Pferd nervös herum oder steht es ruhig? Wendet es sich dem Menschen zu oder ist es im Außen gefangen?

Ergänzende Themen

Zeitfaktoren
Beharrlichkeit
Korrekturmaßnahmen
Korrekturregeln
Das Pferd macht keine Fehler!
Der Umgang mit Fehlern
Selbstbewusstsein
Übergänge und ihr Nutzen
Bremsen: die Paraden
Reaktionszeiten
Tagesform
Struktur geben
Dem Pferd eine Aufgabe geben
Bodenarbeit
Klassische Handarbeit
Ein arbeitsfähiger Grundzustand

Erfahrungen und Gewohnheiten

Um was geht es?

Reiten ist relativ.

Gewohnheiten sind anhänglich.

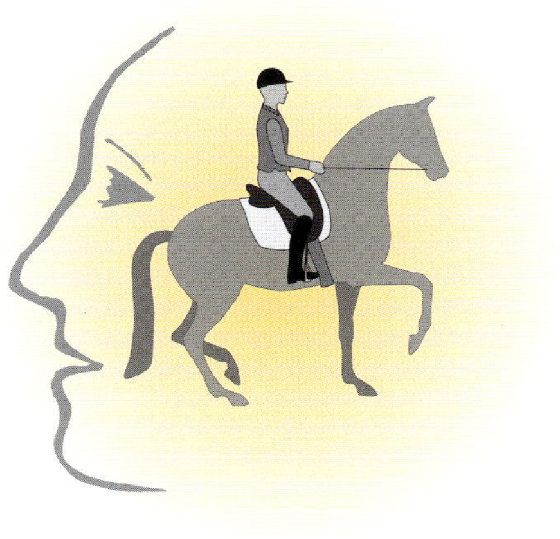

Es können nie 2 Reiter die gleichen Erfahrungen machen

»Jeder Mensch ist ein Lichtstrahl, der die Welt aus einer anderen Perspektive beleuchtet.« So beschreibt der Historiker Yuval Noah Harari in seinem Buch ›Homo Deus‹ eine Idee des liberalen Humanismus. Überträgt man das auf die Reiterei, so ergeben sich folgende Überlegungen:

Selbst auf dem gleichen Pferd wird jeder Reiter andere Prioritäten für seine Wahrnehmung und die Interaktion mit dem Pferd setzen. Ängste, Befürchtungen und frühere Erfahrungen wirken dabei wie ein Filter. **Erfahrungen sind immer mit persönlichen Gefühlen verbunden und können deswegen nie objektiv oder allgemeingültig sein.** Deswegen werden auch innere Bilder bei verschiedenen Reitern immer anders aussehen. Ein guter Reitlehrer wird folglich versuchen, verschiedene Angebote zu machen, und den Reitschüler dazu bringen, in sich hineinzuhorchen, seine eigenen Emotionen abzufragen und eigene, für ihn passende Vorstellungsbilder zu entwickeln.

Ergänzende Themen

Denkanstöße
Lehren und Lernen
Orientierung im Raum
Fokussieren
Machen Sie sich ein Bild!
Energie folgt der Aufmerksamkeit
Aufmerksamkeit des Reiters
Emotionskontrolle und Gedankenkontrolle

Gewohnheiten

Je nachdem, welchen Reitstil ein Mensch als erstes lernt – er wird ihn prägen wie auch die Muttersprache als erste erlernte Sprache den Akzent in später gelernten Sprachen prägt. Die **Vorgeschichte** eines Reiters sowie auch seine körperlichen und psychischen Stärken und Schwächen sollten deswegen das Ausbildungstempo und die Anforderungen bestimmen. Das gilt in gleicher Weise natürlich auch für die Vorgeschichte des Pferdes.

Menschliche (schlechte) **Gewohnheiten zu ändern** braucht seine Zeit und eine Menge guten Willen und Konzentration, insbesondere, wenn diese lange kultiviert wurden und zusätzlich Ängste ins Spiel kommen.

Bei Pferden geht das tatsächlich deutlich schneller mit dem Ablegen von schlechten Bewegungsgewohnheiten – vor allem dann, wenn ein anderer Reiter mit klaren Ansagen korrigiert und ihnen eine ›neue Idee von Bewegung‹ unter dem Reitergewicht gibt.

Artgerecht, schonend, gewaltfrei

Modebegriffe unter die Lupe genommen

In (alternativen) Pferdekreisen werden die obigen Begriffe gerne verwendet. Nachfolgend versuche ich, sie in einen sinnvollen Zusammenhang zu bringen.

Ist die Nutzung des Pferdes als Reittier **artgerecht**? Wohl kaum. Geritten zu werden liegt nicht in der Natur des Pferdes. Wenn wir es trotzdem tun, handeln wir gegen die Natur des Pferdes – auch, wenn wir uns Pferde mit immer weiter verbesserten Reitpferde-Eigenschaften gezüchtet haben. Ist die Haltung des Pferdes in Boxen artgerecht? Genauso wenig wie das Reiten – aber sie erleichtert den Zugriff auf das von uns genutzte Pferd. Auch wenn wir dem Pferd einen Offenstall mit Auslauf bieten, so ist das hinsichtlich einer wirklich artgerechten Lebensweise nur ein Kompromiss. Betrachten wir unseren Umgang mit dem Pferd einmal unsentimental als eine rein egoistische Nutzung zu unserem persönlichen Vergnügen. Sind wir verantwortungsbewusst, so versuchen wir, den Bedürfnissen des Pferdes im oben beschriebenen Kompromiss annähernd gerecht zu werden.
Nehmen wir den Begriff **schonend** hinzu, dann können wir ihn nur mit halbwegs gutem Gewissen verwenden, wenn wir bei der reiterlichen Einwirkung die anatomischen Gegebenheiten des Pferdes berücksichtigen. Wir können dem Pferd z.B. nicht erlauben, mit weggedrücktem Rücken zu laufen, also müssen wir es davon überzeugen, dass es eine andere Haltung einnehmen soll. Wie viel ›Überredungskunst‹ wir dabei aufwenden müssen, hängt von den Eigenschaften des Pferdes und von unserer eigenen ›Lehrbefähigung‹ ab. Und erst da kommt der Begriff artgerecht richtigerweise wieder ins Spiel: als für die ›Art‹ des Pferdes geeignete Erziehungs- und Reitmethode.
Schonend darf jedoch keinesfalls mit **antiautoritär** gleichgesetzt werden. Wer das Pferd laufen lässt, wie es will, weil er es z.B. unter keinen Umständen im Maul stören möchte, gefährdet die Gesundheit des Pferdes – und seine eigene, denn ein unerzogenes, ungymnastiziertes Pferd ist ein Sicherheitsrisiko.
Kommen wir zum Begriff **gewaltfrei**. Pferde untereinander sind oft ganz schön rabiat und befolgen streng hierarchische Herden-Regeln. Das einzelne Pferd ordnet sich entweder ein oder wird verstoßen. Dabei arbeiten die ranghöheren Pferde sowohl mit körperlichem als auch psychischem Druck und nehmen weder Rücksicht auf körperliche Gebrechen noch auf Alter oder Schwäche. Wollen Sie sich dem Pferd gegenüber auf artgerechte Weise durchsetzen, können Sie also auf eine gewisse Strenge, oder nennen wir es Konsequenz, nicht verzichten – dem Pferd gegenüber, aber auch sich selbst gegenüber (denn oft muss man sich selbst dazu überwinden, dem Pferd gegenüber konsequent zu sein).
Eine **strenge, konsequente** Erziehung des Pferdes ist jedoch niemals ungerecht (im Sinne des Pferdes) und entbehrt von Seiten des Ausbilders Emotionen wie Wut, Angst oder Jähzorn.
Eine solche im positiven Sinn **autoritäre** Erziehung wird Ihnen immer den Respekt und damit auch das Vertrauen des Pferdes einbringen. Unkontrollierte Emotionen, z.B. jähzorniges ›Draufschlagen‹, aber auch ein Zusammenschnüren des Pferdes mit Hilfszügeln, bis es sich nicht mehr rühren kann, erzeugen jedoch Angst, Unverständnis und Vertrauensverlust beim Pferd und im schlimmsten Fall ein Pferd, das gegen Sie kämpft und schließlich eine Gefahr für Sie darstellt.

Um was geht es?

Schlagworte und was man damit anfangen kann.

Autorität im positiven Sinne.

Ergänzende Themen

Erziehung und Beziehung
Funktionelle Haltung des Reiters
Kommunikation – Die Hilfen
Emotionskontrolle und Gedankenkontrolle
Angstbewältigung
Vertrauen gegen Vertrauen
Hilfszügel helfen nicht!

Die Einstellung macht's

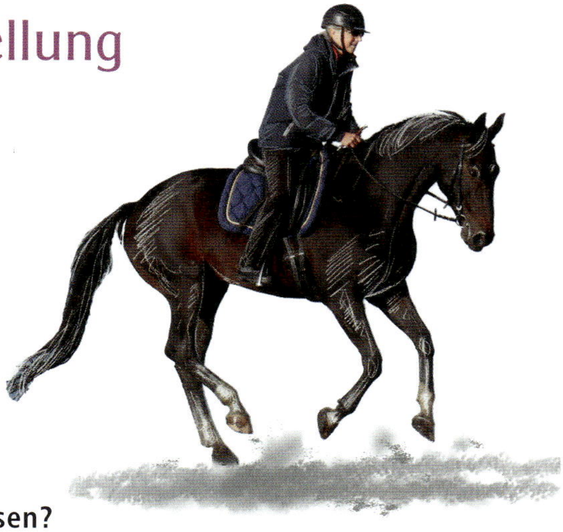

Um was geht es?

Ein Pferd ist ein Pferd. Es hat andere Bedürfnisse und verhält sich anders als ein Mensch.

Respektieren Sie das Anderssein und interpretieren Sie keine menschlichen Verhaltensweisen ins Pferd hinein.

Wollen oder Müssen?

Pferde sind gutmütig, empathisch und kontaktfreudig. Und sie sind neugierig. Der Reiter nutzt dies, um Zwang zu vermeiden und das Pferd zu einem Mitarbeiter auszubilden und nicht zum Sklaven zu machen. Dazu braucht er gutes Einfühlungsvermögen, Souveränität, Ausgeglichenheit und die Bereitschaft zur Selbstbeobachtung.

Pferde spiegeln uns in all unseren Wünschen und Hoffnungen, aber auch in unseren Ängsten. Die Antworten, die uns die Pferde in der Interaktion geben, sind hilfreich bei der Selbstbeobachtung. Zur Selbstbeobachtung gehört auch, sich darüber klar zu werden, welche Bedeutung das Pferd für einen persönlich hat (Stichworte: Freizeitpartner, Sportreiten, Reitkunst).

Lernen Sie so viel über das Pferd und seine artspezifischen Eigenheiten, dass Sie sich in dieses ›andersartige‹ Tier einfühlen können. Einfühlung ist eine wichtige Grundlage für erfolgreiche Arbeit.

Vermenschlichen Sie jedoch das Pferd nicht. Interpretieren Sie keine menschlichen Verhaltensweisen hinein, wie z.B. »Der will mich ärgern«. Das würde voraussetzen, dass ein Pferd ein eindeutiges strategisches Ziel in seinen Handlungen uns gegenüber hat (was mit Sicherheit nicht der Fall ist).

Ergänzende Themen

Reiten ist logisch
Die Einstellung macht's
Empathie
Selbstabfrage
Prompte Reaktionen einfordern
Das minimalistische Prinzip
Sich in die Lage des Pferdes versetzen
Treibende Hilfen
Das Pferd spiegelt den Reiter
Impuls-Reiten

Was passiert genau jetzt?

Ganz gleich, ob es nun negativer oder positiver ›Vorsatz‹ ist, den wir in das Pferd hineininterpretieren, in jedem Fall verstellt es uns den Blick auf das, was in diesem Moment IST. Viel wichtiger ist es, ganz unvoreingenommen darauf zu reagieren, was das Pferd gerade jetzt macht.

Ein Beispiel: Ein Pferd geht nicht besonders gut vorwärts, lässt sich stark treiben und/oder lässt schnell wieder im Tempo nach. Der Mensch meint: »Der ist einfach stinkefaul.«

Aus der Sicht des Pferdes kann das allerdings ganz anders aussehen: Es hat sich daran gewöhnt, dass der Reiter ständig Impulse oder sogar Druck mit dem Schenkel gibt, aber keine wirkliche Reaktion einfordert. Warum sollte das Pferd also auf einen Impuls unter vielen anderen auf einmal reagieren? Es hat schlicht und einfach ›gelernt‹, nicht zu reagieren.

Kopfarbeit – mentales Training

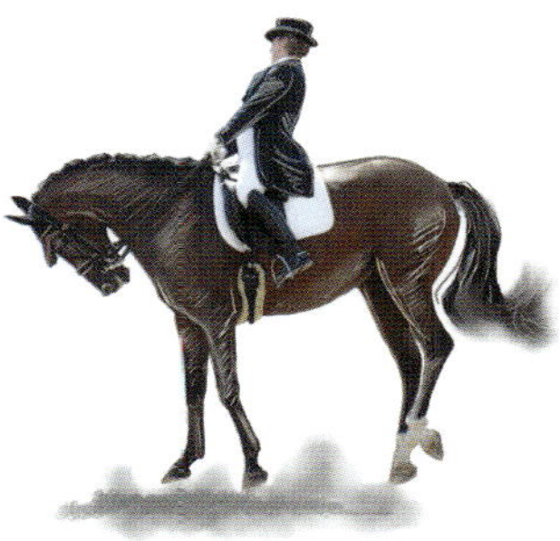

Die Karikatur einer Pirouette mit viel Handeinwirkung und der falschen Idee der Bewegung.

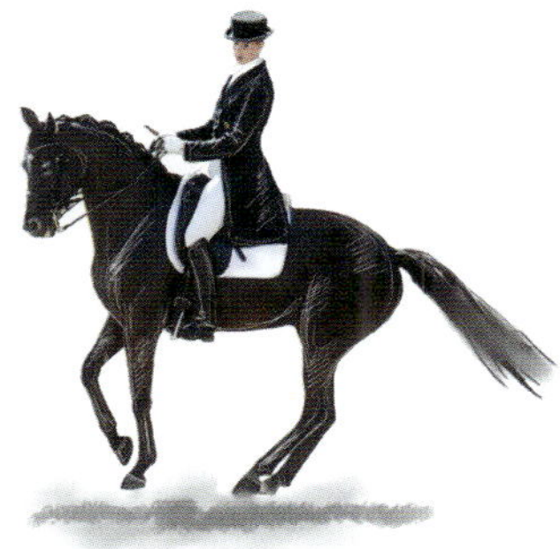

Die richtige Idee der Bewegung in der Pirouette: Aufwärtstendenz, Schulter- und Halsfreiheit.

Reiten findet zu 85 Prozent im Kopf des Reiters statt

Die ›Idee der Bewegung‹

Der Reiter sollte ein Bild, eine Idee der erwünschten Lektion / Bewegung / Haltung im Kopf haben und mit einem ›Bewegungsgefühl‹ hinterlegen.

Der Reiterkörper organisiert sich schließlich nach dem Gedankenbild und das Pferd reagiert auf die über den Spannungszustand im Reiterkörper ausgedrückte Körpersprache des Reiters.

Wichtig ist, dass das Gedankenbild Reiter **und** Pferd beinhaltet und nicht nur das Pferd, denn es geht immer um das Gesamtsystem.

Das **Reiten mit inneren Bildern** hat nichts mit esoterischem Unfug zu tun, sondern mit **mentalem Training**, was inzwischen in den meisten Sportarten zum gängigen Trainingsalltag zählt.

Beispiel Hinterhandwendung / Pirouette

Die Pirouette ist prinzipiell eine Traversbewegung im Kreis. Sie braucht Schulterfreiheit, einen frei getragenen Hals des Pferdes und vor allem Vorwärts-Aufwärts-Tendenz – kurz: Bewegungsfreiheit. Oft sieht man Reiter, die das Pferd mit viel Handeinwirkung vorne bremsen und in die Wendung ziehen wollen und dabei das ›Vorwärts‹ blockieren. Das ist nun allerdings nur die Karikatur der Pirouette (Bild oben links). Die Energie geht nach vorne-unten statt nach vorne-oben.

Zerlegen Sie in der gedanklichen Vorarbeit die Pirouette in ihre Einzelteile. Beim mentalen Training haben Sie genug Zeit, die Sie später beim Reiten nicht mehr haben. Stellen Sie sich vor, wie Sie die Energie nach oben richten, wie das Pferd in der Schulter leicht wird. Denken Sie an Führen, nicht an Festhalten mit der Hand.

Behalten Sie im Hinterkopf, dass der Reiter das Pferd nicht in Bewegung setzen kann, sondern sich vom Pferd mitbewegen lassen muss! Und denken Sie daran, dass Sie keine Energie verschwenden; eine ›ökonomische‹ Bewegung muss sich in einer guten Ausführung mühelos anfühlen (auch wenn sie durchaus Kraft braucht).

Um was geht es?

Eine klare Vorstellung von der gemeinsamen Bewegung im Raum.

Bewegungsqualität erkennen und herstellen.

Sehen lernen.

Ergänzende Themen

Reiten mit Vorstellungskraft
Energiekreis
Selbstabfrage des Reiters
Machen Sie sich ein Bild!
Hinterhandwendung
Energiearbeit für Reiter
Individualität und Sensibilität
Kraft
Andere Idee – andere Wirkung
Schulterfreiheit
Der Hals als Balancierstange
Freie Balance
Über den Rücken gehen
Gute Haltung ist anstrengend
Gegenhalten und Gegensitzen
Spannungsbogen und Selbsthaltung
Versammlung und Aufrichtung
Sehen lernen

Gebisslos?

Um was geht es?

Gymnastizierung und Kontrolle ohne Gebiss.

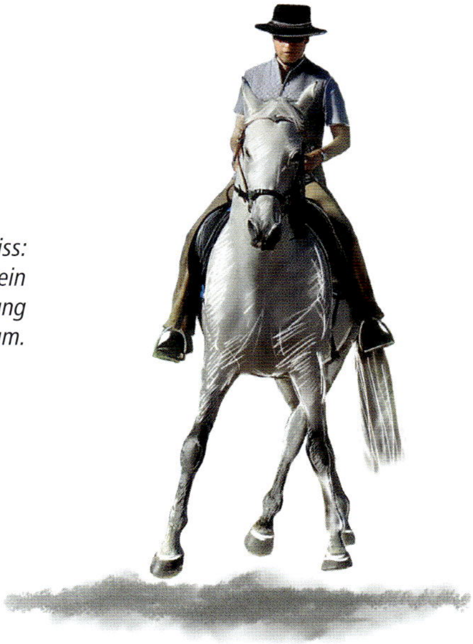

Gymnastizierung ohne Gebiss: Schulterherein in korrekter Haltung mit dem LG-Zaum.

Ist eine Ausbildung ohne Gebiss möglich?

Diese Frage wird, wie so vieles beim Reiten, kontrovers diskutiert. Wir reden hier von milden gebisslosen Zäumungen wie Sidepull, LG-Zaum oder Bosal, nicht vom mechanischen Hackamore, das wie eine außenliegende Kandare wirkt.
Es geht dabei vorrangig um Folgendes:
1. Das Thema Sicherheit und Kontrolle
2. Das Thema Gymnastizierung und korrekte Haltung

1. **Gebisslose Zäumungen sind nicht sicher** heißt es. Ich behaupte, es gibt keine wirklich ›sichere Zäumung‹, die das Pferd hundertprozentig kontrolliert. Gute Kontrolle gewährleistet nur eine gute Grunderziehung des Pferdes (mit der Etablierung eines ›**Anhaltereflexes**‹) verbunden mit Vertrauensaufbau. Mit keinem Gebiss der Welt – und sei es noch so scharf – hält man ein Pferd, welches panisch durchgeht. Man kann jedoch in einer guten Grundausbildung erreichen, dass das Pferd nicht mehr panisch reagiert.

2. **Ohne Gebiss kann man das Pferd nicht biegen und deswegen nicht gymnastizieren.** Meine eigenen Erfahrungen mit sehr unterschiedlichen Pferden widerlegen das. Man kann Pferde sowohl gebisslos anreiten, als auch später auf gebisslos wechseln. Insbesondere Pferde, die im Maul ›sauer‹ sind, reagieren oft sehr positiv auf die Umstellung. **Bei der gebisslosen Arbeit ist es jedoch unumgänglich, mit impulshaften Hilfen zu arbeiten. Festhalten geht nicht!**
Die Gymnastizierung mit Übergängen und wechselseitiger Biegung funktioniert wie mit Trense auch. **Ein ziehender Zügel funktioniert jedoch nicht.**

Ergänzende Themen

Erziehung und Beziehung
Stellung und Biegung
Innen und außen
Anhaltereflexe
Angstbewältigung
Bodenarbeit
Schulterherein in zwei Phasen
Vertrauen gegen Vertrauen
Stabilität ohne Druck
Schulterkontrolle
Impuls-Reiten
Das minimalistische Prinzip
Hände weg!
Konzentrierter Kontakt, flexibler Rahmen
Die Funktion des Zügels

Das Problem sitzt obendrauf

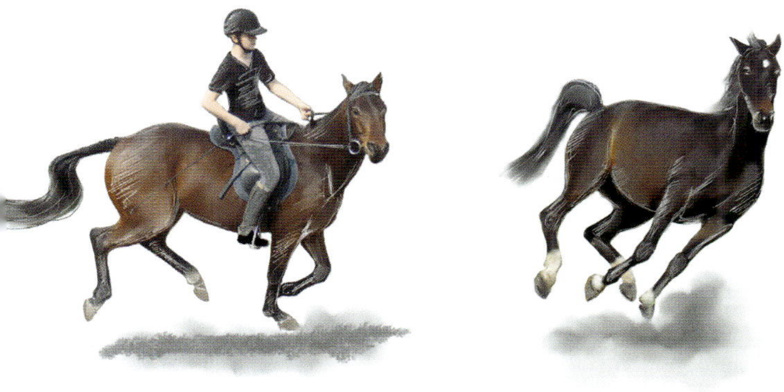

Um was geht es?

Das Pferd muss auf seine Aufgaben als Reitpferd gut vorbereitet werden.
Das ist Sache des Reiters.

Der Reiter ist immer verantwortlich

Ohne einen Reiter auf dem Rücken hätte das Pferd keine Probleme. Alle Korrekturen bei Problemen im Reiter-Pferd-System sollten deswegen beim Reiter ansetzen. Gelingt es, den Reiter ins stabile Gleichgewicht zu bringen, so kann dieser dem Pferd den nötigen Rahmen und die nötige Sicherheit bieten und das Pferd wird folgen.
Es ist Aufgabe des Reiters, sich sowohl mit den Problemen und ›Altlasten‹ des Pferdes als auch mit seinen eigenen auseinanderzusetzen. Und es ist zudem seine Aufgabe, zu entscheiden, was er sich selbst und seinem Pferd zumuten kann (Lektion / Gangart / Tempo).

Sinnvolle Korrekturen im System setzen beim Reiter an

Korrekturen an Reiter und Pferd können nicht alle gleichzeitig vorgenommen werden.
Es ist in der Regel der Reiter, der zuerst wieder ins Gleichgewicht gebracht werden muss, damit er seine Aufgaben ›Steuerung und Stabilität‹ richtig wahrnehmen kann.

Kontrolle, Halshaltung und Balance unter dem Reiter

Die beiden Bilder oben zeigen extreme Gleichgewichtssituationen. Das freie Pferd auf der Koppel benutzt seinen Hals als Balancierstange – und zwar in Gegenrichtung der Wendung. Es kippt dabei deutlich auf die Schulter in Richtung der Wendung.
Ein Pferd, welches einen Reiter mit ausbalancieren muss, sollte im Verlauf der Ausbildung lernen, dies nicht mehr tun und in Innenstellung mit angehobener innerer Schulter abwenden. Dazu braucht es Kontrolle mit dem äußeren Zügel. Auf dem linken Bild fehlt diese und der Reiter versucht, mit einem zu langen inneren Zügel die Kontrolle durch Abwenden wieder herzustellen. Dabei verdreht er sich und zieht das Pferd noch mehr aus dem Gleichgewicht. Prinzipiell müsste er in der aktuellen Situation das Pferd sogar etwas nach außen stellen, um abwenden zu können. Aufgrund des zu hohen Tempos ist das aber kaum noch möglich.

Ergänzende Themen

1+1=1 die Balance im System
Korrekturmaßnahmen
Funktionelle Haltung des Reiters
Freie Balance
Konzentrierter Kontakt, flexibler Rahmen
Korrekturen in Konterstellung
Innen und außen
Richtig abwenden
Das Pferd macht keine Fehler!
Angst vor Gleichgewichtsverlust
Stabilität ohne Druck
Funktion des Zügels
Das Pferd spiegelt den Reiter
Präsenz statt Ausrüstung
Energiekreis
Stabilität ohne Druck

Korrekturmaßnahmen

Um was geht es?

»Eine Form des Wahnsinns ist es, immer wieder das Gleiche zu tun und dabei andere Ergebnisse zu erwarten.« (Albert Einstein)

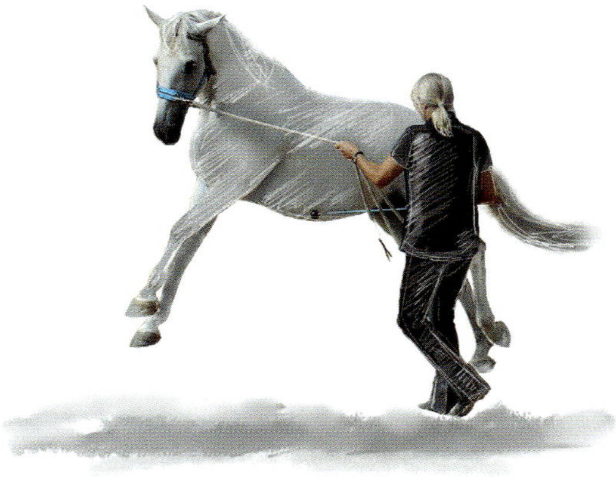

Klare Ansagen – konsequente Korrekturen im Hier und Jetzt

Das Pferd tut etwas, was Sie nicht möchten? Dann müssen Sie das unterbinden! Und zwar sofort und konsequent, und möglichst, ohne sich dabei selbst aufzuregen oder zu ärgern.
Korrekturen sollten möglichst emotionslos erfolgen. Angst oder Ärger führen häufig zu einer bisweilen gewalttätigen Überreaktion des Reiters, mit der das Pferd nicht umgehen kann.

Entschuldigen Sie das Pferd nicht (ach der ist ja noch so jung, der darf das noch ...) und interpretieren Sie nichts ins Pferd hinein. Sie wollen das nicht und das Pferd soll es lassen! Punkt. Sie als ›Steuermann des Systems‹ haben das Recht zu bestimmen, was das Pferd darf und was nicht. Da gibt es keinen Erklärungsbedarf und kein Vielleicht.

Reagieren Sie auf das, was jetzt **IST** – ohne besondere Deutung – einfach, klar und direkt. Das fällt vielen Menschen schwer, weil sie in ihren erlernten Mustern festhängen. Sie können jedoch nicht mit den gleichen Handlungsweisen korrigieren, die zum Korrekturbedarf geführt haben. Eine **Änderung des eigenen Verhaltens** und der Methode muss also erfolgen.

Ablenken statt provozieren

Achten Sie bei allen Korrekturmaßnahmen darauf, dass Sie zwar Grenzen setzen, dabei aber gefährliche Situationen vermeiden. Provozieren Sie das Pferd nicht unnötig, lenken Sie es vielleicht mit einer Lektion, die es gern macht, von seinem Fehlverhalten ab. Nutzen Sie jede Möglichkeit, es wieder zu loben und zu bestätigen – nach dem Motto: Das darfst du nicht, aber ich bin trotzdem dein Freund.
Konzentrieren Sie sich darauf, was Sie erreichen möchten (zielorientiert denken). Und interpretieren Sie keinen negativen Vorsatz ins Pferd hinein, mit dem Sie eine ungünstige innere Haltung bei sich erzeugen, die dem Gelingen im Weg steht.
Bei echten Korrektur-Pferden mit gefährlichen Verhaltensweisen muss oft durch einen ›**Restart**‹ wieder an der Basis angesetzt werden – am besten mit Arbeit am Boden und Beziehungstraining.

Ergänzende Themen

Konzentriertes Nichtstun
Das Problem sitzt obendrauf
Druck erzeugt Gegendruck
Treibende Hilfen
Konzeptionelle Fehler des Reiters
Reiten mit Vorstellungkraft
Angstbewältigung
Bewegungsvielfalt
Gedankenkontrolle
Emotionskontrolle
Kopfarbeit – mentales Training
Die Einstellung macht's
Korrekturregeln
Korrekturmaßnahmen
Das Pferd macht keine Fehler!
Blinden Aktionismus vermeiden
Erziehung und Beziehung
Bodenarbeit
Horsemanship

Korrekturregeln

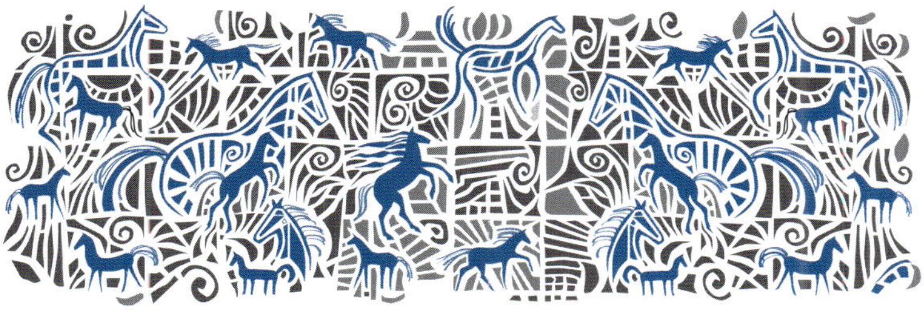

Bis hierher und nicht weiter ...

- Nicht übermäßig kontrollieren, sonst macht das Pferd keinen Schritt mehr freiwillig!
- Lassen Sie sich nicht vom Pferd ärgern. Bleiben Sie emotionslos.
- Lassen Sie sich nicht aus der Ruhe bringen; hektische Betriebsamkeit schadet nur.
- Beharren Sie stur auf Ihrer Position bzw. Forderung – ohne Gewalteinwirkung
- Nutzen Sie jede Möglichkeit, Druck zu reduzieren und zu loben (und damit negative Spannung aus dem System zu nehmen).
- Geben Sie dem Pferd sowohl Bewegungsspielraum als auch einen (flexiblen) Rahmen.
- Bleiben Sie stabil und halten Sie die Körperspannung.
- Behalten Sie die Orientierung und den Überblick. Sie sind der Steuermann!
- Korrigieren Sie nicht mit ›wildem Aktionismus‹ herum, wenn eine Übung nicht geklappt hat, sondern stellen Sie erst einmal wieder eine ruhige Stimmung und eine stabile ›Arbeitsgrundlage‹ her, aus der die Übung neu aufgebaut wird.
- Jede Übung sollte abgebrochen werden, wenn der Reiter die Orientierung verliert und/oder ›aus dem Sitz kippt‹.
- Verlieren Sie nicht das Gesicht. Für kritische Situationen sollten Sie Ablenkungsmanöver parat haben: Das Pferd darf nicht merken, dass Ihnen die Kontrolle entgleiten könnte.
- Achten Sie sensibel auf die ›Antworten‹ des Pferdes. Es zeigt Ihnen, wann es kurz vor explosiven und unkontrollierbaren Ausbrüchen steht.

Präzise Wahrnehmung und schnelle (rechtzeitige) Reaktion
Erfolgreiche Korrektur lebt von präziser Wahrnehmung und schnellen Reaktionen des Reiters.
Dazu muss der Reiter Vorgänge im Pferd sensibel wahrnehmen, schnell genug merken, was das Pferd vorhat (Pferde kündigen fast immer an, was sie im Schilde führen). Und er muss reagieren, **bevor** das Pferd sich der Kontrolle entzogen hat.

Um was geht es?

Verteidigen Sie souverän und ohne Gewalt Ihre Position – körperlich und mental.
Bleiben Sie emotionslos und lassen sich nicht vom Pferd ärgern.

Ergänzende Themen

Konzentriertes Nichtstun
Blinden Aktionismus vermeiden
Lob und Tadel
Orientierung im Raum
Reaktionszeiten
Emotionskontrolle und Gedankenkontrolle
Bewegungsvielfalt
Reaktionsbereitschaft erreichen
Aufmerksamkeit des Reiters
Druck erzeugt Gegendruck
Bewegungsfreiheit und Beweglichkeit
Reiten mit Vorstellungskraft
Stabilität ohne Druck
Ein arbeitsfähiger Grundzustand

Der Umgang mit ›Fehlern‹

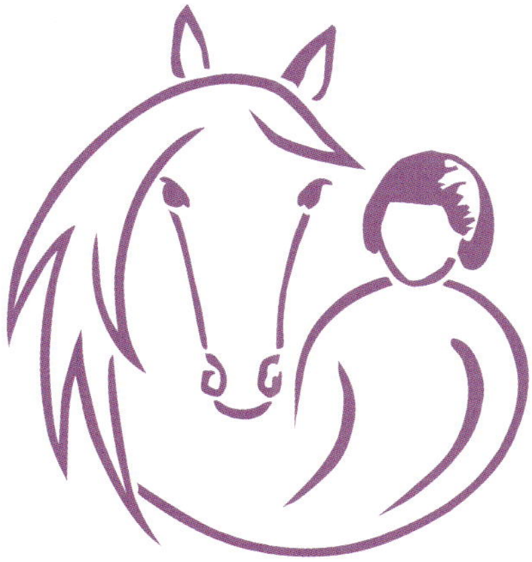

Um was geht es?

Fehler passieren zwangsläufig.

Jeder Fehler beinhaltet die Chance, es beim nächsten Mal besser zu machen

Wer arbeitet, macht Fehler. Das gilt in der Pferde- und Reiterausbildung genauso wie in jedem anderen Bereich des Lebens. Fehler sind nicht zu vermeiden. Vermeiden kann man allerdings, den gleichen Fehler mehrmals zu machen. Selbstvorwürfe nach dem Motto: »hätte ich doch nicht ...« helfen nichts. Machen Sie eine Bestandsaufnahme zum aktuellen Zeitpunkt: Was will ich ändern? Wie kann ich es besser machen? Wo kann ich mir Hilfe suchen?

Krise als Chance

Man lernt am meisten aus den Dingen, die schiefgehen, weniger aus denen, die auf Anhieb klappen. Denn nur, wenn etwas nicht klappt, wird man gezwungen, nach Alternativen und Lösungsmöglichkeiten zu suchen.
Zurückschauen (Reflektieren) und Vorausschauen (Ideen entwickeln, konstruktive Kritik) sind gute Instrumente, um mit Problemen fertigzuwerden. Ein gehöriges Maß an Selbstbeherrschung und die Fähigkeit zur Selbstbeobachtung sind auch ziemlich hilfreich.

Ergänzende Themen

Das Pferd macht keine Fehler
Erfahrungen und Gewohnheiten
Gedankenkontrolle, Emotionskontrolle
Erkenntnisse und Alternativen
Sich in die Lage des Pferdes versetzen
Andere Idee – andere Wirkung

Fremde Fehler – Pferde und Reiter mit ›Altlasten‹

Immer wieder bekommt man es mit Pferden und Reitern zu tun, in deren vergangener Ausbildung etwas schiefgelaufen ist.
Sogenannte Problempferde, für deren Verhalten der derzeitige Reiter nicht verantwortlich ist, erfordern bisweilen einen durchdachten ›Restart‹ mit einer anderen Methode, um ihr psychisches und physisches Gleichgewicht wieder herzustellen.
Reiter mit körperlichen Problemen, Verspannungen oder Angst können von einem ›Trockentraining‹ zum Thema Körperwahrnehmung profitieren, um wieder Zugang zu ihrem eigenen Körper zu bekommen – damit sie später auf dem Pferd wissen, was ihr Körper wirklich tut und wie das beim Pferd ankommt.
Bisweilen kann es sinnvoll sein, Reiter und Pferd getrennt und unabhängig voneinander zu korrigieren, wenn beide sich gegenseitig ›aus dem Konzept bringen‹.

Reitweisen

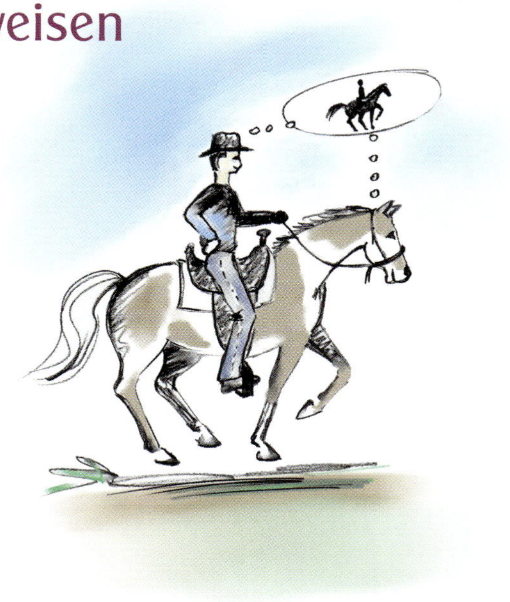

Western, Barock, Englisch ... alles ganz anders?

Ein klares Nein! Die verschiedenen Reitstile haben sehr viel mehr Gemeinsamkeiten als Unterschiede, wenn man sie ›richtig‹ im Sinne von ›gesundheitlich zuträglich‹ für beide Partner betreibt. Gutes Reiten orientiert sich immer an den anatomischen und psychischen Voraussetzungen von Reiter und Pferd.
Die Begriffe (gemeinsames) Gleichgewicht, psychische und körperliche Losgelassenheit, Empathie, Vertrauen, Konditions- und Krafttraining, Stabilität, Schmerz- und Angstfreiheit sind für alle reellen Ausbildungswege maßgebend.
In der Grundausbildung unterscheiden sich die verschiedenen Reitstile deswegen auch nur unwesentlich. Insbesondere die Ausbildung des Reiters in Bezug auf die eigene Körperwahrnehmung und -beherrschung sowie Einfühlungsvermögen und Verständnis für die speziellen Probleme des gerittenen Pferdes sollte immer gleich sein. Erst in der weiterführenden Arbeit kann eine Spezialisierung erfolgen.

Ideen und Anregungen zum Thema

Individuelle körperliche Unterschiede und Ausgangspositionen sind oft bedeutender als der Reitstil. Pferd und Reiter müssen sich langfristig miteinander wohlfühlen; ist dies nicht der Fall, weil Angst, Zwang und falsche Spannung oder Fehlhaltungen die Ausbildung von beiden beherrschen, so geht das Reiten zu Lasten der Gesundheit des Pferdes.

Um was geht es?

Jede Reitweise muss sich an den körperlichen und psychischen Möglichkeiten des Pferdes orientieren und die Entwicklung der reiterlichen Fähigkeiten in den Vordergrund stellen.

Pferde sind Pferde und ihre Art, sich zu bewegen, sowie ihre Balance ist immer die gleiche. Ausrüstung und Kleidung des Reiters ändern nichts daran.

Ergänzende Themen

Losgelassenheit
Empathie
Angstbewältigung
Die Einstellung macht's
Artgerecht, schonend, gewaltfrei
Gebisslos?
Das Pferd spiegelt den Reiter
Erfahrungen und Gewohnheiten
1+1=1 die Balance im System
Impuls-Reiten
Die Ausbildungsskala
Erziehung und Beziehung
Bewegungsfreiheit und Beweglichkeit
Freie Balance
Spannungsbogen und Selbsthaltung
Dehnungshaltung

Das Pferd macht keine Fehler ...

Um was geht es?

Was ist ein Fehler und warum?

Belohnen Sie das Richtige.

Bestechung funktioniert nicht.

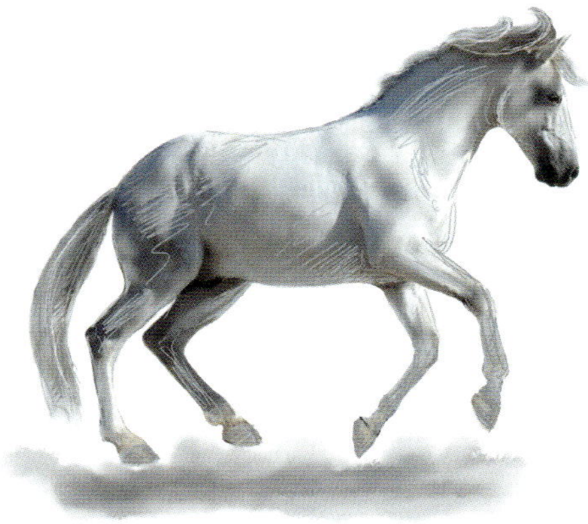

... und es will seinen Reiter nicht ›mit Absicht‹ ärgern

Ein Pferd tut in der Regel das, was der Reiter ihm körpersprachlich vorgibt. Viele Reiter kennen jedoch ihre eigenen Vorgaben nicht. Sie tun (unbewusst) etwas anderes, als sie meinen, zu tun. Unterschwellige Ängste überlagern z.B. die Intention und die Hilfen werden undeutlich oder widersprüchlich.
Pferde kämpfen zudem, wie Reiter, mit körperlichen Schwächen und ›Altlasten‹. Bedenken Sie also, dass das vermeintlich widersetzliche Pferd bestimmte Anweisungen vielleicht einfach in seinem momentanen (Ausbildungs-)zustand nicht befolgen kann oder nicht versteht.

Positive und negative Verstärkung

Fehler des Pferdes entstehen immer nur in Bezug auf den Reiter. Es ist Sache des Reiters, dem Pferd klarzumachen, was es in der Zusammenarbeit mit dem Menschen darf und was nicht. Er kann dem Pferd dabei konsequent eine unerwünschte Aktion unbequem machen (negative Verstärkung) oder eine erwünschte Aktion belohnen (positive Verstärkung).

Ergänzende Themen

Der Umgang mit Fehlern
Lob und Tadel
Dem Pferd einen Rahmen geben
Freie Balance

Das Richtige belohnen

Negative Verstärkung ist weder schlechter noch besser als positive Verstärkung. Auch in der negativen Verstärkung wird keinesfalls mit Gewalt und Zwangsmitteln gearbeitet. Ein kurzes »Hör mal zu«, wenn das Pferd die Aufmerksamkeit wegnimmt, und eventuell eine **kurze** Druckverstärkung sollten im Allgemeinen ausreichen, um das Pferd wieder ›in die Spur zu bringen‹. Sobald ein Kommando befolgt ist, muss der Druck sofort weggenommen werden.
Positive Verstärkung (als Beispiel das Clickertraining) arbeitet mit konsequenter Belohnung von erwünschtem Verhalten und dem weitgehenden **Ignorieren** von unerwünschtem. Das ist als System anspruchsvoller, denn der Mensch muss aufpassen, dass er nichts fordert, was zu gefährlichem unerwünschten Verhalten führen könnte (was er nicht ignorieren kann) und dass er wirklich ›das Richtige‹ belohnt (es geht nicht darum, das Pferd mit Leckerli zu ›bestechen‹, sondern die ›richtige Idee‹ des Pferdes durch eine Belohnung zu verstärken).

Stimmungsprüfung & Tagesform

Um was geht es?

Forderungen an den Zustand des Pferdes anpassen.

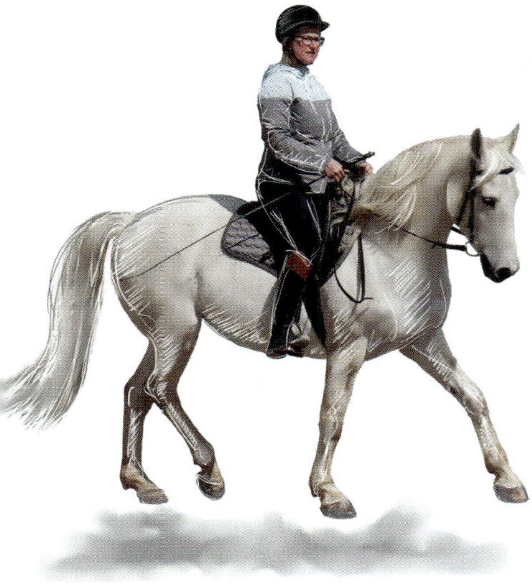

Achten Sie auf den Gesichtsausdruck des Pferdes. Das Pferd zeigt deutlich, wie es gerade drauf ist. Und fühlen Sie auch in sich hinein, wie Sie selbst drauf sind.

Weder Mensch noch Pferd sind jeden Tag gleich

Die Koordinationsfähigkeit wechselt je nach Tagesform.
Pferd und Mensch können Muskelkater, Kopfschmerzen oder Kreislaufprobleme haben.
Gestehen Sie sich selbst, aber auch dem Pferd einen ›schlechten Tag‹ zu und hören Sie dann rechtzeitig mit einer einfachen gelungenen Übung auf.

Reaktionszeiten

Der Reiter muss dem Pferd Reaktionszeit lassen. Für manche Übungen braucht das Pferd einen kurzen Moment, bis es sich ›sortiert‹ hat.
Je feiner und aufmerksamer das Pferd auf die Hilfen reagiert, und je besser es ausbalanciert und versammelt ist, umso weniger Reaktionszeit braucht es.

Was kann ich heute vom Pferd fordern?

Schon beim Putzen zeigt uns das Pferd, wie es heute ›drauf‹ ist. Lässt es sich an manchen Stellen nicht gerne berühren? Zuckt es im Rücken, wenn ich mit der Bürste drübergehe?
Steht es beim Satteln still mit entspanntem Gesichtsausdruck oder legt es die Ohren an und kräuselt die Nüstern? Nimmt es das Gebiss ohne Widerstand oder macht es das Maul nicht auf?
Ein paar Runden zu Fuß neben dem Pferd, eventuell mit einigen Handarbeitsübungen, bringen weitere Erkenntnisse zum aktuellen nervlichen und körperlichen Zustand des Pferdes.
Wie ist das Wetter? Viele Pferde werden bei Wind ›lustig‹. Ein Abstreichen des Pferdekörpers mit der Gerte oder auch den Händen zeigt den Spannungszustand. Und einige Runden im Schritt zeigen, ob das Pferd in einem arbeitsfähigen Grundzustand ist.

Ergänzende Themen

Reaktionsbereitschaft erreichen
Prompte Reaktionen einfordern
Pausen
Reaktionszeiten
Ein arbeitsfähiger Grundzustand
Reiten mit Vorstellungskraft
Empathie
Kontrolle und Selbstkontrolle
Desensibilisierung

Andere Idee – andere Wirkung

Um was geht es?

Probleme mit der Interpretation von Begriffen und Anweisungen.

Ergänzende Themen

Am Zügel
Funktionelle Haltung des Reiters
Federnde Fußgelenke
Schenkelimpuls statt Schenkeldruck
An den Hilfen
Das Kreuz mit dem Kreuz
Vorwärts
Treibende Hilfen
Muskelketten im Bein
Muskelketten im Arm
Becken und Gesäßknochen
Die stabile äußere Seite des Reiters
»Das habe ich so gelernt!«
Still sitzen in der Bewegung, Der Wahrnehmungssitz
Konzentrierter Kontakt, flexibler Rahmen
Federung in den Gelenken
Richtig abwenden
Stellung und Biegung
Innen und außen
Die Funktion des Zügels
Stabilität ohne Druck
Funktion des Bügels & Bügellänge

Die Grenzen der sprachlichen Beschreibung

Die Beschreibung von Dingen und Zusammenhängen, die sich erst mit der Zeit über das Gefühl und die Erfahrung erschließen, stellt bei der Vermittlung von Lerninhalten beim Reiten ein großes Problem dar. Zumal auch noch jeder Reiter – egal ob Reitschüler oder Ausbilder – eine ganz eigene Art hat, etwas zu erfassen und Erfahrungen macht, die nur ihm allein zugänglich sind. Die kontrollierende Wirkung des äußeren Zügels z.B. muss der Reitschüler einfach einmal gespürt haben, **damit er glaubt**, dass es funktioniert, außen anzunehmen, wenn das Pferd über die äußere Schulter drängelt.

Das Prinzip ›stille Post‹

Eine weitere Problematik stellt das überlieferte ›Reiterlatein‹ dar, was manchmal zu fatalen Fehlinterpretationen führt. Bestes Beispiel ist der Begriff **›An den Hilfen**‹, der extrem unterschiedlich ausgelegt wird: Die Kontrollfreaks wollen das Pferd ›bombensicher‹ zwischen treibenden und verhaltenden Hilfen einspannen und nehmen ihm damit die Bewegungsfreiheit. Andere vernachlässigen die korrekte Haltung und sind zufrieden, wenn sich das Pferd halbwegs kontrollieren lässt.
Viele Begriffe werden nach dem Prinzip der stillen Post von Reitergeneration zu Reitergeneration weitergegeben, wobei bisweilen die ursprüngliche Bedeutung verlorengeht. **Beispiel Schenkeldruck**: Druck mit dem Unterschenkel funktioniert nicht, denn der blockiert das Becken des Reiters und taugt weder zum Treiben noch zur Herstellung von Stabilität. Trotzdem gibt es Legionen von Reitern, die immer noch versuchen, das Pferd mit SchenkelDRUCK vorwärts zu bekommen. Vermutlich war ursprünglich **Druck mit dem Oberschenkel** gemeint – durch vermehrte Innenrotation im Bein, um z.B. das Pferd am Ausweichen zu hindern.

Alternative Begriffe – andere Bewegungs- bzw. Haltungs-Ideen

Daneben gibt es Kommandos, die, wenn man sie wirklich so ausführt wie gegeben, zu Fehlhaltung und Blockaden beim Reiter führen.
›Schulterblätter zusammen‹ – führt zum Hohlkreuz und zur Beckenblockade. Alternative für Stabilität im Oberkörper: **Achselhöhlen hinten schließen**.
›Absatz tief‹ – führt zu einer Versteifung des Beins und wieder zur Unbeweglichkeit des Beckens. Alternative für losgelassene Gelenke: Federung nach unten zulassen. **›Den tiefen Absatz macht das Pferd**‹ – immer dann, wenn es die Beckenseite des Reiters nach unten bewegt. Vorausgesetzt, das Bein hängt frei.
Beim Reiten ohne Bügel ist es besser, an **›Fußspitzen leicht anheben**‹ zu denken, als an Absatz tief; damit bekommt der Reiter ein anderes Bild in den Kopf und aktiviert die Beugemuskeln unten im Fuß, statt das Bein zu stark zu strecken und dabei das Knie zu blockieren.
›Füße parallel zum Pferd‹ oder auch **›Fußspitzen nach innen**‹ – mit diesem Kommando haben Generationen von Reitern eine Zwangshaltung erlernt, die die Gelenke im Bein unter falsche Spannung setzt und sich wieder bis zum Becken fortsetzt. Alternative: **Innenrotation im ganzen Bein**, dann ist der Fuß von allein parallel und Oberschenkel und Knie gut dran. Diese Innenrotation ist durch zwei verschiedene Ideen realisierbar: von oben durch **Eindrehen aus der Hüfte**, von unten durch **Absätze nach außen** drehen.

Bewegungsvielfalt

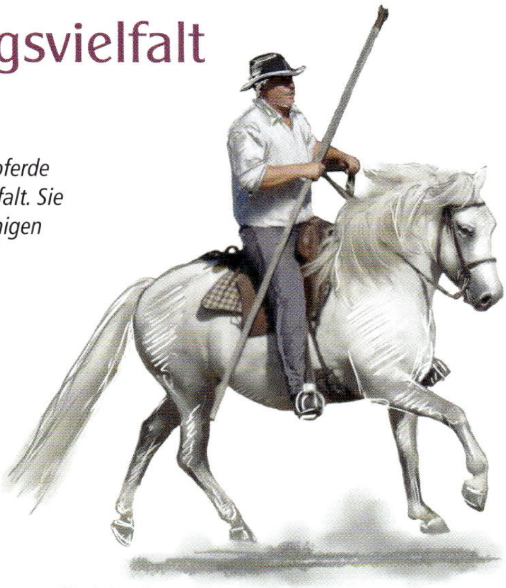

Insbesondere die Arbeitspferde brauchen Bewegungsvielfalt. Sie müssen schnell beschleunigen und stoppen können und sich dabei immer wieder neu ausbalancieren.

Stabilität und Beweglichkeit

Für eine Verbesserung der Beweglichkeit sollten die **Bewegungsmöglichkeiten immer wieder voll ausgeschöpft** werden können. Das Gehirn kann nur eine ›Idee der Bewegung‹ entwickeln, wenn es vielschichtige Informationen zu den Möglichkeiten bekommt.
Variationen der Bewegungen und der Haltung sind für diesen Prozess wichtig. **Langsam** ausgeführte Koordinationsübungen (Seitengänge / Trail) sorgen später auch für gute schnelle Bewegungen, weil die Geschmeidigkeit damit verbessert wurde und dem Gehirn größere Bewegungsbereiche bekannt sind. Das Pferd kann koordinierter auf ›ungeplante‹ Bewegungen reagieren, wenn es z.B. in ein Loch tritt. So verrringert sich das Verletzungsrisiko – auch auf der Koppel und im Gelände.

Damit eine Bewegung harmonisch und gut koordiniert ablaufen kann, benötigt der Körper jedoch auch Stabilität. Diese muss vor allem vom Rumpf ausgehen. Kraft kann erst effizient auf die Gliedmaßen und die beteiligten Muskel- und Faszienketten übertragen werden, wenn die Rumpfmuskulatur stabil genug ist. Es handelt sich hierbei jedoch nicht um eine statische, sondern um eine dynamische Stabilität, die prompte Reaktionen zulässt. Ist diese vorhanden hat der Körper die nötige Sicherheit, um Losgelassenheit in der Bewegungsmuskulatur zuzulassen. Er muss sich nicht vor Balanceverlust schützen, indem er eine Art ›Sicherheitsspannung‹ aufbaut.

Das Gleiche gilt für den Reiter

Auch der Reiter braucht die reaktive Stabilität in seinem Rumpf. Er muss gleichermaßen **stabil, durchlässig und beweglich** sein, damit er das Pferd nicht nur ›nicht stört‹, sondern es sogar unterstützen kann. Auch muss er ein Gespür für den eigenen Körper entwickeln, um wahrzunehmen, welche Probleme ursächlich von ihm selbst und welche vom Pferd kommen.

Um was geht es?

Variationen der Bewegung.

Ergänzende Themen

Versammlung
Reiten mit Vorstellungkraft
Die Idee der Bewegung
Kommunikation – Die Hilfen
Koordination
Stabilität ohne Druck
Losgelassenheit
1+1=1 die Balance im System
Angst vor Gleichgewichtsverlust
Gegensitzen und Gegenhalten
Spannungsbogen und Selbsthaltung
Freie Balance
Hilfen als antrainierte Reflexe
Durchlässigkeit
Konzentrierter Kontakt, flexibler Rahmen
Lenken: Richtungskontrolle ist Schulterkontrolle
Orientierung im Raum

Orientierung im Raum

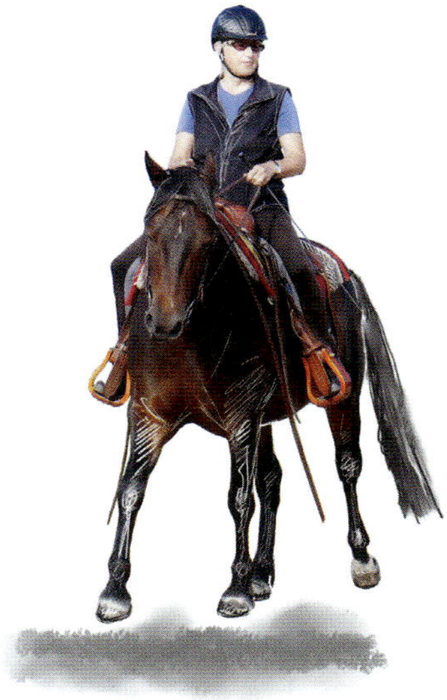

Um was geht es?

Fokussieren geradeaus und in Wendungen.

Die Energie folgt der Aufmerksamkeit.

Fokus, Energierichtung und Aufmerksamkeit

Die Blickrichtung steuert das Pferd. Schaut der Reiter nicht hin, wohin er reitet, so gibt er dem Pferd keine Richtung vor und nimmt Energie aus dem System heraus (was besonders bei etwas triebigen Pferden kontraproduktiv ist).
Eine **gerade Linie** reitet man am besten, indem man sich einen Punkt sucht, die Augen darauf heftet und darauf achtet, mittig im Sattel zu sitzen, beide Gesäßknochen gleichmäßig zu belasten und beide Hände gleichweit vom Widerrist entfernt zu halten. Schwankt das Pferd z.B. auf der Mittellinie, so hat es wenig Sinn, mit Hand und Bein gegenzusteuern, denn damit wird man das Schwanken verstärken, da das **Nachregeln zu langsam** geschieht. Erfolg verspricht eher bewusstes Zentrieren in die eigene Mitte, still sitzen und ›stures‹ Fokussieren auf den gewählten Punkt geradeaus.
Eine **gebogene Linie ist meist einfacher zu reiten** als geradeaus. Auf einem Zirkel fokussiert der Reiter dabei immer einen Punkt, etwa eine Viertelrunde voraus, und achtet auch wieder darauf, mittig im Sattel zu bleiben. (Die innere Hüfte wird leicht vorgeschoben, der äußere Zügel kontrolliert die Schulter.)

Ideen und Anregungen zum Thema

Oft kann man Reiter (im Allgemeinen Dressurreiter) sehen, die sich praktisch mit den Augen am Widerrist ihres Pferdes ›festsaugen‹. Sie sind so darauf fokussiert, das Pferd zu einer bestimmten Lektion oder Haltung zu veranlassen, dass sie völlig vergessen, sich um die Bewegungsrichtung zu kümmern. Bei allen Bahnfiguren und insbesondere bei Seitengängen z.B. ist es jedoch essenziell wichtig, zu wissen, wo und in welcher Abstellung in Bezug zur Bande man sich befindet. Andernfalls trifft man weder die Bahnpunkte, noch kann man beurteilen, ob z.B. das Schulterherein richtig ausgeführt ist.
Kein Springreiter könnte sich ein solch unfokussiertes Reiten leisten. Er käme über kein einziges Hindernis ... Das gleiche gilt für Trail- und Gelassenheitsparcours und natürlich die Arbeit mit Rinderherden.

Ergänzende Themen

Dem Pferd eine Aufgabe geben
Richtig abwenden
Konzentriertes Nichtstun
Innen und außen
Präsenz statt Ausrüstung
Konzeptionelle Fehler des Reiters
Kopfarbeit – mentales Training
Reiten mit Vorstellungskraft
Das minimalistische Prinzip

Kontrolle und Selbstkontrolle

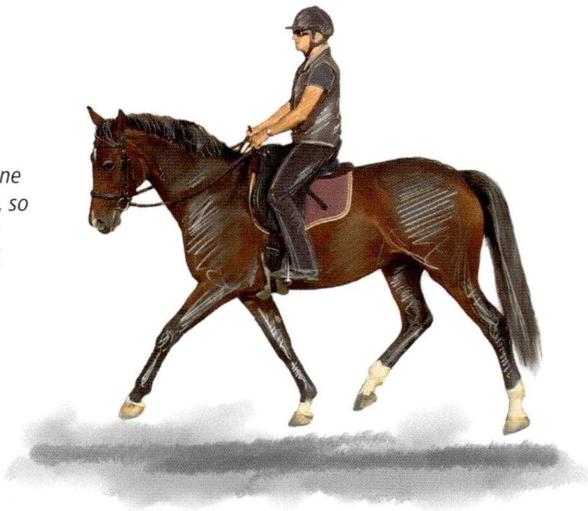

Kontrolliert der Reiter seine eigene Körperspannung, so muss er weniger Druck aufs Pferd ausüben.

Nicht nur das Pferd soll unter Kontrolle gehalten werden, auch der Reiter sollte sich selbst und die Spannungszustände in seinem Körper ständig kontrollieren (**Selbstabfrage**). Er kann sich vorstellen, dass er dazu seinen eigenen Körper wie mit einem Scanner von von oben nach unten ›abtastet‹.

Sensibel wahrnehmen – vorausschauend reiten – rechtzeitig einwirken

Gute Kontrolle ist möglichst frühe und unsichtbare Kontrolle. Eine kleine ›Nachjustierung‹, **bevor** das Pferd ›aus dem Ruder gelaufen ist‹, verhindert in den meisten Fällen eine härtere Einwirkung.
Um rechtzeitig nachzujustieren, muss der Reiter stets über den ›Zustand‹ von Maul, Genick, Rücken und Hinterbeinen des Pferdes informiert sein. Veränderungen in der Zügelspannung, der Energieübertragung und der Rückenbewegung des Pferdes muss er ständig aus losgelassener Konzentration heraus wahrnehmen und bewerten.
Bei einem routinierten Reiter laufen solche Prozesse der **Feinjustierung** von Haltung und Bewegungsqualität unterschwellig ab – wie beim Autofahren. Trotzdem sollte er immer wieder in seinen eigenen Körper hineinhorchen und überprüfen, welche Spannungsverhältnisse dort herrschen: in der Hand, im Arm, im Bein, im Fußgelenk ... Und vor allem sollte er prüfen, ob sein Becken noch senkrecht steht und die Bewegungen des Pferderückens durchlässt.

Wie der Reiter, so das Pferd

Das Pferd nimmt jede Nuance der positiven oder auch negativen Spannungszustände im Reiterkörper wahr und spiegelt sie. Will der Reiter bewusst Spannung aus dem System nehmen, muss er immer bei sich selbst anfangen. Manchmal reicht es schon, bewusst auszuatmen (die Luft rauszulassen und seine eigene Mitte zu finden), um auch das Pferd zum Loslassen zu bringen.

Um was geht es?

Kontrolle des Pferdes und Selbstkontrolle des Reiters.

So viel wie nötig,
so wenig wie möglich.

Ergänzende Themen

Das minimalistische Prinzip
Empathie
Atmung
Stabilität ohne Druck
Reiten mit Vorstellungskraft
Blinden Aktionismus vermeiden
Reaktionsbereitschaft erreichen
Der Umgang mit ›Fehlern‹
Bewegungsfreiheit und Beweglichkeit
Individualität und Sensibilität
Reaktionszeiten
Becken und Gesäßknochen
Kontakt zum Pferd
Festgehaltene Gelenke
Einwirkung mit dem Zügel

Druck erzeugt Gegendruck

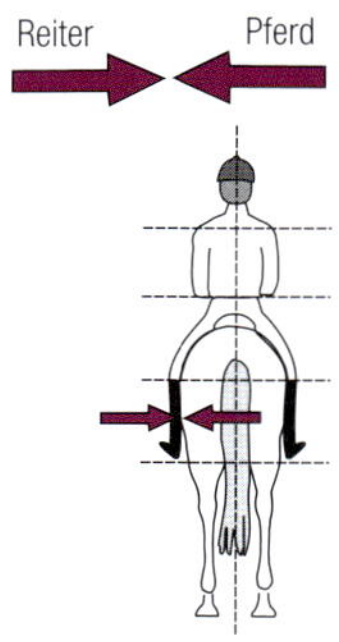

Dauerhaften Druck mit dem Schenkel beantwortet das Pferd mit Gegendrücken.

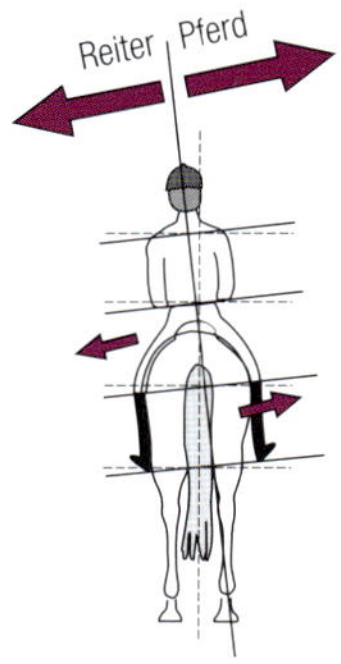

Ein längeres Herüberlehnen des Oberkörpers verursacht beim Pferd Angst vor Gleichgewichtsverlust.

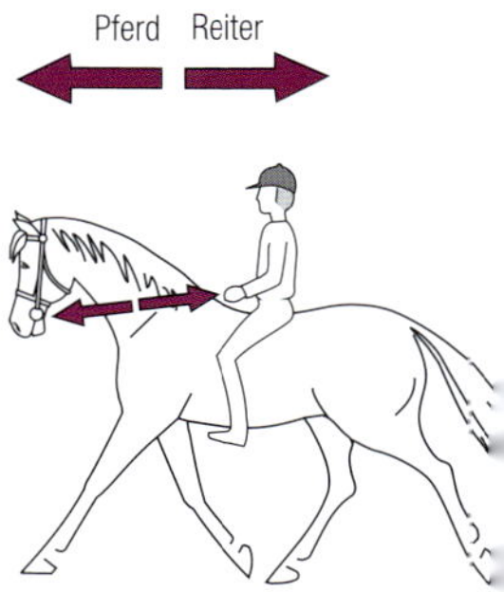

Dauerhafter Zug am Zügel bringt das Pferd zum Gegenziehen. Es benutzt die Reiterhand als Stütze.

Um was geht es?

Dem Pferd keine Gelegenheit geben, sich gegen Hilfen zu wehren.

Stütze verweigern.

Nicht den Kopf des Pferdes tragen.

Gegen Hilfen, die zu lange dauern, wird sich das Pferd durch Gegenstemmen wehren.

Einen mit lang anhaltendem Druck eingesetzen (treibenden) Schenkel wird das Pferd mit Gegendrücken beantworten. Das gekippte Becken, was damit einhergeht, ist kontraproduktiv und wird das Pferd eher zum Verlangsamen als zum Beschleunigen animieren.

Lehnt der Reiter seinen Oberkörper zu stark und zu lange in die Richtung, in die er reiten will, so wird er das Pferd dazu bringen, sich gegen diese Gewichtshilfe zu sperren, weil sie sein Gleichgewicht gefährdet.

Nimmt der Reiter den Zügel zu lange an und kommt dadurch ins Ziehen, wird sich das Pferd gegen den Zügel wehren oder mit Gegenziehen reagieren (es legt sich auf den Zügel).

Hilfenimpulse statt Druck und Zug

Gute Hilfen arbeiten mit leichten und so kurz wie möglich gegebenen Impulsen. Verhaltende **Zügelhilfen** sollten nach dem Prinzip der Stotterbremse eingesetzt werden: annehmen – nachgeben – erneut annehmen. Damit verweigern Sie dem Pferd die Stütze und zwingen es dazu, sich selbst auszubalancieren.
Wer es auf einen Ziehkampf mit dem Pferd ankommen lässt, kann nur verlieren, denn das Pferd hat mehr Kraft.
Wer den **treibend gedachten Schenkel** bohrend oder drückend einsetzt, kippt sein Becken in die blockierende Stellung und zieht damit über den Sitz praktisch die Handbremse an. Das gleiche passiert mit einem Sporenstich bei hochgezogenem Absatz und ausgedrehter Fußspitze.
Ein Herüberlehnen des Reiter-Oberkörpers in Bewegungsrichtung kann kurzfristig tatsächlich eine erwünschte **Richtungsänderung** des Pferdes bewirken – das Pferd wird versuchen, ›unter das Gewicht des Reiters zu laufen‹. Dauert sie zu lange, so wird sich das Pferd dagegen wehren und sich fest machen, weil es Angst davor hat, sein Gleichgewicht zu verlieren. Sinnvoller ist es, auch die ›Gewichtshilfen‹ sparsam zu geben, nur die Hüfte in Bewegungsrichtung vorzuschieben und im Sitz mittig über dem Pferd zu bleiben.

Ergänzende Themen

Treibende Hilfen
Bremsen: die Paraden
Sporeneinsatz
Hilfszügel helfen nicht
Muskelketten im Bein
Muskelketten im Arm
Streck- und Beugemuster
Einwirkung mit dem Zügel
Die Funktion des Zügels
Becken und Gesäßknochen
Hart im Maul?
Fehlhaltungen des Reiters
Still sitzen in der Bewegung, Der Wahrnehmungssitz
Festgehaltene Gelenke

Reiten mit Vorstellungskraft

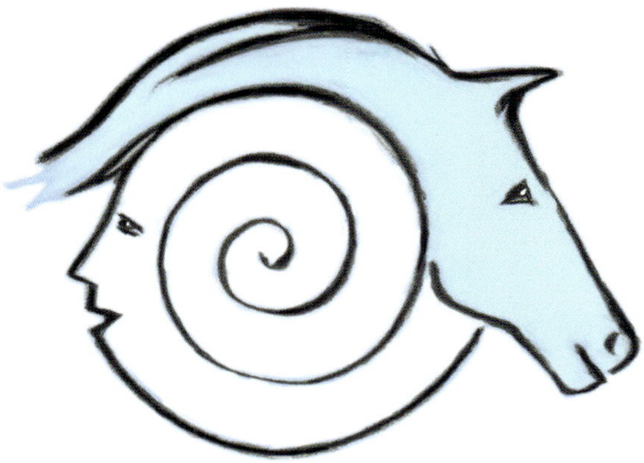

Um was geht es?

Wer kein Ziel hat, kann es auch nicht erreichen.

Eine klare Vorstellung dessen, was man mit dem Pferd zusammen erreichen will, ist für die Ausbildung notwendig.

Die Idee der Bewegung – Mentale Kontrolle

Reiten ist ›leicht‹ – oder sollte es zumindest in der Vollendung werden. Leicht bezieht sich dabei nicht auf die eigentliche Arbeit (die kann manchmal auch mühsam sein), sondern auf das Ziel: ein Reiter-Pferd-Paar, das sich scheinbar telepathisch verständigt; ein Pferd, welches am ›seidenen Faden‹ zu kontrollieren ist; tänzerische Leichtigkeit in allen Lektionen ... Um solch eine (scheinbare) Mühelosigkeit zu erreichen, braucht der Reiter das ›richtige‹ Bild im Kopf und sollte es auch mit einem Gefühl hinterlegen. Er muss das gewünschte Ergebnis einer Lektion bzw. der gesamten Ausbildung vor seinem inneren Auge entstehen lassen und alle Sinne auf das Erreichen der Idealvorstellung ausrichten. Wichtig: **Stellen Sie sich immer das vor, was Sie wollen, und nicht das, was Sie befürchten.**

Ideen und Anregungen zum Thema

Wenn Sie denken: »Ich kann das nicht; das geht schief«, werden Sie Recht haben. Und wenn Sie denken: »Ich kann das, es wird funktionieren«, werden Sie auch Recht haben. Ihr Unterbewusstsein arbeitet daran, die Vorstellung, die Sie von sich und Ihrem Tun haben, wahr werden zu lassen.

Ihr Pferd reagiert ähnlich wie Ihr Unterbewusstsein. Pferde sind extrem empathisch und nehmen positive wie negative Emotionen über die Veränderung in Ihrer Körperspannung auf. Wenn Sie also befürchten, dass Ihr Pferd an der Tür scheut (und dieses Bild im Kopf haben), wird genau dies passieren. Wenn Sie sich jedoch vorstellen, dass Sie schon an der Tür vorbei sind und das Bild im Kopf haben, wie sich das Pferd losgelassen und entspannt hinter der Tür befindet, wird das Pferd diesem Bild entsprechen. Das Gleiche funktioniert mit jeder gerittenen Lektion. Schließen Sie jedoch immer sich selbst in die bildhafte Vorstellung ein.

Ergänzende Themen

Aufmerksamkeit des Reiters
Der Energiekreis
Empathie
Sich in die Lage des Pferdes versetzen
Orientierung im Raum
Funktionelle Haltung des Reiters
Freie Balance
Machen Sie sich ein Bild!
Reiten mit Vorstellungskraft
Das minimalistische Prinzip
Bewegungsvielfalt
Andere Idee – andere Wirkung

›Das Pferd fällt auseinander‹

Um was geht es?

Eine arbeitsfähige und gesunde Haltung herstellen.

Begriffe verstehen.

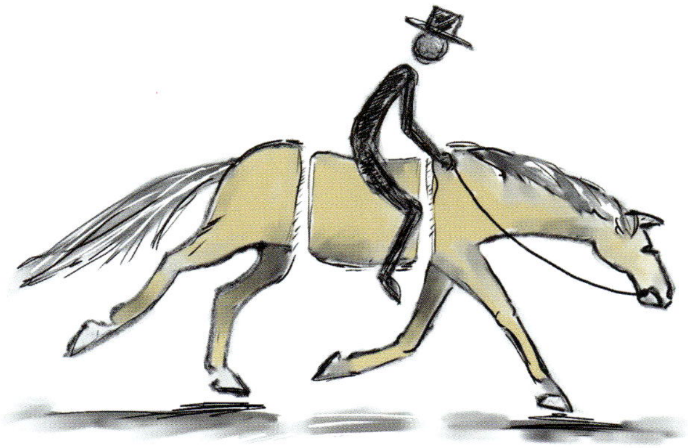

Das System ›von hinten nach vorne‹ zusammenhalten

Das auseinandergefallene Pferd überlastet die Vorhand, lässt den Rücken durchhängen und ›vergisst‹ die Hinterbeine. Diese schlaffe, energielose Haltung ist gesundheitsschädlich fürs Pferd. Die Hilfen kommen nur schwer durch und das Pferd ist schwer zu lenken.

Halt mal dein Pferd zusammen
Reite ihn an die Hand heran
Stell ihn an den Zügel
Bring ihn in Haltung
Aktiviere die Hinterhand

All diese Anweisungen und Begriffe haben das gleiche Ziel: das Pferd in eine Haltung mit positiver Energie, aktiver Hinterhand, angehobener Schulter und gutem Gleichgewicht zu bringen. Nur diese ermöglicht ein ›gesundes Reiten‹ und eine Kontrolle des Pferdes mit ›Servolenkung‹.

Eins nach dem anderen ...

Viele Reiter verstehen unter den oben genannten Anweisungen ein kräftezehrendes System aus Gegenhalten am Zügel und Gegensitzen mit gekipptem Becken, mit dem man das Pferd zwischen treibenden und verhaltenden Hilfen einspannt. Da gibt es jedoch durchaus elegantere Lösungen: Sensibilisiert man das Pferd dahingehend, dass es prompt auf treibende Impulse reagiert und gibt ihm keine Möglichkeit, gegen den Zügel zu gehen bzw. sich draufzulegen, so kann man Energie und Kraft sparen. Dazu ist es jedoch notwendig, treibende und verhaltende Impulse erst einmal zeitlich zu trennen. Es gilt (mehr oder weniger vorübergehend) **›Schenkel ohne Zügel‹ und ›Zügel ohne Schenkel‹**. Erst brauchen wir das unbedingte ›Vorwärts‹, dann erst können wir mit einem Zügelsignal (bei passender Beckenausrichtung) Haltung herstellen.

Ergänzende Themen

Haltung bewahren
Funktion des Pferderückens
Von hinten nach vorne reiten
Servolenkung
Durchlässigkeit
Treibende Hilfen
Vorwärts treiben = mehr Energie
Bremsen: die Paraden
Gegenhalten und Gegensitzen
Resensibilisierung
Reitweisen
Kopf- und Halshaltungen
Vorwärts
Stabilität ohne Druck
Das Kreuz mit dem Kreuz
Becken und Gesäßknochen
Konzentriertes Nichtstun
An den Hilfen
Durchlässigkeit

Das Pferd spiegelt den Reiter

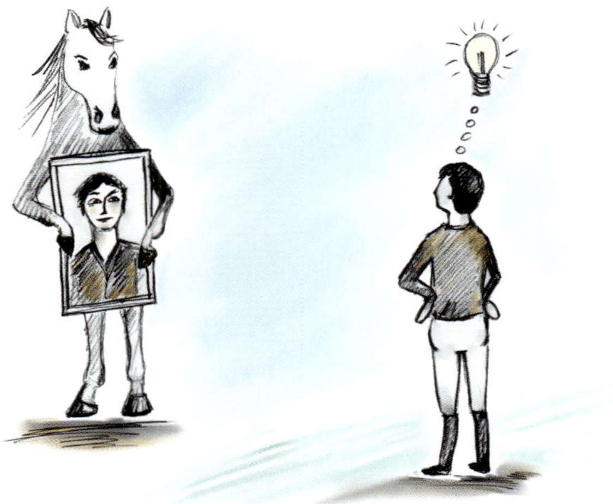

Wie der Reiter, so das Pferd ...

Souveräner, (los)gelassener Reiter = losgelassenes Pferd
Verspannter Reiter = verspanntes Pferd

Pferde sind Geschöpfe ihrer Reiter. Der Reiter hat es in der Hand, die Schwächen seines Pferdes zu verbessern und seine Stärken zu entwickeln. Dazu muss er aber ein gutes **Vorbild** sein und alles, was er vom Pferd verlangt, auch selbst leisten können. Wenn er vom Pferd tänzerische Leichtigkeit erwartet, darf er nicht stocksteif auf dem Pferd klemmen und dessen Bewegung behindern.
Prinzipiell gelten die Begriffe der Ausbildungsskala des Pferdes genauso für den Reiter. Es geht dabei nicht darum, dass jeder alles perfekt beherrschen muss, sondern darum, zu verstehen, warum etwas im System bisweilen nicht funktioniert und nicht immer nur dem Pferd die Schuld zu geben bzw. am Pferd ›herumzuschrauben‹. **Gutes Reiten ist immer vorrangig Arbeit am Reiter.**
Die Konzentration des Reiters auf die Spannungszustände im eigenen Körper und sein psychisches Gleichgewicht ist deswegen oft wichtiger als alles andere.

Ergänzende Gedanken

Junge Pferde und Pferde mit Problemen gehören in die Hände von erfahrenen und vor allem souveränen Reitern. Das ist eine Binsenweisheit. Leider zeigt die Realität ein anderes Bild.
Ängstliche und unerfahrene Reiter kaufen sich junge Pferde oder solche mit ›Altlasten‹, weil die billiger zu haben sind, als ein sorgfältig ausgebildetes Pferd.
Ehrgeizige Newcomer erwerben ein hochveranlagtes Dressur- oder Springpferd und sind noch nicht in der Lage, mit dessen Potenzial umzugehen.
Beides muss nicht zwingend schiefgehen, aber es braucht gute Trainer und Ausbilder, die an den Defiziten der Menschen arbeiten und nicht nur das Pferd immer wieder ›zurechtbiegen‹. Das Gesamtsystem Mensch-plus-Pferd muss ins (gemeinsame) Gleichgewicht gebracht werden und nicht nur das Pferd.

Um was geht es?

*Es funktioniert nicht, nur das Pferd zu ›formen‹. Der Reiter muss prinzipiell die gleichen Dinge lernen und beherrschen wie das Pferd. Und er muss sie **zuerst** können, bevor er sie ans Pferd vermitteln kann.*

Ergänzende Themen

Energiekreis
Reiten mit Vorstellungskraft
Losgelassenheit
Die Ausbildungsskala
Kopfarbeit – mentales Training
1+1=1 die Balance im System
Freie Balance
Versammlung
Durchlässigkeit
Funktionelle Haltung des Reiters
Machen Sie sich ein Bild!
Bewegungsfreiheit und Beweglichkeit
Lerninhalte für den Reiter
Was alles dazugehört
Lehren und Lernen

Lehren und Lernen

Um was geht es?

Sicherheits- und Gesundheitsaspekte.

Warum es nicht ohne Ausbildung geht

Ausbildung schützt Pferd und Reiter (Sicherheitsaspekte, Gesundheitsaspekte). **Der Reitlehrer** hat dabei ein ziemlich umfangreiches Aufgabengebiet, denn er hat prinzipiell immer zwei Schüler gleichzeitig: den Reiter und das Pferd. Kommmunikation muss auf mehreren Ebenen funktionieren. Zwischen Reiter und Lehrer, zwischen Reiter und Pferd und indirekt auch zwischen Pferd und Lehrer (der Lehrer muss die Reaktionen des Pferdes in der Interaktion mit dem Reiter einordnen und einschätzen, wer gerade ›daran schuld‹ ist, dass etwas nicht funktioniert).
Die folgenden Inhalte muss der Lehrer dem Reitschüler vermitteln:

1. Verständnis für die Reaktionen und Bedürfnisse des Pferdes
Grundkenntnisse in Anatomie, Psychologie und Bewegungslehre. Bedürfnisse des Pferdes erkennen und berücksichtigen. Verhalten und Reaktionen des Pferdes verstehen. Warum eine bestimmte Haltung des Pferdes und des Reiters aus anatomischen Gründen notwendig ist. Gutes und schlechtes Reiten einschätzen und beurteilen lernen und sich »das Richtige« abschauen, Harmonie und Disharmonie in Bewegung erkennen.
Bodenarbeit als Vorübung für Anfänger: Reaktionen des Pferdes auf eigene Signale vom Boden aus testen. Erste Schritte zu bewussten Bewegungen und deutlichen Signalen.

2. Balance in der Bewegung · den Gleichgewichtssitz lernen
Bewegungsrhythmus und Takt des Pferdes an der Longe erfühlen. Dynamisches Gleichgewicht erreichen = sitzen lernen. Entwicklung von Körpergefühl, Koordination und Bewegungsgefühl beim Reiter.
Die Gleichgewichtstheorie als Grundlage für einfache Hilfen verstehen.

3. Logisch denken · überlegt handeln · richtige Kommunikationssysteme
Verständnis für Zusammenhänge entwickeln. Das Kommunikationssystem (Hilfensystem) verstehen. Angelernte und natürliche, treibende und verhaltende Hilfen unterscheiden. ›Logische‹ Hilfenkombinationen verstehen, erkennen und verwenden. Körpersignale gezielt und bewusst einsetzen, ohne dabei die Balance auf dem sich bewegenden Pferderücken zu verlieren. Eigene Grenzen erkennen und nichts Unmögliches von sich selbst und vom Pferd verlangen.

4. Emotionale Kontrolle · Ruhe bewahren · Angst reduzieren
Ängste verstehen und akzeptieren. Angstreduzierung und Sicherheit durch Vertrauensaufbau zwischen Pferd und Reiter und bessere Kontrolle. Selbstbewusstsein im Umgang mit dem Pferd entwickeln, um souverän auftreten zu können.

5. Basislektionen umsetzen und üben
Das Gefühl für die Intensität und das Zusammenwirken bei Hilfenkombinationen entwickeln. Gefühl für die Reaktionen und Bewegungsvorgaben unterschiedlicher Pferde bekommen.

6. Reflektieren und aufschreiben um das Verständnis zu festigen.

Ergänzende Themen

Reiten ist logisch
Denkanstöße
Das Pferd spiegelt den Reiter
Bewegungslehre
1+1=1 die Balance im System
Bewegungsvielfalt
Freie Balance
Kommunikation – Die Hilfen
Hilfen als antrainierte Reflexe
Kontrollinstrumente des Reiters
Die Ausbildungsskala
Durchlässigkeit
Losgelassenheit
Stabilität ohne Druck
Sehen lernen
Das minimalistische Prinzip
Angstbewältigung
Hände weg!
Innen und außen
Die Funktion des Zügels
Becken und Gesäßknochen
Kontakt zum Pferd

Desensibilisierung

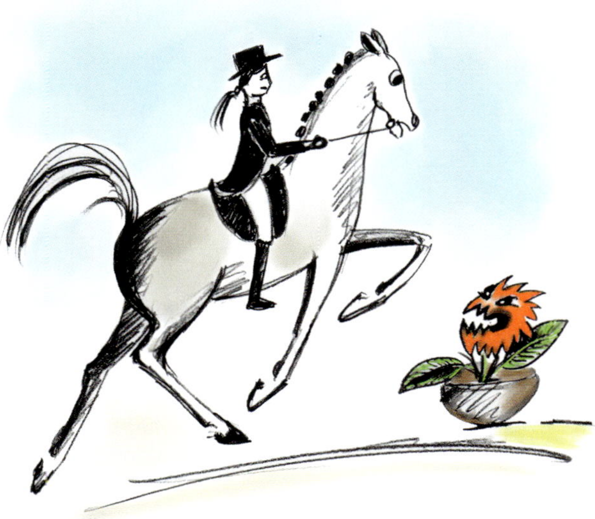

Um was geht es?

Die selbst erfüllende Prophezeiung.

Schreck lass nach!

Natürlich gibt es von Natur aus Pferde mit besserem Nervenkostüm und andere, die schneller mal ›aus dem Häuschen‹ geraten.
Viele Pferde erschrecken aber nur, weil ihr Reiter das in bestimmten Situationen von ihnen erwartet. Wenn der Mensch sich denkt »Oje, da vorne flattert eine Tüte im Wind, da kommen wir nie vorbei …«, dann wird das Pferd auf seine veränderte Körperspannung reagieren, weil er vielleicht den Zügel etwas mehr aufnimmt und die Knie zumacht. Das Pferd spürt die An(gst)spannung des Reiters, der doch eigentlich für die Sicherheit im System verantwortlich ist, und macht sich seinen Reim darauf.
Um diesen negativen Kreislauf zu durchbrechen, ist ein **Desensibilisierungsprogramm am Boden** sinnvoll. Das Pferd wird in einem geschützten und sicheren Raum (z. B. einem Roundpen oder einer kleinen Halle) Angst auslösenden Situationen ausgesetzt, darf aufgeregt am langen Strick herumhopsen und lernt schließlich, dass Luftballons, Flatterbänder, Tüten und Klappersäcke nicht beißen.

Sicherheitsvorkehrungen

Wichtig bei der Desensibilisierung ist, dass der Mensch dem Pferd immer einen Ausweg lässt, bei dem **er ihm nicht ›im Weg‹ steht**. Damit verhindert er, dass das Pferd gegen ihn springt, wenn es sich der Situation entziehen will.
Genauso wichtig ist, dass der Mensch stur auf seiner Forderung beharrt: z.B. dass sich das Pferd mit einer raschelnden Plane auseinandersetzt. Es darf seine Aufmerksamkeit nicht davon wegnehmen und in der Gegend herumschauen.
Und vor allem ist es wichtig, dass das Pferd nach solchen aufregenden Desensibilisierungsaktionen **wieder ruhig wird**. Nur dann kann es ›das Richtige‹ daraus lernen.

Ergänzende Themen

Angstbewältigung
Losgelassenheit
Reiten mit Vorstellungskraft
Bewegungsfreiheit
Bodenarbeit
Vertrauen gegen Vertrauen
Aufmerksamkeit des Reiters
Machen Sie sich ein Bild!
Blinden Aktionismus vermeiden
Gedankenkontrolle und Emotionskontrolle
Atmung
Verbale Hilfen
Beharrlichkeit
Kontrolle und Selbstkontrolle
Das Pferd spiegelt den Reiter

Denkanstöße

Um was geht es?

Eine Reiterwelt, in der alle an ihren Gewissheiten zweifeln, wäre eine bessere Reiterwelt.

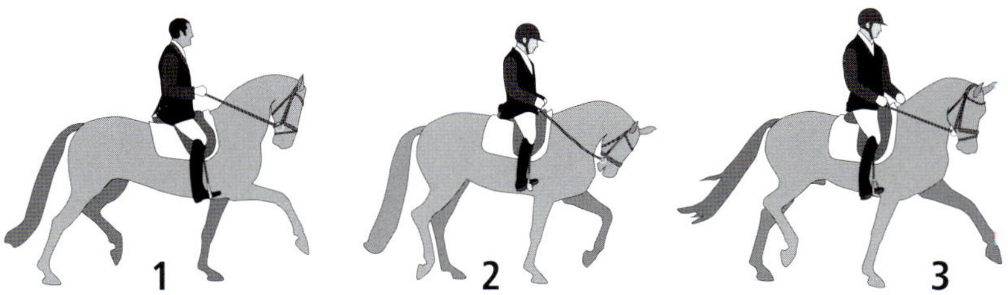

***Nicht zur Nachahmung empfohlen!** Diese 1:1 nachgezeichneten Bilder von durchaus erfolgreichen Turnierreitern zeigen **gesundheitsschädliche, weitgehend ›mit dem Zügel hergestellte‹** Zwangshaltungen, die die Bewegungsfreiheit des Pferdes massiv einschränken.*

1. Zu eng im Hals: Das Pferd ist mit der Hand ›zusammengezogen‹, der Unterhals ist herausgedrückt, der Rücken fest, die Parallelität der Beinpaare und die Schulterfreiheit sind verloren gegangen, der Reiter ›hängt dem Pferd im Kreuz‹.

2. Prinzipiell passiert hier das Gleiche wie bei 1: Das Pferd beißt sich in die Brust, allerdings nicht in der Verstärkung, sondern in falsch verstandener ›Versammlung‹, ohne aktive Hinterhand und mit blockierter Schulter.

3. Keine Parallelität der Beinpaare in der Trabverstärkung: Das Pferd ›strampelt‹ ohne Schulterfreiheit mit den Vorderbeinen und kommt hinten nicht nach.

Selber denken! Den eigenen Weg finden.
Anweisungen hinterfragen, wenn sie nicht logisch klingen!
Übernehmen Sie nicht unreflektiert eine vorgefertigte Meinung. Haben Sie den Mut, Ihren eigenen Verstand zu gebrauchen. Zweifeln Sie an ›Wahrheiten‹, die man Ihnen vorsetzt: »Das macht man eben so« ist keine Erklärung!

»Man muss nicht (m)einer Meinung sein, aber die abweichende Meinung begründen können.«
Wenn eine Trainer nicht in der Lage ist, eine Frage nach dem ›Warum‹ zu beantworten, ist Vorsicht geboten. Insbesondere, wenn er seine Anweisungen mit der Anwendung von immer mehr Zwang und Druck durchsetzen will.

Es gibt keine absolute Wahrheit, sondern nur Interpretationen.

Methoden können nicht 1:1 kopiert werden!
Menschen und Pferde sind ausgeprägte Individualisten – mit ganz eigenen Schwächen und Stärken. Was für das eine Reiter-Pferd-Paar funktioniert, kann bei einem anderen falsch (oder verfrüht) sein. Sowohl bei Pferden als auch bei Reitern gibt es Bewegungstalente und andere, die sich erst mühsam mit neuen Bewegungsformen und Anforderungen arrangieren müssen. Lerntempo und körperliche Entwicklung sind unterschiedlich. Und was so mancher erfolgreiche Turnierreiter mit seinem Pferd auf dem Abreiteplatz anstellt, ist mit Sicherheit nicht zur Nachahmung für ›Otto-Normalreiter‹ zu empfehlen.

Ergänzende Themen

Sich in die Lage des Pferdes versetzen
Hilfszügel helfen nicht!
Fehlhaltungen
Trageerschöpfung
Parallelität der Beinpaare
Schulterfreiheit
Schulterkontrolle
Versammlung
Trabverstärkung
Individualität und Sensibilität
Bewegungsvielfalt
Der Energiekreis

Reiten ist logisch

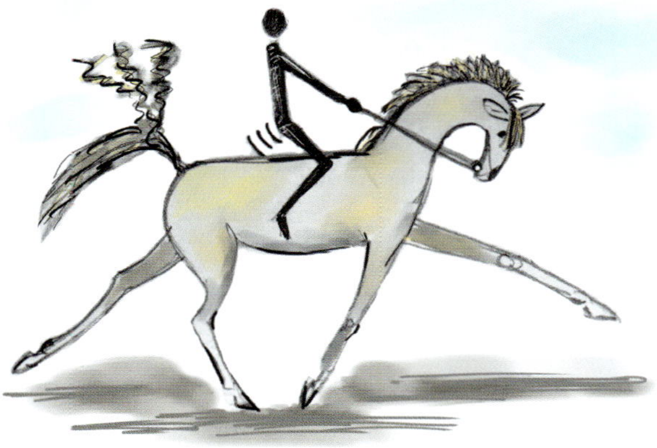

Um was geht es?

Über den Tellerrand schauen.

Offen sein für logische Argumente und Anregungen aus verschiedenen Methoden.

Die Logik des Gelingens

Reiten, die Hilfengebung und auch die Pferdeausbildung beruhen auf einem logischen System (Logik im mathematischen Sinne von folgerichtig innerhalb eines geschlossenen Systems). Sie können mit einem guten Grundlagenwissen und dem sicheren Verständnis von Psyche und Anatomie des Pferdes Reitstile und Methoden mischen, sich aus vielen unterschiedlichen Bereichen Sinnvolles heraussuchen und daraus Ihr eigenes System entwickeln – **doch es muss in sich stimmig und logisch sein**. Überdenken Sie dementsprechend alle Hilfen und Lektionen, die Sie Ihrem Pferd beibringen immer hinsichtlich Folgerichtigkeit, Deutlichkeit und Einordnungsmöglichkeiten in Ihr eigenes Gesamtsystem, nach dem Sie mit dem Pferd arbeiten wollen. Das gilt für Reiten, Bodenarbeit und Umgang gleichermaßen.
Achten Sie darauf, dass im Verlauf der Ausbildung das Reiten **›leichter‹** wird. Spektakuläre Bewegungen (s.o.) kann man nicht forcieren, sondern sie müssen sich langsam entwickeln. Wenn der Reiter beispielsweise eine Trabverstärkung nicht sitzen kann, dann taugt sie nichts.

Viele Methoden ein Ziel

Alle Ausbildungsmethoden sollten hinsichtlich gesundheitlicher Verträglichkeit und Sicherheit für Pferd und Reiter überprüft werden.
Ziel in jeder Reitweise ist ein verlässliches, gut erzogenes und gymnastiziertes (und deswegen lange leistungsfähiges und gesundes) Pferd. Der ›nette‹ Nebeneffekt ist, dass ein solches Pferd für den Reiter leicht zu lenken und bequem zu sitzen ist.
Eine vertrauensvolle Zusammenarbeit mit dem Pferd soll angestrebt werden, die beiden Partnern **Bewegungs- und Handlungsfreiheit** und Freude an der gemeinsamen Bewegung ermöglicht.

Ergänzende Themen

Reiten mit Vorstellungkraft
Bewegungsfreiheit und Beweglichkeit
Lehren und Lernen
Lerninhalte für den Reiter
Der Energiekreis
Das minimalistische Prinzip
Erziehung und Beziehung
Stabilität ohne Druck
Funktionelle Haltung des Reiters
Funktion des Pferderückens
Fehlhaltungen und Trageerschöpfung
Haltungsfehler = Kommunikationsfehler
Pferderücken und Reiterbecken
Hart im Maul?

Erkenntnisse und Alternativen

Um was geht es?

Neugierde ist bei Mensch und Pferd ein wichtiges Instrument der Entwicklung.

»Beobachte das Schwimmen der Fische im Wasser und du wirst den Flug der Vögel in der Luft begreifen« (Leonardo da Vinci)

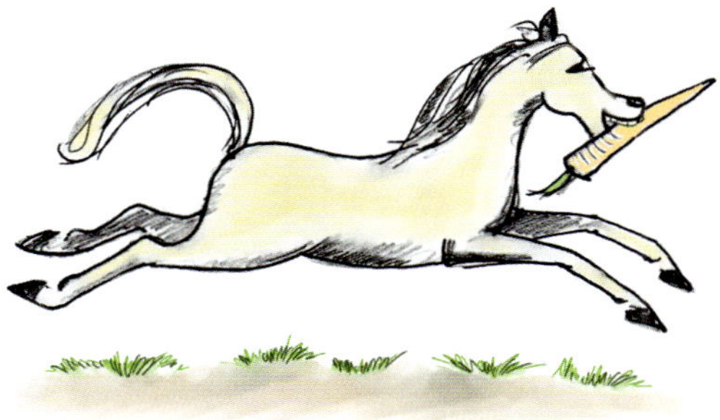

Über den Tellerrand schauen, Neues zulassen Entdeckungsfreude und Beobachtungsgabe

Pferde sind neugierig und die besten Ausbilder sind die, die erstens die Neugier des Pferdes nutzen und zweitens selbst genauso neugierig sind; die immer versuchen, die Zusammenarbeit noch ein bisschen eleganter, leichter und schöner zu machen. Nach dem Motto: »Da ist noch mehr drin.«
Apple-Gründer Steve Jobs hat einmal gesagt: »Diejenigen, die verrückt genug sind, zu denken, dass sie die Welt ändern können, sind diejenigen, die es tun.«
In diesem Sinne: Bleiben Sie neugierig, schauen Sie über den Tellerrand und arbeiten Sie an der Verbesserung Ihrer Körpersprache und Ihrer kommunikativen Fähigkeiten. Ändern Sie die Pferdewelt – und sei es nur für den besseren Draht zwischen Ihnen und Ihrem eigenen Pferd.

Ideen und Anregungen zum Thema

Erkennen Sie sich selbst und Ihr Pferd hinsichtlich körperlicher Leistungsfähigkeit und Lerntempo. Sehen Sie, was ist, und reden Sie sich nichts schön, was offensichtlich nicht funktioniert. Beobachten Sie Ihr Pferd (Gesichtsausdruck, Körpersprache) und hören Sie auf Ihr ›Bauchgefühl‹, wenn Ihnen etwas ›komisch‹ vorkommt.
Wenn eine altbekannte Methode, die vielleicht am Anfang Erfolg brachte, irgendwann in eine Sackgasse führt (wenn z.B. eine Lektion immer mehr Kraft erfordert, statt mit zunehmender Übung müheloser zu klappen), sollte der Reiter sich Gedanken machen und auf die Suche nach Alternativen gehen. Gerade im Dressursport, der ja das Ziel haben sollte, sich in vollendeter Harmonie mit dem Pferd zu bewegen, sieht man oft Reiter, die sich mit viel Kraft abmühen, um das Pferd in schwere Lektionen hinein zu schieben und zu drücken. Sie verschwenden dabei ihre eigene Energie und die des Pferdes, weil sie durch das Aufwenden von Kraft im Bein und im Arm ihr Becken blockieren und damit die freie Bewegung des Pferderückens behindern. Sie reiten praktisch mit ›angezogener Handbremse‹.

Es gibt keine größere Verschwendung, als das Falsche richtig gut zu machen. In diesem Sinne schauen Sie sich einmal neugierig um, wenn sie mit der bewährten Methode eines erfolgreichen Ausbilders nicht weiterkommen. Vielleicht passt ja genau diese Methode gerade nicht für Sie oder Ihr Pferd ...

Ergänzende Themen

Sich in die Lage des Pferdes versetzen
Parallelen in der Haltung von Reiter und Pferd
Das minimalistische Prinzip
Das Pferd spiegelt den Reiter
Losgelassenheit
Stabilität ohne Druck
Druck erzeugt Gegendruck
Becken und Gesäßknochen
Einwirkung mit dem Zügel
Pferderücken und Reiterbecken
Treibende Hilfen
Hilfen als antrainierte Reflexe
Prompte Reaktionen einfordern

Energiekonzepte

Um was geht es?

Energie durchlassen.

Energieaufwand:
So viel wie nötig, um korrekte Haltung herzustellen –
so wenig wie möglich, um keine Energie zu verschwenden und Eleganz zu erreichen.

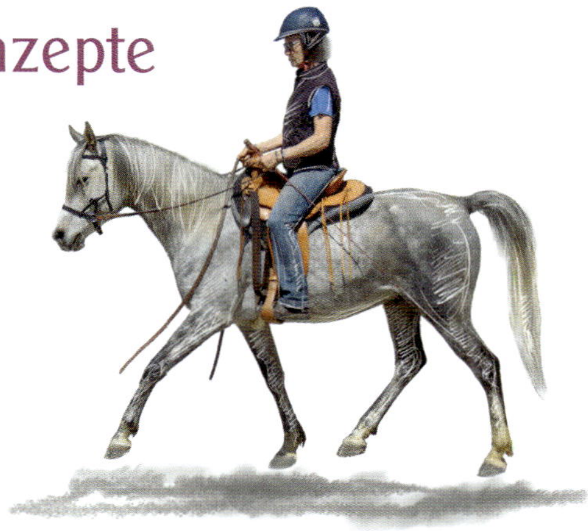

Reiten in Leichtigkeit durch richtige Energiesteuerung

Elegantes Reiten funktioniert nur durch sinnvollen Umgang mit der Energie. Dazu muss man sich Folgendes vergegenwärtigen:
Nur das Pferd kann **Vorwärts-Energie** erzeugen.
Der Reiter ist für die Lenkung der Energie zuständig und muss dafür sorgen, dass sie sowohl beim Pferd als auch bei sich selbst durchkommt. Das ist vom Prinzip her die Durchlässigkeit (die leider oft nur auf die Hilfen bezogen wird).
Der Reiter braucht eine **andere Form der Energie**, die man mit mentaler Kraft, Körperspannung und Willenskraft beschreiben kann.

Energie folgt der Aufmerksamkeit

Der Reiter kann sich eine Energiekugel in der Bauchmitte vorstellen, die er **mental** immer wieder neu ausrichtet: nach oben (das Pferd vor sich nach oben bringen), nach vorn, nach hinten (rückwärtsrichten) oder zur Seite.
Mit dieser Energie aus der Bauchmitte kann er sich sogar selbst gerade richten, indem er sie z.B. in seine eingeknickte Seite verschiebt.

Ein guter Reitlehrer kann zudem nicht nur sehen, sondern auch über Energiearbeit fühlen, ob der Reiter durchlässig ist und seine Gelenke nicht blockiert.

Ergänzende Ideen und Anregungen zum Thema

Häufig sieht man Reiter, die nach einer Reitstunde völlig ausgepowert sind. Oder Pferde, die aus einer Trainingseinheit schweißnass und aufgeregt herauskommen. In beiden Fällen stimmt das Grundkonzept der Ausbildung nicht. Statt richtiger Körperspannung wird falsche Verspannung erzeugt, welche auf Dauer die Beweglichkeit einschränkt, statt sie zu verbessern – und vor allem Freude an der gemeinsamen Bewegung verhindert. Eine durchdachte Arbeit im Gleichgewicht und in relativer Losgelassenheit basiert nicht auf kräftiger dauerhafter Einwirkung des Reiters mit Hand und Bein, sondern auf einem **Intervalltraining**, in dem, nach kurzen Anstrengungen, immer wieder falsche/unnötige (Ver-)Spannung aus dem System herausgenommen wird. Kraft und Energie brauchen Reiter und Pferd jedoch trotzdem: in Form von Körperspannung (beim Pferd der Spannungsbogen), die beiden die nötige Stabilität gibt, ohne die Beweglichkeit der Gelenke einzuschränken.

Ergänzende Themen

Durchlässigkeit
Treibende Hilfen
Richtig abwenden
Reiten mit Vorstellungskraft
Losgelassenheit
Energiekreis
Aufmerksamkeit des Reiters
Energiearbeit für den Reiter
Stabilität ohne Druck
An den Hilfen
Die stabile äußere Seite des Reiters
Funktionelle Haltung des Reiters
Freie Balance
Bewegungsfreiheit und Beweglichkeit
Bewegungsvielfalt
Konzentriertes Nichtstun
Festgehaltene Gelenke
Becken und Gesäßknochen

Empathie

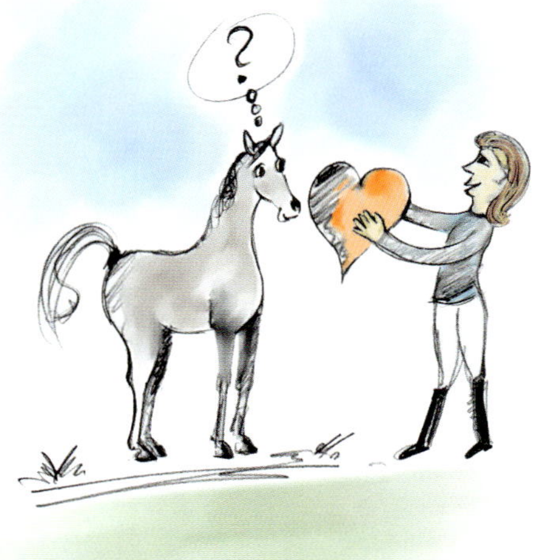

Um was geht es?

»Was du nicht willst, das man dir tut, das füg' auch keinem andern zu.« (Sprichwort)

Verständnis für den anderen ...

Bei der Zusammenarbeit von zwei unterschiedlichen Wesen wie Pferd und Mensch muss jeder der beiden sich bemühen, dem anderen zuzuhören und ihn zu verstehen. In Sachen Empathie hat das Pferd klare Vorteile. Die meisten Pferde kennen ihre Reiter und deren Gemütszustände besser als diese selbst.

Empathie des Pferdes – Chancen und Risiken

Pferde sind extrem empathisch. Sie registrieren jede noch so kleine positive und negative Schwingung. Und sie wissen genau, wie ernst der Mensch es meint, wenn er eine Forderung an sie stellt. In einer guten Mensch-Pferd-Beziehung verzeiht das Pferd viele Fehler in der Hilfengebung und versucht zu erraten, was der Mensch möchte, wenn er sich missverständlich ausdrückt – vorausgesetzt, der Mensch verlangt nichts Unmögliches. Pferde spüren, wenn man es gut mit ihnen meint. Wenn es allerdings zu anstrengend wird, wird das Pferd als Energiesparer versuchen, sich vor der Arbeit zu drücken. Da braucht es dann doch ›klare Ansagen‹ vom Reiter.

Pferde sind aufgrund ihrer Empathie ideale ›Sparringspartner‹ für Persönlichkeitsentwicklung und das Überprüfen von Führungsqualitäten, denn sie entlarven menschliche Schwächen.

Empathie des Reiters: sich in die Lage des Pferdes versetzen

Der Mensch kann sich in Sachen Empathie eine Scheibe abschneiden beim Pferd. Erster Schritt ist, sich in die Lage des Pferdes zu versetzen und Ängste und Schwierigkeiten des (Reit-)Pferdes nachzuvollziehen. Insbesondere die Angst vor Gleichgewichtsverlust und Bewegungsunfähigkeit sollte der Mensch verstehen können. Im Trockentraining und den Führen-und-Folgen-Übungen kann er am eigenen Leibe erfahren, wie ein Pferd sich in bestimmten Situationen fühlt. Und er wird sich besser in das Pferd einfühlen können, wenn es ihm mitzuteilen versucht, dass es das Verlangte gerade nicht kann. Oft ist ein so genannter Ungehorsam des Pferdes nur ein Hinweis auf missverständliche Hilfen oder Überforderung.

Ergänzende Themen

Der Umgang mit Fehlern
Funktionelle Haltung des Reiters
Angstbewältigung
Führen und Folgen
Angst vor Gleichgewichtsverlust
1+1=1 die Balance im System
Sich in die Lage des Pferdes versetzen

Individualität und Sensibilität

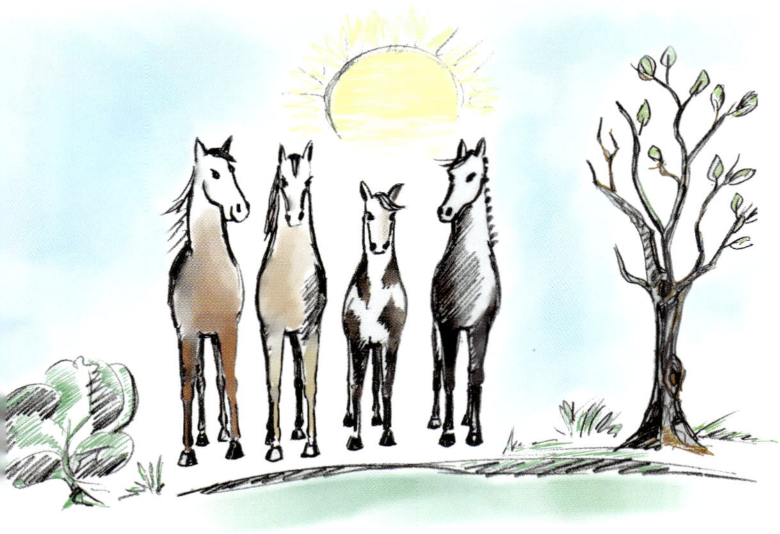

Um was geht es?

»Einen wie ihn/sie wird es nie wieder geben …«

Das trifft auf jeden Menschen und auf jedes Pferd zu. Diesem Individualitätsgedanken muss sich jede Ausbildung unterwerfen.

Einzigartige und sensible Individuen

Reiter und Pferd sind einzeln und als Paar einzigartig. Ausbildung kann deswegen nicht starren Prinzipien folgen, sondern muss sich immer **am momentanen Zustand von Reiter und Pferd und den anatomischen und psychologischen Gegebenheiten** von beiden orientieren. Verschiedene Pferdetypen mit unterschiedlichem Exterieur, Nervenkostüm und Lerntempo können nicht in ein zeitlich vorgegebenes Ausbildungsschema gepresst werden. Die (prinzipiell richtige) Ausbildungsskala kann immer nur eine grobe Richtschnur sein.

Besonders wichtig bei der Ausbildung ist es, die grundsätzlich vorhandene **Sensibilität** des Pferdes zu erhalten, sodass mit der Zeit eine Reduzierung von Aufwand und Druck beim Reiten erfolgen kann.
Das Pferd spürt jede Fliege auf der Haut. Genauso spürt es auch einen leichten Impuls mit dem Schenkel – und wird ihn befolgen, wenn es gelernt hat, aufmerksam auf den Reiter zu achten. Diese Aufmerksamkeit braucht Vertrauen und einen achtsamen Umgang miteinander. Und eine gute Erziehung des Pferdes!

Keine Energieverschwendung

Das bisweilen gelehrte Hilfensystem, bei dem jeder Schritt oder Tritt des Pferdes herausgetrieben wird, ist reine Energieverschwendung. Das Pferd muss prinzipiell von allein laufen und der Reiter greift mit sparsamen Impulsen und nötigenfalls kurzfristig mit Verstärkern nur dann ein, wenn er etwas ändern will (vgl. Arbeitsreitweisen, die sich eine solche Energieverschwendung gar nicht leisten können).

Ergänzende Themen

Ausbildungsskala
Aufmerksamkeit des Reiters
Empathie
Resensibilisierung
Das minimalistische Prinzip
Vertrauen gegen Vertrauen
Erziehung und Beziehung
Prompte Reaktionen einfordern
Gerteneinsatz
Sporeneinsatz
Bewegungsvielfalt
Konzentrierter Kontakt, flexibler Rahmen
Still sitzen in der Bewegung, Der Wahrnehmungssitz
Freie Balance
Konzentriertes Nichtstun
An den Hilfen
Losgelassenheit
Durchlässigkeit

Hilfszügel helfen nicht

Um was geht es?

Hilfszügel verhindern eine sensible Verbindung zum Pferd.

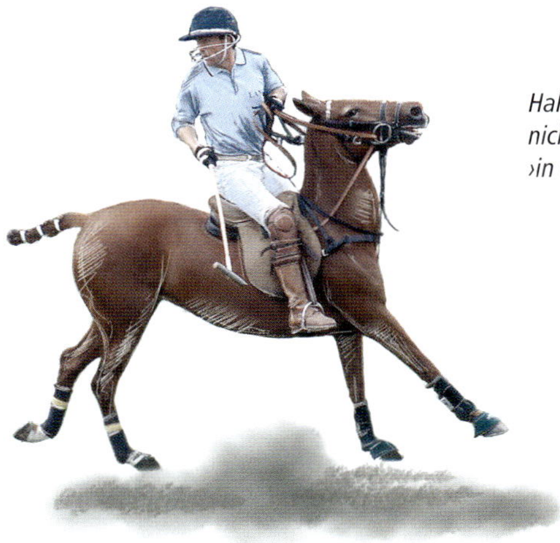

Haltung kann man nicht mit Hilfszügeln ›in Ordnung‹ bringen.

Verschnüren Sie das Pferd nicht wie ein Päckchen!

Hilfszügel setzen an der falschen Stelle an – nämlich vorne statt hinten.
Mit Hilfszügeln kann der Reiter keine richtige Einwirkung lernen.
Und das Pferd kann nicht lernen, sich korrekt unter dem Reiter auszubalancieren und sich selbst zu tragen. Es wird Angst vor Balanceverlust bekommen und sich festmachen bzw. auf den Hilfszügel legen, um sein Gleichgewicht zu erhalten.
Hilfszügel bringen das Pferd in eine **Zwangshaltung**, die es unter Umständen in seinem momentanen Ausbildungsstand noch nicht einnehmen bzw. beibehalten kann. **Die Folge ist ein verspanntes Pferd mit schmerzender Muskulatur.**

Dauerhafter Einsatz von Hilfszügeln oder auch schärferen Gebissen, um eine erwünschte Haltung herzustellen oder die Kontrolle zu verbessern, stellt jedem ernsthaften Reiter ein ›Unfähigkeitszeugnis‹ aus und bedeutet eine gesundheitliche Gefahr für das Pferd.

Auch das Thema ›fest zugezogener **Sperr-Riemen**‹ gehört hierher: Feste Verschnürungen am Kopf des Pferdes behindern die Maultätigkeit und damit die Losgelassenheit in Kiefer und Genick.

Ergänzende Themen

Sich in die Lage des Pferdes versetzen
Angst vor Gleichgewichtsverlust
Bewegungsvielfalt
Funktion des Pferderückens
Fehlhaltungen, Trageerschöpfung
Über den Rücken gehen
Die Funktion des Zügels
Losgelassenheit
Bewegungsfreiheit und Beweglichkeit
Kontrollinstrumente des Reiters

Gedanken zum Thema Sperr-Riemen

Das Aufsperren des Maules und Klappern mit den Zähnen stellt für so manches Pferd eine Möglichkeit dar, Spannungen abzubauen. Pferde, die aus verschiedensten Gründen ›unter Strom stehen‹, sind auch mit gebissloser Zäumung oft unruhig mit dem Maul und klappern mit den Zähnen, obwohl die Einwirkung über die Nase erfolgt. Das offene Maul ist zwar unschön und zeigt deutlich, dass etwas nicht stimmt, kann aber auch als ›Ventil‹ Schlimmeres verhindern, z.B. dass das Pferd ›in die Luft geht‹ oder sich die Spannung herausbockt.

Reaktionsbereitschaft erreichen

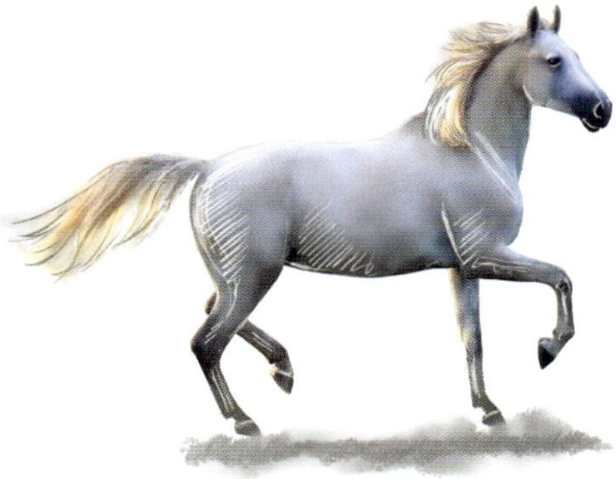

Das freie Pferd nimmt eine Haltung ein, die es in die Lage versetzt, schnell zu reagieren. Eine solche Aktivitätshaltung brauchen wir auch unter dem Reiter, wenn prompte Reaktionen gefordert sind.

Konditionierung auf schwache und sparsame Signale

Ein junges Pferd, welches noch nicht versteht, was man von ihm will, wird mit deutlichen (nicht kräftigen) Hilfen geritten. Im Zuge der Ausbildung **sensibilisieren** wir das Pferd auf leichte Hilfen und Hilfenkürzel. Dazu müssen wir ihm eine Haltung geben, aus der es auch gut reagieren kann – eine **Aktivitätshaltung**: weg von der Vorhand und mit eher angehobenem Hals.
Pferde, die lange mit zu viel Druck oder in nicht zweckmäßigen Haltungen geritten wurden, müssen **resensibilisiert** werden.
Schreckhafte oder nervöse Pferde hingegen müssen eher **desensibilisiert** werden, damit sie nicht bei jeder Berührung durch den Reiter und bei jedem lauten Geräusch überreagieren.
Resensibilisierung lebt von der absoluten Konzentration des Reiters auf die ›Antworten‹ des Pferdes und vom bewussten Minimieren der eigenen Hilfen: Es geht darum, sparsame und schwache Signale so kurz wie möglich geben – an der richtigen Stelle und zum richtigen Zeitpunkt – mit klarem Bild im Kopf, was man erreichen will.
Eine prompte Reaktion vom Pferd muss dabei unbedingt eingefordert werden – dazu können sinnvolle Verstärker (Gerte, Stimme) eingesetzt werden. Bei erwünschter Reaktion das Pferd sofort belohnen!

Klare Ansagen – widersprüchliche Hilfen vermeiden

Geben Sie sich nicht mit halbherzigen, zähen Angeboten des Pferdes zufrieden: Wenn Sie aus dem Halten antraben wollen, dann ist der erste Tritt ein Trabtritt und nicht erst der vierte ...
Insbesondere bei zähen, stumpfgerittenen Pferden ist es mitunter sinnvoll, kurzfristig **die Haltung des Pferdes zu vernachlässigen** und es nur auf die treibenden Signale zu sensibilisieren. Hier gilt dann ›Schenkel ohne Zügel‹ und genauso ›Zügel ohne Schenkel‹.

Viele Reiter geben widersprüchliche Hilfen, ohne es zu merken. Sie neutralisieren eine Hilfe mit der anderen – treiben z.B. und halten gleichzeitig fest – oft, weil sie Angst vor der eigenen Courage haben und befürchten, sie könnten das Pferd nicht mehr kontrollieren, wenn es wirklich vorwärtsgeht.
Auch Fehler in der Energiesteuerung und mit dem Fokussieren können treibend gedachte Hilfen neutralisieren.

Um was geht es?

Prompte Reaktionen auf leichte Hilfen einfordern.

Raus aus der Kraftspirale.

Dem Pferd eine Aktivitätshaltung zuweisen.

Ergänzende Themen

Angstbewältigung
Desensibilisierung
Lob und Tadel
Machen Sie sich ein Bild!
Reiten mit Vorstellungskraft
Prompte Reaktionen einfordern
Resensibilisierung und Servolenkung
Treibende Hilfen
Bremsen: die Paraden
Orientierung im Raum
Energiekonzepte
Gerteneinsatz
Verbale Hilfen
Die Funktion des Zügels
Falsche Zügeleinwirkung

Führen und Folgen

Um was geht es?

Führungsqualitäten entwickeln.

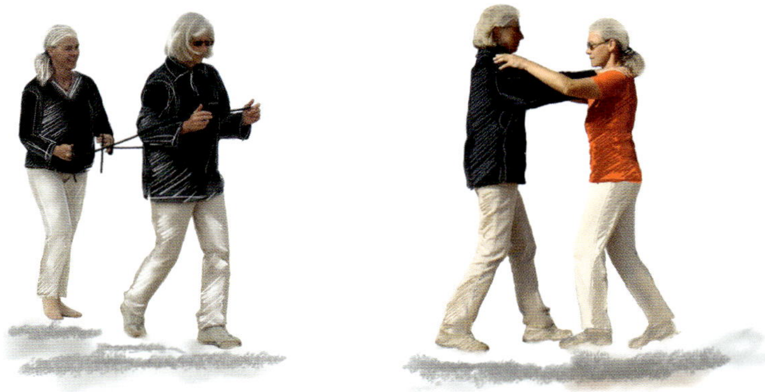

Führung fühlen und akzeptieren – achtsam führen

Es geht bei der Führung darum, richtigen Kontakt aufzunehmen, um präzise Signale für die Richtungs- und Tempokontrolle zu geben. Ein menschlicher Partner, der dabei die geführte Rolle des Pferdes übernimmt, kann verbales Feedback geben, wie die Führung bei ihm ankommt – oder auch nicht ankommt.

Üben Sie also das ›Führen und Folgen‹ mit einem Partner; führen Sie selbst und lassen Sie sich führen – mit direktem Körperkontakt, später über eine simulierte Zügelverbindung mit einem Seil und schließlich auch ohne Verbindung, nur mit Augenkontakt. Insbesondere beim Führen mit Seilverbindung in der geführten Rolle werden Sie sehr schnell feststellen, dass die Führung nicht funktioniert, wenn nicht beide Partner mit voller Konzentration aufeinander bei der Sache sind. Und, wenn der Geführte nicht von sich aus vorwärtsgeht. Zu fester Kontakt artet schnell ins Gegeneinander-Ziehen aus (vgl. Tauziehen), wobei jede feine Nuance der Spannungsveränderung verloren geht. Unsteter, schlabberiger Kontakt dagegen lässt den Geführten oft ziemlich ratlos ›im Regen stehen‹.
Besonders aufschlussreich bei solchen Übungen – für den Führenden und für den Geführten – ist es immer wieder, wenn der Führende beim Abwenden den inneren Zügel nicht zur Seite führt, sondern nach hinten zieht. Probieren Sie es aus und Sie ziehen nie wieder am inneren Zügel rückwärts, wenn Sie abwenden wollen.

Den geführten Partner nicht in Schwierigkeiten bringen

Gute Führung ist weitgehend eine mentale Angelegenheit. Aufmerksamkeit, Achtsamkeit und Wertschätzung für den Geführten sind dabei wichtig. Aber auch klare Zielausrichtung und Deutlichkeit. Der Führende ist verantwortlich für Bewegungsrichtung und Tempo sowie dafür, dass er den Geführten nicht ›auf dem falschen Fuß erwischt‹, wenn Richtungsänderungen und Drehungen gefordert werden. Besonders interessant wird es, wenn der Geführte auch noch die Augen schließt und dem Führenden blind vertrauen muss, dass er ihn nicht ins Verderben schickt. Das funktioniert nur mit einer guten Verbindung.

Ergänzende Themen
1+1=1 die Balance im System
Die getragene, balancierte Hand
Empathie
Sich in die Lage des Pferdes versetzen
Aufmerksamkeit des Reiters
Konzentration
Richtig abwenden
Gegenhalten und Gegensitzen
Kontakt zum Pferd
Vertrauen gegen Vertrauen
Innen und außen
Einwirkung mit dem Zügel
Bewegungsfreiheit und Beweglichkeit

Sich in die Lage des Pferdes versetzen

Um was geht es?

Nachfühlen, wie es ›dem anderen‹ geht.

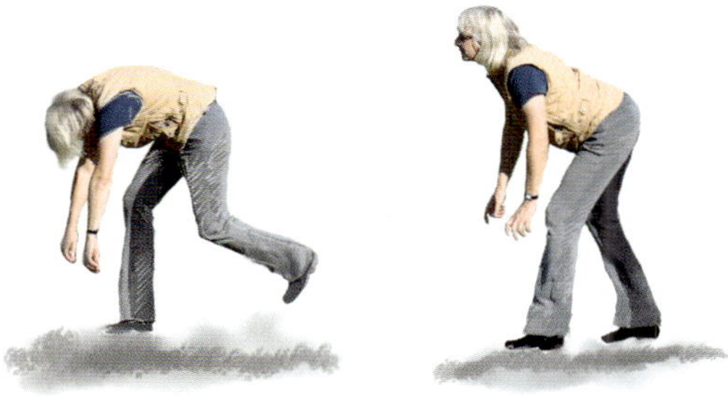

Das Pferd in seiner tragenden Rolle als Reitpferd

Sie können mit einem Partner testen, wie Ihr Sitz auf das Pferd wirkt. Einer geht auf die Knie und spielt Pferd, der andere setzt sich ausbalanciert mit Körperspannung (Oberkörper senkrecht, Gesäßknochen senkrecht nach unten zeigend) bzw. unausbalanciert und zusammengefallen ohne Körperspannung auf seinen Rücken und kann aufgrund des verbalen Feedbacks des menschlichen ›Pferdes‹ überprüfen, ob er dem Pferd dessen Arbeit leicht oder schwer macht.
Gerade junge Pferde sind schnell aus dem Gleichgewicht zu bringen und tun sich schwer mit dem Tragen eines instabil sitzenden Reiters in ›Mehlsackhaltung‹, der sich nicht durch Körperspannung und Balance ›leicht machen‹ kann.

Bewegungseinschränkungen durch Zwangshaltung nachempfinden

Folgende Übung ist sehr aufschlussreich, wenn Sie einmal nachvollziehen wollen, wie sich ein Pferd fühlt, dessen Haltung mit einem Zwangsmittel wie dem Schlaufzügel hergestellt wird. Laufen Sie gebückt mit rundem, gedehntem Rücken, entspanntem Hals, freien Schultern und locker hängenden Armen eine kurze Strecke. Machen Sie große Schritte und fühlen Sie, wie die Bewegung durch den ganzen Körper fließt und wie Sie die Knie beugen können (Bild oben links).
Machen Sie dann das gleiche (immer noch in gebückter Haltung, um die vierbeinige Bewegung zu simulieren), aber mit Hohlkreuz und einem in den Nacken gelegten Kopf. Sie werden merken, dass die Bewegung Ihrer Beine eingeschränkt ist. Die Schrittlänge wird kürzer und das Beugen der Knie funktioniert nicht mehr so gut (Bild oben rechts). So etwa fühlt sich das Pferd, wenn es im Hohlkreuz ist. Führen Sie jetzt die Bewegung im Hohlkreuz aus, und versuchen Sie dabei, den Nacken zu beugen und das Kinn einzuziehen. Ihre Bewegung wird noch steifer und ungelenker. So fühlt sich das Pferd, wenn es mit Schlaufzügeln in eine Haltung gezogen wird, obwohl der Rücken noch fest ist.

Ergänzende Themen

1+1=1 die Balance im System
Tragkraft und Schubkraft
Funktionelle Haltung des Reiters
Angst vor Gleichgewichtsverlust
Becken und Gesäßknochen
Spannungsbogen und Selbsthaltung
Freie Balance
Funktion des Pferderückens

›Bewegungslehre‹

Um was geht es?

Bewegungsverständnis und Körpergefühl.

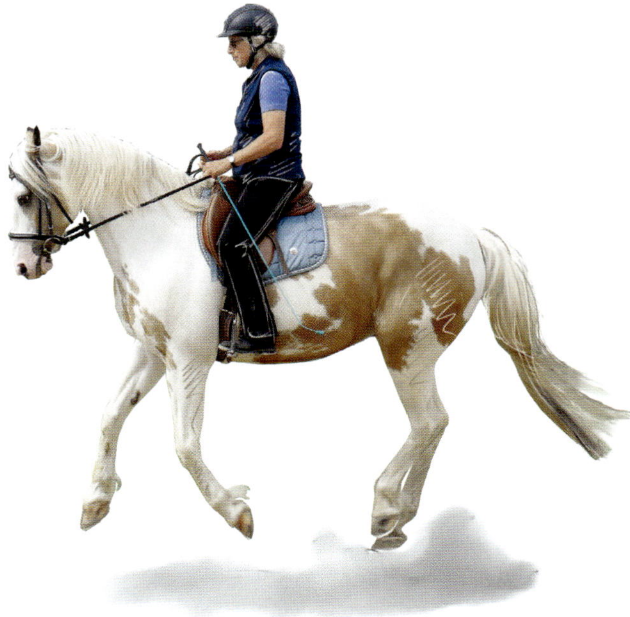

Ergänzende Themen

Die Aufmerksamkeit des Reiters
Energiekreis
Losgelassenheit
Emotionskontrolle
Gedankenkontrolle

Körperliche und psychische Rahmenbedingungen

Voraussetzungen dafür, einem Pferd etwas Nützliches beizubringen, sind Sensibilität, Selbstkontrolle, Balance und Erfahrung des Reiters. Dazu kommen Aufmerksamkeit, Konzentration und Achtsamkeit.

Der Reiter muss sich erstens in die Psyche des Pferdes einfühlen können und zweitens etwas von ›Bewegungslehre‹ verstehen. Unter dem Begriff Bewegungslehre fasse ich all jene Gebiete zusammenfassen, die sich mit Harmonie, Gleichgewicht, Kondition, Koordination und Körpergefühl befassen.

Das Verständnis von ›Bewegung‹ sollte sich sowohl auf die Bewegungen des Pferdes als auch auf die eigenen als Reiter beziehen – und natürlich auf das Zusammenspiel beider in einer gemeinsamen Bewegung, bei der sich die zwei – Partner Mensch und Pferd – möglichst nicht gegenseitig behindern.

Sowohl bei vorbereitender Boden-, Hand- und Longenarbeit als auch beim späteren Reiten sind das eigene Körperbewusstsein und die Beweglichkeit des Reiters ebenso wichtig wie die Kontrolle seiner Emotionen (Angst, Zorn etc.). Eine realistische Einschätzung der Psyche und der körperlichen Möglichkeiten des Pferdes rundet die Fähigkeitspalette des Reiters als Ausbilders des Pferdes ab.

Körperliche Schwächen sowohl des Reiters als auch des Pferdes sind dabei besser auszugleichen, als emotionale Schwächen – z.B. ein schwieriges Temperament oder eine niedrige Angstschwelle.

Energiearbeit für Reiter

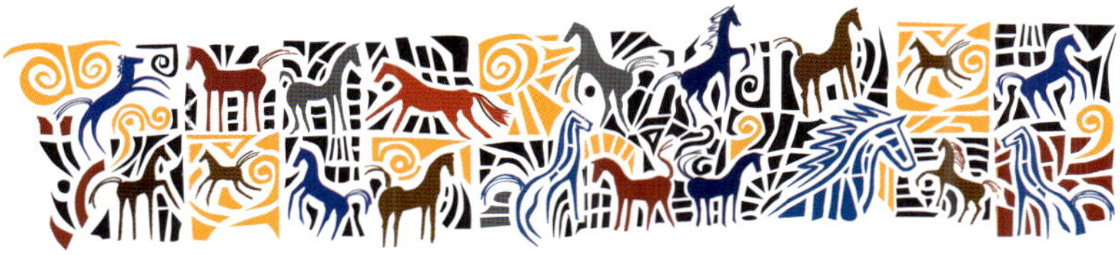

Um was geht es?

Mit der eigenen Energie spielen.

Energie fließen lassen und lenken

Im Halten durch einen Trainer:
Bein in die Innenrotation bringen und ›verlängern‹.
Fußgelenk lockern bzw. Spannung bewusst machen.
Spannungsprüfung für Arm und Schulter: am Finger ziehen.

Beim Reiten durch den Reiter selbst:
Leichttraben mit der Vorstellung, die Gesäßknochen sind mit dem Rücken des Pferdes verbunden und der Pferderücken wird beim Aufstehen mit angehoben (wirkt treibend und bringt den Rücken nach oben).
Energie aus der Bauchmitte mental nach vorne, hinten oder zur Seite verschieben. An ›langsam‹ oder ›vorwärts‹ denken. (Richtungs- und Tempokontrolle)
Isometrische Spannung im Oberkörper erhöhen: Energie aus der Bauchmitte nach außen drücken und durch Schließen der Achselhöhlen komprimieren (mehr Präsenz).
Geraderichten für den Reiter durch Verschieben der Energie: Eingeknickte Seite aus der Bauchmitte mit Energie ›ausstopfen‹. Mit der Idee: alle Seiten gleich lang, Gesäßknochen zeigen nach unten.
Eine Energielinie vom Ellbogen zum Maul des Pferdes. Bei Pferden, die sich hinter dem Zügel verkriechen, kann man sich diese als flexible ›Stange‹ vorstellen, die den Hals des Pferdes nach vorne ›stößt‹. Bei Pferden, die gegen die Hand gehen oder sich drauflegen, ist es eher ein ›Wasserstrahl‹, der durch den Unterarm fließt und über Ellbogenwinkel und Öffnen und Schließen der Faust gesteuert wird.
Die Beine gleich lang bekommen: Wenn der Reiter das Gefühl hat, seine Bügel seien ungleichmäßig lang (und eine Überprüfung ergibt, dass das nicht der Fall ist), bedeutet das, dass er auf der gefühlten kürzeren Seite mehr Druck mit dem Ballen in den Bügel gibt und/oder das Knie hochzieht bzw. den Unterschenkel aktiv an den Pferdebauch anlegt. Hier kann es helfen, sich Energie wieder als Wasser vorzustellen, welches durch das Bein nach unten fließt, damit das Bein wieder in eine frei hängende Position kommt.

Prinzipiell ist es immer eine gute Idee, in die bessere Seite (Arm, Bein oder Kopfhaltung in Rechts- und Linkswendungen) hineinzufühlen und dann die schlechtere Seite energetisch anzupassen.

Ergänzende Themen

Reiten mit Vorstellungskraft
Machen Sie sich ein Bild!
Präsenz statt Ausrüstung
Bremsen: die Paraden
Treibende Hilfen
Funktion des Bügels & Bügellänge
Die Zügellänge
Kontakt zum Pferd
Die getragene, balancierte Hand
Atmung
Federung in den Gelenken
Funktionelle Haltung des Reiters
Haltung bewahren
Stabilität ohne Druck
Das Kreuz mit dem Kreuz
Beweglichkeit des Beckens

Konzentration und Aufmerksamkeit

Um was geht es?

Zusammenarbeit funktioniert nur bei gegenseitiger Aufmerksamkeit und Konzentration aufeinander.

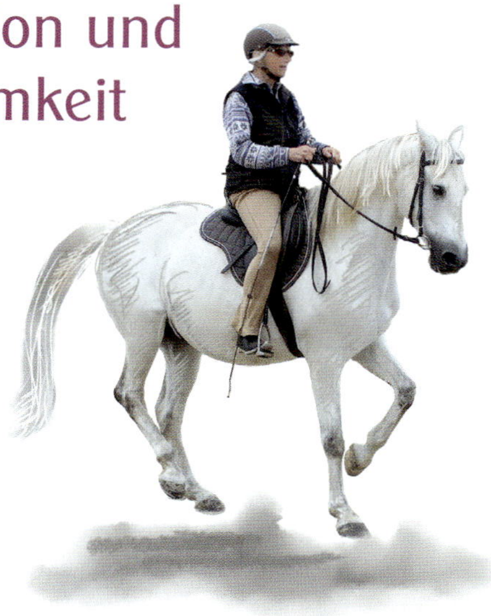

Das Pferd achtet aufmerksam auf die Signale des Reiters: Das zurückgestellte Ohr ist ein deutliches Anzeichen dafür.

Zusammenhänge

Aufmerksamkeit ist der Schlüssel für effektive Kontrolle. Ohne die Aufmerksamkeit des Pferdes auf die Signale des Reiters ist keine Kontrolle möglich.
Das Pferd wird dem Reiter nur so viel Aufmerksamkeit schenken, wie auch der Reiter dem Pferd widmet. (Das Pferd darf nicht nach dem Grashalm am Rande schielen. Der Reiter darf nicht nebenbei an den nächsten Geschäftstermin denken.)
Nur ein entspanntes / losgelassenes Pferd ohne körperliche Schmerzen kann sich aufmerksam auf seinen Reiter konzentrieren.

Es besteht ein direkter Zusammenhang zwischen der Konzentration des Reiters auf das Pferd und die Hilfengebung (Interaktion mit dem Pferd) und der Konzentration des Pferdes auf die Hilfen des Reiters.
Ebenso zwischen der Energie des Reiters und der Energieentfaltung und Vorwärtstendenz des Pferdes. Und zwischen Körperspannung und Haltung des Reiters und der des Pferdes.
(Achtung: Energie ist nicht gleich Kraft – Vorwärtstendenz bedeutet nicht ›Davonrennen‹.)

Ergänzende Themen

Pausen
Empathie
Sich in die Lage des Pferdes versetzen
Aufmerksamkeit des Reiters

Intervalltraining

Konzentrierte Arbeit ist nur in kurzen Reprisen möglich; insbesondere junge Pferde können sich nicht allzu lange konzentrieren und auch die funktionelle Haltung unter dem Reiter nicht dauerhaft bewahren. Pausen am langen Zügel und entspanntes Bummeln im Gelände müssen immer wieder eingeschoben werden, damit das Pferd nicht überfordert wird. Auch für fortgeschrittene Pferde ist ein durchdachtes Intervalltraining durchaus angebracht.
Zudem ist auch hier wieder die Selbstbeobachtung des Reiters gefragt: Leiste ich das, was ich vom Pferd fordere, auch selbst? Bin ich wirklich aufmerksam, konzentriert und fokussiert bei der Arbeit oder schweife ich ab.
Außerdem braucht es Empathie, um sich immer wieder in die Lage des Pferdes zu versetzen und bei Problemen zu fragen: Kann es nicht? Will es nicht? Oder versteht es mich nicht?

Eigenwahrnehmung des Reiters

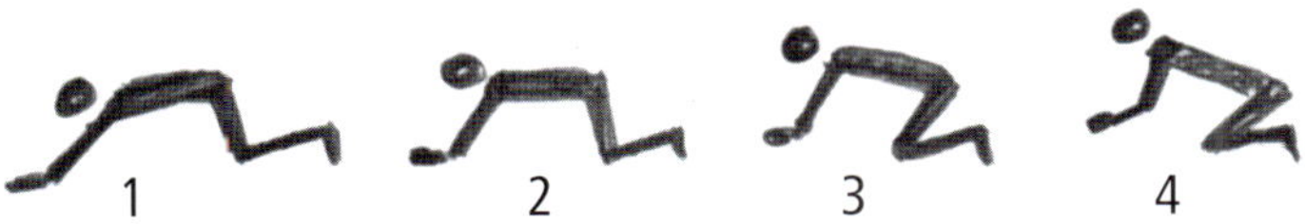

Die 4 Skizzen bezeichnen eine interessante Übung, mit der der Mensch die Vorteile einer Lastaufnahme mit der Hinterhand nachvollziehen kann.
1. Diese Haltung würde einem Pferd entsprechen, was sehr stark auf der Vorhand ist. Ein Heben der Vorderbeine und der Schulter ist schlecht möglich.
2. Hier stehen Vor- und Hinterbeine etwas näher zusammen, die Vorderbeine tragen immer noch viel Gewicht.
3. Durch stärkeres Winkeln der Hinterbeine und Verschieben des Schwerpunktes nach hinten wird die Schulter frei und die Last verlagert sich nach hinten.
4. Durch noch stärkeres Winkeln hinten und Senken der Kruppe kann die Vorhand sich vom Boden lösen (z.B. in der Levade).

Klare Körpersprache durch bessere Körperwahrnehmung

Trockentraining des Reiters ohne Pferd, ...

... um den eigenen Körper besser kennenzulernen, und so die Kommunikation klarer zu machen, und um vergleichbare Vorgänge im Pferdekörper besser zu verstehen.

... um Verspannung am eigenen Leib zu erfahren und bewusst wahrzunehmen (und schließlich herauszunehmen).

... um Aufmerksamkeit gezielt lenken zu können.
Was passiert in meinem Körper, wenn ich einen Arm anhebe, eine Hand nach hinten ziehe, mit dem Schenkel fest zudrücke? Wie kommt das, was ich tue, beim Pferd an?

... um eine Selbstabfrage zu starten mit Fragestellungen wie: Weiß ich wirklich, was mein Körper tut? Was in meinem Kopf vorgeht? Und um schließlich die Selbstkontrolle zu aktivieren.

... um im Selbstversuch Verständnis für die Schädlichkeit von Zwangshaltungen zu entwickeln (z.B. die Schlaufzügelübung, siehe dort).

... um das Prinzip der Lastaufnahme hinten in Verbindung mit Schulterfreiheit zu verstehen (Übung oben).

Weitere Übungen:

Spannung lokalisieren und bewusst herausnehmen durch Progressive Muskelentspannung nach Jacobsen: Dabei einzelne Muskelpartien anspannen und wieder lösen (z.B. Faust ganz fest zumachen, spüren, bis wohin die Spannung im Arm sich fortsetzt, und dann langsam alles lösen).
Die **Atmung kontrollieren**, den Atem durch den Körper fließen lassen.
Stellung der und Belastung auf den Gesäßknochen spüren: Setzen Sie sich auf einen Stuhl und spüren Sie Ihren Gesäßknochen nach: Wie verändert sich die Belastung, wenn ich im Bauch zusammenfalle, in der Hüfte einknicke, einen Arm anhebe, ins Hohlkreuz falle, den Kopf drehe? Hier kann man sich auf die gesamte Palette der Sitzfehler sensibilisieren, damit später im Sattel die Selbstkontrolle aktiviert werden kann.

Um was geht es?

»Nur, wer weiß, was er tut, kann tun was er will.« (Moshe Feldenkrais)

Ergänzende Themen

Reiten mit Vorstellungskraft
Kopfarbeit / mentales Training
Selbstabfrage des Reiters
Aufmerksamkeit des Reiters
Becken und Gesäßknochen
Einwirkung mit dem Zügel
Führen und Folgen
Hilfszügel helfen nicht
Sich in die Lage des Pferdes versetzen
Muskelketten im Arm
Muskelketten im Bein
Atmung
Haltungsfehler = Kommunikationsfehler
Hankenbeugung
Spannungsbogen und Selbsthaltung
Beweglichkeit und Bewegungsfreiheit
Kontrolle und Selbstkontrolle

Lob und Tadel

Um was geht es?

Belohnung ≠ Bestechung

Belohnen, nicht bestechen!

Bestätigung Sie durch Lob und ›Nichts-Tun‹ bzw. In-Ruhe-Lassen. Nutzen Sie jede Gelegenheit, nichts zu tun und das Pferd durch Nicht-Einwirken und Druck-Wegnehmen zu bestätigen.
Nutzen Sie auch jede Möglichkeit, das Pferd zu loben – insbesondere bei Pferden, die gegen die reiterliche Kontrolle kämpfen, ist es wichtig, jede noch so geringe positive Veränderung wahrzunehmen und das Pferd wenigstens mit der Stimme und Wegnehmen des Drucks zu loben. Bisweilen sollten Sie das Pferd auch ablenken, statt offenen Widerstand zu provozieren.
Wenn Sie mit Futter belohnen: Passen Sie auf, was Sie belohnen! Die Bestechungs-Methode »Wenn du dich benimmst, bekommst du ein Leckerli«, funktioniert nicht bei Pferden.

Sinnvolle Belohnungen und was zu beachten ist:

1. Futter: Stopfen Sie jedoch das Pferd nicht einfach dauernd mit Leckerli voll, sondern setzen Sie sie gezielt ein. Lassen Sie nicht zu, dass das Pferd Belohnungen von sich aus einfordert, also z.B. in Ihren Taschen stöbert. Im schlimmsten Fall hält sich das Pferd für ranghöher, weil es Ihnen das Futter ›abgejagt‹ hat.
2. Entspannungspausen: Eine Pause nach einer neuen – spannenden – Lektion ist oft eine sinnvollere Belohnung als Futter. Geben Sie dem Pferd Zeit, die vorangegangene Übung zu verdauen, und lassen es einfach ein paar Minuten ruhig stehen. Es gilt: **Entspannung = Wohlbefinden = Belohnung**.
3. Sicherheit durch Ruhe und souveränen Einsatz des eigenen Körpers: Die Ruhe des Ausbilders gibt dem Pferd Sicherheit. Es gilt: **Ruhe = Sicherheit = Wohlbefinden = Belohnung**. Bewegen Sie sich aufrecht und gezielt mit frei getragenem Kopf. Vermeiden Sie hektisches, ungezieltes Herumwuseln um das Pferd, eine schrille hohe Stimme oder dauerndes Herumschreien. Setzen Sie Ihre eigenen Körpersignale wohldosiert ein.
4. Die beruhigende Stimme: Achten Sie auf Ihre Stimmlage, wenn Sie loben. Eine schrille Stimme hat gegenteilige Wirkung.

Ergänzende Themen

Pausen
Gerteneinsatz
Energiesteuerung

Sinnvolle ›Zurechtweisungen‹ und was zu beachten ist:

Moderates konsequentes Eingreifen zur richtigen Zeit zeigt dem Pferd seine Grenzen – und vermeidet härtere Strafen. Kennt das Pferd seine Grenzen nicht, weil Sie ihm heute etwas verbieten, was Sie ihm morgen durchgehen lassen, so müssen Sie mit der Zeit immer häufiger mit Ihrem Pferd ›diskutieren‹. **Eine sinnvolle Strafe ist immer bewusst (d.h. überlegt), emotionsfrei und prompt**.
1. Die laute Stimme: Oft reicht ein knappes »Nein, Lass das«. Schreien Sie nicht dauernd herum, das stumpft das Pferd ab.
2. Körperhaltung und -ausdruck: Deutliches Aufrichten des Oberkörpers mit einer Energierhöhung und einem klaren Bild von der Forderung zeigen dem Pferd, dass Sie es ernst meinen.
3. Störaktionen: Ein ›Reichweitenverlängerer‹ wie die Gerte (oder ein kreisendes Seilende bei der Bodenarbeit) kann helfen. Nerven Sie das Pferd mit wiederholten Impulsen bis es die Nase voll hat von den Störungen.

Pausen

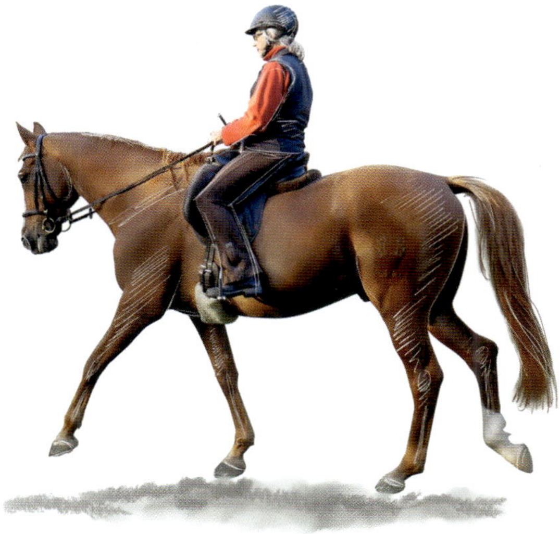

Manchmal reicht es schon, dem Pferd nach einer versammelnden Übung eine Dehnung der Oberlinie zu ermöglichen, um Pause zu machen.

Es ist nicht nur wichtig, zu wissen, was genau man tut, sondern auch, wann man sinnvollerweise damit aufhört.

Der Reiter als ›Steuermann‹ des Systems muss ...
1. wissen, was er wirklich tut (und nicht, was er meint, zu tun – da gibt es gravierende Unterschiede).
2. wissen, wann er aufhören sollte –
sowohl mit einer einzelnen Hilfe, als auch mit einer Trainingseinheit oder mit einer Korrektur.

Ideen und Anregungen zum Thema

So manchem Reiter fehlt das Maß, wenn er sich an etwas ›festgebissen‹ hat – an einer Lektion, die nicht klappen will, oder an einer Korrektur. Und da wird etwas wieder und wieder geübt, mit dem Ergebnis, dass alles eher schlechter als besser wird. Oft wäre da eine Unterbrechung der Arbeit sinnvoll und ein Nachdenken darüber, warum etwas nicht geht.
Hat das Pferd noch genug Kraft, um den zehnten Galoppwechsel auszuführen?
Hat der Reiter vergessen, nachzugeben? Hält er sich und das Pferd unter dauernder Hochspannung?
Macht sich das Pferd immer enger im Hals und fester im Rücken?
Wird es hektisch und trippelt nervös oder beginnt es davonzurennen?
Blockiert es eine Lektion und will z.B. nicht mehr angaloppieren?
In allen diesen Fällen ist es sinnvoll, erst einmal eine Schrittpause am langen Zügel oder auch im Halten (wenn das Pferd vor Aufregung keinen ruhigen Schritt mehr gehen kann) einzulegen, um die Gemüter zu beruhigen.

Doch auch, wenn das Pferd eine Sache wirklich gut gemacht hat, sollte man eine lange Pause machen und es ausgiebig loben oder die aktuelle Trainingseinheit ganz beenden (auch, wenn sie erst 20 Minuten gedauert hat). Dann lernt das Pferd: Wenn ich mich anstrenge, darf ich aufhören.
Eine gute Übung zehnmal zu wiederholen, weils ja so schön war, ist keine gute Idee.

Um was geht es?

Mentale und körperliche Entspannung nach ›spannenden‹ Übungen.

Aufhören, wenn's am schönsten ist.

Ergänzende Themen

Einen arbeitsfähigen Grundzustand herstellen
Losgelassenheit
Freie Balance
Das minimalistische Prinzip

Koordination verbessern Struktur geben

Um was geht es?

Orientierungshilfen.

Mehr Klarheit.

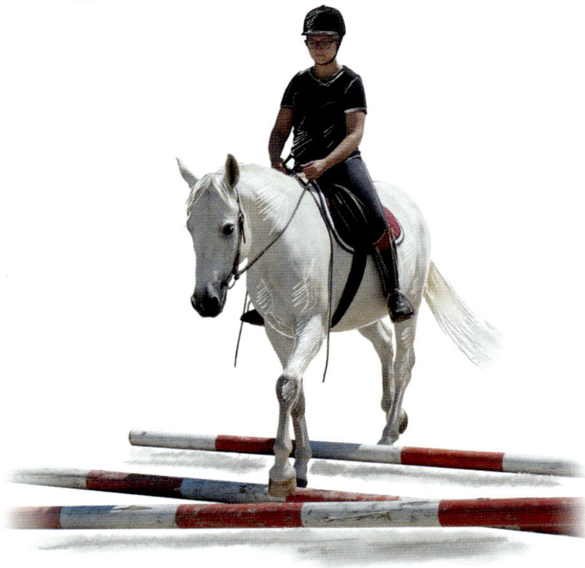

Ergänzende Themen

Dem Pferd eine Aufgabe geben
Orientierung im Raum
Reiten mit Vorstellungskraft
Die Idee der Bewegung
Dehnungshaltung
Spannungsbogen und Selbsthaltung
Über den Rücken gehen
Variable Haltung
Varibale Zügellänge

Trailarbeit und Stangenarbeit

Die meisten Pferde arbeiten besser mit, wenn sie den Sinn der Übungen begreifen. Es erleichtert die Arbeit sehr, wenn man sich einen Parcours aufbaut und ihn ›abarbeitet‹. Dieser kann alle möglichen ›Hindernisse‹ enthalten: Trail mit Rückwärts-, Seitwärts-, Vorwärts-Elementen, kleine Sprünge, Trabstangen, Volten und Schlangenlinien um Pylone (s. Bild oben).
Wichtig ist, dem Pferd (und dem Reiter) optische Anreize für die Bewegungsrichtung zu bieten. Das erleichtert die Hilfengebung und auch die Orientierung im Raum ungemein. Und manche Dinge erledigen sich dann von allein: z.B. das Anheben der Beine und Winkeln der Gelenke beim Treten über Stangen. Oder ein Richtungswechsel beim Reiten einer Schlangenlinie um Pylonen oder beim Abwenden durch eine L-Form.

Die Bahnfiguren sind prinzipiell auch ein solches Orientierungssystem. Selbst das ›einfache‹ (korrekte) Ausreiten einer Ecke hat schon gymnastizierenden Wert. Leider verkommt das im gängigen Reitgeschehen oft zu einem sinnlosen Drill, der stur nach Schema F durchgezogen wird. Ein Parcours, der die Vorstellungskraft des Reiters aktiviert und dem Pferd immer neue Aufgaben abfordert, ist da meist hilfreicher und hat den gleichen (oder besseren) ausbildungstechnischen Nutzen.

Gedankenkontrolle Emotionskontrolle

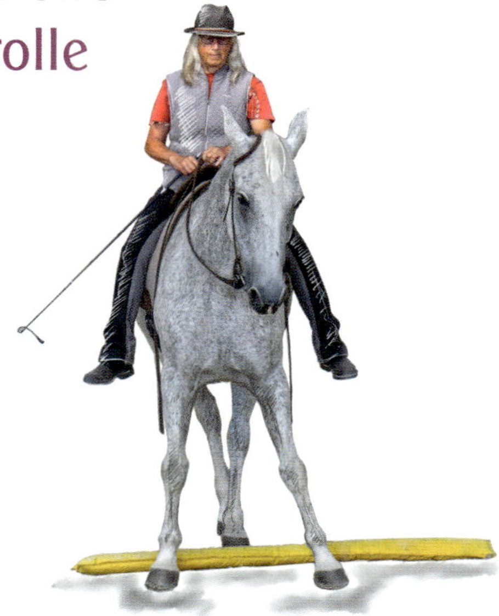

Trailübungen, wie hier das Seitwärts über eine Stange, erfordern Gedanken- und Energiekontrolle vom Reiter – insbesondere bei übereifrigen Pferden. Die sind nämlich kaum noch zu stoppen, wenn sie eine ungefähre Vorstellung davon haben, was verlangt wird. Und sie fangen jeden Gedanken des Reiters auf.
Kontrollieren Sie Ihre eigene Erwartungshaltung und -spannung; und ärgern Sie sich nicht: Das Pferd macht keine Fehler und will Sie nicht ärgern!

Um was geht es?

Angemessen reagieren.

Emotionen und Gedanken in den Griff bekommen.

Erwartungshaltungen und Befürchtungen erkennen.

Angemessene Reaktionen
Nicht das Thema des Pferdes aufgreifen und verstärken

Der Gedanke, die Vorstellungskraft, steuert die Muskulatur und damit jede Art von Bewegung und Handlung. Bei allem, was man tut, gibt es verschiedene ›Ideen‹ für die Ausführung einer Handlung.
Sorgen Sie dafür, eine ›zweckmäßige‹ Idee in den Kopf zu bekommen – einen Gedanken, der Sie und Ihr Pferd weiterbringt.

Reiten Sie emotionslos

Regen Sie sich nicht auf, wenn etwas nicht gleich klappt. Vielleicht hat das Pferd Sie noch nicht richtig verstanden.
Lassen Sie sich nicht vom Pferd ärgern, wenn es nicht wunschgemäß reagiert (es will Sie nicht absichtlich ärgern).
Vermeiden Sie überzogene Reaktionen und bleiben Sie gelassen, wenn das Pferd etwas als gefährlich einstuft. Versuchen Sie, das Pferd abzulenken, und nicht dessen Thema aufzugreifen: Das Pferd scheut vor einem Schatten und der Reiter nimmt sofort den Zügel kurz und macht die Beine zu. Oder er tätschelt dem Pferd übertrieben den Hals und redet ihm mit schriller Stimme ›gut zu‹. Damit verstärkt er die Bedenken des Pferdes, denn es spürt sofort, dass da etwas mit dem emotionalen Zustand des Reiters nicht stimmt.

Gezielt Spannung herausnehmen

Bei allen unerwünschten Aktionen des Pferdes sollten Sie nach einer notwendigen Korrektur sofort versuchen, Spannung aus dem System zu nehmen. Ausatmen, Zügel loslassen, Hand sinken lassen, Bein hängen lassen, etwas zusammensacken im Sattel, Kopf hängen lassen. Das Pferd wird meistens schnell auf diese Entspannungstaktik reagieren. Geben Sie ihm eine kurze Pause und arbeiten dann weiter.

Ergänzende Themen

Reiten mit Vorstellungskraft
Die Idee der Bewegung
Angstbewältigung
Beharrlichkeit
Der Energiekreis
Pausen
Stop and Go
Das Pferd macht keine Fehler

Selbstvertrauen

Um was geht es?

Souveränität und Sicherheit.

Wenn wir an unseren Stärken zweifeln, stärken wir unsere Zweifel.

Vertrauen Sie auf Ihre Vorstellungskraft für die Lenkung des Pferdes. Viel besser als jede Zügel- und Schenkeleinwirkung funktioniert die Lenkung mittels Beckenausrichtung und Blickrichtung verbunden mit einer klaren Idee, was man erreichen will.
Diese Stute ist im Genick schief, was man an den Ohren sehen kann, die beide nach rechts zeigen – auch hier in der Hinterhandwendung nach links.
Trotzdem gelingt es, sie erstens links zu biegen und zweitens zu verhindern, dass sie sich im Genick verwirft – einhändig, ohne straffen Zügel – nur mit einer guten Idee der Bewegung.

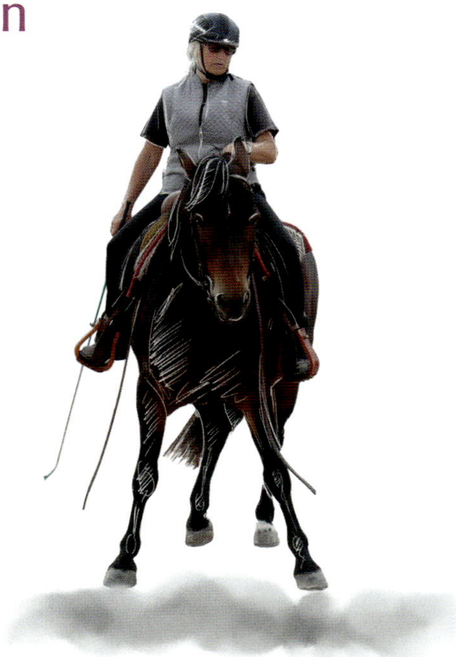

Vertrauen in die eigenen Fähigkeiten

Wenn wir etwas wirklich auf allen Ebenen (geistig, emotional und körperlich) begriffen haben und für richtig halten, erscheint uns das ›Tun‹ einfach und folgerichtig und wir können unseren eigenen Fähigkeiten – uns selbst und unserem Können – vertrauen.
Damit werden wir souverän und strahlen diese Souveränität auch aus. Wenn wir es schaffen, bei der direkten Arbeit mit dem Pferd Selbstzweifel und negative Gedanken auszusperren und uns auf das, was wir wollen, konzentrieren, dann wird das Pferd wunschgemäß reagieren.
Damit wir uns selbst schließlich in Bezug auf die Ausbildung unseres Pferdes vertrauen können, müssen wir umfangreiches Wissen über unseren Partner Pferd erwerben und eine Menge Erfahrungen machen bzw. gemacht haben.

Ergänzende Themen

Mentale Kontrolle
Machen Sie sich ein Bild
Reiten mit Vorstellungskraft
Geraderichten
Seitengänge
Hinterhandwendung
Orientierung im Raum
Die Idee der Bewegung
Freie Balance
Richtig abwenden

Learning by Doing

Menschen mit von Natur aus großem Selbstvertrauen praktizieren häufig das ›Learning by Doing‹, stürzen sich in eine Aufgabe und machen dabei ihre Erfahrungen. Das kann sogar funktionieren, weil sie überzeugt sind von dem, was sie tun und keine Unsicherheit zeigen – was beim Pferd immer gut ankommt. Sie haben eine Idee und sagen, wo es langgeht. Auch, wenn nicht immer alles richtig ist, ist das für den Anfang gar nicht so schlecht. Manchmal besser, als ein Mensch, der ständig alles, was er tut, in Frage stellt, weil er Angst hat, einen Fehler zu machen. Ein wenig Reflexion hinsichtlich des eigenen Tuns kann jedoch auch einem selbstbewussten Menschen nicht schaden, insbesondere, wenn etwas nicht geklappt hat.

Glaubensfragen

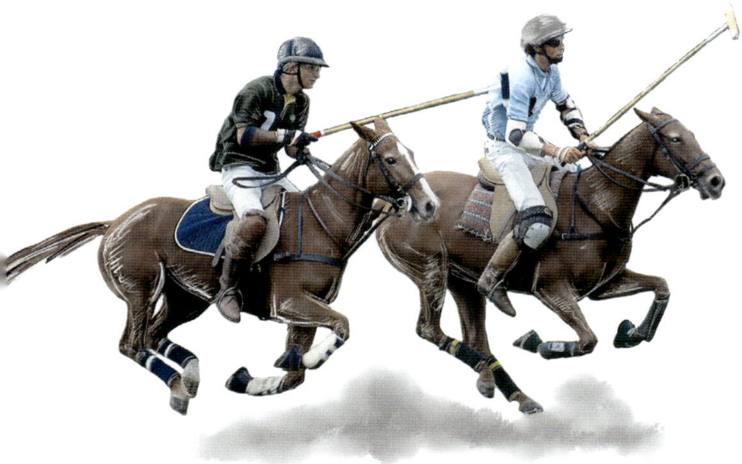

Diese Polospieler glauben fest daran, dass sie ihre Pferde unter Kontrolle haben. Sie kontrollieren nur mit ihren Gedanken und kümmern sich nicht um ausgefeilte ›Reittechnik‹ – und die Pferde spielen mit, weil sie extrem empathisch sind und die Intention ihrer Reiter auffangen. Jedem Dressurreiter dreht sich der Magen um, wenn er sieht, wie die Reiter frei schwebend über dem Pferd hängen. Trotzdem funktioniert die Lenkung. Ob diese Art der Bewegung auf Dauer gesund für die Pferde ist, ist allerdings fraglich.

Um was geht es?

»Zu glauben ist schwer, nichts zu glauben, unmöglich.« (Victor Hugo)

Glauben Sie daran, dass es funktioniert und: Glauben Sie ›das Richtige‹

So mancher Reiter, der in einem nicht optimal funktionierenden System gefangen ist, glaubt nicht daran, dass es Alternativen gibt. Menschen stecken oft derart in Gewohnheiten und (für sie selbst) falschen Glaubenssätzen fest, dass es neue Ideen schwer haben.
Das geht so weit, dass man ihnen eine Energie sparende Alternative mit ihrem eigenen Pferd vorreiten kann und sie trotzdem nicht daran glauben, dass es funktioniert.

Falsche Ideen von Kontrolle, Haltung und freier Beweglichkeit spielen da eine Rolle und natürlich auch die Angst vor Kontrollverlust.
Aber auch eine verkümmerte Wahrnehmung des eigenen Körpers und seiner Spannungs- bzw. Verspannungszustände.

Glauben Sie also an ›das Richtige‹, sowohl, was Ihren eigenen Körper betrifft, als auch was die Interaktion mit dem Pferd angeht. Dazu müssen Sie sich mit den theoretischen und praktischen Zusammenhängen beschäftigen, die zum Reiten dazugehören. Und bisweilen müssen Sie einfach etwas ausprobieren, auch wenn es nicht ganz in Ihr bisheriges Konzept passt.

Ergänzende Themen

Machen Sie sich ein Bild!
Reiten mit Vorstellungskraft
Das habe ich so gelernt!
Regeln brechen
Mentale Kontrolle
Funktionelle Haltung des Reiters

›Sehen lernen‹

Um was geht es?

Das Pferd soll den Kontakt zur Hand suchen.

Variationen zum Thema Haltung im Trab

Funktional und dysfunktional erkennen

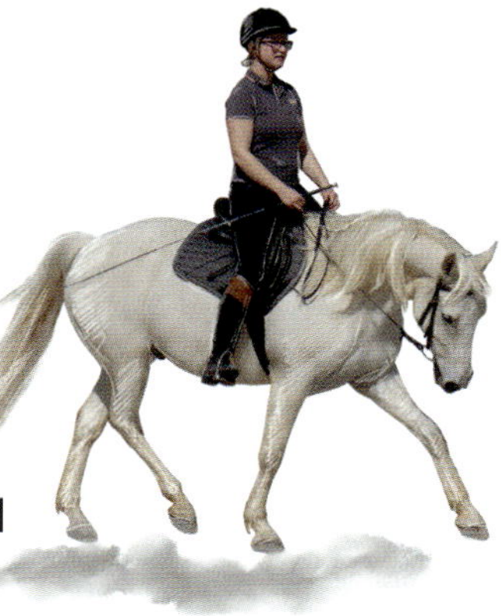

1

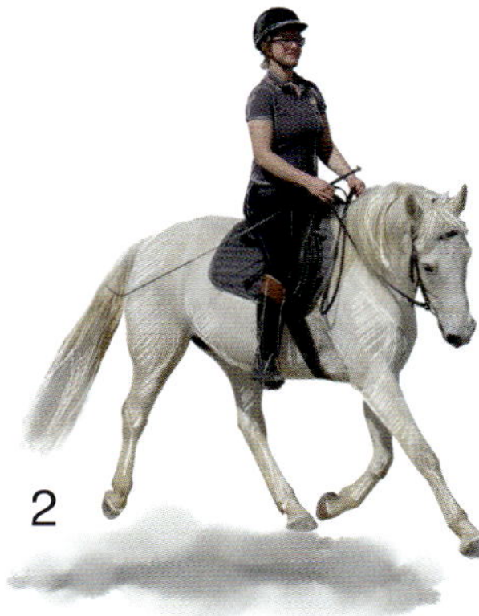

2

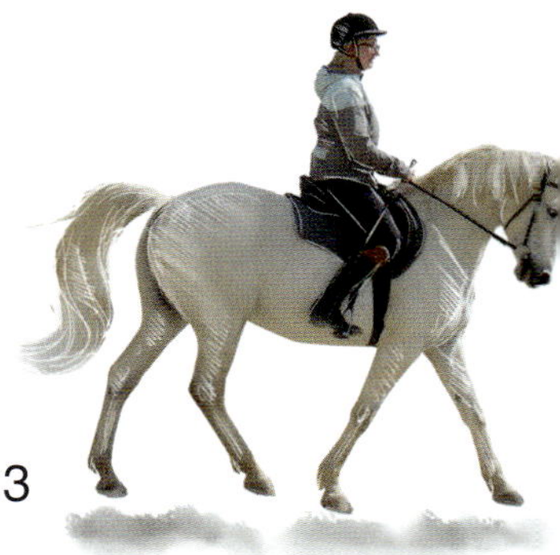

3

Zwischen funktional und dysfunktional liegen nicht immer Welten. Die drei Bilder zeigen verschiedene Haltungen im Trab, die ich näher hinsichtlich der Funktionalität beleuchten möchte.

1. Diese Haltung würden die meisten als korrekte Dehnungshaltung. bezeichnen. Das Pferd ist jedoch etwas zu tief. Die Hinterhand ist allerdings aktiv und die Parallelität der Beinpaare stimmt grundsätzlich. Deswegen ist die Haltung nicht prinzipiell schlecht; das Pferd müsste nur die Schulter noch etwas mehr anheben.

2. Diese Haltung mit gedehnter Oberlinie ist deutlich besser (funktioneller) als die von Bild 1. Die Nase ist etwa auf Höhe des Buggelenks. Und vor allem ist eine **positive Diagonale** zu sehen: Das linke Hinterbein fußt einen kleinen Augenblick vor dem rechten Vorderbein auf.

3. Diese Haltung ist dysfunktional. Das Pferd ist zu eng im Hals. Es ›stellt den Hals hin‹, weicht dem Kontakt aus und ›zwingt‹ den Reiter fast, den Zügel immer kürzer zu nehmen, wenn er Kontakt halten will. Deutlich zu sehen ist die hohe Kruppe und die feste, heruntergedrückte Schulter sowie eine **negative Diagonale**: Das linke Vorderbein ist am Boden und das rechte Hinterbein noch in der Luft. Das Pferd geht nicht über den Rücken. Die Bewegung wirkt gebunden.

(Um dem entgegenzuwirken müsste der Zügel erst einmal deutlich länger – unter Umständen auch ganz lose – werden. Über gute Energiesteuerung aus der Körpermitte und weite Stellung der Hände kann dann wieder Kontakt hergestellt werden.)

Ergänzende Themen

Kontakt zum Pferd
Die positive Diagonale
Variable Halshaltung
Variable Zügellänge
Dehnungshaltung
Diskussion der Dehnungshaltung
Anlehnungsprobleme
Am Zügel
Parallelität der Beinpaare
Über den Rücken gehen
Energiearbeit

Reaktionszeiten

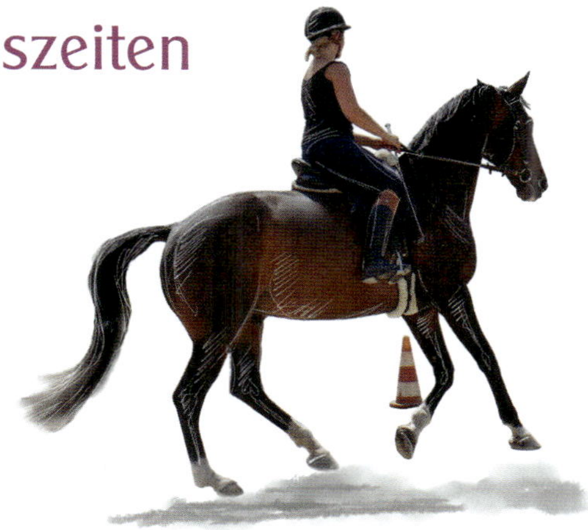

... und Reaktionsschnelligkeit

Für manche Übungen braucht das Pferd einen kurzen Moment, bis es sich ›sortiert‹ hat. Je feiner und aufmerksamer das Pferd auf die Hilfen reagiert, und je besser es ausbalanciert und versammelt ist, umso weniger Reaktionszeit braucht es.
Und je achtsamer der Reiter auf dem Pferd sitzt, desto schneller kann er spüren, was das Pferd zu tun beabsichtigt und reagieren. Allerdings ist das Pferd im Allgemeinen deutlich schneller als der Mensch, wenn es darum geht, ein unerwünschtes Ausweichmanöver zu machen. Hier muss der Reiter seine Reaktionsschnelligkeit verbessern.

Was tun für schnellere Reaktionen?

1. Weniger ist mehr: Konzentrieren Sie sich auf das Wesentliche – auf die Interaktion mit dem Pferd und auf Ihre Mitte. Reduzieren Sie die Hilfen.
2. Organisieren und strukturieren: Legen Sie sich gedanklich Reaktionsmuster zurecht. Durchdenken Sie mögliche Reaktionen/Ausweichmanöver des Pferdes und überlegen, welche Reaktionen Ihrerseits angebracht wären. Schreiben Sie sie eventuell auf und fassen Sie zu einem Reaktions-Kürzel zusammen. So trainieren Sie sich einen Reflex an.
3. Zielgerichtet und konzentriert bleiben: Ablenkungen ausblenden.
4. Zusammenhänge verstehen: Beschäftigen Sie sich mit der ›Materie‹ Pferd und versuchen Sie, so viel wie möglich über die natürlichen Verhaltensmuster des Pferdes herauszufinden – damit sie nicht unvorbereitet von Aktionen des Pferdes überrascht werden.
5. Den eigenen Fähigkeiten vertrauen: Je gelassener und souveräner wir auf dem Pferd sitzen, umso weniger kann uns eine unerwünschte Aktion aus dem Gleichgewicht bringen.
6. Gewohnheiten erkennen und gegebenenfalls ändern: Das Gedächtnis sitzt nicht nur im Kopf. Auch der Körper hat ein Bewegungs-Gedächtnis und führt einmal erlernte Handlungen oft aus, ohne dass der Kopf bewusst ›eingeschaltet‹ wird. Insbesondere bei Angstverhalten wird uns das schnell zum Verhängnis.
7. Emotionale Kontrolle und Angstbewältigung: Programmieren Sie Ihr Verhalten in Angstsituationen um.
8. Fehler machen gehört dazu: Akzeptieren Sie, dass sich nicht alles zu jeder Zeit beherrschen oder vereinfachen lässt und dass bisweilen etwas nicht funktioniert.

Um was geht es?

Reaktionen verbessern.

Ergänzende Themen

Machen Sie sich ein Bild
Losgelassenheit
Funktionelle Haltung des Reiters
Kommunikation – die Hilfen
Das minimalistische Prinzip
Hilfen als antrainierte Reflexe
Selbstvertrauen
Angstbewältigung
Umgang mit Fehlern
Das Pferd macht keine Fehler

Bewegungsfreiheit & Beweglichkeit

Um was geht es?

Balance in der Bewegung.

Gutes Reiten bedeutet, dem Pferd seine volle Beweglichkeit auch unter dem Reitergewicht zu erhalten und es nicht zu knebeln.

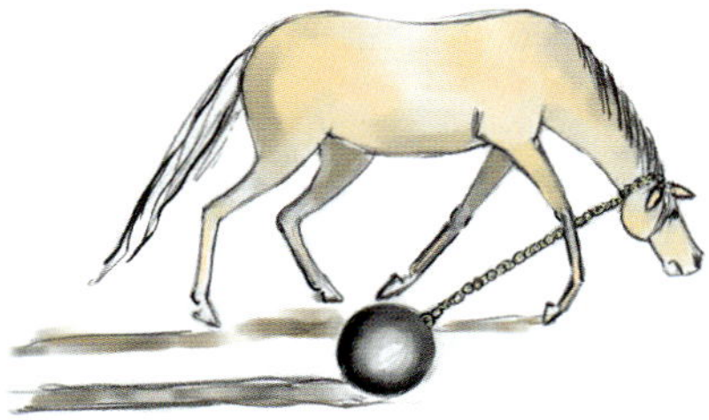

»Beweglichkeit ist das Vermögen, unterschiedliche Stellungen und Haltungen einzunehmen; sie kann sich auf körperliche und auf geistige Haltungen beziehen.«

Diese Definition findet man in Wikipedia zum Thema Beweglichkeit.

Funktionelle Bewegung und geistige Beweglichkeit sind die Grundvoraussetzungen für eine harmonische Reiter-Pferd-Beziehung.
Es ist Aufgabe des Reiters, optimale Bewegungsfreiheit im System Reiter-plus-Pferd sicherzustellen.
Das kann ihm nur gelingen, wenn er etwas von ›Bewegungslehre‹ versteht sowie die Mechanismen von Stabilität und Gleichgewicht sowohl in seinem eigenen Körper als auch in dem des Pferdes begreift.
Nur dann bekommt er die richtige Vorstellung von ›zweckmäßger Haltung‹ in den Kopf, die eine ungehinderte Bewegung des Pferdes unter dem Reitergewicht ermöglicht. **Ohne ausgeglichene Grundhaltung beider Partner (psychische Losgelassenheit) ist funktionelle Bewegung nicht möglich.**

Ergänzende Themen

1+1=1 die Balance im System
Losgelassenheit
Energiekreis
Stabilität ohne Druck
Reiten mit Vorstellungskraft
Empathie
Aufmerksamkeit des Reiters

Die positiven Auswirkungen von funktioneller Bewegung

Zweckmäßige Bewegung (ohne falsche Verspannungen) fördert die Durchblutung, regt den Stoffwechsel an und verbessert somit den Abtransport von Abfallstoffen aus dem Körper – was auch die Immunabwehr deutlich steigert.
Bewegung erweitert das Gefäßsystem der Muskulatur. Herz und Gefäße werden dadurch vor Überlastung und Verschleiß geschützt. Dabei wird Kondition aufgebaut.
Unverspannte Bewegung trainiert nicht nur die Muskulatur, sondern den gesamten Stütz- und Bewegungsapparat (Knochen, Sehnen, Bänder, Gelenke). Durch bessere Mineralstoffversorgung beugt sie dem Abbau von Knochensubstanz vor. Zudem reguliert sie den Blutzuckerspiegel und verhindert Stoffwechselerkrankungen.
Und zu guter Letzt hilft Bewegung, Stress abzubauen und die Konzentration zu steigern. Bei einem nervösen Pferd hilft es z.B., ihm etwas freie Bewegung zu verschaffen, damit es seine negative Spannung loswird und seine Aufmerksamkeit wieder auf eine vom Reiter gestellte Aufgabe richten kann. Das gleiche gilt natürlich auch für den Reiter, der sinnvollerweise eine Art Aufwärmprogramm (z.B. Bodenarbeit) mit dem Pferd absolviert, wenn er nicht ›in der Stimmung‹ ist, konzentriert im Sattel zu arbeiten.

Blinden Aktionismus vermeiden

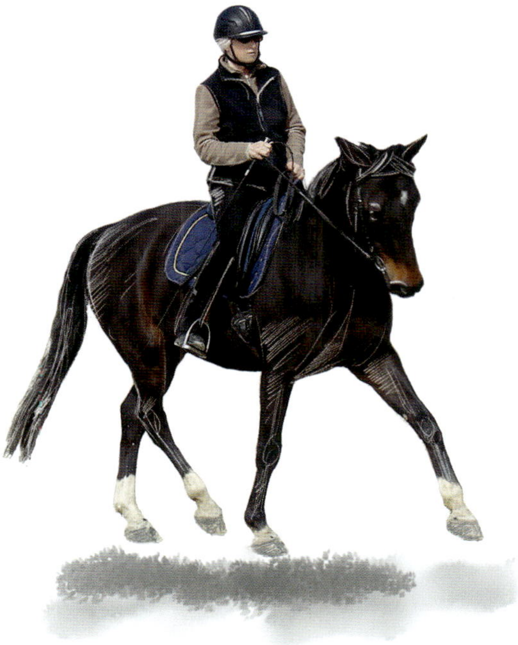

Um was geht es?

Das Pferd in Ruhe seine Arbeit tun lassen.

Dem Pferd zuhören.

Reaktionszeit geben.

Je mehr Aktion, desto schlechter die Wahrnehmung

Je mehr Sie selbst tun, umso weniger haben Sie Zeit, dem Pferd zuzuhören und in die Verbindung hineinzufühlen.
Versuchen Sie also, immer wieder für kurze Zeit nichts zu tun, und auf die Reaktionen des Pferdes zu achten. Bei faulen (noch nicht resensibilisierten) Pferden können Sie die treibende Einwirkung dabei auf Gerte und Stimme verlagern, um über den Sitz besser zu fühlen.
Es gibt allerdings Pferde, die verleiten den Reiter zu dauernder Einwirkung. Diese muss man durch Resensibilisierung ›umprogrammieren‹.

Kommunikation besteht nicht nur aus Reden, sondern auch aus Zuhören. Wenn Sie das Pferd nicht ›zu Wort kommen lassen‹, haben Sie keine Chance, mit der Zeit leiser zu reden, d.h. die Hilfen zu minimieren.

Nichts tun ist schwer

Die Erfahrung zeigt, dass es den meisten Reitern extrem schwerfällt, nichts zu tun und in den eigenen und den Pferdekörper hineinzufühlen. Um Energie und Krafteinsatz zu minimieren, ist jedoch die präzise Wahrnehmung der Spannungszustände im System sowie der Befindlichkeiten und auch der ›Angebote‹ des Pferdes unerlässlich. Nutzen Sie jede Chance, falsche/negative Spannung aus dem System zu nehmen und lassen Sie das Pferd in Ruhe seine Arbeit tun.

Ergänzende Themen

Still sitzen in der Bewegung, Der Wahrnehmungssitz

Konzentriertes Nichtstun

Gerteneinsatz

Resensibilisierung und Servolenkung

Kommunikation – Die Hilfen

Reaktionszeiten

Machen Sie sich ein Bild!

Um was geht es?

Visualisierung des Erwünschten.

Schnelle Reaktionen durch antrainierte Handlungsmuster.

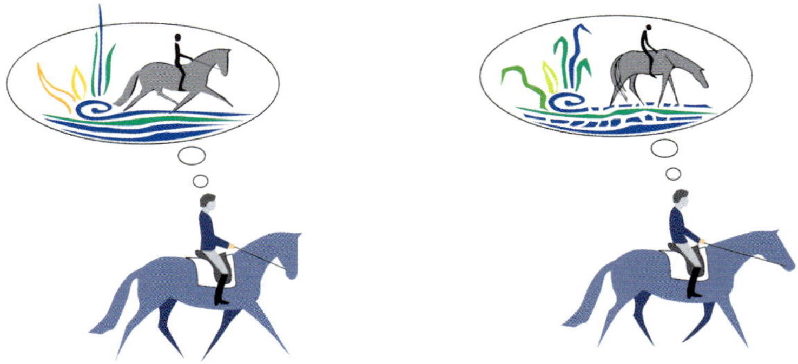

Das Pferd und Sie selbst werden dem Bild entsprechen, was Sie sich vorstellen. Stellen Sie sich also immer vor, was Sie möchten, und nicht, was Sie befürchten.

Ergänzende Themen

Kopfarbeit – mentales Training
Kommunikation – die Hilfen
Hilfen als antrainierte Reflexe
Reaktionsschnelligkeit
Anhaltereflex antrainieren
Reiten mit Vorstellungskraft
Verbale Hilfen
Korrekturmaßnahmen

Ein Bild sagt mehr als tausend Worte – und es ist schneller in eine Aktion umzusetzen!

Wenn Sie schnell reagieren müssen, können Sie nicht lange überlegen, welches Bein oder welche Hand Sie wohin bewegen sollten. Ein bildhaft vorgestelltes ›Handlungsmuster‹ kann schnell abgerufen werden und macht Sie reaktionsschnell.

Jede Verfeinerung der Hilfengebung basiert auf der Reduktion der ›ausführlichen‹ Hilfen zu einem ›Hilfenkürzel‹. Und dieses Kürzel entsteht aus **einem Bild der Gesamtbewegung des Reiter-Pferd-Paares im Raum** im Kopf des Reiters.

›Unsichtbare‹ Hilfen sind nur möglich, wenn das Pferd gelernt hat, auf die Spannungsveränderungen im Reiterkörper und damit auf das gedachte Bild zu reagieren. Dazu braucht es gut antrainierte reflexhafte Reaktionen des Pferdes auf die Hilfenkürzel. Man kann sagen: **Eine feine Hilfengebung basiert auf bedingten Reflexen.**

Visualisieren Sie eine erwünschte Haltung und eine erwünschte Reaktion, als ob sie schon erreicht wäre.

Verwenden Sie Bildersprache in Ihren Gedanken, statt langatmige verbal-durchdachte Anweisungen. So trainieren Sie sich schnelle Reflexe an. Zuerst müssen Sie jedoch die ›Langform‹ einer Handlungsanweisung lernen und verstehen, was Sie tun. Dann fassen Sie diese zu Bild-Kürzeln zusammen. (Das ist eine Form des mentalen Trainings.) Diese vereinfachenden bildhaften Kürzel sind im Umgang mit Pferden extrem wichtig, weil Sie andernfalls immer zu langsam reagieren würden – insbesondere wenn das Pferd gerade ›andere Ideen‹ von der Bewegung hat, als Sie.

Was hat das Pferd davon?

Pferde, die ›richtig‹ (funktionell statt nach starren formalen Vorschriften) ausgebildet werden, haben tatsächlich einen Vorteil von der Ausbildung, denn ihre Beweglichkeit (auch ohne Reiter) verbessert sich – und damit steigen ihr Selbstbewusstsein und ihr Rang in der Herde.

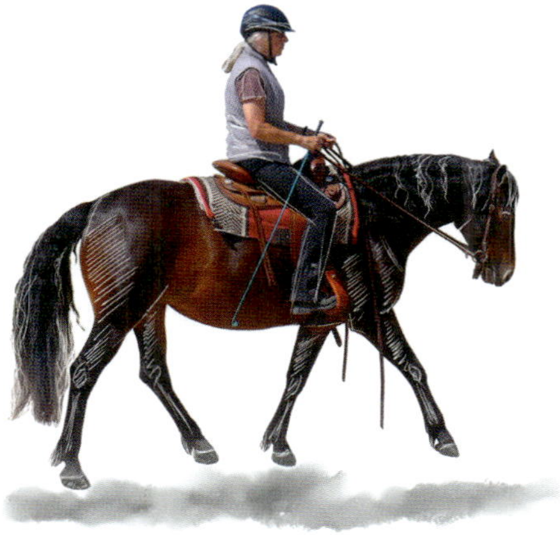

Um was geht es?

Nachdenken über das, was man tut.

Form Follows Function.

Respekt vor dem Pferd / Verständnis für seine Bedürfnisse

Menschen möchten mit dem Pferd ihre Freizeit verbringen. Weil sie einen Ausgleich zum stressigen Büroalltag suchen. Oder auch, weil sie sportliche Erfolge mit ihrem Partner Pferd erringen wollen.
Gute Gründe, aber was hat das Pferd davon?
Es muss sich nicht ums Überleben kümmern, hat immer genug zu fressen und ein Dach über dem Kopf, mögen Sie nun einwenden, dafür kann es ruhig ein wenig Dienst als Freizeitpartner tun.
Im Prinzip richtig, aber ...
Haben wir uns einmal gefragt, ob die Pferde freiwillig mit uns zusammenarbeiten würden, wenn sie eine Alternative hätten? Sie können sich unseren Wünschen und Forderungen nicht wirklich entziehen, selbst wenn sie das bisweilen versuchen und sich z.B. auf der Koppel nicht einfangen lassen.

Gedanken zum Thema

Auch, wenn die meisten Menschen ihre Pferde ins Herz geschlossen haben, fehlt ihnen oft das Verständnis für die Bedürfnisse eines Herdentieres, die über Futter und Wasser hinausgehen. Da werden Pferde 23 Stunden in der Box gehalten, um dann mal ein Stündchen trainiert zu werden. Pferde in ihrer natürlichen Umgebung sind 16 Stunden am Tag in Bewegung und nehmen dabei Nahrung auf. Das Pferd ist ein Dauerfresser mit kleinem Magen, der ständig Magensäure zum Verdauen produziert. Viele Pferde in der Obhut des Menschen, insbesondere Turnierpferde, werden zwar 2- bis 3-mal am Tag mit Kraftfutter vollgestopft, bekommen aber bisweilen nicht ausreichend Heu zu fressen, weil sie ja einen Heubauch bekommen könnten. Das Verdauungssystem ist jedoch nicht auf eine solche Art der Fütterung ausgelegt, und nicht wenige Pferde haben Magengeschwüre, zu denen auch so manche Trainingsmethode beiträgt, bei der das Pferd unter Stress steht.

Auf der anderen Seite werden Pferde verhätschelt, geschoren und eingedeckt, vor Zugluft, Regen und Kälte geschützt und aus Angst vor Verletzungen isoliert gehalten. Auch das ist der Gesundheit und der Psyche des Pferdes nicht zuträglich. Atemwegskrankheiten, Verdauungsbeschwerden, Sehnenprobleme und Verhaltensstörungen sind die Folge missverstandener Pferdeliebe.

Ergänzende Themen

Kommunikation – die Hilfen
Denkanstöße
Konzeptionelle Fehler des Reiters
Sich in die Lage des Pferdes versetzen
Bewegungsfreiheit und Beweglichkeit

Ausrüstung

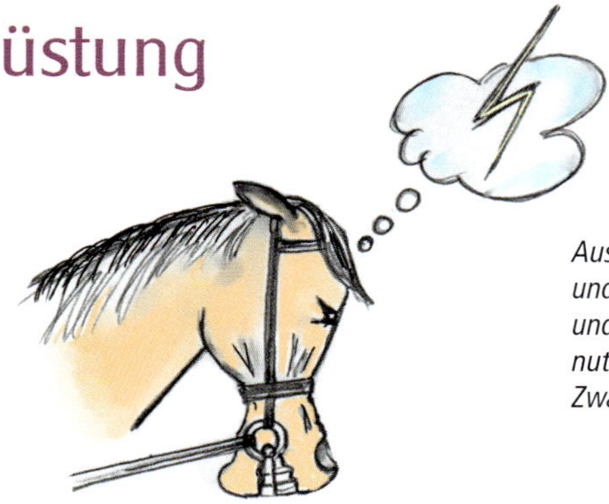

Ausrüstung muss für Reiter und Pferd bequem sein und darf nicht dazu benutzt werden, dauerhaften Zwang auszuüben.

Um was geht es?

Die wichtigste Ausrüstung ist unser eigener Körper.

Qualität und Passform

Die Ausrüstung muss Pferd und Mensch passen und unkompliziert handhabbar für den Menschen sein.

Das größte Problem bei der Ausrüstung stellt ein passender Sattel dar. Wie beim Menschen die Schuhe, muss beim Pferd der Sattel wirklich passen – und nicht nur ungefähr. Nicht jedes Sattelmodell passt auf jeden Pferderücken, da nützt auch ein fest angezogener Sattelgurt, Um- oder Unterpolstern nichts: Wenn der Schwung nicht passt oder der Sattel an der Schulter drückt, schadet er auf Dauer dem Pferd.

Die Zäumung kann mit wenigen Worten abgehandelt werden: Eine einfache Wassertrense oder auch eine gebisslose milde Zäumung wie Sidepull, Bosal oder Glücksrad (LG-Zaum) tun es fürs Erste. Wer will, kann mit dem ausgebildeten Pferd auf Kandare oder Außenkandare (Hackamore) umstellen. Eine Kandarenzäumung ist aber erst dann sinnvoll, wenn der stellende innere Zügel nicht mehr gebraucht wird. Alle Sorten von Korrekturgebissen und Hilfszügeln für dieses oder jenes Problem sind fast immer unnötig und setzen an der falschen Stelle an.

Hilfsmittel, wie Gerte, Longierpeitsche, Kappzaum, Longe sowie Bodenarbeitshalfter und -seile, sollten von guter Qualität sein und gut in der Hand liegen.

Unser wichtigster ›Ausrüstungsgegenstand‹ ist und bleibt unser eigener Körper mit seinen differenzierten Ausdrucksmöglichkeiten.

Ergänzende Themen

Hilfszügel helfen nicht
Kommunikation – die Hilfen
Funktionelle Haltung des Reiters
Funktion des Pferderückens
Innen und außen
An den Hilfen
Sich in die Lage des Pferdes versetzen
Denkanstöße
Bewegungsfreiheit und Beweglichkeit

Ein teurer Sattel und ein teures Pferd machen noch keinen guten Reiter

Auch wenn die Ausrüstung noch so hervorragend ist und das hochveranlagte Pferd eine Stange Geld gekostet hat: Reiten lernen ist angesagt – und das dauert ein Leben lang. Nichts sagt mehr über den Ausbildungs(zu)stand eines Reiters aus als der Satz: »Ich kann reiten.« Je fortgeschrittener der Reiter, umso weniger wird er das so sagen.
An dieser Stelle der Spruch eines Teilnehmers aus meinen Turnierzeiten: »Ich habe so teure Pferde – und dann gewinnt hier einer mit einem Feld-, Wald- und Wiesenpferd …«

»Das habe ich so gelernt!«

Die ›Aufwärtsparade‹ mit einer nach vorn-oben Richtung Maulwinkel/Ohr gerichteten Zügelhilfe, ist bei vielen Reitern der ›alten Schule‹ verpönt, weil sie gelernt haben, dass die Hände ›still zu stehen haben‹.
Wird sie richtig ausgeführt – mit in der Längsachse geradem Pferd und einem weichen, kurzen Aufwärtsimpuls entspannt sie ein festes Genick in kürzester Zeit.

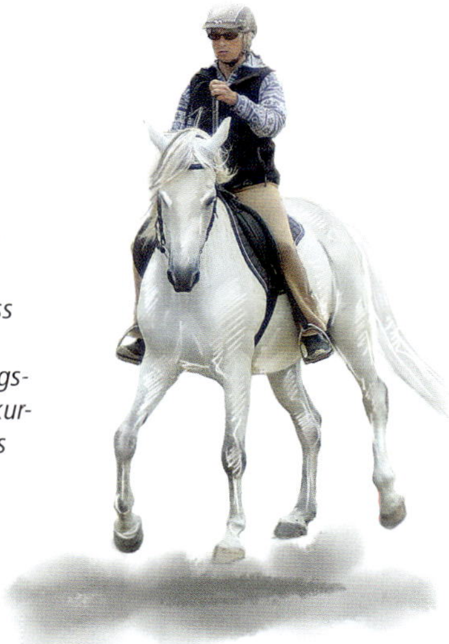

Um was geht es?

Viele Wege führen nach Rom.

Andere Methoden verstehen und zulassen.

Neugierig und wissbegierig bleiben; dazulernen.

Wer eine Sache oder ein Verhalten verbessert, hat Recht.

Den Status quo hinterfragen

Wer den Stand der Dinge zum Zeitpunkt X als festgeschrieben betrachtet, für den bleibt das Leben stehen. In Reiterkreisen war und ist es leider verbreitet zu sagen: »Das habe ich aber vor 20 Jahren so gelernt. Das muss richtig sein!« Würden alle so denken, gäbe es keinen Fortschritt. Auch wenn viele ›revolutionäre neue Methoden‹ nicht unbedingt neu sind und auch nicht immer zum Erfolg führen oder für die eigene Situation passen – wichtig ist, über den Tellerrand zu schauen und zuzulassen, dass es mitunter mehrere ›richtige‹ Vorgehensweisen gibt. Viele Wege führen nach Rom. Und nicht jeder Weg ist für jeden gangbar.

Pferdeflüstern ist kein Hexenwerk

Lassen Sie sich inspirieren von den ›Pferdeflüsterern‹, den begnadeten ›Horsemen‹ (bzw. Horsewomen), bei denen das Pferd auf ein nahezu unsichtbares Signal reagiert. Erwarten Sie aber nicht, dass Sie es in gleicher Weise nachmachen können. Sie sind jemand anderes, als der, den Sie beobachtet haben. Und Sie müssen einen anderen Weg für sich und Ihr Pferd finden. Dieser kann ähnlich sein, da Pferde als Spezies ähnlich reagieren. Er kann sich jedoch auch deutlich unterscheiden, weil Sie gerade ein besonders kompliziertes oder mit Altlasten versehenes Exemplar haben oder weil Sie selbst ein körperliches Handicap haben und bestimmte Dinge einfach nicht können. Menschen, die aus dem Rollstuhl heraus mit Pferden arbeiten oder solche, die ohne Unterschenkel oder mit nur einem Arm reiten, zeigen, was möglich ist …
Wenn Sie genau hinschauen, ist jedoch Pferdeflüstern kein Hexenwerk, sondern eine präzise Beherrschung des eigenen Körpers und besonders auch der eigenen Gedanken und Emotionen. Häufig ist zu sehen, dass Konzentrationsmangel, Angst oder Unsicherheit den Menschen den Geist ›vernebeln‹ und dadurch deren körpersprachliche Aussagen unklar bzw. unverständlich für das Pferd werden. So mancher agiert auch leider ›verwaschen‹ nach dem Motto: »Wasch' mich, aber mach' mich nicht nass.«

Ergänzende Themen

Umgang mit Fehlern
Neugier
Machen Sie sich ein Bild!
Die Zügellänge
Die Funktion des Zügels
Einwirkung mit dem Zügel
Vertrauen gegen Vertrauen
Hohe und weit gestellte Hand
Die getragene, balancierte Hand
Das minimalistische Prinzip
Funktionelle Haltung des Reiters
Komfortzone verlassen
Hilfen als antrainierte Reflexe
Glaubensfragen
Verbale Hilfen

Beharrlichkeit

Um was geht es?

Lassen Sie sich nicht ignorieren.

Beharren Sie auf Ihrer Forderung, ohne dauerhaften Druck auszuüben. Schöpfen Sie Ihr volles Hilfenrepertoire aus: Gerte, Stimme, Impulse mit Bein und Zügel – und vor allem: Stellen Sie sich genau vor, was Sie erreichen wollen – wie hier eine Wendung nach links am äußeren Zügel (mit stabiler äußerer Seite), ohne den Hals des Pferdes herumzuziehen.

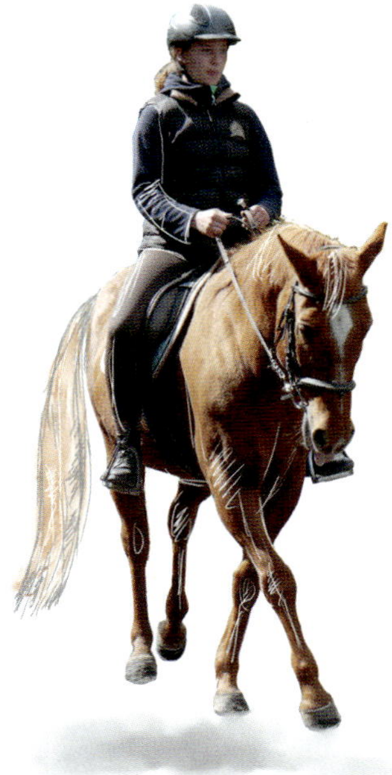

Eine erfüllbare Forderung durchsetzen

Bei der Arbeit mit Pferden ist bisweilen eine gewisse ›lächelnde Sturheit‹ nötig, manchmal aber auch ein massives Einfordern von Aufmerksamkeit, wenn man den Eindruck hat, dass das Pferd den Menschen und seine Anweisungen nicht ernst nimmt. Lassen Sie nicht zu, dass das Pferd seine Aufmerksamkeit von der Aufgabe abzieht, die Sie ihm stellen, und in der Gegend herumschaut.

Lassen Sie sich nicht ignorieren!

Manche Pferde geben Ihnen das Gefühl, dass alles andere wichtiger ist, als das, was Sie von ihm wollen. In diesen Fällen sorgen Sie dafür, dass das Pferd seine Aufmerksamkeit bei Ihnen lässt. (Machen Sie sich ›wichtig‹, bündeln Sie Ihre Energie, setzen Sie ›Störer‹ ein.) Haben Sie die Aufmerksamkeit, dann können Sie das Pferd auch steuern. Haben Sie sie nicht, dann sind Sie Luft für das Pferd und es kümmert sich um seine eigenen Angelegenheiten.

Andere Pferde ›verstecken‹ sich hinter hysterischem Gezappel und haben damit oft Erfolg: »Das arme Pferd hat Angst«, heißt es dann und man bricht die Übung ab. Das Pferd lernt dadurch: »Wenn ich herumzappele, lässt man mich in Ruhe; damit kann ich mich unangenehmen Aufgaben entziehen«. Lassen Sie das Pferd also ruhig mal herumzappeln. Sorgen Sie nur dafür, dass Sie am Ende wieder ein ruhiges Pferd haben.

Egal, was ein Pferd tut – lassen Sie sich nicht aus dem Konzept bringen und verbuchen Sie zumindest einen Teilerfolg für sich, bevor Sie aufhören. Halten Sie durch, bis das Pferd signalisiert: »Ich versuch's ja« und Sie es dafür belohnen können. Der Spruch ›Aufhören, wenn es am schönsten ist‹, gilt uneingeschränkt beim Erreichen von nachhaltigen Lerneffekten.

Bleiben Sie souverän, wenden Sie keine Gewalt an und versuchen Sie nicht, das Pferd festzuhalten, wenn es sich aufregt (insbesondere bei Übungen zur Angstbewältigung). Achten Sie darauf, nichts vom Pferd zu verlangen, was es noch nicht ausführen kann. Und stellen Sie sicher, dass das Pferd auch wirklich versteht, was es tun soll.

Ergänzende Themen

Aufmerksamkeit des Reiters
Aufmerksamkeit und Konzentration
Aufregung und falsche Spannung
Erziehung und Beziehung
Prompte Reaktionen einfordern
Die stabile äußere Seite des Reiters
Stabilität ohne Druck
Druck erzeugt Gegendruck
Das minimalistische Prinzip

Komfortzone verlassen

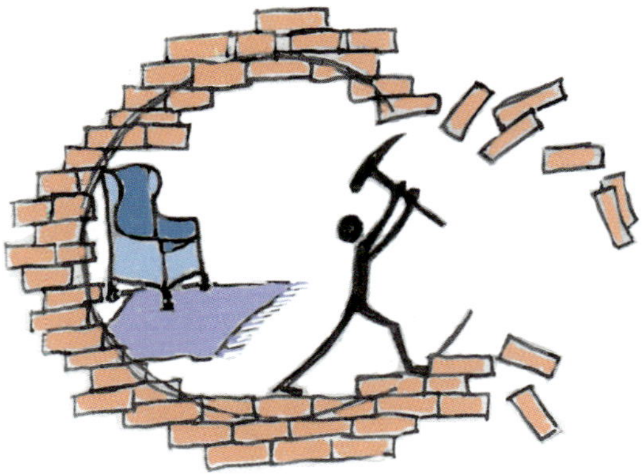

Gewohnheiten und Veränderungen

Solange alles funktioniert, gibt es keinen Anlass, etwas anders zu machen – auch wenn es manchmal eher schlecht als recht funktioniert. Wenn der Leidensdruck nicht groß genug ist, dann ist es den meisten zu aufwändig, ineffektive Gewohnheiten aufzugeben.
Positive Veränderungen können jedoch meist nur in Gang gesetzt werden, wenn man seine ›Komfortzone‹ verlässt.

Gedanken für erfolgreiche Veränderungen

Wenn Sie sich ändern, ändert sich alles!
Alles zählt! Nichts, was Sie tun, ist vergebens; auch, wenn sich der Sinn vielleicht erst später erschließt. (Wer weiß, wofür es gut ist ...)
Beginnen Sie jetzt! Veränderung ist anfangs immer unbequem. Der ideale Moment zum Start kommt nie.
Sie können nicht ändern, was Sie nicht wirklich kennen. Jede Veränderung entspringt der achtsamen Analyse des Bestehenden.
Die Energie ist schon da: das bisher Ungesehene sehen, das bisher Ungeträumte träumen.
Entwickeln Sie eine lebendige Vision von dem, was sein könnte.
Übernehmen Sie Verantwortung für Ihre Vision.
Das große Ziel im Auge behalten – Details erledigen sich von allein.

Ideen und Anregungen zum Thema

Die langjährigen Erfahrungen mit unterschiedlichsten Pferden haben mich eines gelehrt: Ich habe immer dann am meisten davon profitiert, wenn sich ein Pferd den mir bis dahin bekannten Methoden dauerhaft widersetzt hat. Diese Pferde zwangen mich zu Veränderungen. Ich musste mein eigenes Verhalten infrage stellen und etwas anderes ausprobieren – und im Nachhinein waren diese Veränderungen immer positiv.
Auch Pferde müssen ihre Komfortzone verlassen: Das Pferd wird mit immer neuen Situationen konfrontiert und muss seine Angst überwinden.

Um was geht es?

Annehmen, was passiert, und das Beste daraus machen.

Gezielt agieren statt resignieren.

Ergänzende Themen

Angstbewältigung
Energiekreis
Machen Sie sich ein Bild
Reiten mit Vorstellungskraft
Die Idee der Bewegung
Denkanstöße
»Das habe ich so gelernt!«
Erfahrungen und Gewohnheiten
Kopfarbeit – mentales Training
Die Einstellung macht's
Regeln brechen?
Andere Idee – andere Wirkung
Energiekonzepte
Erkenntnisse und Alternativen
Das Pferd macht keine Fehler

Kraft

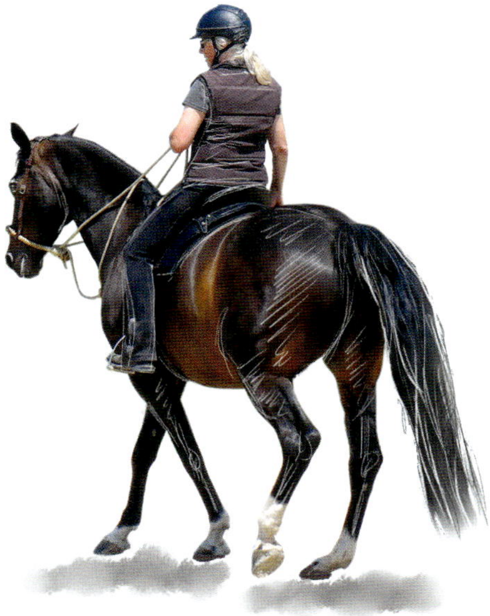

Um was geht es?

Kraft in der Hinterhand.

Kraft aus der Mitte.

Ergänzende Themen

Der Galopp
Hankenbeugung
Versammlung und Aufrichtung
Spannungsbogen und Selbsthaltung
Das minimalistische Prinzip
Funktion des Pferderückens
Funktionelle Haltung des Reiters
Stabilität ohne Druck
Losgelassenheit
Muskelketten im Arm
Muskelketten im Bein
Freie Balance
Dehnungshaltung

Für eine lässige Eleganz des Reiter-Pferd-Paares brauchen Mensch und Pferd Kraft

Wenn es sich dabei um die ›richtige‹ Kraft handelt, sieht man in der Vollendung nichts davon.
Das Pferd braucht Stabilität im Rumpf (= korrekte Körperspannung) und Kraft in der Hinterhand, um die Hanken zu winkeln und schließlich versammelt ›im Beugegang‹ zu gehen. Wer schonmal ein paar Kniebeugen gemacht hat, weiß, dass es viel Training braucht, um eine größere Zahl von Kniebeugen hinzubekommen, ohne dass die Muskulatur aussteigt. Da Losgelassenheit in der Bewegungsmuskulatur gefordert ist, darf man das Pferd nicht zu früh und zu lange versammeln, sonst produziert man VERspannung (zumal es ja noch das Reitergewicht mit bewegen muss).
Auch der Reiter braucht Kraft, jedoch nur in Form von isometrischer Haltespannung (= Körperspannung), die auch bei ihm Losgelassenheit in der Bewegungsmuskulatur und ein frei bewegliches Becken gewährleistet. Wendet er Kraft in Arm oder Bein auf, um das Pferd zu kontrollieren, so geht das immer auf Kosten der Losgelassenheit des gesamten Reiter-Pferd-Paares und blockiert freie – und elegante – Bewegung.

Kraft in der Hinterhand für Versammlung und guten Galopp

Versammlung braucht Hankenbeugung und Kraft. Auch bei der Entwicklung eines schön bergauf gesprungenen Galopps ist Kraft (= Beugefähigkeit) in den Hinterbeinen von essenzieller Bedeutung. Deswegen haben manche von den ›alten Meistern‹ die Pferde erst unter dem Reiter galoppiert, wenn die Seitengänge im Trab gefestigt waren und das Pferd einen gewissen Versammlungsgrad erreicht hatte. Es gibt durchaus Pferde, bei denen diese Vorgehensweise auch heute noch angebracht ist.

Zentrifugalkräfte

Um was geht es?

Über die Schwierigkeit, in schnelleren Wendungen im Gleichgewicht zu bleiben.

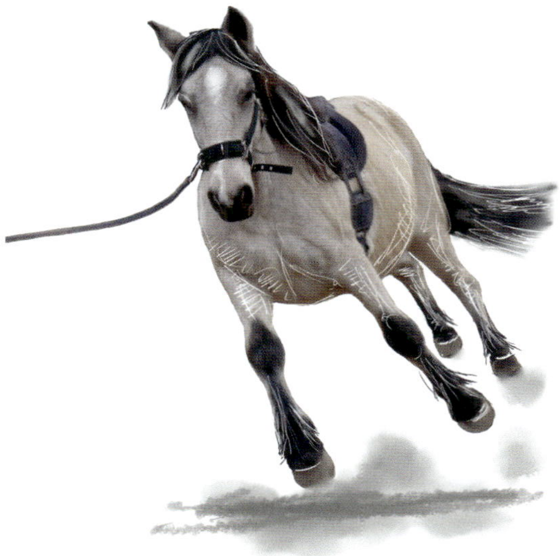

Je schneller das Tempo, um so mehr Schräglage

Wendungen in höherem Tempo erfordern ein gut ausbalanciertes Pferd, welches gelernt hat, nicht über die innere Schulter zu kippen bzw. über die äußere Schulter wegzudrängeln.
Sieht man sich freilaufende Pferde an, kann man diese Schräglage sehr deutlich erkennen, z.B. im Galopp. Auch an der Longe kann das nicht mit Hilfszügeln eingeengte Pferd zuweilen diese Schräglage zeigen.

In der Ausbildung unter dem Reiter muss das Pferd lernen, beide Schultern oben zu lassen und nicht ›wie ein Segelflugzeug in die Wendung hineinzukippen‹.

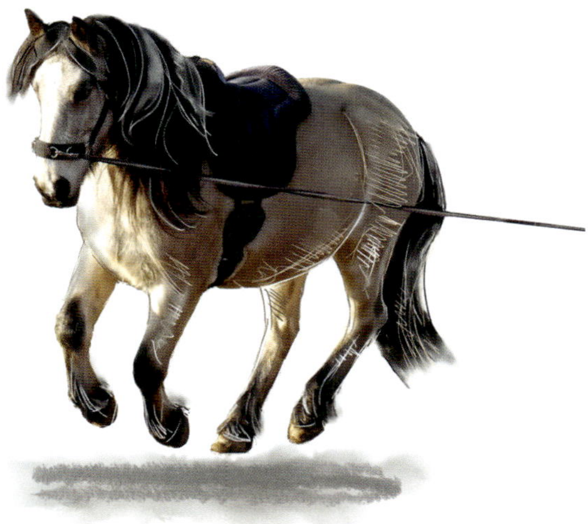

Ergänzende Themen

Das gebogene Pferd
Richtig abwenden
1+1=1 die Balance im System
Angst vor Gleichgewichtsverlust
Korrekturen in Außenstellung
Innen und außen
Schulterkontrolle
Schulterfreiheit
Versammlung
Spannungsbogen und Selbsthaltung
Geraderichten des Pferdes
Kraft
Hilfszügel helfen nicht!

Sporeneinsatz

Um was geht es?

Unbedachter Sporeneinsatz stumpft das Pferd ab.

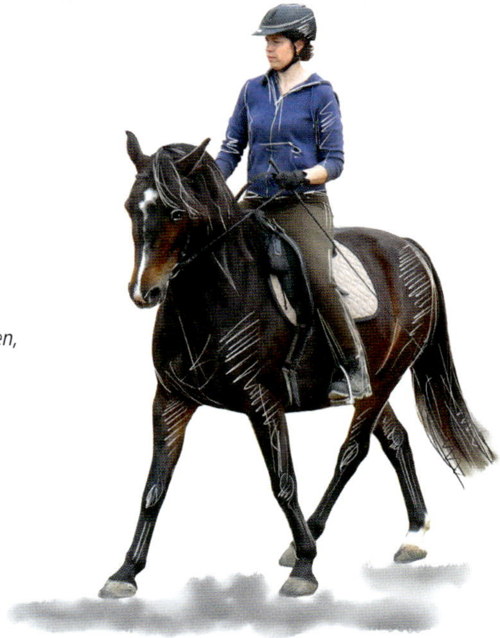

Hat der Reiter eine gute Vorstellung von der Energieentwicklung im eigenen Körper und im System Reiter-plus-Pferd, und hat er gelernt, seine Hilfen sparsam einzusetzen, sind Sporen überflüssig.

Mit dem Sporn treiben funktioniert nicht

So mancher meint, das Schenkelsignal mit Sporen verstärken zu können. Das ist ein Trugschluss. Bei einem fein gerittenen Pferd können Sie mit dosiertem Sporeneinsatz ein etwas aktiveres Hinterbein bewirken. Zum Treiben sind Sporen jedoch ungeeignet.

Viele Pferde reagieren auf einen Sporenstich eher mit Blockieren und Verkrampfen (Katzenbuckel) als mit Vorwärtsgehen. Das liegt auch daran, dass der Reiter mit einem stochernden Sporn (und dabei oft hochgezogenem Absatz aus auswärts – in die Außenrotation – gedrehtem Bein) die Beweglichkeit seines Beckens einschränkt – und damit die Rückenbewegung des Pferdes. Und schließlich: Je öfter Sie den Sporn einsetzen, umso stumpfer reagiert das Pferd schließlich auf den normalen Schenkelimpuls.

Ergänzende Themen

Treibende Hilfen

Schenkelimpuls statt Schenkeldruck

Muskelketten im Bein

Streckmuster und Beugemuster

Mit den Sporen ›anklingeln‹

Bei den Westernreitern werden häufiger martialisch aussehende Sporen mit großen beweglichen Rädern verwendet. Durch ein kurzes Bewegen des Fußes mit lockerem Fußgelenk wird vom Reiter ein klingelndes Geräusch erzeugt, was das Pferd aufmerksam machen soll: »Achtung, da kommt jetzt eine Richtungsänderung oder ein Stop; sortier' mal deine Hinterbeine.«

In dieser Form eingesetzt dienen Sporen durchaus der Verfeinerung der Hilfengebung. Als Ersatz für ein falsches Konzept hinsichtlich der treibenden Hilfen taugen sie nicht.

Gerteneinsatz

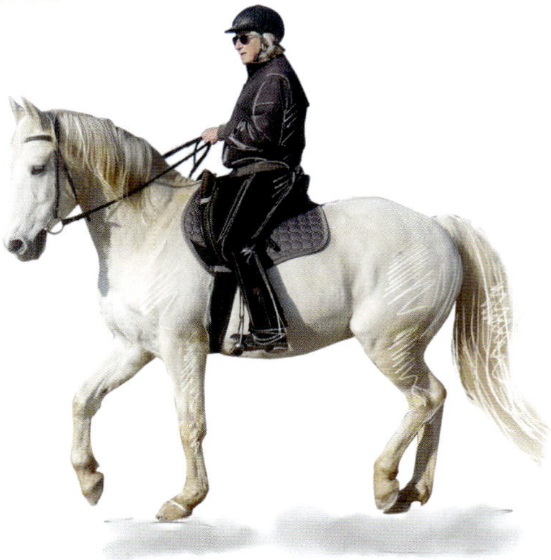

Um die Gerte gezielt an manchen Stellen oder auch rechts und links abwechselnd einzusetzen müssen die Zügel bisweilen in eine Hand genommen werden, damit man nicht unabsichtlich das Pferd im Maul stört.

Um was geht es?

Hilfenverstärker und Indikator für falsche Spannung.

Die Gerte als vielseitiger Hilfenverstärker und als Indikator für eine korrekt getragene Hand

Eine Gerte ist vielseitig und präzise an verschiedenen Stellen einsetzbar. Sie können gezielt bestimmte Körperteile anticken: Schulter, Kruppe, Hinterbein etc. (insbesondere, wenn Sie sie schon am Boden eingesetzt haben). Mit Einsatz an der inneren Schulter kann man das Hereinkippen in die Wendung verhindern. Einsatz am inneren Hinterbein bringt das Pferd zum Vor- oder Übertreten, Einsatz am äußeren Hinterbein hält die Hinterhand in der Spur (z.B. beim Kurzkehrt)
Sie können sie locker an der Seite des Pferdes entlangschwingen; Luftzug und leichtes Zischen sowie die schwingende Armbewegung treiben manchmal effektiver als ein ›normaler‹ Gerteneinsatz.
Auch ein schnell wechselnder Rechts-links-Einsatz, bei dem man mit nach oben zeigender Gerte schnell aufeinanderfolgend das Pferd rechts und links an der Hinterhand berührt, führt oft durch den Überraschungseffekt« zum Erfolg.
Üben Sie, mit der Gerte umzugehen – in der rechten und in der linken Hand und beim Wechseln, so dass Sie sie schnell dort einsetzen können, wo sie gerade gebraucht wird – innen oder außen, vorne oder hinten. Und bleiben Sie entspannt im Handgelenk: Die waagerechte Gerte zeigt falsche Spannung durch ein abgeknicktes Handgelenk an.

Kreative Gertensignale:

Rechts-Links-abwechselnd.
Gerte von hinten nach vorne schwingen.
Gerte senkrecht nach oben nehmen.
Gerte gezielt am Hinterbein, auf der Kruppe, an der Schulter einsetzen.
Gerte auch fürs Rückwärtsrichten hinten einsetzen.
Innen oder außen, je nachdem, was bezweckt wird.

Ergänzende Themen

Ausweichmanöver des Pferdes verhindern
Treibende Hilfen
Festgehaltene Gelenke
Kontrolle und Selbstkontrolle
Druck erzeugt Gegendruck
Das minimalistische Prinzip
Seitengänge
Festgehaltene Gelenke

Angstbewältigung ...

Um was geht es?

»Angst ist der Schwindel der Freiheit« (Sören Kierkegaard)

Zusammenarbeit und Lernen funktioniert nur, wenn Pferd und Reiter sich sicher fühlen und keine Schmerzen befürchten.

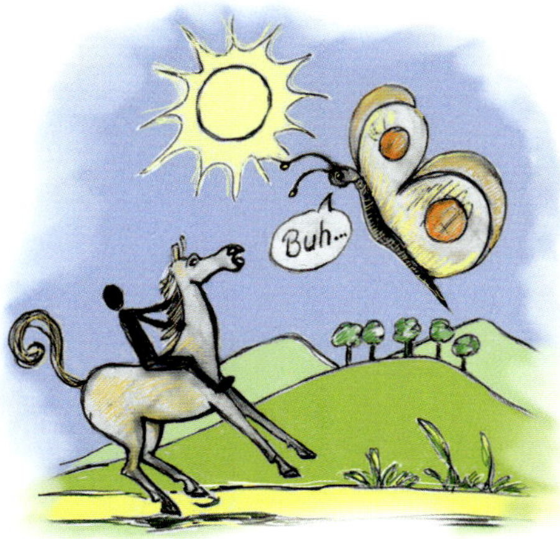

... ist Vertrauensaufbau

Der Umgang mit der Angst spielt eine wesentliche Rolle bei der Reiter- und Pferdeausbildung. Pferd und Reiter haben Grundängste, die sie in den Griff bekommen müssen, um vertrauensvoll zusammenzuarbeiten. Diese sind für beide recht ähnlich und existenzieller Natur.
Beim Pferd: Angst vor Bewegungs- und Fluchtunfähigkeit sowie Gleichgewichtsverlust – resultierend in der Angst vor dem Gefressenwerden, also dem Tod.
Beim Reiter: Angst vor dem Fallen, vor Verletzung und Tod; Angst vor Kontroll- und Gleichgewichtsverlust.
Wenn Ängste ins Spiel kommen, wird schnell Gewalt angewendet, um die Kontrolle zu gewährleisten. Das **›System der kleinen Schritte‹** verhindert eine Eskalation in Richtung gewaltsamer Kontrolle. Es geht darum, immer nur so viel zu verlangen, dass sich Reiter und Pferd noch sicher fühlen.

Angstbewältigung in der Praxis

Ängste bewältigt man langfristig, indem man sich ihnen stellt.
Für das Pferd bedeutet das ein Abhärtungsprogramm, bei dem es immer wieder Angst auslösenden Situationen ausgesetzt wird und mit der Zeit lernt, dass der Mensch nichts von ihm fordert, was lebensgefährlich ist. Hier greift langfristig eine Desensibilisierung, bei dem das Pferd lernt, den Anweisungen des Reiters unbedingt zu vertrauen.
Für den Reiter bedeutet es, dem Pferd etwas ›Vorschussvertrauen‹ entgegenzubringen, und es nicht ständig bis ins letzte Detail kontrollieren zu wollen.
Lassen Sie dem Pferd Bewegungsfreiheit und belohnen Sie erwünschte Verhaltensweisen. Das Pferd wird es Ihnen mit freien Bewegungen und einem grundsätzlichen Vertrauen danken.
Ohne eine gewisse Souveränität kann der Reiter dem Pferd jedoch nicht glaubhaft versichern, dass er es nicht ins Verderben schickt.

Ergänzende Themen

Vertrauen gegen Vertrauen
Sicherheit und Souveränität
Stabilität ohne Druck
Hilfszügel helfen nicht
Angst vor Gleichgewichtsverlus
Desensibilisierung
Machen Sie sich ein Bild!
Kopfarbeit – mentales Training
Reiten mit Vorstellungskraft
Präsenz statt Ausrüstung

Horsemanship

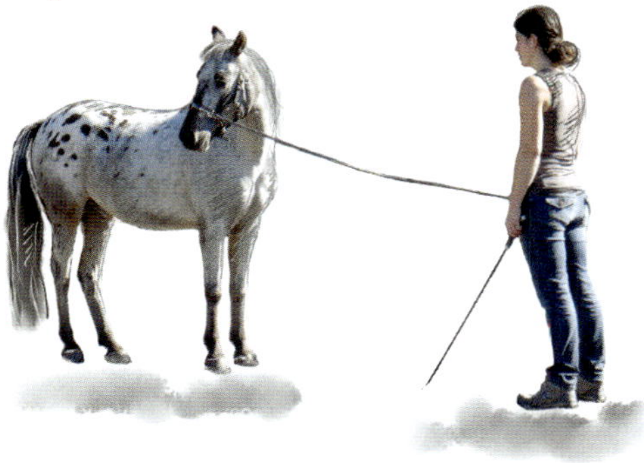

Hier wendet sich das Pferd demonstrativ ab. Der Mensch muss erst wieder seine Aufmerksamkeit gewinnen, bevor er mit ihm arbeiten kann.

Rangordnung und Sozialverhalten des Pferdes verstehen und für die artgerechte Erziehung und Ausbildung nutzen

Jedes geordnete Zusammenleben einer Gruppe von Individuen gründet sich auf bestimmte Regeln. Eine der wichtigsten Regelungen ist die der Position, die der einzelne innerhalb der Gruppe beanspruchen kann – wem er selbst aus dem Wege gehen oder gehorchen muss und wen er ›herumkommandieren‹ kann (von wem er Gehorsam fordern kann). Wenn es dem Menschen gelingt, dem Pferd glaubhaft zu versichern, dass er ›ihm etwas zu sagen hat‹, und dass er ihm bei Bedarf auch Schutz bietet, bekommt er im Gegenzug Respekt, Gehorsam, Aufmerksamkeit und Vertrauen von ihm. **Gegenseitiger Respekt und gegenseitiges Vertrauen sind die Grundpfeiler jeder guten Pferde- und Reiterausbildung**

In der Beziehung zum Pferd geht es oft darum, **dass der Mensch seine Position (seinen Standpunkt) verteidigt**. Er darf z.B. bei der Bodenarbeit nicht ausweichen, wenn das Pferd ihn bedrängt, sondern schickt seinerseits das Pferd weg. Unter dem Sattel sollte der Reiter seine mittige Position im Sattel (seinen Sitz im Gleichgewicht) behaupten und sich nicht vom Pferd ›umsetzen‹ lassen.

Statussymbole vs echte Souveränität

Drückt der Mensch seine Position innerhalb der Gemeinschaft durch Statussymbole wie den Mercedes als Geschäftswagen, die Rolex am Handgelenk oder die teuren Designer-Möbel aus, so sind viele dieser Symbole nur in der ›westlichen Konsumwelt‹ allgemein verständlich und werden in einem anderen Umfeld, z.B. in einem Indio-Dorf am Amazonas, nicht (an)erkannt.

Fehlende Autorität oder Charakterschwäche kann bisweilen in menschlicher Gesellschaft lange durch Äußerlichkeiten überspielt werden, bevor sie entlarvt wird. Pferde hingegen entdecken die Schwäche eines Artgenossen, aber auch die Schwächen an ihrem menschlichen Partner sehr schnell, weil sie sich nicht durch Statussymbole blenden lassen. ›Aufgeblasene Papiertiger‹ haben keine Chance, von Pferden ernst genommen zu werden. Ihr System der ›Einordnung‹ wird von jedem Pferd verstanden (sofern es nicht deutliche Verhaltensstörungen zeigt) und kann auch vom Menschen prinzipiell verstanden und ausgenutzt werden.

Es basiert auf den einfachen Grundfragen: **Wer bewegt wen? Wer muss wem ausweichen?**

Um was geht es?

Verständnis für das Pferd und seine Reaktionen.

Herstellung einer ›arbeitsfähigen‹ Beziehung.

Eigene Position verteidigen.

Die Aufmerksamkeit des Pferdes bekommen.

Die Frage:
Wer bewegt wen?

Ergänzende Themen

Bodenarbeit
Vertrauen gegen Vertrauen
Angstbewältigung
Sich in die Lage des Pferdes versetzen
Funktionelle Haltung des Reiters
Artgerecht, schonend, gewaltfrei
Stabilität ohne Druck
Aufmerksamkeit und Konzentration

Klassische Handarbeit

Um was geht es?

Training der Muskulatur zur Vorbereitung auf das Tragen eines Gewichtes.

Kommunikationsverbesserung schon am Boden.

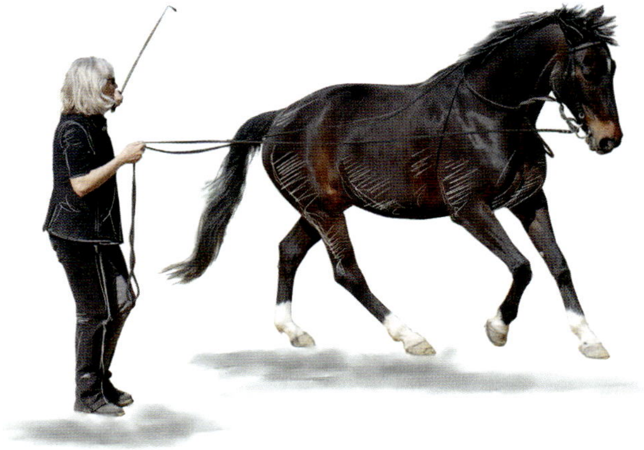

Vorbereitung und Problemlösung ohne Reitergewicht

Die klassische Arbeit an der Hand ist eine vorbereitende und reitbegleitende Arbeit, die dem Pferd ermöglicht, ohne ›störendes‹ Reitergewicht die richtige Haltung für seine ›tragende Rolle‹ als Reitpferd zu finden. Der Mensch beeinflusst vom Boden, was das Pferd tut und vor allem wie es etwas tut. Gehorsam, Reaktionsbereitschaft, die zum Tragen eines Reiters nötige Muskulatur und eine funktional richtige Haltung können bei der Arbeit an der Hand entwickelt werden (›funktional richtig‹ bedeutet, dass Bewegung und Haltung des Pferdes sowohl an seine Natur als auch an seine tragende Rolle angepasst ist).
Neue Lektionen unter dem Reiter können zuerst an der Hand vorbereitet werden.
Pferde mit Rückenproblemen können an der Hand gymnastiziert und auftrainiert werden.
Rückwärtsrichten sowie Biegung und Seitengänge in Schritt und Trab können erarbeitet werden, so dass manche Lektionen später nur noch ›nachgeritten‹ werden müssen, weil das Pferd den Bewegungsablauf schon kennt.
Mit fortgeschrittenen (ausbalancierten) Pferden kann sogar im Galopp an der Hand gearbeitet werden.

Ergänzende Themen

Angstbewältigung
Erziehung und Beziehung
Horsemanship
Bodenarbeit
Seitengänge
Artgerecht, schonend, gewaltfrei
Funktion des Pferderückens
Schulterkontrolle
Schulterfreiheit
Halshaltung des Pferdes
Einwirkung mit dem Zügel
Funktion des Zügels
Die getragene, balancierte Hand

Beziehungsklärung

Wie auch Horsemanship klärt die Arbeit an der Hand die Beziehung zwischen Pferd und Mensch hinsichtlich der Schlüsselbegriffe Respekt und Vertrauen.
Erst eine vertrauensvolle Mensch-Pferd-Beziehung schafft die Grundlage einer guten und deutlichen Kommunikation. Nur, wenn das Pferd zweifelsfrei versteht, was der Mensch von ihm will, kann es so ausgebildet werden, dass ein sicherer und harmonischer Umgang möglich ist. Und nur das Pferd, welches gelernt hat, ohne Zögern auf ein Signal des Menschen zu reagieren, kann wirklich gymnastiziert werden.

Longenarbeit

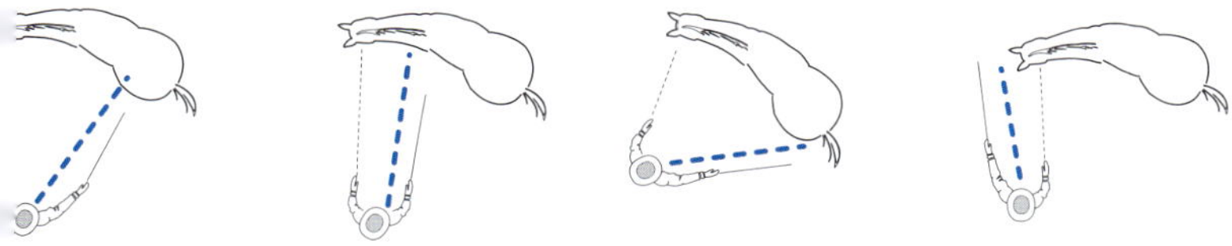

Positionen für die Kontrolle auf Distanz
v.l.n.r.: Hinterhand heraustreiben, Schulter außen halten, vorwärts treiben, bremsen.

Kontrolle auf Distanz

Um das Pferd in etwas höherem Tempo trainieren zu können, ist die Arbeit an der Longe eine bewährte Methode.
Die wichtigsten Ausbildungsziele an der Longe:
Kondition und Kontrolle verbessern,
die Grundlagen des Geraderichtens erarbeiten = gleichmäßige Dehnung der jeweils äußeren Seite, gleichmäßige Lastaufnahme mit beiden inneren Hinterbeinen,
Haltung verbessern und den Rücken tragfähig machen.

Das wird gerne falsch gemacht:

Hängen Sie die Longe in den Kappzaum ein und nicht in die Trensenringe – nicht in den inneren und erst recht nicht über eine Verbindungsbrücke (Longierbrille) in beide. Damit ruinieren Sie dem Pferd mit Sicherheit das Maul. Mit dem Verbindungsstück erzeugen Sie mit einer normalen Trense die berüchtigte Nussknackerwirkung, bei der die beiden Teile des Gebisses im Gelenk eine Spitze Richtung Gaumen bilden und die Laden einzwängen. Das Gleiche passiert, wenn Sie die Longe in den äußeren Trensenring einhängen und sie dann unter dem Kinn des Pferdes durch den inneren Ring führen. Hängen Sie die Longe in den inneren Ring ein, dann ziehen Sie dem Pferd unter Umständen den äußeren Trensenring mit durchs Maul, wenn es nach außen drängelt. (Das passiert allerdings nicht, wenn Sie einen einzelnen Außenausbinder verwenden s.u.)

Gedanken zum Thema Hilfszügel an der Longe

Prinzipiell sollte auch bei der Longenarbeit der Hilfszügel eher die Ausnahme sein. Insbesondere junge Pferde reagieren geradezu panisch, wenn sie – ohne große Vorwarnung – auf einmal den Kopf nicht mehr heben können. Die Einschränkung ihrer Bewegungsfreiheit erzeugt psychische und körperliche Spannung.
Ein einzelner Ausbinder an der äußeren Seite des Pferdes kann jedoch tatsächlich sinnvoll sein, wenn das Pferd den Hals zu stark nach innen stellt und die äußere Schulter dadurch überlastet. Der Außenausbinder begrenzt die Innenstellung; die Stellung selbst wird über die Einwirkung mit der Longe erreicht. Er hat vor allem den Vorteil, dass er dem Pferd zumindest nach einer Seite Bewegungsfreiheit lässt und so einen Panikanfall verhindert.
Wenn Sie es nicht schaffen, das Pferd ohne Hilfszügel in eine akzeptable Haltung zu bringen, achten Sie darauf, dass es sich nicht auf den Hilfszügel ›hängt‹ und vor allem achen Sie auf eine aktive Hinterhand. Lassen Sie das Pferd immer erst ein paar Runden mit langem Hals ohne Hilfszügel laufen. Und schieben Sie immer wieder Entspannungspausen ohne Begrenzung ein.

Um was geht es?

Kontrollierte Bewegung in schnellerem Tempo.

Konditionstraining.

Ergänzende Themen

Bodenarbeit
Hilfszügel helfen nicht!
Geraderichten
Funktion des Pferderückens
Schulterkontrolle
Schulterfreiheit

Erziehung und Beziehung

Um was geht es?

Grundlagen schaffen.

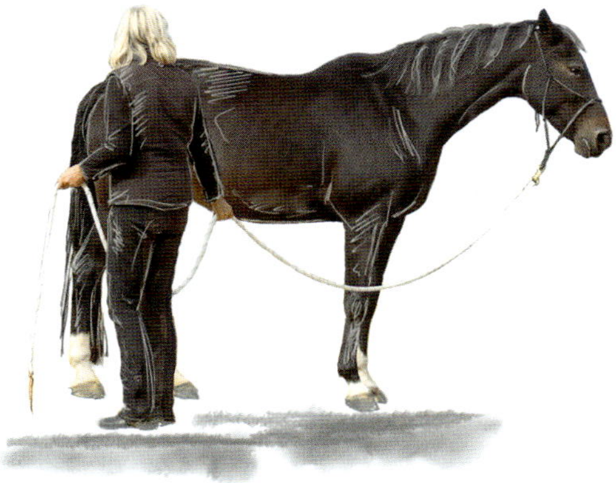

Respekt, Vertrauen und Gehorsam sind untrennbar miteinander verbunden.

Bevor man sich auf ein Pferd setzt, sollte die Beziehung geklärt sein. Das Pferd sollte wissen, dass es sich auf den Menschen verlassen kann, d.h. dass es bei ihm in Sicherheit ist. Nur dann wird es ihn respektieren und seinen Anweisungen Folge leisten, wie es das auch in der Herde tun würde, wenn der ›Chef‹ etwas von ihm fordert (meistens, dass er ihm ausweicht).

Fühlt das Pferd sich sicher, hat es auch Vertrauen. Dazu braucht es einen souveränen und ›autoritären‹ Menschen, der ihm glaubhaft vermittelt: »Ich weiß, wo es langgeht und was gut für dich ist.«

Im Gegenzug kann nun auch der Mensch dem Pferd vertrauen und muss keine Angst vor Kontrollverlust haben.

Dieser Prozess der gegenseitigen Annäherung führt schließlich zu einer vertrauensvollen Zusammenarbeit, bei der sich beide sicher fühlen können, und schließlich auf der psychischen Ebene zu Gleichgewicht und Losgelassenheit.

Schafft es der Mensch dann, auch wenn er im Sattel sitzt, das körperliche Gleichgewicht von beiden zu erhalten und das Pferd nicht in Schwierigkeiten zu bringen, wird auch das Reiter-Pferd-Paar gut funktionieren.

Selbstbewusstsein des Pferdes stärken

Beziehungsarbeit ist ein wesentlicher Bestandteil der Arbeit mit Pferden, um einen arbeitsfähigen Grundzustand herzustellen. Dazu gehört auch, das Selbstbewusstsein eines ängstlichen oder unsicheren Pferdes zu stärken, es immer wieder zu ermutigen, und ihm zu versichern, dass es bestimmte Dinge kann. Ziel ist, das Pferd zu einem freiwilligen Mitarbeiter auszubilden und nicht zu einem sklavischen Befehlsempfänger. In einer ›stabilen‹ Beziehung verzeiht das Pferd reiterliche Fehler eher. Und der Mensch ist eher bereit, dem Pferd zuzuhören, wenn es signalisiert: »Das geht gerade nicht.«

Ergänzende Themen

Angstbewältigung
Losgelassenheit
Vertrauen gegen Vertrauen
1+1=1 die Balance im System
Kommunikation – Die Hilfen
Sich in die Lage des Pferdes versetzen
Ein arbeitsfähiger Grundzustand
Aufmerksamkeit und Konzentration

Bodenarbeit

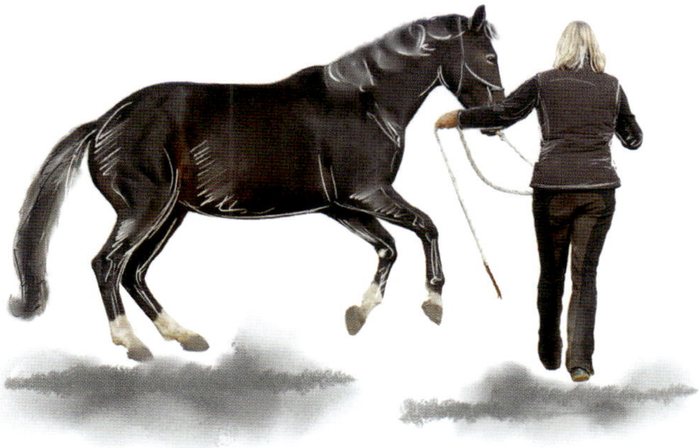

Schneller Richtungswechsel von der linken auf die rechte Hand mit Minimalausrüstung (Leitseil und Knotenhalfter). Dem Pferd macht's Spaß und funktionelle Haltung mit Hankenbeugung sowie Lastaufnahme hinten entstehen von allein.

Um was geht es?

Gute Vorbereitung auf das Reiten.

Entwicklung und Verbesserung präziser Körpersprache.

Was bringt die Bodenarbeit?

Der Mensch lernt, das Verhalten des Pferdes besser zu verstehen.
Das Pferd bekommt Vertrauen zum Menschen und stellt dessen Führungsrolle nicht in Frage.
Bessere Wahrnehmung, mehr Sensibilität, Aufmerksamkeit und Achtsamkeit bei Mensch und Pferd.
Feinere Kommunikation, reduzierte Signale.
Bessere Erziehung, respektvoller Umgang miteinander.
Mehr Sicherheit durch konsequente Angstbewältigung.
Mehr Spaß und Erfolgserlebnisse bei der gemeinsamen Arbeit.

Boden,- Hand- und Longenarbeit greifen ineinander. Sie können durchaus parallel bzw. je nach Ausbildungsstand des Pferdes nacheinander erfolgen.

Ideen und Anregungen zum Thema

Um zu wissen, wie die eigene Körpersprache auf das Pferd wirkt, ist es sinnvoll, sich einmal filmen zu lassen. Schaut man die Aufnahmen an und beobachtet sich selbst von ›außen‹, sieht man sehr viel deutlicher, wenn etwas nicht stimmt.

Ergänzende Themen

Funktionelle Haltung des Pferdes
Hankenbeugung
Die Funktion des Pferderückens
Hilfszügel helfen nicht!
Horsemanship
Schulterfreiheit
Erziehung und Beziehung

Kommunikation – Die Hilfen

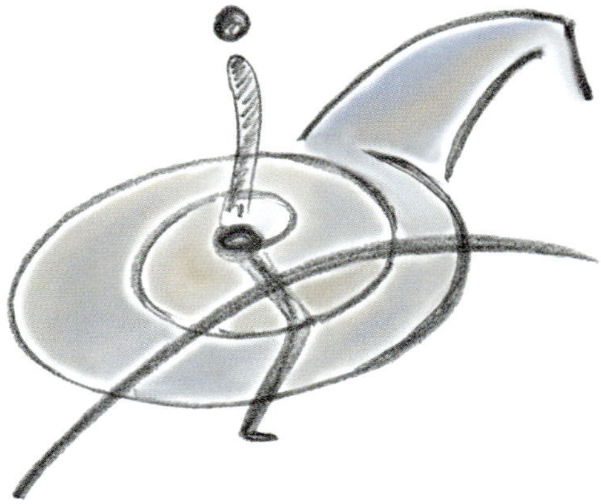

Um was geht es?

Um dem Pferd klare, unmissverständliche Hilfen zu geben, muss der Mensch seine eigene Körpersprache sicher beherrschen und immer genau wissen, was sein Körper dem Pferd wirklich sagt.

›Wer weiß, was er tut, kann tun was er will‹

Dieser Satz von Moshé Feldenkrais trifft den Kern, wenn es um präzise Hilfengebung geht. Die Hauptverständigung mit dem Pferd erfolgt über die Körpersprache des Reiters: Durch Veränderung von Körperspannung, Beckenstellung und Blickrichtung teilt der Mensch dem Pferd seine Wünsche mit. Je besser und präziser die eigene **Körperwahrnehmung und -beherrschung** des Reiters dabei ist, umso besser funktioniert die Kommunikation. Angst und Unsicherheit drücken sich in Haltung und Körperspannung aus und führen zu unpräzisen und missverständlichen Hilfen. Viele Probleme in der Kommunikation zwischen Mensch und Pferd resultieren aus der Tatsache, dass der Mensch nicht genau weiß, was sein eigener Körper tut.

Folgende Punkte sind wesentlich:

Zu einer guten Steuerung gehört, dass der Reiter weiß, was er erreichen will (ein Ziel). Zudem braucht er Empathie und Einfühlungsvermögen, um zu spüren, was er seinem Pferd in bestimmten Ausbildungsphasen und Situationen zumuten kann und was dieses (noch) nicht leisten kann. Und er sollte seinem Partner Pferd dessen Arbeit möglichst leicht machen und es nicht unabsichtlich aus dem Gleichgewicht bringen

Je besser der Reiter seinen eigenen Körper wahrnehmen und kontrollieren kann, desto präziser kann er seine Hilfen geben. Ständiges Hineinspüren in den eigenen Körper – praktisch ein ›Scannen‹ der Spannungszustände in Armen, Beinen und Oberkörper – verhindert, dass das Bild, was der Reiter von der gemeinsamen Bewegung im Kopf hat, von dem, was seine Körpersprache dem Pferd mitteilt, abweicht.

Ergänzende Themen

Aufmerksamkeit und Konzentration
Der Energiekreis
Empathie
Sich in die Lage des Pferdes versetzen
Orientierung im Raum
Die Idee der Bewegung
Reiten mit Vorstellungskraft
Funktionelle Haltung des Reiters
Funktion des Pferderückens
Aufmerksamkeit des Reiters
Präsenz statt Ausrüstung
Hilfen als antrainierte Reflexe
Das minimalistische Prinzip

Kontrollinstrumente des Reiters

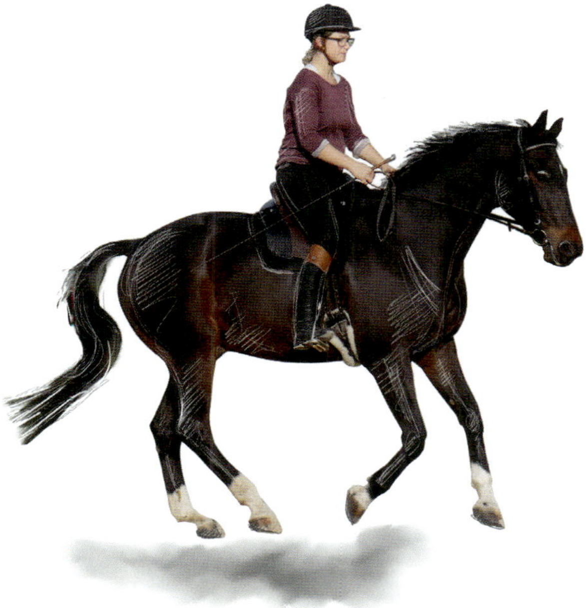

Um was geht es?

Kontrolle ohne Kraft durch richtigen Einsatz des Reiterkörpers.

Der Körper des Reiters und seine Steuerungsmöglichkeiten für Tempo- und Richtungskontrolle

Die Einwirkung auf das Pferd erfolgt im Wesentlichen durch Änderung von Körperspannung und Beckenstellung des Reiters. Das Becken ist zentrales Steuerungsinstrument und Bewegungsumwandler.
Hände/Arme und Beine des Reiters spielen eine untergeordnete Rolle, die mit fortschreitender Ausbildung immer geringer wird.
Körperliche Kontrolle mit Muskelkraft (z.B. durch Festhalten am Zügel und ›Zudrücken‹ mit dem Bein) ist aufgrund der Kräfte- und Größenverhältnisse nicht möglich. Gute Kontrolle ist eher mentale Kontrolle.

Lenken, Bremsen und Gas geben in Kürze

Lenken: mit Kopfdrehung, Beckenausrichtung und in die gewünschte Richtung weisendem inneren Zügel.

Bremsen (verhaltende Hilfen und Paraden): durch Kippen des Beckens in eine den Pferderücken blockierende Stellung und kurze Zügelimpulse sowie Verhalten der Energie aus der Bauchmitte.

Gas geben (treibende Hilfen): mit kurzen Impulsen des Beins und durch Einsatz von Verstärkern wie z.B. der Gerte und auch der Stimme. Und durch Richten der Energie aus der Bauchmitte nach vorne bei aufrechter Beckenstellung, die den Pferderücken freigibt.

Verabschieden Sie sich von falschen Denkmustern

Weg von der Handorientierung und hin zur ›Steuerung aus der Mitte‹.
Weg von dem Gedanken, man könne ein Pferd festhalten oder anschieben.

Ergänzende Themen

Mentale Kontrolle
Impulsreiten
Vertrauen gegen Vertrauen, Flexibler Rahmen
Druck erzeugt Gegendruck
Treibende Hilfen
Einwirkung mit dem Zügel
Bremsen: die Paraden
Energiekonzepte
Innen und außen
Innerer und äußerer Zügel
Hände weg!
Becken und Gesäßknochen
Denkanstöße
Die Funktion des Zügels
Treibende Hilfen
Vorwärts treiben = mehr Energie
Orientierung im Raum

Um was geht es?

Kommunikation und präzise Körpersprache.

Hilfen als antrainierte Reflexe

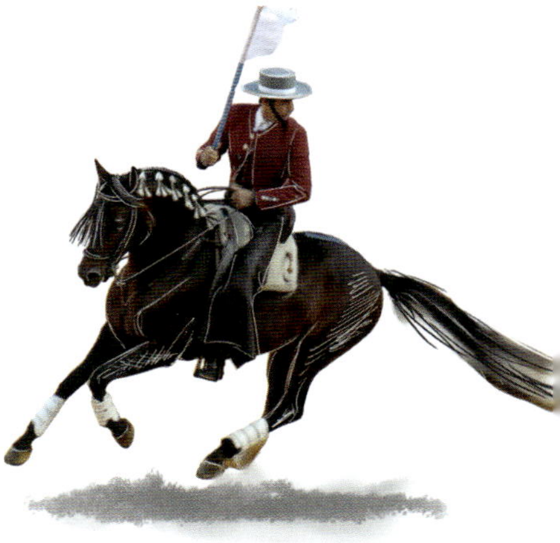

Lang- und Kurzform der Hilfen

Die ›natürlichen‹ Kommunikationsmittel (= Hilfen) des Reiters zur Richtungs- und Tempokontrolle (= Bremsen, Gas geben, Abwenden) sind weitgehend körpersprachlicher Natur. Verbale Kommandos sind **›angelernte‹ Hilfen** für das Pferd und wirken oft weniger durch das erlernte Wort, als durch die Stimmlage, welche die Emotionen des Menschen transportiert. Auch die Reaktion auf Schenkelimpulse und auf den kontrollierenden äußeren Zügel sind eher **bedingte Reflexe**, die dem Pferd in der Ausbildung **antrainiert** wurden. Je fortgeschrittener die Ausbildung und je sensibler das Pferd auf die Hifen reagiert, umso weniger muss der Reiter tatsächlich tun: Alle Hilfen werden zu ›**Kürzeln**‹ eingedampft – und der Reiter braucht nur noch eine gute Vorstellung von der gemeinsamen Bewegung.
Die Hilfen des Reiters im Einzelnen mit ›n‹ für natürliche und ›a‹ für antrainierte:

1 Körper-Ausrichtung und Blickrichtung n
2 Stellung der Gesäßknochen n
3 Veränderung der Körperspannung n
4 Stimme n (Stimmlage) + a (Worte)
5 Signale mit dem Unterschenkel a
6 Signale mit Händen und Zügeln n + a
7 Das Bild im Kopf n

Zur richtigen Kommunikation gehören zwei: Reiter und Pferd müssen aufmerksam bleiben und dem jeweils anderen zuhören.
Der Reiter muss auch auf die ›Antworten‹ des Pferdes achten, wenn er ein Signal / eine Hilfe gibt – und entweder nachsteuern oder nichts mehr tun und die Hilfengebung aussetzen.

Ideen und Anregungen zum Thema

Ohne konzentrierte und losgelassene gegenseitige Aufmerksamkeit kommt keine Kommunikation zustande. ›Redet‹ nur der Reiter und achtet nicht auf die Antworten des Pferdes, so stülpt er dem Pferd bisweilen im falschen Moment eine Hilfe über, die das Pferd in seinem momentanen Zustand einfach nicht befolgen kann.

Ergänzende Themen

Orientierung im Raum
Machen Sie sich ein Bild!
Funktion des Zügels
Falsche Zügeleinwirkung
Becken und Gesäßknochen
Empathie
Treibende Hilfen
Anhaltereflexe installieren
Reiten mit Vorstellungskraft
Funktionelle Haltung des Reiters
An den Hilfen
Am Zügel, was bedeutet das?
Verbale Hilfen
Die getragene balancierte Hand
Einhändig reiten
Konzentrierter Kontakt, flexibler Rahmen
Richtig abwenden

Prompte Reaktionen einfordern

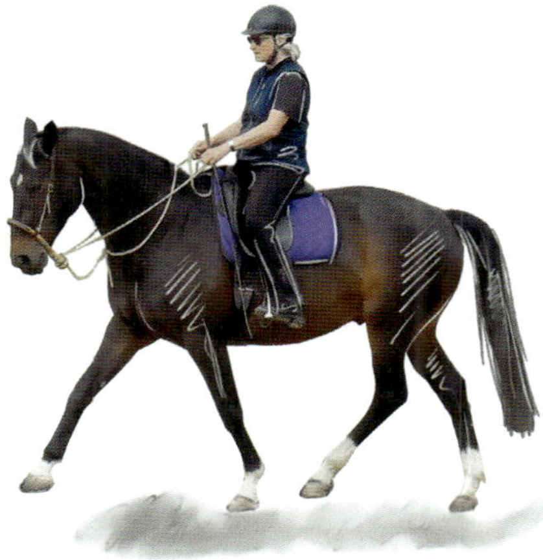

Um was geht es?

Jede Hilfe muss mit einer sofortigen Reaktion des Pferdes beantwortet werden.

Wenn der Reiter ein Signal gibt, muss eine Reaktion des Pferdes erfolgen!

Nur dann ist feines Reiten mit minimalen Hilfen möglich. Dazu muss jedoch der Reiter sich selbst und seine Körpersprache extrem gut beherrschen und immer genau wissen, was sein Körper dem Pferd gerade vermittelt. Er muss sich selbst davon abhalten, ständig einzuwirken und so lange konzentriert still sitzen, wie das Pferd in gewünschter Weise arbeitet. **Nur, wenn er etwas ändern will, gibt er einen Impuls.** In allen Arbeitsreitweisen wird so geritten: Das Pferd arbeitet selbstständig und reagiert auf kurze Impulse, denn der Reiter braucht seine Aufmerksamkeit hauptsächlich für die Rancharbeit.
Auch im ›Dressursport‹ kann so geritten werden, denn auch Dressur stand ursprünglich im Zeichen der Gebrauchsreiterei – mit Einsatz des Pferdes als Kampfgefährte auf Schlachtfeldern – und heute noch im Stierkampf.
Der Reiter muss allerdings eine Reaktion auch wirklich mit allen Mitteln einfordern, sollte das Pferd ihn ignorieren.

Verbesserte Reaktion durch weniger und schwächere Signale / Hilfen

Alle Pferde reagieren auf schwache Signale, wenn der Reiter aufhört, ständig und kräftig einzuwirken. Pferde, die dies nicht mehr tun, haben ›gelernt‹, das ›Dauergeschwätz‹ seitens des Reiters zu ignorieren.
Wie ein Gesprächspartner, der sein Gegenüber dauernd mit lauter Stimme ohne Punkt und Komma ›zutextet‹ und keine Antwort zulässt, schottet sich ein Pferd gegen dauerhafte Signal-Belästigung ab, hört nicht mehr zu, ›antwortet‹ nicht mehr und stumpft ab.

Mit Gefühl ›abfragen‹ statt mechanisch einwirken

Eine gute Kommunikation mit dem Pferd setzt voraus, dass der Reiter ständig den Spannungszustand und die Reaktionsbereitschaft des Pferdes abfragt – bevor etwas aus dem Ruder läuft. Das hält beide beweglich und aufmerksam.
Mechanisches, ständiges Treiben und Gegenhalten am Zügel (zu viel Aktion durch Einspannen des Pferdes zwischen treibenden und verhaltenden Hilfen) setzt dagegen beide Partner unter Dauerspannung und reduziert die Bereitschaft, zu reagieren und dem anderen ›zuzuhören‹.

Ergänzende Themen

Resensibilisierung und Servolenkung
Druck erzeugt Gegendruck
Konzentriertes Nichtstun
Reiten mit Vorstellungskraft
An den Hilfen
Gegenhalten und Gegensitzen
Machen Sie sich ein Bild!
Impuls-Reiten
Spannungsbogen und Selbsthaltung
Dem Pferd eine Aufgabe geben
Freie Balance
1+1=1 die Balance im System
Hilfen als antrainierte Reflexe
Funktionelle Haltung des Reiters
Die stabile äußere Seite des Reiters
Konzentrierter Kontakt, flexibler Rahmen
Die Funktion des Zügels
Variable Haltung
Still sitzen in der Bewegung, Der Wahrnehmungssitz

Treibende Hilfen

Um was geht es?

Leichter wiederholter Impuls statt dauerhafter Druck.

›Steter Tropfen höhlt den Stein‹.

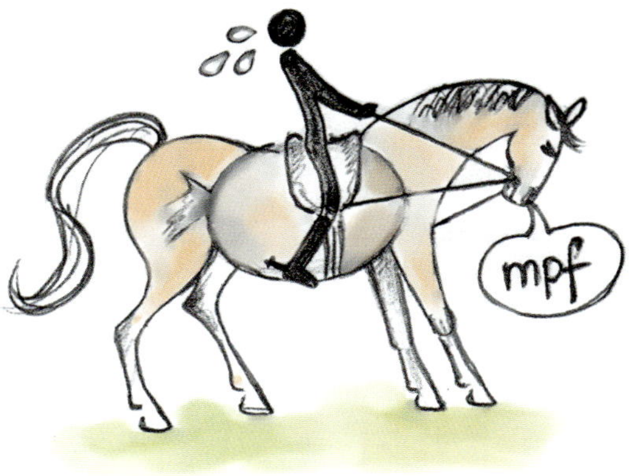

Schenkelimpuls statt Schenkeldruck

Eine Druckverstärkung wird das Pferd viel weniger wahrnehmen, als einen wiederholten leichten Impuls. Möglichweise wird es sich ›aufblasen‹ und den Reiter einfach ›verhungern lassen‹.
Zudem hebelt sich der Reiter mit einem kräftig und länger zudrückenden Schenkel aus dem Sitz heraus und kippt sein Becken in eine ›bremsende‹ Stellung, die es nicht mehr erlaubt, in der Bewegung zu sitzen.

Eine effektive treibende Hilfe erfolgt aus dem losen Bein, durch Heranfallen-Lassen des Schenkels aus dem Knie heraus, ähnlich einem ›Gertenschnicker‹ mit kurzer Drehung des Handgelenks. Verstärkt werden kann sie mit einem Gertenimpuls, einer verbalen Hilfe und einem mentalen ›Vorwärtsdenken‹.

Wichtig ist auch, eine treibende Hilfe nicht unbeabsichtigt zu neutralisieren. So mancher Reiter hält das Pferd unbewusst zurück, wenn er Angst hat vor einer zu starken Reaktion des Pferdes und eventuellem Kontrollverlust.

Die Wassertropfen-Folter

›Steter Tropfen höhlt den Stein‹. Getreu dieses Mottos haben die Chinesen eine Foltermethode benutzt, bei der ein ›harmloser‹ Wassertropfen über längere Zeit immer auf dieselbe Stelle (z.B. die Stirn) des Opfers fiel. Was über einen längeren Zeitraum hinweg das Opfer angeblich in den Wahnsinn trieb.
Unabhängig davon, ob das wirklich stimmt, können Sie an einem Selbstversuch testen, wie unterschiedlich ein wiederholter Impuls bzw. eine Druckverstärkung wahrgenommen werden.
Klopfen Sie sich wiederholt ohne Kraft mit dem Finger auf den Unterarm – spätestens nach dem zwanzigsten Impuls nervt das. Üben Sie jedoch mit dem Finger Druck auf den Arm aus und verstärken ihn ständig, muss der drückende Finger immer mehr Kraft aufwenden, um wahrgenommen zu werden.

Ergänzende Themen

Druck erzeugt Gegendruck
Impuls-Reiten
Becken und Gesäßknochen
Gerteneinsatz
Sporeneinsatz
Reiten mit Vorstellungskraft
Energiekonzepte
Die Funktion des Pferderückens
Bremsen: die Paraden
Gegensitzen und Gegenhalten
Funktionelle Haltung des Reites
Konzentration und Aufmerksamkeit
Bewegungsfreiheit und Beweglichkeit
Dem Pferd eine Aufgabe geben
Stabilität ohne Druck

Vorwärts treiben = mehr Energie

Vorwärts mit Energie und im Gleichgewicht: Das Pferd darf im Vorwärts nicht auf die Schulter fallen.

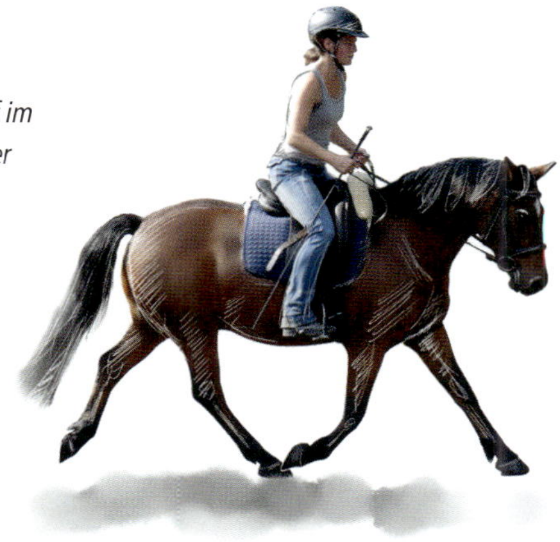

›Mehr Energie‹ ist die Grundvoraussetzung für Haltung und Lenkung.

Nur ein Pferd, welches eine treibende Hilfe ohne Zögern mit ›mehr Energie‹ beantwortet, kann leicht gelenkt und schließlich in eine gute Haltung mit tragfähigem Rücken gebracht werden (versammelt).
Mehr Energie und mehr Vorwärts sind dabei Synonyme und haben nichts mit dem eigentlichen Tempo zu tun.
Kurze Impulse mit dem Unterschenkel wirken treibend, können jedoch auch durch Gertenimpulse ersetzt bzw. verstärkt werden. Diese **Impulse** werden **leicht** gegeben – durch Heranfallen-Lassen des Unterschenkels aus dem Knie bei frei hängendem Bein.
Ein Knie-Zumachen oder ein länger und kräftig zudrückender Unterschenkel wirkt wie das falsche Klemmen und blockiert das Becken des Reiters und damit die Bewegung des Pferderückens. ›Zumachen‹ des Schenkels oder Bohren mit Absatz / Sporen sind demnach keinesfalls treibende Hilfen, sondern taugen eher zum Anhalten.
Effektiver als das Treiben mit dem Schenkel ist es, die Energie zu richten: Stellen Sie sich vor, wie das Pferd mit dem Hinterbein aktiv vortritt, denken Sie an ›mehr Energie‹ und lassen Sie die Energie durch, ohne gleich wieder am Zügel kontrollieren zu wollen. Und haben Sie keine Angst vor dem Vorwärts!

Ideen und Anregungen zum Thema

Viele Reiter haben unbewusst Angst davor, dass ihnen das Pferd aus der Kontrolle geraten könnte und geben nur halbherzige treibende Hilfen. Und genauso halbherzig wird dann die Reaktion des Pferdes ausfallen.
Anderen ist der Zusammenhang zwischen klemmendem Schenkel, festem Becken und blockiertem Pferderücken nicht klar. Sie denken, sie würden mit ›Nachdruck‹ treiben, indem sie den Unterschenkel quetschend einsetzen und womöglich noch das Knie hochziehen – und ziehen damit die ›Handbremse‹ an, weil das Becken in die blockierende Stellung gekippt wird und die Bewegung des Pferderückens als Energieüberträger von hinten nach vorne behindert.

Um was geht es?

*Mehr Vorwärts bedeutet nicht unbedingt schneller, sondern vorrangig ›mehr Energie‹.
Diese kann dann zur Versammlung oder auch zur Verstärkung genutzt werden – je nach Kontext der anderen Hilfen.*

Ergänzende Themen

Energiekonzepte
Vorwärts
Funktionelle Haltung des Reiters
Losgelassenheit
Druck erzeugt Gegendruck
Resensibilisierung und Servolenkung
Funktion des Pferderückens
Gerteneinsatz
Sporeneinsatz
Versammlung
Bremsen: die Paraden
Trabverstärkungen
Treibende Hilfen
Das minimalistische Prinzip
Schulterfreiheit
Still sitzen in der Bewegung, Der Wahrnehmungssitz
Becken und Gesäßknochen
Konzentrierter Kontakt, flexibler Rahmen
Das Kreuz mit dem Kreuz
Stabilität ohne Druck

Vorwärts

Um was geht es?

Ein Pferd muss freiwillig vorwärtsgehen, damit der Reiter lenken kann. Das Vorwärts muss jedoch vom Reiter kontrolliert werden können, so dass sich das Pferd nicht durch ›Flucht nach vorne‹ den Hilfen entzieht.

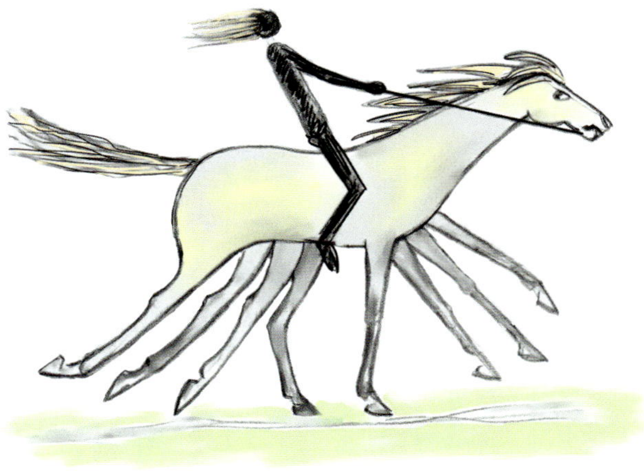

»Reite dein Pferd vorwärts und richte es gerade«

Dieses Zitat von Gustav Steinbrecht wurde sehr häufig missverständlich und falsch interpretiert. Das ›richtige‹ Vorwärts bezieht sich auf die aktive Tätigkeit der Hinterbeine und die unbedingte Bereitschaft des Pferdes, auf minimale Hilfen **Energie zur Verfügung zu stellen**. Das gilt insbesondere für die Versammlung.

Gängige falsche Interpretationen und deren Auswirkungen:

1. Das Pferd wird vorwärts ›gejagt‹. Takt und Gleichgewicht gehen verloren; das Pferd lässt sich im Tempo nicht regulieren und liegt bei Paraden auf der Hand, weil es auf die Schulter fällt und sich nicht über vermehrte Hankenbeugung ausbalanciert.

2. Der Reiter ›arbeitet sich tot‹, versucht das Pferd mit Kraft ›anzuschieben‹ und stumpft es dabei durch ständiges ›Hilfengeschwätz‹ ab. So wird das Reiten zum Kraftakt und die Bewegungen wirken zäh und hölzern.

Ideen und Anregungen zum Thema

Der Reiter kann das Pferd nicht anschieben. Wie soll das funktionieren bei einem Gewichts- und Kräftverhältnis von etwa 10:1 (Pferd 450–650 kg und Reiter 60–80 kg)? Er kann dem Pferd nur einen Vorwärts-Impuls geben und es ihm durch einen ausbalancierten Sitz ermöglichen, diesen auch zu befolgen – nach dem Motto »bitte nicht stören«.

Um im Gleichgewicht vorwärtszugehen muss das Pferd den Rücken ›frei‹ bekommen, ›über den Rücken gehen‹. Das kann es wiederum nur, wenn es sich mit freiem Hals ausbalancieren darf und nicht in Haltung gezwungen wird.

Ergänzende Themen

Treibende Hilfen
Bremsen: die Paraden
Einwirkung mit dem Zügel
Funktion des Zügels
Versammlung
Hankenbeugung
Energiekreis
Geraderichten
An die Hand heranreiten
Über den Rücken gehen
Schulterfreiheit
Angst vor Gleichgewichtsverlust
1+1=1 die Balance im System
Das Pferd fällt auseinander
Das minimalistische Prinzip
Der Hals als Balancierstange
Stabilität ohne Druck
Funktion des Pferderückens
Funktionelle Haltung des Reiters

Fehlhaltungen des Reiters

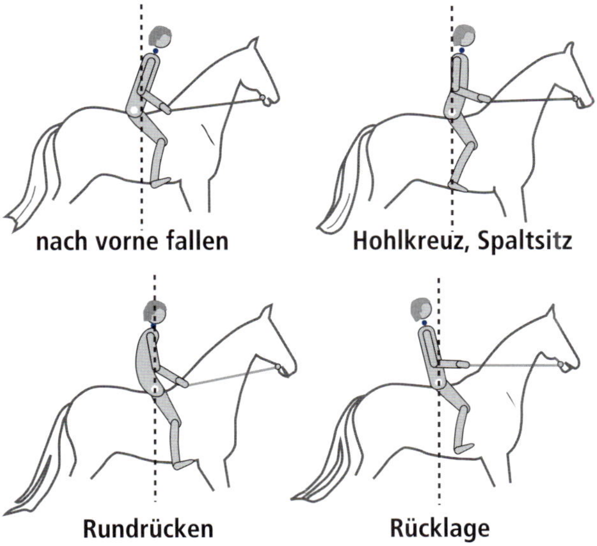

4 häufige ›Standard-Fehlhaltungen‹

Die oben abgebildeten Fehlhaltungen haben eines gemeinsam: **Das Becken des Reiters steht nicht senkrecht**. Deswegen kann es die Bewegungsimpulse des Pferdes über den Rücken nicht aufnehmen. Der Rücken des Pferdes wird bis zu einem gewissen Grad blockiert und das Pferd kann sich nicht ungestört bewegen. Zudem kann der Reiter nicht mehr gezielt über die Beckenstellung einwirken.

Nach vorne fallen: Der Beckenkamm zeigt nach vorne, die Gesäßknochen nach hinten. Der Reiter sitzt instabil und klemmt in der Regel mit dem Bein.

Hohlkreuz, Spaltsitz: Der Beckenkamm zeigt nach vorne, die Gesäßknochen nach hinten. Der Reiter strapaziert seine eigene Wirbelsäule und die des Pferdes.

Rundrücken: Der Beckenkamm zeigt nach hinten, die Gesäßknochen nach vorne. Das ist eine Beckenstellung, die bremsende Wirkung hat, wenn der Reiter sie gezielt und kurz einsetzt.

Rücklage: Der Beckenkamm zeigt nach hinten, die Gesäßknochen nach vorne. In dieser Stellung schiebt der Reiter das Pferd auf die Schulter und kommt ins Ziehen, wenn er bremsen will.

Die senkrechte ›Normalstellung‹ immer wieder suchen

In jeder Phase der Bewegung des Pferdes muss der Reiter sein Gleichgewicht immer wieder neu finden und seine Körperteile senkrecht übereinander ausrichten. Wirkt er mit Hand, Bein oder durch Veränderung der Beckenstellung und der Körperspannung ein, so muss er schnellstmöglich ins stabile Gleichgewicht zurückkehren und seine Mitte wieder finden.

Um was geht es?

Immer wieder zur eigenen Mitte finden.

Ergänzende Themen

Funktionelle Haltung des Reiters
Funktion des Pferderückens
Kommunikation – die Hilfen
Bremsen: die Paraden
Beweglichkeit des Beckens
Becken und Gesäßknochen
Losgelassenheit
Federnde Gelenke
Energiekonzepte
Still sitzen in der Bewegung, Der Wahrnehmungssitz
1+1=1 die Balance im System
Das minimalistische Prinzip
Die getragene, balancierte Hand
Einwirkung mit dem Zügel

Die Atmung

Um was geht es?

Den Atem fließen lassen.

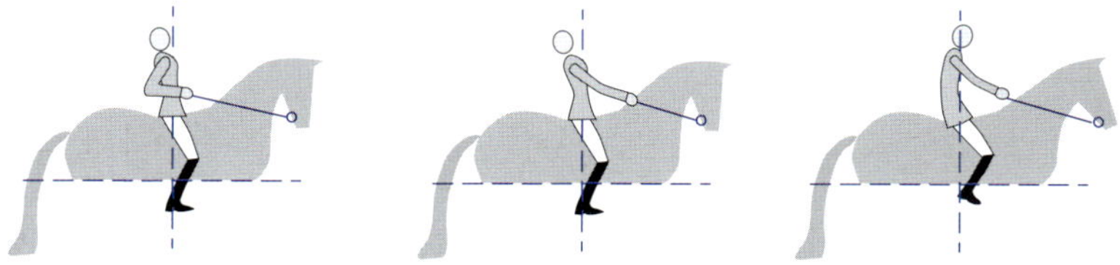

Fehlhaltungen, wie die oben abgebildeten, behindern die freie Atmung.

Energiesteuerung durch kontrollierte Atmung

Allein durch die Kontrolle der Atmung kann Energie gerichtet sowie Bewegung gehemmt oder ermöglicht bzw. durchgelassen werden.

Ein **erschrockenes Luftschnappen** führt zu kurzen negativen Spannungsspitzen im Körper.
Auch das **Luft-Anhalten** signalisiert, dass etwas nicht in Ordnung ist.
Gute Körperspannung unterscheidet sich von **schlechter Anspannung** durch die Art der Atmung.
Ein bewusstes **stoßartiges Ausatmen** blockiert in Sekundenbruchteilen die Beweglichkeit und konzentriert die Energie (vergl. der kurze Schrei bei einigen Kampfsportarten oder auch das Stimmsignal »Whoa«, welches die Westernreiter für den Stop gebrauchen).
Ein langsames **›Luft-Herauslassen‹** signalisiert Entspannung, ›kein Grund zur Aufregung, Gefahr vorbei‹.
Um gezielt Spannung aus dem Körper herauszunehmen, kann man den **›Atem fließen lassen‹.**

Brustatmung und Bauchatmung

Um positive Körperspannung auch beim Einatmen zu halten, sollte der Reiter auf **Bauchatmung** umstellen. Dabei kann er sich vorstellen, dass er nicht den Brustkorb ›aufbläst‹, wenn er tief einatmet (und bei der Brustatmung kurzfristig ins Hohlkreuz fällt), sondern den Atem ins Becken fließen lässt. Beim Spielen von Trompete und ähnlichen Blasinstrumenten kommt eine solche Atmung zum Einsatz.

Auch das Pferd muss ungehindert atmen können

Ziehen Sie also den Sattelgurt nicht allzu stramm. Die Praktiken mancher Sattler, bei Problemen mit der Lage einfach den Sattelgurt fester zu ziehen, haben schon viele Pferde mit Gurt- oder Sattelzwang hervorgebracht. Versetzen Sie sich einfach in die Lage des Pferdes: Sie wollten auch keinen strammgezogenen Riemen am Brustkorb haben ...

Entspannungsmethoden und Atmung

Nutzen Sie z.B. Progressive Muskelentspannung nach Jacobsen, um bei sich selbst immer wieder neu gezielt Spannung herauszunehmen und das blockierende ›Luftanhalten‹ zu vermeiden.

Ergänzende Themen

Funktionelle Haltung des Reiters
Kontakt zum Pferd
Becken und Gesäßknochen
Beweglichkeit des Beckens
Stabilität ohne Druck
1+1=1 die Balance im System
Still sitzen in der Bewegung, der Wahrnehmungssitz
Freie Balance
Bewegungsfreiheit und Beweglichkeit
Das minimalistische Prinzip

Hände weg!

Eine Parade vom Trab zum Halten – über Veränderung der Beckenstellung – ohne am Zügel zu ziehen.

Das Pferd balanciert sich über Senken der Kruppe und Heben der Schulter aus und stützt sich nicht in der Hand des Reiters ab.

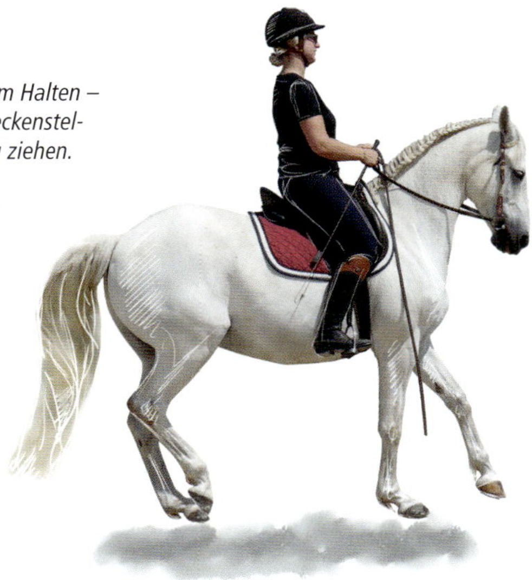

Um was geht es?

Der Zügel ist das Kontrollinstrument, was am meisten überschätzt wird.

Die Hände des Reiters sind nicht dazu da, das Pferd zu kontrollieren, sondern seine Gedanken zu spüren.

Lenkung und Tempokontrolle des Pferdes aus der Mitte heraus – über Veränderung der Beckenstellung

Kontrolle mit der Hand funktioniert nicht! Die Einwirkung mit dem Zügel ist immer nur das letzte und schwächste Glied in der Kette der Hilfengebung. Weder wird die Haltung des Pferdes vorwiegend mit dem Zügel hergestellt, noch funktionieren Tempokontrolle und Lenkung allein mit dem Zügel.
Stattdessen wird der Zügel impulshaft, nie dauerhaft ziehend, eingesetzt – der äußere Zügel, um ein kurzes Innehalten in der Bewegung zu signalisieren und der innere, um dem Pferd den Weg in eine Wendung zu zeigen und das Genick etwas nach innen zu stellen.
Ein Festhalten am Zügel funktioniert nicht, weil sich das Pferd gegen den dauerhaften Zug wehrt. Und das Pferd hat deutlich mehr Kraft im Hals als der Reiter im Arm! Hier greift das Prinzip ›**Druck erzeugt Gegendruck**‹ – und führt in eine Spirale der Kraftreiterei.
Lenkung und Tempokontrolle erfolgen richtigerweise über Änderung der Beckenstellung und Ausrichtung des Reiters.

Eine Frage der Kräfteverhältnisse ...

1. Wie soll ein Reiter mit Kraft im Arm ein Pferd von 600 kg ›halten‹ können, wenn es wegrennen will? Ein solcher Ziehkampf kann nicht funktionieren.
2. Auch das Herstellen einer zweckmäßigen Haltung des Pferdes durch Gegenhalten am Zügel bei ›kräftigem‹ Treiben und Gegensitzen funktioniert nicht wirklich, wie man am Einsatz von Hilfszügeln und scharfen Gebissen sieht, die die mangelnde Körperkraft des Reiters bei dieser Art des Reitens ausgleichen sollen. Solches Ziehen am Zügel hat jedoch nur den Effekt, dass sich das Pferd im Genick festmacht und in der Folge Rückenprobleme entstehen.

Ergänzende Themen

Einwirkung mit dem Zügel
Zügellänge
Funktion des Zügels
An den Hilfen
Gegenhalten und Gegensitzen
1+1=1 die Balance im System
Federnde Gelenke
Bremsen: die Paraden
Übergänge und ihr Nutzen
Funktion des Pferderückens
Becken und Gesäßknochens
Reiten mit Vorstellungskraft
Druck erzeugt Gegendruck
Innen und außen
Hankenbeugung
Versammlung
Losgelassenheit
Freie Balance
Kriterien für gute Haltung
Das minimalistische Prinzip
Funktionelle Haltung des Reiters

Leichttraben im Gleichgewicht

Um was geht es?

Leichttraben soll den Pferderücken entlasten. Es ist eher mit dem leichten Sitz verwandt, als mit dem Aussitzen.

Das aktive Aufstehen hat treibende Wirkung.

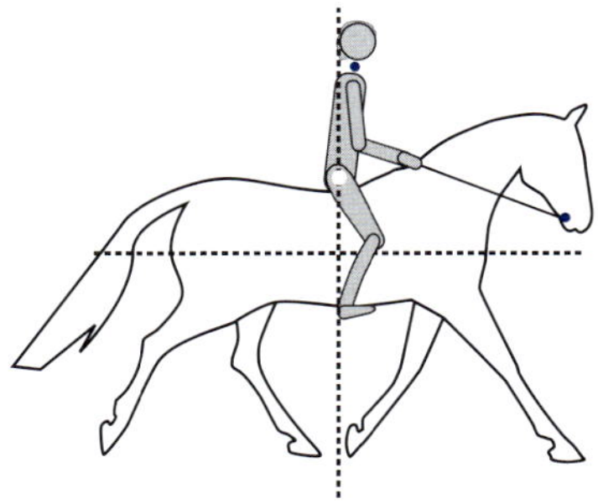

Einsitzen mit leicht aus der Hüfte vorgenommenem Oberkörper, um nicht hinter die Bewegung zu geraten.

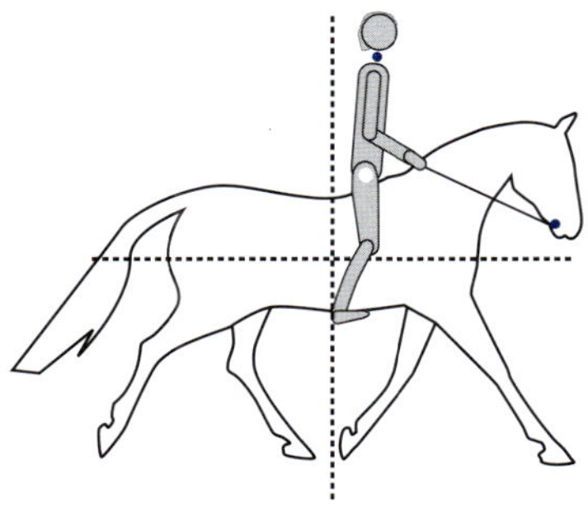

Aufstehen mit geöffnetem Hüftwinkel nach vorne-oben.

Den Rücken des Pferdes beim Leichttraben entlasten und **vorwärts treiben durch die richtige Leichttrab›mechanik‹**

Alle Körperseiten bleiben gleich lang.
Der Oberkörper bleibt in sich gerade.
Die Schultern bleiben über dem Becken.
Die Unterschenkel rühren sich nicht von der Stelle.
Den Hüftwinkel beim Aufstehen nach vorn-oben ganz öffnen.
Beim Hinsetzen leicht vor der Senkrechten bleiben.
Möglichst wenig Druck im Bügel.
Aus dem Knie aufstehen.
Sich beim Aufstehen vorstellen, den Pferderücken mit nach vorn-oben zu ziehen; das hat treibende Wirkung über die ›Energierichtung‹.

Ergänzende Themen

Energiekonzepte
1+1=1 die Balance im System
Treibende Hilfen
Reiten mit Vorstellungskraft
Impuls-Reiten
Funktionelle Haltung des Reiters
Die getragene, balancierte Hand
Übergänge und Seitengänge im Leichttraben

Ideen und Anregungen zum Thema

Häufig sieht man Reiter, die den Pferderücken beim Einsitzen stark belasten, mit dem Oberkörper hinter die Senkrechte geraten oder beim Aufstehen ins Hohlkreuz fallen, indem sie die Schultern hinten lassen und nur den Brustkorb nach vorne drücken. Oder sie benutzen den Bügel wie eine Trittleiter, um sich aus dem Bügel hochzudrücken. Damit behindern sie die Vorwärtsbewegung und die Rückenfreiheit des Pferdes und kippen selbst aus dem Gleichgewicht. Auch ein ständiges, treibend gedachtes Zudrücken des Schenkels im Takt hat keine treibende Wirkung, sondern allenfalls eine abstumpfende.
Schafft es der Reiter, das Aufstehen aktiv zu gestalten und sich beim Einsitzen über Knie, Fußgelenk und Beckenwinkel auszubalancieren, wie auch im leichten Sitz, so kann er den Pferderücken optimal entlasten und treibt durch das aktive Aufstehen mit der Idee ›**Energie nach vorn-oben**‹ das Pferd effektiver, als er das mit dem Unterschenkel könnte.
Aktives Aufstehen kann man hervorragend auf dem stehenden Pferd üben: Mit der Vorstellung ›Becken über den Vorderzwiesel vom Sattel und dann in der Balance oben bleiben‹ kann man die richtige Energieentwicklung ausprobieren.
Im Trab kann man **asymmetrisches Leichttraben** üben: 3–4 Takte leichter Sitz, dann wieder ›normales‹ Leichttraben im Wechsel.

1+1=1 – die Balance im System

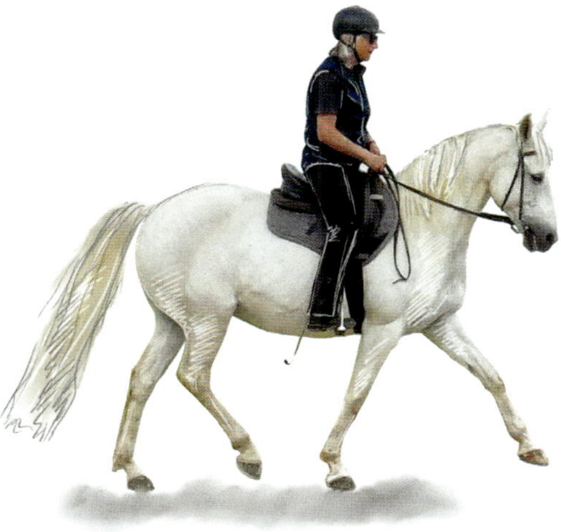

Balance ohne Druck. Reiterin und Pferd sind unabhängig voneinander in der Balance und erreichen damit ein gemeinsames stabiles Gleichgewicht (hier im Leichttraben).

Um was geht es?

Psychisches und körperliches Gleichgewicht.

Gemeinsames Gleichgewicht und individuelle Balance

Wie ein Tanzpaar müssen Reiter und Pferd ein gemeinsames Gleichgewicht finden, dürfen sich jedoch nicht beim jeweils anderen ›abstützen‹, sondern müssen sich auch unabhängig voneinander im individuellen Gleichgewicht halten. Das bedeutet im Einzelnen:

1. Der Reiter darf nicht am Zügel ziehen und sich nicht mit den Beinen festklammern.
2. Das Pferd darf sich nicht auf den Zügel legen.
3. Beide Partner müssen versuchen, Kontakt zueinander zu halten, ohne festzuhalten bzw. gegenzudrücken.
4. Die Balance muss in jeder einzelnen Bewegungsphase immer wieder neu erarbeitet werden.
5. Dafür müssen bestimmte Haltungskriterien bei Pferd und Reiter erfüllt sein, die zum einen Stabilität und zum anderen maximale Beweglichkeit gewährleisten.
6. Körperliche Balance ist ohne psychische Ausgeglichenheit nicht möglich.

Gleichgewichtsprobleme

Viele reiterliche Probleme entstehen durch Gleichgewichtsverlust bzw. der Angst davor. Und zwar bei beiden Beteiligten. Die Gleichgewichtsprobleme des Pferdes unter dem Reitergewicht werden oft unterschätzt. Pferde, die nicht vorwärtsgehen oder solche, die davonrennen, haben häufig nur Angst, die Balance zu verlieren. Wenn dann der Reiter das Pferd zusätzlich durch einen unausbalancierten Sitz stört oder versucht, es mit dem Zügel festzuhalten, kann er das Pferd ganz schön in Schwierigkeiten bringen – und sich selbst dazu, denn das unausbalancierte Pferd ist schwer zu lenken und zu kontrollieren.
Die beste Art, Gleichgewichtsprobleme und die dadurch bedingte schlechte Kontrollierbarkeit zu vermeiden, ist viel gymnastizierende Arbeit im Schritt und später im Trab mit kontrolliertem Tempo sowie die Etablierung von ›Anhaltereflexen‹.

Ergänzende Themen

Übergänge und ihr Nutzen
Bremsen: die Paraden
Aufmerksamkeit und Konzentration
Haltung bewahren
Funktion des Pferderückens
Funktionelle Haltung des Reiters
Haltung ist Bewegung
Einwirkung mit dem Zügel
Druck erzeugt Gegendruck
Hände weg!
Angstbewältigung
Gegensitzen und Gegenhalten
Hilfen als antrainierte Reflexe
Angst vor Gleichgewichtsverlust
Stabilität ohne Druck

Funktion des Bügels & Bügellänge

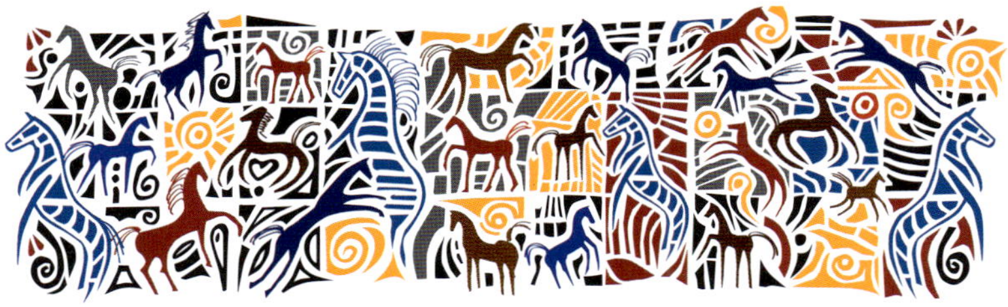

Um was geht es?

Den tiefen Absatz macht das Pferd – der Reiter lässt nur die Federung zu.

Die Funktion des Bügels

Der Bügel hat in verschiedenen Reitweisen durchaus unterschiedliche Funktionen. Beim **Springen** und im leichten Sitz ermöglicht der kurze Bügel dem Reiter, den Pferderücken optimal zu entlasten. Dabei steht der Reiter jedoch nicht einfach im Bügel, sondern balanciert sich über das Öffnen und Schließen von Hüft-, Knie- und Fußgelenkswinkel immer wieder neu aus.

In den **Arbeitsreitweisen** dient der Bügel den Reitern dazu, sich abzustützen, wenn ein Pferd in der Herdenarbeit schnelle Richtungswechsel ausführt.

In der **dressurmäßigen Arbeit** ist es jedoch kontraproduktiv, sich im Bügel abzustützen, weil der Reiter damit seine Gelenke im Bein und in der Folge sein Becken blockiert. Indem er Druck nach vorne oder unten in den Bügel gibt, hebelt er sich aus dem korrekten Sitz heraus. Prinzipiell dient der Bügel nur als **Widerlager** für das Nach-unten-Federn im Fußgelenk.

Den tiefen Absatz macht das Pferd

»Absatz tief«, hört man immer noch in vielen Reitstunden. Drückt jedoch der Reiter seinen Absatz aktiv herunter, wird er seine **Federung** im Bein blockieren, in der Folge schlecht sitzen können und den Bügel verlieren. Der korrekte tiefe Absatz entsteht von allein, wenn das Pferd den Gesäßknochen des Reiters nach unten bewegt und das ganze Bein samt Absatz diese Bewegung nach unten mitmacht. Nur in dieser Phase ist der Absatz wirklich tief, ansonsten eher waagerecht.

Die korrekte Bügellänge

Der Bügel muss so eingestellt sein, dass der Reiter sein Bein **frei hängen** lassen kann, ohne mit der Fußspitze nach dem Bügel zu angeln oder das Knie hochzuziehen. Der zu lange Bügel lässt keine Federung zu und setzt den Reiter in den Spaltsitz, der zu kurze Bügel führt zum Stuhlsitz. Um ein korrektes Leichttraben zu ermöglichen, ist oft ein 1–2 Loch kürzerer Bügel als fürs Aussitzen notwendig.

Ohne Bügel: Fußspitze anheben (nicht Absatz herunterdrücken)

Das Reiten ohne Bügel ist dann sinnvoll, wenn der Reiter lernen soll, das Bein entspannt hängen zu lassen und im Becken zu fühlen, wie ihn das Pferd ›mitbewegt‹. Um etwas mehr Stabilität ins Bein zu bekommen kann der Reiter leicht die Fußspitze anheben. Das ist eine andere Grundidee, als die des Absatz-Herunterdrückens.

Das früher gern praktizierte Leichttraben ohne Bügel ist nicht zu empfehlen, weil es zum falschen Klemmen mit Knie oder Oberschenkel führt.

Ergänzende Themen

1+1=1 die Balance im System
Losgelassenheit
Energiekreis
Ausweichmanöver des Pferdes
Reitweisen
Prompte Reaktionen einfordern
Federnde Gelenke
Becken und Gesäßknochen
Leichttraben im Gleichgewicht
Muskelketten im Bein
Funktionelle Haltung des Reiters
Die Idee der Bewegung
Druck erzeugt Gegendruck

Pferderücken und Reiterbecken

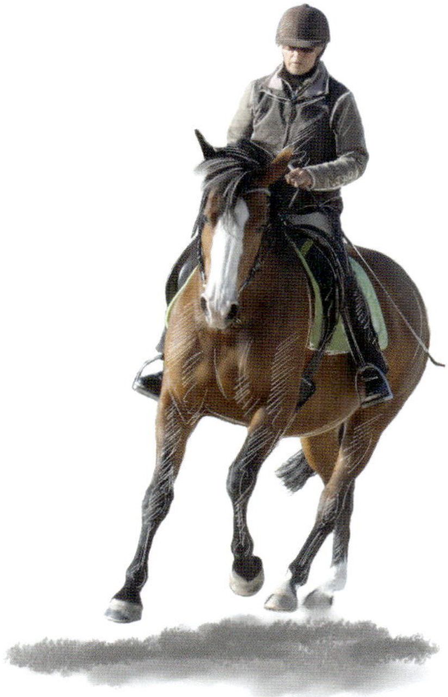

Um was geht es?

Die wichtigste Schaltstelle beim Reiten.

Der tragfähige, losgelassene Pferderücken …

… überträgt die Energie aus dem ›Motor‹ Hinterhand ungehindert nach vorne. Ein freier Rücken ermöglicht das Reiten mit ›Servolenkung‹.
Der Rücken stellt zudem die wichtigste Verbindung (Schaltstelle) zum Reiter dar. Das **Becken** des Reiters muss die Bewegung des Pferderückens ›aufnehmen‹ und bei Bedarf durchleiten können. Es wirkt praktisch wie ein ›**Bewegungsumwandler**‹.
Das Schwingen des Pferderückens darf nicht durch den Reiter behindert werden, wenn das Pferd vorwärtsgehen soll.

Treibende und verhaltende Impulse des Reiters müssen immer durch die passende Beckenstellung ergänzt werden.
Vorwärts: den Pferderücken freigeben, um die Energie durchzulassen (Becken steht senkrecht).
Bremsen: die Rückenbewegung hemmen oder blockieren, um Bewegung zu verhalten oder zu stoppen (Beckenkamm ist nach hinten gekippt).

Allgemeingültig

Die Richtlinien für den korrekten Sitz des Reiters und die funktionelle Haltung des Pferdes – die beiden Parameter, die den Pferderücken in der Vorwärtsbewegung möglichst frei arbeiten lassen –, gelten für jede Reitweise.

Ergänzende Themen

Die Funktion des Pferderückens
Becken und Gesäßknochen
Beweglichkeit des Beckens
Funktionelle Haltung des Reiters
Stabilität ohne Druck
Losgelassenheit
Resensibilisierung und Servolenkung
Funktion des Bügels und Bügellänge

Haltung bewahren

Um was geht es?

»Haltung ist Bewegung«
(Moshé Feldenkrais)

Der funktionelle Sitz des Reiters.

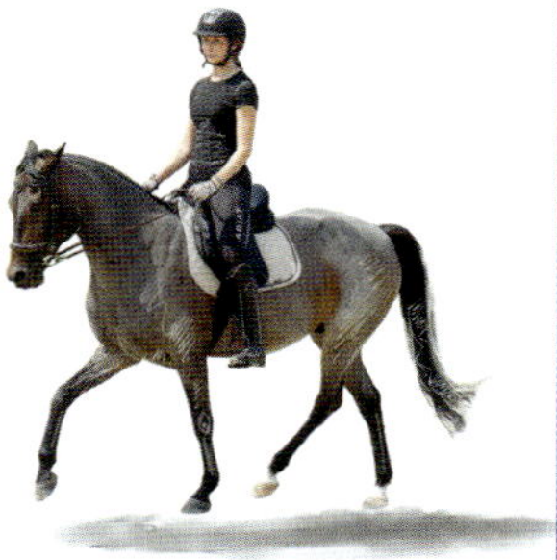

Haltung von Pferd und Reiter ist nicht statisch und muss immer wieder neu erarbeitet werden.

(Die beiden Bilder zeigen das gleiche Pferd in funktioneller Haltung mit zwei Reiterinnen – links vorwärtsgeritten im Leichttraben, rechts versammelt.)

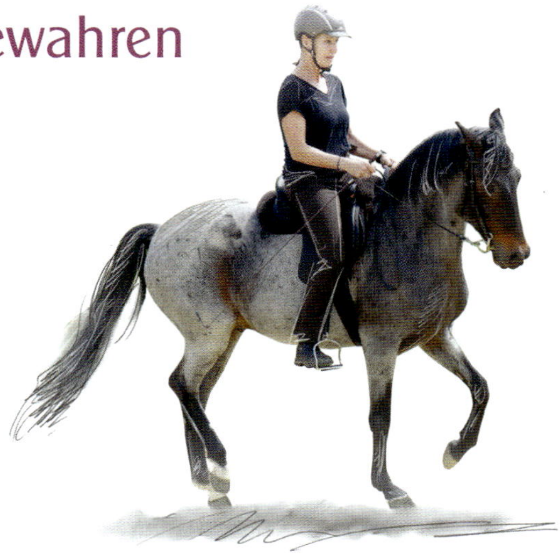

Stabilität und Gleichgewicht Gedanken zur funktionellen Haltung von Pferd und Reiter

Pferd und Mensch brauchen isometrische Haltespannung, um sich aufrecht und stabil zu halten und Wechselspannung in der Bewegungsmuskulatur (bei losgelassenen Gelenken), um Bewegungen leicht und flüssig auszuführen. **Die isometrische Spannung ist grundsätzlich unsichtbar und ›sorgt für Haltung und Stabilität‹**. Nach außen sichtbare Spannung im System Reiter plus Pferd ist immer falsche VERspannung in den Bewegungsmuskeln. Sie entsteht durch blockierte, festgehaltene Gelenke bei beiden Partnern – oft durch ein blockiertes Becken des Reiters und ein festes Genick und in der Folge einen festen Rücken des Pferdes – meist hervorgerufen durch starres Festhalten am Zügel und Dauerdruck.

Körperwahrnehmung, Kommunikation und Bewegungsqualität

Eine aufrechte (und damit gesunde) Haltung zu bewahren, ist nicht nur im Hinblick auf eine gute Kommunikation mit dem Pferd notwendig, sondern immer und überall. Haltung und Mimik (die Körpersprache) transportieren den inneren Zustand des Menschen nach außen und verraten Mitmenschen und Pferden viel über uns. Pferde sind Meister im Lesen der Körpersprache und kennen deswegen ›ihre Menschen‹ oft genauer, als die sich selbst. Jede Veränderung der Körperspannung des Menschen, jede Unsicherheit wird registriert und das Pferd reagiert entsprechend. Nicht immer im Sinne des Menschen, der oft genug gar nicht weiß, was er wirklich ausdrückt, weil er den Kontakt mit seinem eigenen Körper verloren hat. Er weiß in vielen Fällen tatsächlich nicht genau, was sein Körper tut. Was seine linke Hand macht, wenn er etwas mit der rechten tut, wie er beim Laufen auftritt und den Boden fühlt, welche – zweckmäßige oder unzweckmäßige – Spannung wo in seinem Körper ist.
Pferde können uns sehr gut alle unsere Dysbalancen und Blockaden bewusst machen, denn prinzipiell sind sie gutmütig und wollen es ihrem Menschen recht machen – wenn er in der Lage ist, klare Ansagen zu machen und die richtigen Signale zu geben.

Ergänzende Themen

Kommunikation – die Hilfen
Fehlhaltungen des Reiters
Funktion des Pferderückens
Funktionelle Haltung des Reiters
Freie Balance
Losgelassenheit
Stabilität ohne Druck

Funktionelle Haltung des Reiters

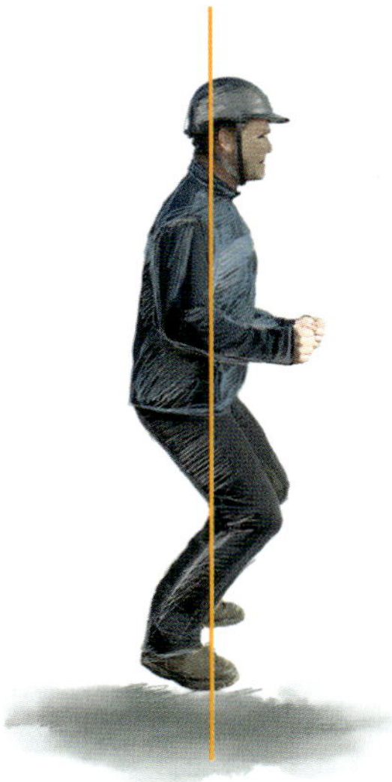

Stabile Haltung mit gebeugtem Knie und geradem Oberkörper.

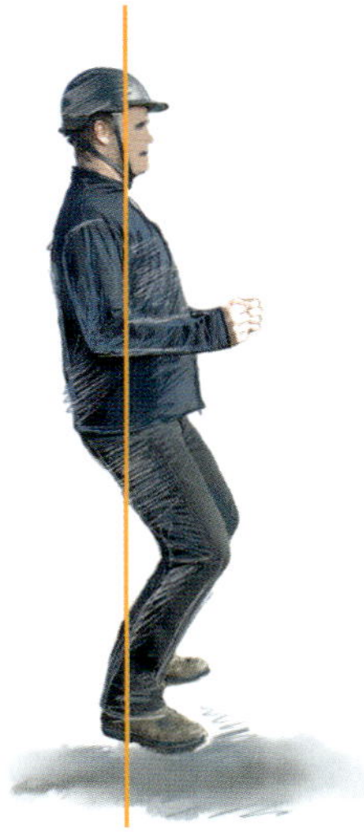

Instabile Haltung mit Rücklage. Der Reiter läuft Gefahr nach hinten zu kippen.

Um was geht es?

Stabilität bei optimaler Bewegungsfreiheit.

Stabilität und Gleichgewicht

Der Reiter braucht ausreichende Körperspannung, um **Stabilität** ins System zu bringen. Diese Stabilität darf er jedoch nicht durch Festhalten mit Arm oder Bein erzeugen, weil das die Bewegungsfreiheit einschränkt.

Er muss seine einzelnen **Körperteile so übereinander ausrichten**, dass er im **Gleichgewicht** sitzen kann und sich nicht ›festklammern‹ muss. Zieht man das Pferd unter dem Reiter weg, müsste er aufrecht stehen bleiben können, ohne nach vorne oder hinten wegzukippen. Dazu nimmt er am besten eine Art ›**Stehsitz**‹ ein: mit gebeugtem Knie und isometrischer Spannung im Oberkörper (siehe Bild oben links).

Ideen und Anregungen zum Thema

Rücklage sieht man recht häufig. Sie ist ein Zeichen mangelnden Gleichgewichts im System und führt häufig zu dem nicht zweckmäßigen dauerhaften Gegenhalten und Gegensitzen.

Oft sitzt der Reiter in Rücklage, wenn das Pferd ihn nicht sitzen lässt, häufig auch bei Trabverstärkungen. Damit weicht er der Rückenbewegung aus. Er schiebt jedoch dabei das Pferd auf die Schulter und beraubt sich der feinen Einwirkungsmöglichkeiten mit der Hand und mit der Beckenstellung. Reiter und Pferd stützen sich dabei wie beim Tauziehen aneinander ab.

Trabt der Reiter mit Rücklage oder auch nur mit zurückgehaltener Schulter bzw. Hohlkreuz leicht, so nimmt er damit ständig Energie aus der Vorwärtsbewegung heraus. Er trabt praktisch mit angezogener Handbremse leicht.

Ergänzende Themen

1+1=1 die Balance im System
Haltung bewahren
Gegenhalten und Gegensitzen
Freie Balance
Leichttraben im Gleichgewicht
Schulterfreiheit
Schulterkontrolle
Trab-Verstärkungen
Becken und Gesäßknochen
Stabilität ohne Druck
Beweglichkeit des Beckens

Die stabile äußere Seite des Reiters

Um was geht es?

Ausweichen verhindern.

Kontrolle am äußeren Zügel.

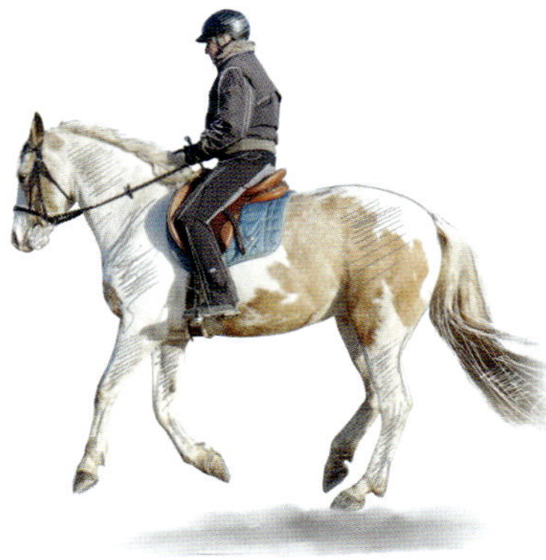

Stabile äußere Seite in der Rechtswendung: Der Ellbogen ist am Körper, die äußere (linke) Achselhöhle geschlossen. Die Lenkung erfolgt über Beckenausrichtung und Blickrichtung.

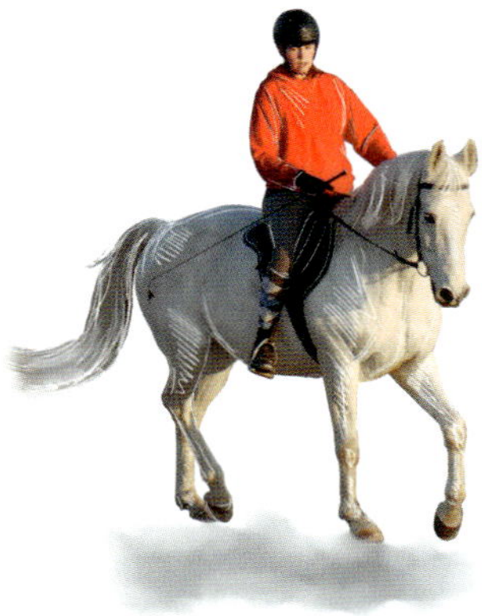

Gute Haltung des Pferdes und der Reiterin. Die äußere Seite der Reiterin ist jedoch nicht stabil. Wenn das Pferd über die äußere Schulter ausweichen wollte, hätte die Reiterin dem nichts entgegenzusetzen.

Abwenden am äußeren Zügel

Wendungen werden am äußeren Zügel geritten, unter Umständen sogar in Außenstellung, wenn das Pferd über die Schulter ausweicht. Es gilt ein ›striktes Verbot‹, am inneren stellenden Zügel zu ziehen. Bei allen Richtungswechseln locken Sie das Pferd hinter Ihrer (Energie-)Ausrichtung her, statt es in die gewünschte Richtung mit dem Schenkel herüberzudrücken oder mit dem inneren Zügel herüberzuziehen. Der innere Zügel darf allerdings impulshaft zur Seite weisen. **Um am äußeren Zügel abzuwenden, muss der Reiter seine äußere Seite stabil und das Pferd in der Längsachse eher gerade halten**: Der Ellbogen bleibt außen dicht am Körper, die Achselhöhle wird außen bewusst geschlossen, der äußere Zügel kontrolliert die Längsachse des Pferdes und verhindert, dass es über die äußere Schulter ausweicht. Ganz wesentlich für die saubere Richtungskontrolle in Wendungen ist es, dass der Reiter in Bewegungsrichtung (Blickrichtung) schaut und seine Hüfte in Bewegungsrichtung vorschiebt (Ausrichtung des Beckens). Nur mit einer stabilen äußeren Seite kann der Reiter auch einhändig reiten.

Außen stabil bleiben – die Richtlinien für ein gutes Abwenden

Achselhöhlen hinten schließen.
Ellbogen bei sich behalten.
Äußere Hand zu machen / Faust schließen.
Äußeres Bein bei Bedarf stärker in die Innenrotation drehen (Druck mit dem Oberschenkel).
Äußere Schulter des Pferdes unter Kontrolle bringen.
Pferd in der Längsachse gerade halten in Wendungen.

Ergänzende Themen

Innen und außen
Stabilität ohne Druck
Korrekturen in Außenstellung
Schulterkontrolle
Schulterfreiheit
Einhändig reiten
Das minimalistische Prinzip

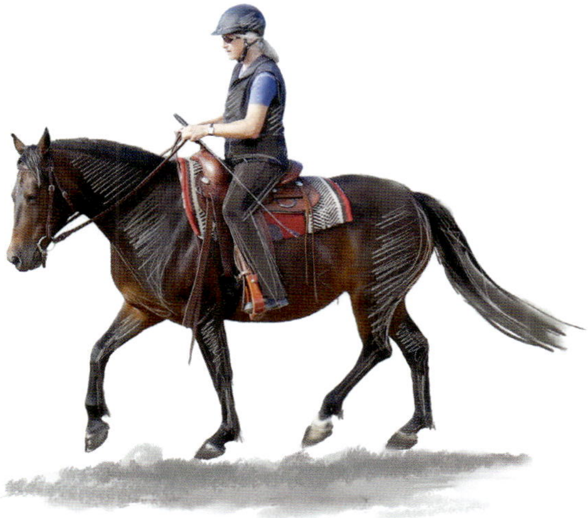

Um was geht es?

Keine Energieverschwendung.

Besser zuhören.

Energiesparende und verständliche Hilfengebung

Je kürzer und schwächer ein Signal, umso besser

Alle Signale des Reiters (treibende, verhaltende, lenkende Hilfen) sollen so kurz und so schwach wie möglich gegeben werden, damit

... das Pferd keinen Gegendruck aufbaut.
... das Pferd sensibel und aufmerksam bleibt.
... Reiter und Pferd nicht gegeneinander arbeiten.
... nicht unnötig Energie verschwendet und das Reiten zum Kraftakt wird.
... der Reiter Angebote und ›Antworten‹ des Pferdes überhaupt wahrnimmt und nicht ein vorsichtiges »ich versuch's ja« des Pferdes einfach ›überhört‹.

Ideen und Anregungen zum Thema

In allen Arbeitsreitweisen wird über Impulse geritten, denn der Reiter braucht seine Konzentration für die Herde und kann nicht dauernd über seine Hilfengebung nachdenken. So mancher Dressurreiter mag einwenden, dass man ein Dressurpferd nicht über Impulse reiten könne, weil man es nicht ›zusammenhalten‹ (versammeln) könne, ohne dauerhaftes Treiben und ständige halbe Paraden. Ich behaupte, man kann es sogar viel besser ›zusammenhalten‹, wenn es gelernt hat, sich selbst ohne straffen Zügel auszubalancieren und in einem Sensibilisierungsprogramm auf sofortige Reaktion auf Hilfenimpulse konditioniert wurde. Das funktioniert für jedes Pferd! Aber es dauert im Allgemeinen deutlich länger, als viele bereit sind, in die Grundausbildung zu investieren. Und so sieht man dann hochtalentierte siebenjährige Pferde in der S-Dressur, die vier Jahre später mit Rücken- oder Sehnenproblemen von der Bildfläche verschwinden.

Ergänzende Themen

Druck erzeugt Gegendruck
Resensibilisierung und Servolenkung
1+1=1 die Balance im System
Zeitfaktoren
Freie Balance
Funktion des Zügels
Einhändig reiten
Hilfen als antrainierte Reflexe
Prompte Reaktionen einfordern
Das Pferd fällt auseinander
Variable Haltung

Koordination

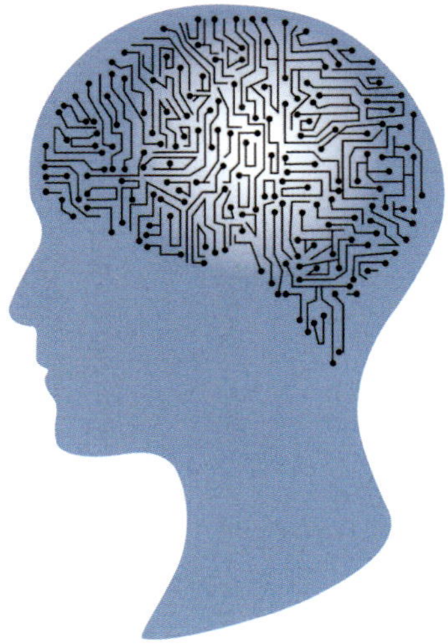

Um was geht es?

Symmetrie herstellen, die schwache Seite kräftigen.

Das Gehirn trainieren

Koordinationsfähigkeit hängt eng mit Konzentration, Vorstellung und Gleichgewicht zusammen. Sie muss für beide – Reiter und Pferd – erarbeitet und entwickelt werden.
Insbesondere die Rechts-Links-Koordination wird beim Pferd im Zuge des Geraderichtens durch Biegeübungen verbessert, sodass beide Hinterbeine gleich tragfähig und beide Seiten gleicht gut dehnbar werden. Stangenarbeit und Trailübungen helfen bei der Vorne-Hinten-Koordination und bei der Entwicklung des Körpergefühls. Körperbandagen können Pferden mit schlechtem Körpergefühl ihren eigenen Körper und dessen äußere Begrenzung bewusster machen. Wie bei Menschen auch gibt es durchaus etwas ›stoffelige‹ Pferde, die nicht so genau wissen, was ihr Hinterbein macht, wenn sie mit dem Vorderbein über eine Stange getreten sind ...

Zudem ist es unumgänglich, dass der Mensch an seiner eigenen Koodination arbeitet. Insbesondere die linke Seite ist bei eingefleischten Rechtshändern oft schlecht koordiniert und starr. Das Geraderichten des Pferdes kann nicht funktionieren, wenn der Reiter seine eigenen Kräfte nicht symmetrisch einsetzen kann.

Koordinationsübungen für den Reiter

Um die linke (schwächere) Seite zu kräftigen und zu koordinieren kann man diverse Übungen in den Alltag einbauen: z.B Zähneputzen mit der linken Hand. Beim Fegen des Hofs die führende Hand wechseln. Die Maus bei der Computerarbeit mit der linken Hand benutzen. Brot mit der linken Hand schneiden ... Das ist am Anfang mühsam und das Gehirn spielt uns Streiche, aber es bringt uns nicht nur reiterlich weiter, sondern hat auch positiven Einfluss auf den Alltag, weil es Fehlhaltungen und einseitige Überlastungen verhindert.

Ergänzende Themen

1+1=1 die Balance im System
An den Hilfen
Geraderichten
Asymmetrien
Aufmerksamkeit und Konzentration
Seitengänge
Dem Pferd eine Aufgabe geben
Reiten mit Vorstellungskraft
Funktionelle Haltung des Reiters

›An den Hilfen‹

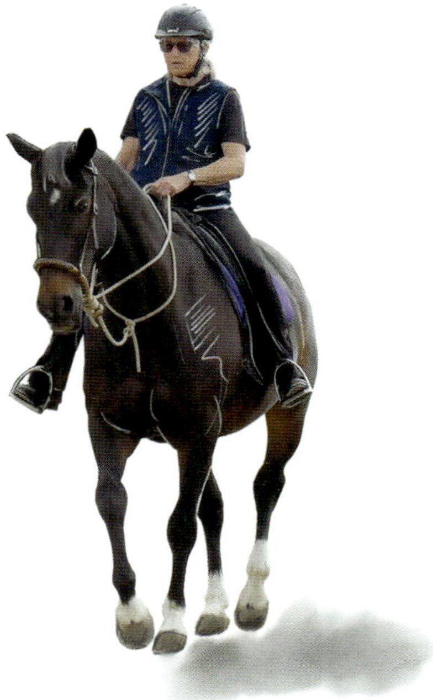

›An den Hilfen‹ bedeutet nicht, dass der Reiter ständig einwirkt. Er gibt stattdessen mit seiner Haltung einen Rahmen vor, in dem das Pferd sich bewegen kann, ohne dass es dauerhaft zwischen treibenden und verhaltenden Hilfen eingespannt wird.
Pferd und Reiter müssen sich aufeinander konzentrieren, dann fängt das Pferd die Intention des Reiters auf und dieser muss nur hin und wieder korrigierend eingreifen.
(Auf dem Bild ist ein einhändig auf Bosal gerittenes Schulterherein zu sehen.)

Um was geht es?

Kontrolle durch Konzentration und nicht durch Kraft.

Feine Wahrnehmung.

Schnelle Reaktionen.

Gespür für die Befindlichkeiten des Pferdes.

Konzentration auf die Signale des Reiters

Das Pferd soll ›an den Hilfen stehen‹. Nur dann lässt es sich gut kontrollieren. Dieses ›An den Hilfen‹ lässt jedoch viel Interpretationsspielraum hinsichtlich der Intensität und Dauer der einzelnen Hilfen. In der erstrebenswerten Form ist das Pferd an den Hilfen, wenn es sich auf die Signale des Reiters konzentriert und bereit ist, auf minimale Veränderungen in der Körperspannung des Reiter zu reagieren: die Richtung zu wechseln, anzutreten oder anzuhalten, schneller oder langsamer zu werden. Dabei handelt es sich jedoch mehr um eine mentale Verbindung über Konzentration und feine Wahrnehmung, als um das verbreitete ständige Bombardieren mit treibendem Schenkel bei eher starrer ›Anlehnung‹. Auch am losen Zügel kann das Pferd an den Hilfen stehen. Es muss nicht zwischen treibenden und verhaltenden Hilfen fest eingespannt werden.

Ideen und Anregungen zum Thema

Wenn wir vom Pferd verlangen, dass es uns konzentriert zuhört, müssen auch wir als Reiter dem Pferd zuhören, damit wir nicht im falschen Moment etwas von ihm verlangen. D. h. wir müssen ein Gefühl dafür entwickeln, wann das Pferd bereit ist für eine bestimmte Hilfe bzw. Lektion. Wir dürfen nichts von ihm fordern, was es in seinem momentanen Zustand nicht ausführen kann. Alle Lektionen, die wir von ihm verlangen, bedürfen guter Vorbereitung. Zudem ist es sinnvoll, mit allen Hilfen sparsam umzugehen. Wenn ich schon im ›Normalbetrieb‹ mein ganzes Hilfenrepertoire einsetzen muss, um das Pferd am Laufen zu halten, was mache ich dann, wenn ich ›etwas mehr‹ von Pferd verlange, wie z.B. ein Antraben aus dem Halten, eine ganze Parade aus dem Trab oder gar eine Piaffe.

Ergänzende Themen

Reiten mit Vorstellungskraft
Präsenz statt Ausrüstung
Kommunikation – die Hilfengebung
Konzentriertes Nichtstun
Übergänge und ihr Nutzen
Das minimalistische Prinzip
Am Zügel – was bedeutet das?
Freie Balance
Aufmerksamkeit des Reiters
Aufmerksamkeit und Konzentration
Mentale Kontrolle
Das Pferd spiegelt den Reiter

Konzentriertes Nichtstun

Um was geht es?

Schnelle Reaktionen durch weniger Aktion.

Kraft sparen.

Elegant reiten.

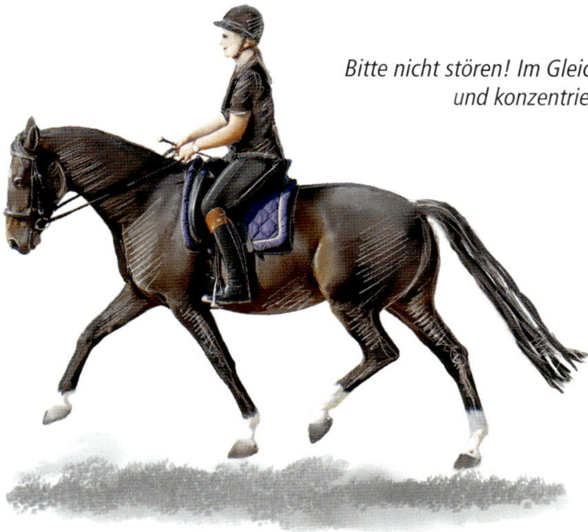

Bitte nicht stören! Im Gleichgewicht sitzen und konzentriert wahrnehmen, was geschieht.

Sensibel wahrnehmen und gezielt einwirken

Je mehr der Reiter auf dem Pferd aktiv arbeitet, desto weniger kann er feinere Reaktionen des Pferdes wahrnehmen. Zudem führt ständiges Einwirken, ohne dass wirklich eine Änderung des Status quo beabsichtigt wird, zu einem Abstumpfungseffekt: Das Pferd ›lernt‹, einen dauernd treibenden Schenkel zu ignorieren und benutzt einen ständig straffen Zügel als Stütze, beziehungsweise es geht dagegen.

Sinnvoll ist es, sich einmal mit der impulshaften Hilfengebung der Arbeitsreitweisen zu beschäftigen: Auf jeden Impuls mit dem Bein oder dem Zügel wird eine Reaktion eingefordert. Sobald das Pferd tut, was es soll, sitzt der Reiter ausbalanciert und still, belohnt das Pferd durch In-Ruhe-Lassen und wartet mit einem neuen Impuls, bis er etwas ändern will.

Dieses aufmerksame Stillsitzen erfordert allerdings gute Körperspannung und Konzentration. Dafür ermöglicht es dem Reiter eine feine Wahrnehmung der Bewegungsqualität und ein frühzeitiges Erspüren der Absichten des Pferdes: Er kann Ausweichmanöver oder ein Nachlassen der Energie des Pferdes im Ansatz unterbinden.

Nichts tun ist schwerer als es aussieht

Viele Reiter haben sich so sehr daran gewöhnt, ständig einzuwirken, dass es für sie extrem viel Konzentration erfordert, kurzfristig nichts zu tun und abzuwarten. Es wird ständig am Pferd ›herumgedrückt‹, um es in Haltung zu bringen, zu stellen, zu biegen ... Oft geht dabei das ›Vorwärts‹ verloren, was wir als Grundlage für jede Lektion und jede Aufgabe brauchen. ›Vorwärts auf leichten Impuls‹ und ›Bremsen auf leichten Impuls‹ sind die wesentlichen Voraussetzungen für eine gute Ausbildung und müssen bei abgestumpften Pferden über eine Resensibilisierung wieder erarbeitet werden. Die Erfahrung zeigt, dass Pferde sehr schnell darauf ansprechen, wenn es gelingt, den Reiter aus seinem ›blinden Aktionismus‹ herauszuholen.

Ergänzende Themen

Druck erzeugt Gegendruck
Emotionskontrolle
Gedankenkontrolle
Haltung bewahren
Variable Haltung
Reiten mit Vorstellungskraft
Vertrauen gegen Vertrauen
Der Umgang mit Fehlern
Kopf- und Halshaltung des Pferdes
Stabilität ohne Druck
Funktionelle Haltung des Reiters
1+1=1 die Balance im System
Selbstvertrauen
Angstbewältigung
Sich in die Lage des Pferdes versetzen
Führen und Folgen

Vertrauen gegen Vertrauen

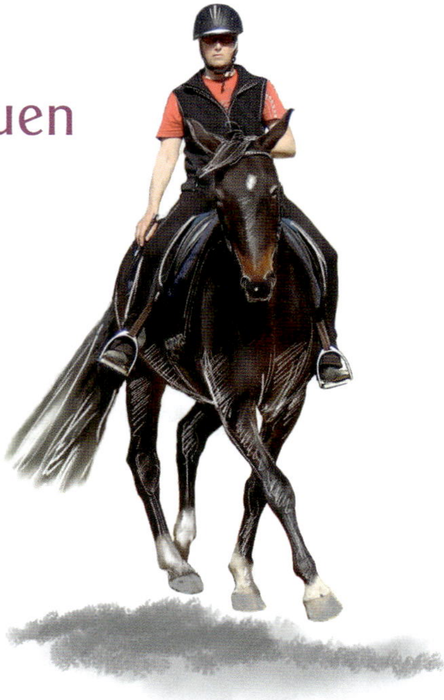

Das Pferd ungehindert seine Arbeit tun lassen und im Gleichgewicht sitzen bleiben.

Der Reiter führt nicht durch Androhung von Gewalt, sondern, indem er dem Pferd Sicherheit vermittelt und sich mit ihm verbindet.

Vertrauen braucht Sicherheit und Souveränität

- Kontrollieren Sie nicht zu viel, sondern lassen Sie das Pferd ›mal machen‹. Halten Sie es nicht ständig am Gängelband, sondern geben ihm Raum zur Entfaltung.
- Kontrollieren Sie die eigenen Gedanken, damit sich nicht ein negatives Vorstellungsbild (eine Befürchtung) einschleicht.
- Lassen Sie das Pferd ungehindert seine Arbeit tun, auch wenn dabei manchmal kleinere ›Fehler‹ passieren.
- Bringen Sie dem Pferd eine Art ›Vorschuss-Vertrauen‹ entgegen.
- Vertrauen Sie sich selbst und Ihren Fähigkeiten.
  Damit Sie sich selbst in Bezug auf die Ausbildung Ihres Pferdes vertrauen können, müssen Sie umfangreiches Wissen über Ihren Partner Pferd erwerben und eine Menge Erfahrungen machen bzw. gemacht haben.

Kontrollieren Sie Ihre Gedanken,
denn sie verraten dem Pferd, was mit Ihnen los ist.

Die folgende Anweisung können Sie 1:1 auf Ihren Umgang mit dem Pferd anwenden.
Achten Sie auf Ihre Gedanken, denn sie werden Worte (oder Körpersignale).
Achten Sie auf Ihre Worte (Signale), denn sie werden Handlungen.
Achten Sie auf Ihre Handlungen, denn sie werden Gewohnheiten.
Achten Sie auf Ihre Gewohnheiten, denn sie werden Ihr Charakter.
Achten Sie auf Ihren Charakter, denn er wird Ihr Schicksal.

Um was geht es?

Wenn wir an unseren Stärken zweifeln, stärken wir unsere Zweifel.

Uns selbst vertrauen, damit wir dem Pferd vertrauen können.

»Safety is not the absence of threat, it is the presence of connection.«
(Gabor Mate)

Ergänzende Themen

Emotionskontrolle und Gedankenkontrolle
Haltung bewahren
Variable Haltung
Reiten mit Vorstellungskraft
Vertrauen gegen Vertrauen
Der Umgang mit Fehlern
Kopf- und Halshaltung des Pferdes
Stabilität ohne Druck
Funktionelle Haltung des Reiters
1+1=1 die Balance im System
Selbstvertrauen
Angstbewältigung
Sich in die Lage des Pferdes versetzen
Führen und Folgen
Konzentriertes Nichtstun

Bremsen: die Paraden

Um was geht es?

Leichte Tempokontrolle mit dem richtigen Konzept.

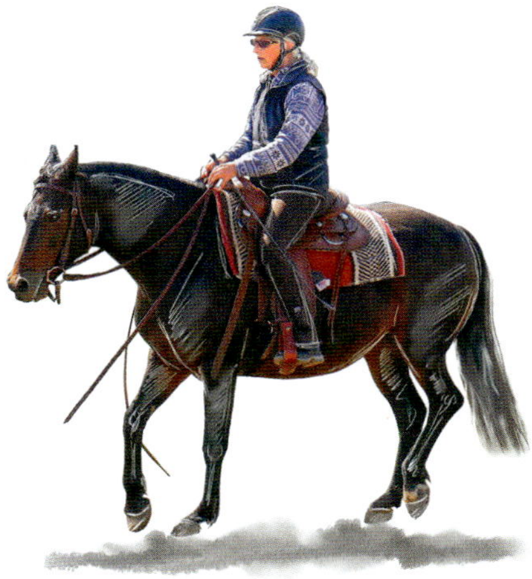

Parade aus dem Trab zum Halten: Der Oberkörper bleibt senkrecht; über die Bauchmuskeln wird kurztfristig das Becken gekippt und am Zügel ein kurzer Impuls zum Innehalten gegeben. Das Reiterbein bleibt in Normallage, das Knie wird kurz zugemacht.
Das Pferd stoppt mit freiem Hals und freier Schulter ›bergauf‹ – also mit vermehrter Hankenbeugung hinten. Reitweise und Ausrüstung sind dabei nebensächlich – das Prinzip ist immer das Gleiche.

Halbe und ganze Paraden

Die Parade soll ein **kurzes Innehalten** in der Bewegung (halbe Parade) oder ein Anhalten des Pferdes (ganze Parade) bewirken. Mit halben Paraden wird das Pferd aufmerksam gemacht und auf eine Änderung in Bewegungsrichtung, Tempo oder Gangart vorbereitet (Übergänge).
Stattdessen müssen wir das Pferd bei jeder Parade dazu bringen, sich ohne Stütze durch die Reiterhand selbst auszubalancieren – durch Anheben der Schulter und aktive Lastaufnahme mit den gewinkelten Hinterbeinen. Zur **Vorbereitung einer Parade** müssen wir also treiben, um die Hinterhand zu aktivieren und die Schulter frei zu machen. Dann bremsen wir durch ein kurzes Kippen mit dem Becken und einen Zügelimpuls an – mit sofortigem Loslassen im Sitz (Becken senkrecht stellen) und am Zügel (nachgeben). Ein bewusstes Ausatmen und ein kurzes Zumachen des Knies haben zusätzliche verhaltende Wirkung, da sie das Becken schon ankippen.
Paraden kommen umso schneller durch, je schneller man den Zügel dabei wieder loslässt und je besser die Gangart vor der Parade hinsichtlich freier Balance ›in Ordnung gebracht‹ wurde.

Paraden-Paradoxe

Gas geben, um anzuhalten; Energie erhöhen, um langsamer zu reiten – für manchen mag das paradox erscheinen, aber es funktioniert tatsächlich.
Im Prinzip geht es bei den Paraden immer darum, das Pferd vermehrt auf die Hinterhand zu bringen. Das ist anstrengend und das Pferd wird es nicht ganz freiwillig tun, sondern sich lieber eine Stütze in der Reiterhand suchen, wenn der Reiter das zulässt. Gute Paraden funktionieren deswegen nach dem **Prinzip der Stotterbremse**: anbremsen – und wieder loslassen – nötigenfalls mehrmals hintereinander. Und es dem Pferd überlassen, sein Gleichgewicht wieder zu finden.

Ergänzende Themen

Druck erzeugt Gegendruck
Übergänge und ihr Nutzen
Funktion des Pferderückens
Funktionelle Haltung des Reiters
Becken und Gesäßknochen
Das Kreuz mit dem Kreuz
Versammlung
Schulterfreiheit
Schulterkontrolle
Freie Balance
Konzeptionelle Fehler bei Paraden
Gegenhalten und Gegensitzen
Die Bauchmuskeln
Emotionskontrolle
Gedankenkontrolle
Haltung bewahren
Variable Haltung
Reiten mit Vorstellungskraft
Vertrauen gegen Vertrauen
Der Umgang mit Fehlern
Kopf- und Halshaltung des Pferdes
Stabilität ohne Druck
1+1=1 die Balance im System
Selbstvertrauen
Angstbewältigung
Sich in die Lage des Pferdes versetzen
Führen und Folgen

Konzeptionelle Fehler bei Paraden

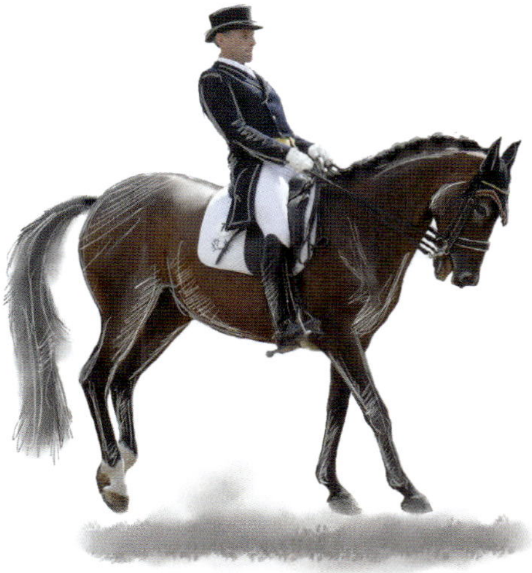

Auf dem Bild sind alle Fehler zu sehen, die man beim Durchparieren machen kann. Das Pferd fällt auf die Vorhand, statt sich über Vortreten und Winkeln der Hinterbeine auszubalancieren. Der Reiter setzt den Oberkörper als Hebel ein und stemmt die Beine nach vorne in den Bügel, um mit mehr Kraft ziehen zu können. Zudem ist das Becken in dieser Haltung nicht gekippt, so dass keine hemmende Wirkung auf die Bewegung des Pferderückens entsteht.

Am Zügel ziehen funktioniert nicht

Ein einfaches ›Am-Zügel-Ziehen‹ mit Armkraft bringt dabei keinen Erfolg, sondern veranlasst das Pferd nur dazu, gegen den Zügel zu gehen. Und einen Ziehkampf kann der Reiter keinesfalls gewinnen – auch wenn er das manchmal mit schärferen Zäumungen versucht.

Die gängigsten Fehler:

Oberkörper nach hinten werfen, den Oberkörper als Hebel einsetzen
Druck nach vorn in den Bügel geben (sich im Bügel abstützen).
Den Zügel zu lange annehmen.
Mit Kraft im Arm Zügel nach hinten ziehen.

Der richtige Einsatz des Oberkörpers und Beckens für eine Parade

Es ist zwar falsch, den Oberkörper in einer Parade als Hebel einzusetzen und zurückzulehnen, der Reiter kann jedoch trotzdem die starke Muskulatur im Oberkörper für ein kurzfristiges ›Dichtmachen des Bewegungsrahmens‹ nutzen. Der Oberkörper muss dabei jedoch senkrecht bleiben. Nur der Beckenkamm wird durch Zumachen des Knies und Einsatz der Bauchmuskeln in die blockierende Stellung gekippt (Gesäßknochen zeigen nach vorn).
Durch **kurzes** festes Schließen der Faust (bei passender Zügellänge) und deutliches Schließen der Achselhöhlen koppelt dann der Reiter seinen Arm an die Körperspannung und blockiert das Nachgeben aus dem Ellbogen. **Er verriegelt praktisch die Gelenke des Arm**s – wirklich nur ganz kurz – und lässt sofort wieder los. Das wiederholt er bei Bedarf mehrfach. Es geht darum, dem Pferd keine Möglichkeit zu geben, sich gegen die Parade zu wehren, also einen Ziehkampf zu vermeiden und es zu zwingen, sich ohne straffen Zügel in der Parade selbst auszubalancieren.

Um was geht es?

Ziehen verboten.

Ergänzende Themen

Zügellänge
Einwirkung mit dem Zügel
Funktion des Zügels
Stabilität ohen Druck
Funktionelle Haltung des Reiters
Schulterfreiheit
Schulterkontrolle
Reiten mit Vorstellungskraft
Machen Sie sich ein Bild!
Bremsen: die Paraden
Gegenhalten und Gegensitzen
Becken und Gesäßknochen
Bauchmuskeln
Muskelketten im Arm und Bein
Freie Balance

Versammeln im Leichttraben

Um was geht es?

Rücken schonende Erleichterung für Reiter und Pferd.

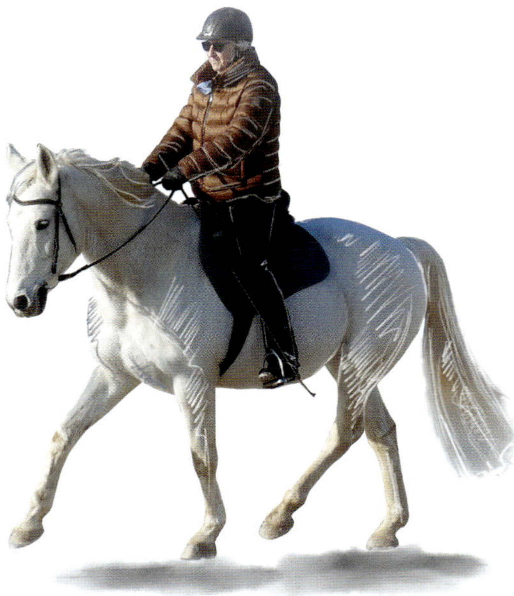

Pferde, die nicht sitzen lassen ...

... kann man im Leichttraben arbeiten. Tempounterschiede bis hin zur Versammlung sind möglich. Über ein Zirkel-Verkleinern und gute Kontrolle am äußeren Zügel bei aktiver Energieentwicklung des Reiters beim Aufstehen, kann auch im Leichttraben Versammlung erreicht werden.

Ermüdungserscheinungen

Die meisten Pferde können noch nicht lange in Haltung gehen. Sie brauchen Erholungspausen am längeren Zügel, in denen sie das Nackenband und die Haltemuskulatur entspannen können.
Das gilt auch im Leichttraben. Wechseln Sie also immer wieder zwischen versammelten und eher nach vorne gedehnten Reprisen.
Und bauen Sie durchaus auch Übergänge zum Galopp und zum Schritt ein sowie ein paar Tritte Schulterherein oder Schenkelweichen.

Ergänzende Themen

Übergänge im Leichttraben
Leichttraben im Gleichgewicht
Korrekturen in Außenstellung
Energiekonzepte
Reiten mit Vorstellungskraft
Funktion des Zügels
Innen und außen
Variable Haltung
Variable Zügellänge
Bewegungsvielfalt
Freie Balance

Zu beachten:

Stellen Sie sich vor, dass Sie beim Aufstehen den Rücken und die Schulter des Pferdes mit hochziehen. Bleiben Sie im Oberkörper völlig gerade und stabil. Das Leichttraben muss so ausbalanciert sein, dass Sie die Hände völlig unabhängig bewegen können und vor allem immer wieder auch (vor allem innen) nachgeben können. Denken Sie ans Umsitzen bei Richtungswechseln.

Lenken: Richtungskontrolle ist Schulterkontrolle

Um was geht es?

Fokus und Absicht.

*Wer nicht weiß,
wo er hinwill,
kommt nirgendwo an.*

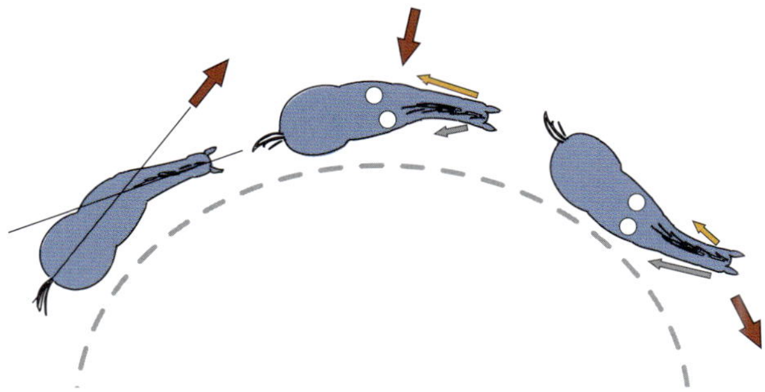

Richtig abwenden mit Schulterkontrolle

Richtungskontrolle ist vor allem Schulterkontrolle. Es nützt nichts, Kopf und Hals des Pferdes in die gewünschte Richtung zu ›ziehen‹, wenn die Schulter ausweicht. Viele Pferde können mit rechtwinklig abgestelltem Hals geradeaus über die äußere Schulter weglaufen. Es hat also keinen Zweck, am inneren Zügel zu ziehen oder festzuhalten, wenn man abwenden will. Viel effektiver ist es, das Pferd beim Abwenden in seiner Längsachse eher gerade zu halten. Das ist Aufgabe des äußeren Zügels.

Effektive Richtungskontrolle braucht:

1. Einen Fokus auf die gedachte Bewegungslinie: Kopfdrehung, Blickrichtung (Hinschauen, wohin man reiten will).
2. Präzise Ausrichtung des Beckens in Bewegungsrichtung: Vorschieben der inneren Hüfte (des inneren Gesäßknochens) bei senkrechtem Oberkörper.
3. Eine stabile äußere Seite des Reiters, der mit dem äußeren Zügel die äußere Schulter des Pferdes daran hindert, auszuweichen.
4. Einen relativ geraden Hals des Pferdes; der innere Zügel kann zwar die Richtung anzeigen, eine Stellung des Pferdes in Bewegungsrichtung ist für die reine Richtungskontrolle jedoch nicht zwingend notwendig.
5. Ein Bild im Kopf, das Pferd und Reiter auf der gewünschten bzw. gedachten Linie zeigt.

Schulterkontrolle in Außenstellung

Effektive Richtungskorrekturen arbeiten mit einem Wechsel von innen und außen: Wenn das Pferd den Hals nach rechts stellt und über die linke Schulter ausweicht, stellt der Reiter das Pferd nach links um, so dass die Schulter in die gewünschte Bewegungsrichtung nach rechts kommt. Das Pferd wird immer in die Richtung gestellt, in die die Schulter ausweicht und dann unter Umständen in Außenstellung in die Wendung geritten (s. Bild oben).

Ergänzende Themen

Funktion des Zügels
Innen und außen
Das gebogene Pferd
Seitengänge
Zügellänge
Einwirkung mit dem Zügel
Korrekturen in Außenstellung
Stabilität ohne Druck
Funktionelle Haltung des Reiters
Schulterfreiheit
Schulterkontrolle
Machen Sie sich ein Bild!
Richtig abwenden
Reiten mit Vorstellungskraft
Orientierung im Raum

Konzentrierter Kontakt, flexibler Rahmen

Um was geht es?

Die eigene Position verteidigen.

Methodenvielfalt.

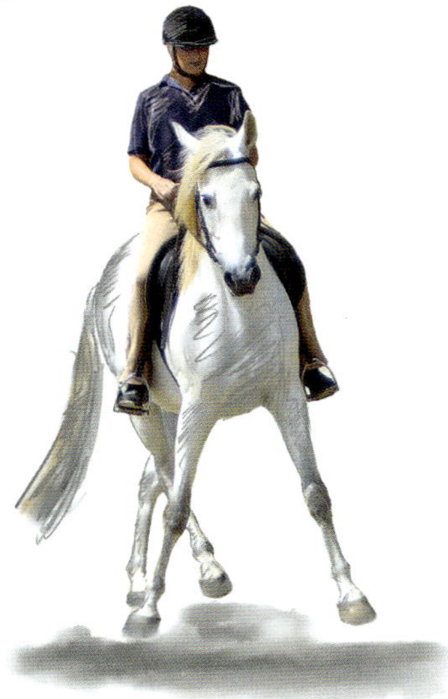

Geben Sie dem Pferd einen Rahmen, ohne es festzuhalten: Halten Sie das Pferd in der Längsachse gerade und behaupten Sie Ihre eigene ausbalancierte Position auf dem Pferd.

Einen stabilen, aber nicht starren Rahmen vorgeben

Unausgebildete oder verdorbene Pferde ohne Vertrauen wehren sich gegen die Kontrolle des Reiters und unterbrechen aktiv den Kontakt.
Der Reiter muss nun aus einer stabilen mentalen und körperlichen Grundhaltung heraus einen Rahmen für die Haltung des Pferdes vorgeben, ohne zu viel mit der Hand gegenzusteuern. Er muss seine Position auf dem Pferd ›stur‹ behaupten, ohne starr festzuhalten.
Der Reiter kann und soll dem Pferd einen Handlungsspielraum und vor allem Bewegungsfreiheit lassen, jedoch ganz klar Grenzen setzen: Bis hierher und nicht weiter.
Das gilt sowohl fürs Reiten, als auch im Umgang.

Seien Sie stur betreffend Ihrer Ziele und Ihrer Position, aber flexibel bei der Methode.
Offenheit für unkonventionelle Ansätze und durchdachte Methodenwahl zum Wohle des Pferdes ist die Devise.

Möglichkeiten ausloten, Varianten entwickeln, kreativ werden

Probleme löst man flexibel und nicht durch Beharren auf starren Vorschriften oder Richtlinien – und vor allem nicht durch Hilfszügel.
Setzen Sie **Prioritäten**, was zuerst in Ordnung gebracht werden muss – es geht nicht alles auf einmal (z.B. erst (re)sensibilisieren, dann Haltungskontrolle).
Beschwören Sie keine Situation herauf, der Sie nicht mehr gewachsen sind: Fragen Sie sich immer: Was geht und was geht gerade gar nicht? Provozieren Sie keinen unnötigen Widerstand und bringen Sie das Pferd nicht gegen sich auf.
Nutzen Sie jede Möglichkeit, Druck wegzunehmen und beharren Sie trotzdem auf Ihren (angemessenen) Forderungen.

Ergänzende Themen

Hilfszügel helfen nicht!
Ausbildungsskala
Resensibilisierung und Servolenkung
Beharrlichkeit
Hilfen als antrainierte Reflexe
Reiten mit Vorstellungskraft
Orientierung im Raum
Ein arbeitsfähiger Grundzustand
Führen und Folgen
Stabilität ohne Druck
Freie Balance

Die Zügellänge

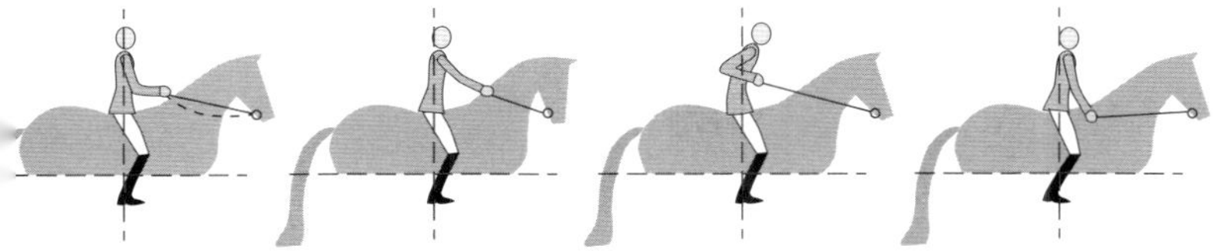

A korrekt – angenommener + loser Zügel *B zu kurz* *C zu lang* *D zu lang, Hand heruntergedrückt*

Um was geht es?

Die Hand gehört dem Pferd, der Ellbogen dem Reiter.

Ein beweglicher Ellbogen und ein schnelles Anpassen der Zügellänge ist nötig.

kurzer, langer, loser Zügel

Der Zügel muss die Länge haben, die es dem Reiter ermöglicht, den Ellbogen locker am aufrechten Körper zu lassen und die Hand mit gewinkeltem Ellbogen und aufrechtem, senkrechtem Oberkörper vor sich her zu tragen (A) – mit einer gedachten ungebrochenen ›Energielinie‹ vom Ellbogen bis zum Pferdemaul. **Idee: Die Hand gehört dem Pferd, der Ellbogen dem Reiter.** Leichte Bewegungen aus dem Ellbogen und das Öffnen und Schließen der Faust sichern den Kontakt zum Pferdemaul.

Der lose Zügel ist nicht einfach ein (zu) langer Zügel. Der Reiter verlängert ihn gerade so weit, dass keine Spannung mehr darin ist, er ihn aber schnell nachfassen kann, wenn er eingreifen will.

Kontakt ist auch allein durch Zügelgewicht möglich (A).

Der zu lange Zügel zieht: Die Hand zieht nach hinten, um wieder Kontakt zu bekommen. Dabei fällt der Reiter aus dem Sitz; durch den Rundrücken ist das Becken blockiert (C).

Ein zu kurzer Zügel führt zu einer starren Verbindung. Der Reiter zieht sich aus dem Sitz und kippt mit ausgestrecktem Arm nach vorne (B), wobei sich die Beckenstellung negativ verändert. Das Pferd wird zu eng im Hals und liegt auf der Hand.

Das **Herunterdrücken der Hand** (D) bei zu langem Zügel lässt den Reiter in den Spaltsitz kippen. Die Gesäßknochen zeigen nach hinten, das Becken ist blockiert, die Zügelverbindung starr und hart. Der gerade Arm lässt keine gezielte Einwirkung zu; der Reiter ist praktisch ›handlungsunfähig‹.

Übungen für eine flexible Hand, einen beweglichen Ellbogen, schnelles Wechseln der Zügellänge und weiches Nachgreifen:

Einhändig reiten, dabei einen Löffel mit Ei in der freien Hand balancieren oder eine Gerte senkrecht nach oben halten.

Zügel kämmen: Halten Sie die Zügel in einer Hand, greifen mit der freien Hand davor in die Zügel ziehen diese bei leichtem Kontakt an den Zügeln entlang nach oben. Mit der anderen loslassen; diese ist jetzt die freie Hand, greift wieder vor und wiederholt das Hochziehen.

Ergänzende Themen

Variable Haltung
Kopf- und Halshaltungen des Pferdes
Zügel richtig nachgreifen
Funktionelle Haltung des Reiters
Becken und Gesäßknochen
Die getragene, balancierte Hand
Reiten mit Vorstellungskraft
Stabilität ohne Druck
Falsche Zügeleinwirkung
Die Funktion des Zügels
Kontakt zum Pferd
Innen und außen
An den Hilfen
Am Zügel, was bedeutet das?

Die Funktion des Zügels

Um was geht es?

Impulsartige Kontrolle.

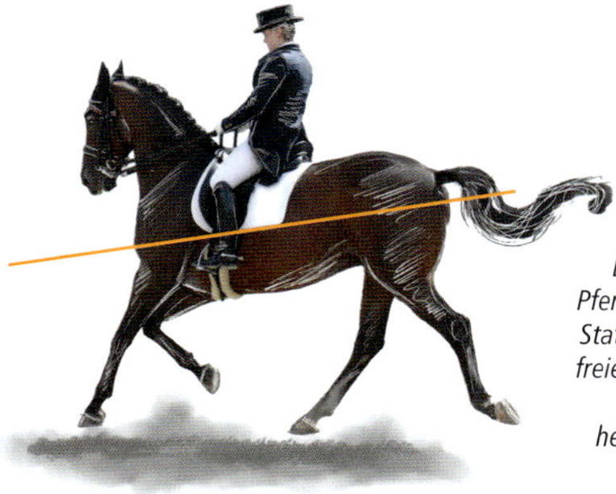

In dieser Karikatur eines Mitteltrabs wird der Zügel festhaltend und ziehend eingesetzt. Schulterfreiheit und Bewegungsmöglichkeiten des Pferdes sind stark beeinträchtigt. Statt nach oben ausgerichtet mit freier Halshaltung läuft das Pferd mit verklemmtem Hals und heruntergedrückter Schulter ›in den Boden‹.

Der Zügel ist nicht zum Bremsen oder Festhalten da

Der Zügel dient vorrangig dazu, kurzfristig korrigierend auf die Haltung des Pferdes einzuwirken und das Genick des Pferdes weich und beweglich zu halten. Für Tempo- und Richtungskontrolle ist der Zügel nur in seiner stellenden Funktion und mit **impulsartigem** Einsatz eingeschränkt nutzbar.
Jede Art von dauerhaftem Festhalten und Rückwärtsziehen bringt das Pferd dazu, sich gegen den Zügel zu wehren, die Zähne zusammenzubeißen und das Genick zu versteifen – was sich direkt negativ auf die Rückentätigkeit und die Bewegungsqualität im System auswirkt.

Ein angenommener Zügel muss schnell wieder nachgeben, wenn er seinen Zweck als Hilfe erfüllt hat. So wird das Pferd durch Nachlassen des Drucks in seiner Reaktion bestätigt. Es muss ›etwas davon haben‹, dass es willig reagiert.

Ergänzende Themen

Zügellänge
Variable Haltung
Einwirkung mit dem Zügel
Stabilität ohne Druck
Druck erzeugt Gegendruck
Gegenhalten und Gegensitzen
Hart im Maul?
Bremsen: die Paraden
Konzeptionelle Fehler bei den Paraden
Bewegungsfreiheit und Beweglichkeit
Freie Balance

Grob- und Feinsteuerung mit dem Zügel

Die Grobsteuerung erfolgt aus dem Ellbogen: durch Bewegen des gesamten Unterarmes zur Seite oder nach oben.
Die Feinsteuerung erfolgt aus der Hand: durch leichtes Öffnen oder stärkeres Schließen der Zügelfaust (Vgl: Schwamm ausdrücken). Muss der Reiter **gegenhalten**, so tut er dies **kurz** aus dem stabilen (senkrecht bleibenden) Oberkörper durch Versteifen des ganzen Arms über das feste Schließen der Faust. Er greift dabei auf die Körperspannung zurück, ohne den Oberkörper durch Zurücklehnen als Hebel einzusetzen.

Unsensibel im Maul?

Pferde mit festem Genick und zusammengebissenen Zähnen gelten als stur oder hartmäulig. Prinzipiell gibt es jedoch keine Pferde mit unempfindlichem Maul. Sie werden von ihren Reitern dazu gemacht: durch Zuschnüren des Mauls und ziehende Einwirkung mit dauerhaft straffem Zügel.

Falsche Zügeleinwirkung

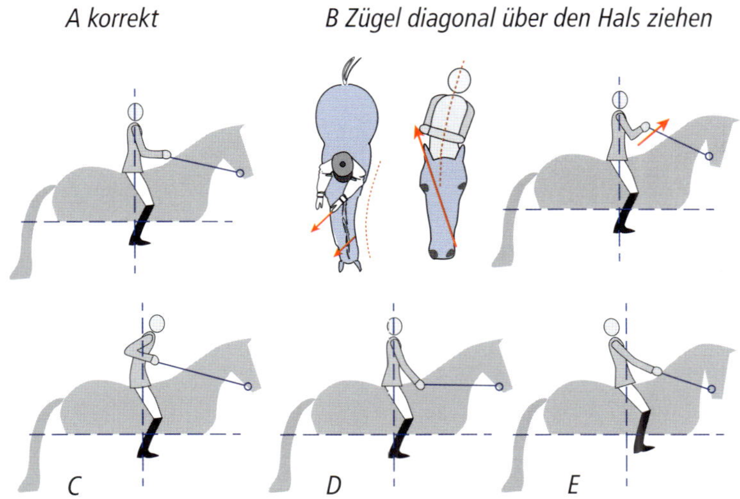

Die falsche Benutzung des Zügels bringt Pferd und Reiter aus dem Gleichgewicht und lässt keine feine Verbindung zu

Wirkt der Zügel in die falsche Richtung, so stimmt die Balance im System nicht mehr: Der Reiter sitzt nicht mehr mittig im Sattel, knickt in der Hüfte ein, kippt das Becken; das Pferd nimmt in der Folge diverse Fehlhaltungen ein.

Einen Zügel diagonal über den Mähnenkamm ziehen: macht Pferd und Reiter schief (B). Das passiert meistens, wenn der innere Zügel zu lang ist; manche setzen diese diagonale Wirkrichtung auch fälschlich als Korrektur ein (die richtige Korrektur mit hoher Hand wirkt jedoch immer auf der gleichseitigen Halsseite).

Den inneren (oder beide) Zügel nach hinten ziehen (C). Der Reiter ›zieht sich die Hände in den Bauch‹ und weicht seiner eigenen Hand aus. Der Reiter fällt zusammen und wird instabil, der Beckenkamm kippt nach hinten und blockiert das Becken, ein Sitzen in der Bewegung ist nicht möglich.Bei einseitigem Ziehen in der Wendung verdreht sich der Reiteroberkörper und bringt den falschen Gesäßknochen nach vorn.

Hand herunterdrücken (D): Durch den steifen Arm (Ellbogen blo-ckiert) wird die Verbindung zum Pferdemaul extrem unsensibel und starr. Der Reiter kippt nach vorne aus dem Gleichgewicht (fällt oft dabei ins Hohlkreuz) und das Becken steht nicht mehr senkrecht.

Ziehen am Zügel mit ausgestrecktem Arm und Rücklage (E): Der Reiter versucht, ›alles mit der Hand und mit Kraft im Arm zu regeln‹. Das Pferd liegt auf der Hand bzw. geht dagegen, der Reiter verliert die Haltung und schiebt das Pferd auf die Schulter.

Riegeln: Diese mechanische Rechts-Links-Sägebewegung am Zügel sieht man in letzter Zeit glücklicherweise seltener. Sie bringt das Pferd nur dazu, der Zügeleinwirkung auszuweichen. Eine reelle und feine Verbindung kann nicht hergestellt werden.

Um was geht es?

Gleichgewichtsverlust im System durch fehlerhafte Einwirkung mit dem Zügel.

Ergänzende Themen

Die getragene, balancierte Hand
Energiekonzepte
Einwirkung mit dem Zügel
Zügellänge
Funktion des Zügels
Becken und Gesäßknochen
Hilfszügel helfen nicht
Bremsen: die Paraden
Gegensitzen und Gegenhalten
Verdrehungen im Sitz
Funktionelle Haltung des Reiters
Beckenbeweglichkeit
Muskelketten im Arm
Streckmuster und Beugemuster

Innen und außen

Um was geht es?

Klare Hilfen.

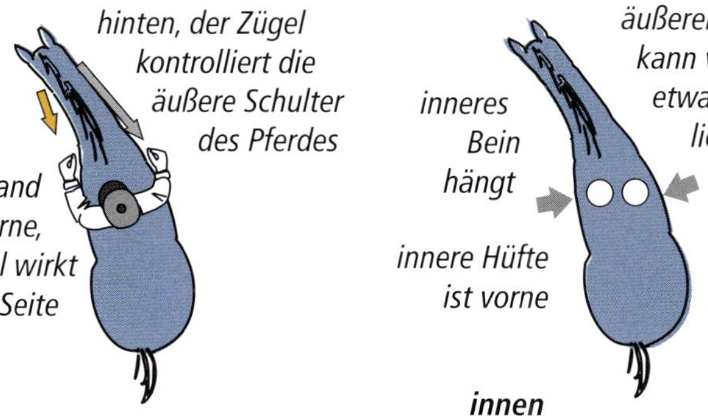

Hohle und gedehnte Seite des Pferdes in der Biegung

Innen = hohle Seite des Pferdes, außen = gedehnte Seite des Pferdes

Innen und außen gibt es nur auf gebogenen Linien (in Wendungen). Auf der Geraden nur dann, wenn das Pferd dort leicht nach innen gestellt ist.

Innerer und äußerer Zügel sowie innerer und äußerer Schenkel des Reiters haben **unterschiedliche Aufgaben**. Desgleichen inneres und äußeres Hinterbein des Pferdes.

In Wendungen schiebt der des Reiter die innere Hüfte etwas nach vorne; damit und zusätzlich durch die Kopfdrehung und den seitwärts weisenden inneren Zügel zeigt er dem Pferd den Weg in die Wendung.

Stellung und Biegung und dementsprechend auch innen und außen ist **unabhängig von der Bewegungsrichtung**. Manche Korrekturen sowie Schenkelweichen und Schulterherein werden z.B. in Konterstellung (gegen die Bewegungsrichtung) ausgeführt.

Ergänzende Themen

Seitengänge
Korrekturen in Außenstellung
Schulterkontrolle
Die getragene, balancierte Hand
Einwirkung mit dem Zügel
Korrektur der Asymmetrien
Geraderichten
Richtig abwenden
Aufmerksamkeit und Konzentration
Schubkraft und Tragkraft
Seitengänge

Stellung, Biegung und Bewegungsrichtung trennen, um das Pferd auf die Reiterhilfen zu sensibilisieren

Für die gezielte Gymnastizierung des Pferdes ist es sinnvoll, dass das Pferd nicht immer ›der Nase nach‹ läuft. Insbesondere für die Schulterkontrolle und die Entwicklung der Seitengänge muss der Reiter das Pferd unabhängig von der Bewegungsrichtung stellen und biegen können. Nur so kann er gezielt Hinterhand und Vorhand steuern und die Arbeit der einzelnen Pferdebeine beeinflussen.

Einwirkung mit dem Zügel

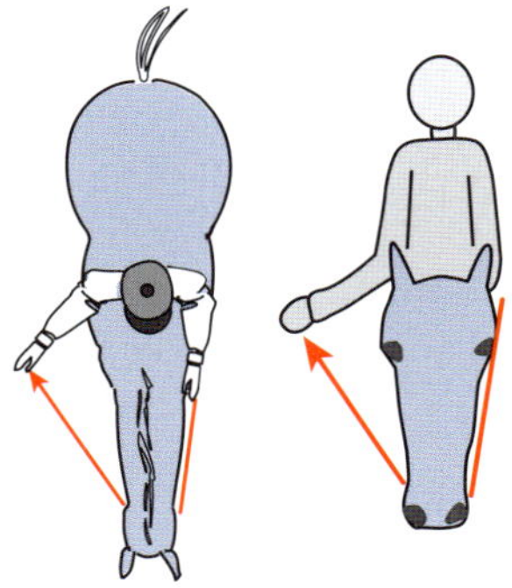

Richtige Aufgabenteilung: Der innere Zügel wirkt seitwärts, der äußere hält Kontakt und kontrolliert.

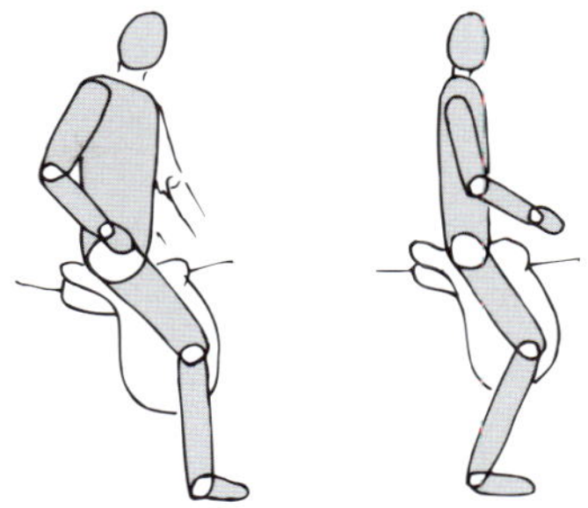

links: Der Reiter verdreht sich im Oberkörper, wenn er die innere Hand nach hinten zieht und die falsche Hüfte kommt nach vorn. rechts: korrekte, stabile Haltung.

Innerer und äußerer Zügel haben unterschiedliche Aufgaben

Im Prinzip kann man die Zügeleinwirkung ganz kurz zusammenfassen: **Der äußere Zügel kontrolliert, der innere stellt und zeigt die Richtung an.**
Der äußere Zügel verhindert, dass das Pferd über die äußere Schulter ausweicht und aus der Wendung herausdrängelt.
Er kontrolliert die Nachgiebigkeit im Genick und hält die Haupt-Verbindung zum Pferdemaul.
Der innere Zügel ist nur für die Stellung zuständig. Er wird seitwärtsführend und eher vorne eingesetzt.

Speziell der innere Zügel darf nicht rückwärts wirken:

1. Weil man damit das Pferd aus dem Gleichgewicht – auf die äußere Schulter – zieht und dessen innere Schulter blockiert.
2. Weil der Reiter sich dadurch im Sitz verdreht und die äußere Hüfte statt der (richtigen) inneren nach vorne kommt (s.o.).

Die Zügellänge muss immer wieder neu an Richtung und Lektion angepasst werden, damit die innere Hand vorne und oben bleiben kann.

Korrekturen mit dem Zügel bei bestimmten Problemen

Innere Hand hoch Richtung Maulwinkel/Ohr des Pferdes: Schulter des Pferdes anheben, Genick entspannen, Nachgiebigkeit im Genick errreichen.
Beide Hände hoch: Korrektur des ›Wegtauchens‹/Einrollens. Kann versucht werden, funktioniert aber nicht immer.
Breite Stellung / Hände auseinander ziehen: Druck wirkt zur Seite, provoziert weniger Widerstand des Pferdes. Schnelles Wiederherstellen des Kontaktes, wenn das Pferd ihn unterbrechen will.
Zügelverbindung aktiv aufgeben: wenn sich das Pferd auf den Zügel legen will. Dem Pferd die Stütze im Zügel verweigern (siehe auch Selbsthaltung, Überstreichen, Zügel aus der Hand kauen lassen).
Sich den Zügel als Stange vorstellen, der das Maul des Pferdes nach vorne ›stößt‹.

Um was geht es?

Einwirkung von innerem und äußerem Zügel trennen.

Ergänzende Themen

Seitengänge
Korrekturen in Außenstellung
Schulterkontrolle
Schulterfreiheit
Die getragene, balancierte Hand
Innen und außen
Funktionelle Haltung des Reiters
Geraderichten
Richtig abwenden
Aufmerksamkeit und Konzentration
Schubkraft und Tragkraft
Muskelketten im Arm
Das gebogene Pferd
Becken und Gesäßknochen

Variable Haltung

Um was geht es?

Flexibler Kontakt zum Pferdemaul.

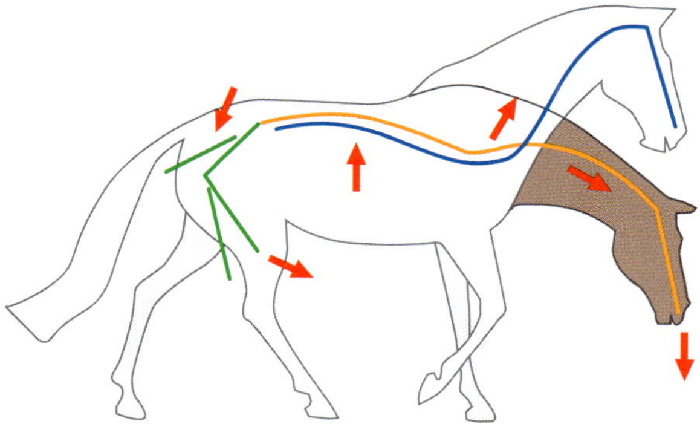

Flexibler Kontakt zum Pferdemaul durch wechselnde Zügellänge

Viele Pferde müssen mit wechselnden Zügellängen geritten werden, weil sie eine bestimmte Haltung noch nicht lange durchhalten.
Der Reiter muss dazu in der Lage sein, schnell und präzise die Zügellänge anzupassen – das erwünschte Dehnen des Halses zuzulassen und den Zügel bei Bedarf blitzartig wieder zu verkürzen, wenn das Pferd seine relative Freiheit ausnutzen sollte. Dazu nimmt der Reiter beide Zügel in eine Hand und greift dann mit der jeweils freien Hand gezielt nach. Zum Verlängern lässt er sich die Zügel vom Pferd kontrolliert herausziehen.
Wichtig ist, dem Pferd immer wieder das Dehnen des Halses nach vorne anzubieten. Durch seitwärts weisende Zügel (Hände nach rechts und links wegführen vom Widerrist) verhindert man, dass sich es gegen den Zügel›zug‹ wehrt oder hinter den Zügel kommt.
Am längeren Zügel ist es sehr viel schwerer, Kontakt zu halten. Stellen Sie sich eine Energielinie vom Ellbogen bis zum Pferdemaul vor und schicken Sie die Energie mental durch Ihren ganzen Arm nach vorn, als ob Sie die Nase des Pferdes nach vorne drücken wollten.

Probleme mit dem Kontakt-Halten · das Pferd unterbricht den Kontakt

Es gibt Pferde, die den Kontakt am Zügel nicht oder nur schlecht zulassen (Einrollen, falscher Knick, Herausdrücken des Unterhalses, auf den Zügel legen). Hier ist schnelles Verlängern und Verkürzen des Zügels gefragt. Für kleinere Korrekturen kann man die Hände auseinanderziehen, um schnell wieder Kontakt zu bekommen, wenn zum Nachgreifen keine Zeit ist.
Bei Pferden, die dem Reiter die Zügel aus der Hand reißen, lassen Sie das Pferd ruhig ›ins Leere‹ ziehen indem Sie einfach die Hand aufmachen (danach Zügel wieder einsammeln und Kontakt aufnehmen). Wenn es keinen Widerstand spürt, wird das Pferd dieses ›Ziehharmonika-Spiel‹ bald aufgeben.
Pferde, die die Nase in die Luft strecken (über dem Zügel), werden in wechselnder stärkerer Stellung (auch Konterstellung) geritten, um Kontakt am jeweiligen äußeren Zügel herstellen zu können. **Achtung: Der innere, stellende Zügel darf dafür nicht mit Dauerzug eingesetzt werden.**

Ergänzende Themen

Energiekonzepte
Funktionelle Haltung des Reiters
Kontakt zum Pferd
Anlehnungsprobleme
Korrekturen in Konterstellung
Hände weit und hoch stellen
Funktion des Pferderückens
Fehlhaltungen, Trageerschöpfung
Dehnungshaltung
Spannungsbogen und Selbsthaltung

Hart im Maul?

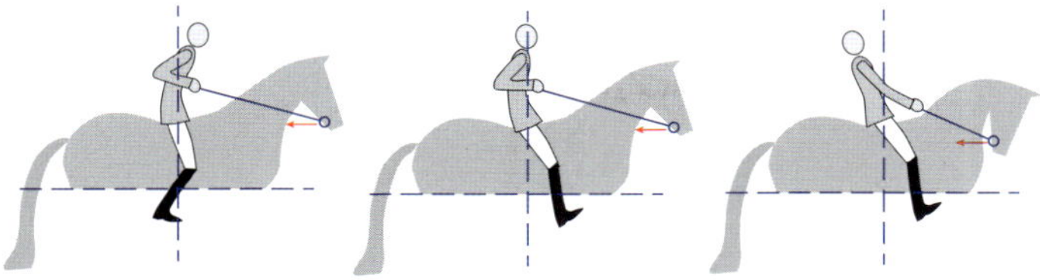

Hier sieht man drei verschiedene Varianten des ›Ziehens‹. Wenn man so ›bremst‹, bekommt man mit Sicherheit ein hartmäuliges Pferd. Zum Vergleich an der Seite rechts die korrekte Haltung bei einer Parade.

Die starre Hand bringt das hartmäulige Pferd hervor

Pferde sind nicht von Natur aus hart im Maul oder unsensibel. Sie werden vom Reiter dazu gemacht. Insbesondere durch ziehende Einwirkung mit dem Zügel bei fehlerhafter verhaltender Einwirkung bzw. durch eine falsche Vorstellung von einer ›ruhig stehenden‹ Hand.
Die Hand kann und darf jedoch nicht still stehen; vielmehr müssen Ellbogen und Hand beweglich bleiben und **immer wieder neu Kontakt suchen**. Um die ›ruhige‹ Position der Hände in Relation zum Widerrist zu halten **verändert sich der Ellbogenwinkel.**
Versucht der Reiter, die Hand aktiv still zu halten, führt das im Allgemeinen zur Blockierung von Handgelenk und Ellbogen und eher zu einem ›Wackelkontakt‹ mit springendem Zügel. Oder zu einer zu festen, ziehenden (= harten) Verbindung zum Pferdemaul. Das Pferd beißt dann die Zähne zusammen und versteift in der Folge das Genick.

Die ›unabhängige‹ Hand · handlungsfähig bleiben

Der Reiter muss die Hände unabhängig voneinander bewegen, denn der innere Zügel hat andere Aufgaben als der äußere. Und vor allem, darf er das Nachgeben nicht vergessen!
Sinnvollerweise bleiben alle Gelenke im Arm in einer entspannten Mittelposition: Handgelenk gerade, Ellbogen gewinkelt, Faust aufrecht und ohne Kraft geschlossen, Daumen dachförmig oben. In dieser Position kann der Reiter die Hand ausbalanciert vor sich hertragen (Bild rechts) und bei Bedarf durch weniger starkes und stärkeres Schließen der Faust schnell die Spannung verändern.

Schwämmchen ausdrücken und Hände ›weit stellen‹

Bei einer feinen Zügelverbindung reicht es, wenn der Reiter für eine Parade die Hand etwas zudrückt, als ob er einen kleinen Schwamm ausdrückt.
Das oft empfohlene Eindrehen der Hand für eine Parade ist problematisch, weil es den Arm in die falsche Innenrotation bringt und meist nicht mehr zurückgenommen wird.
Sinnvoller ist es, nur über Spannungsveränderung durch ›Schwämmchen ausdrücken‹ zu arbeiten, das Handgelenk langfristig gerade und entspannt zu lassen und größere Veränderungen am Zügelkontakt durch Nachgreifen/Nachlassen der Zügel oder ›Weitstellen‹ der Hände vorzunehmen.

Um was geht es?

Das hartmäulige Pferd macht der Reiter.

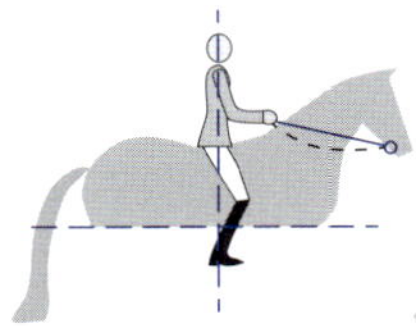

Ergänzende Themen

Innen und außen
Einwirkung mit dem Zügel
Funbktion des Zügels
Funktionelle Haltung des Reiters
Muskelketten im Arm
Gegenhalten und Gegensitzen
Die getragene, balancierte Hand
Bremsen: die Paraden
Übergänge und ihr Nutzen

Korrekturen in Konterstellung

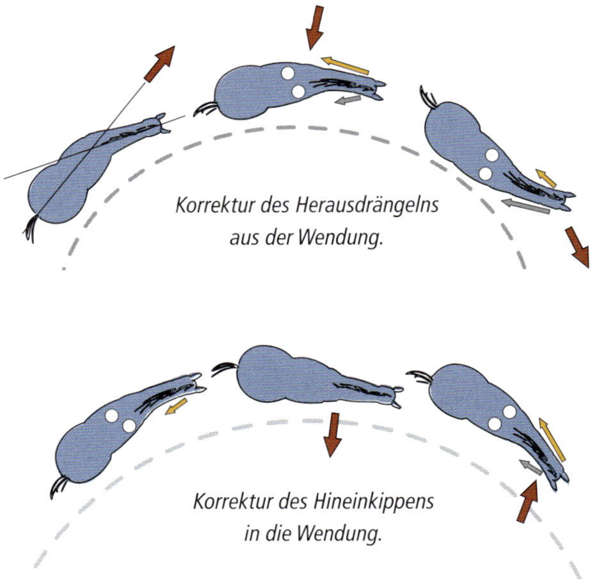

Korrektur des Herausdrängelns aus der Wendung.

Korrektur des Hineinkippens in die Wendung.

Um was geht es?

Stellung gegen die Bewegungsrichtung für die Richtungskorrektur.

Korrektur des Hereinkippens und Herausdrängelns in Wendungen durch Schulterkontrolle in Konterstellung (Außenstellung)

Wenn das Pferd nach innen hereinkippt und auf die innere Schulter fällt ...

... muss der Reiter die Innenstellung erhalten oder sogar verstärken und die innere Schulter oben und außen behalten. Die innere Hand wird dabei nach vorn oben geführt und die Gerte kann die Pferdeschulter antippen, um sie etwas nach außen zu bewegen.

Wenn das Pferd aus der Wendung über die äußere Schulter herausdrängelt und auf die äußere Schulter fällt ...

... muss der Reiter die äußere Schulter mit dem äußeren Zügel kontrollieren und das Pferd eher gerade oder sogar gegen die Bewegungsrichtung (nach außen in die Konterstellung) stellen – und somit innen und außen aus Pferdesicht vertauschen.

Grund-Idee: Das Pferd dorthin stellen, wohin es mit der Schulter ausweicht und Blick und Gesäßknochen/Hüfte in die gewünschte Bewegungsrichtung ausrichten.

Korrekturen in Konterstellung erfolgen nach den gleichen Prinzipien wie das Konterschulterherein

Die Arbeit an den Seitengängen gibt dem Reiter gleichzeitig ein gutes Korrekturinstrument für die Richtungs-, Tempo- und Schulterkontrolle

Ergänzende Themen

Seitengänge
Schulterherein
Schulterkontrolle
Bremsen: die Paraden
Übergänge und ihr Nutzen
Übergänge in den Seitengängen
Richtig abwenden
Das gebogene Pferd

Richtig abwenden

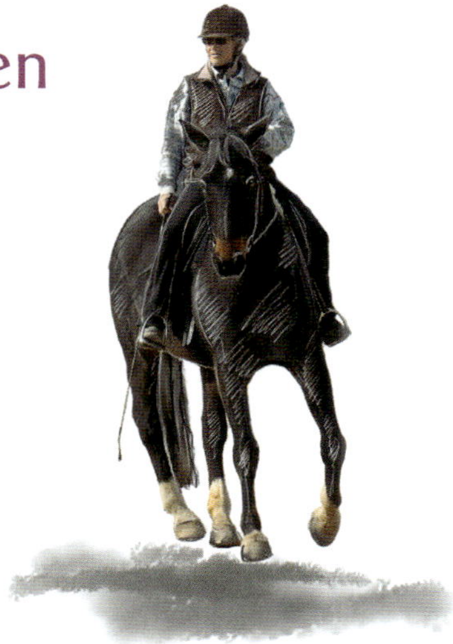

Die Lenkung …

- erfolgt weitgehend über den Sitz und die Ausrichtung des Reiters, nicht über den Zügel. Die Blickrichtung und das Bild von der Bewegungsrichtung steuert das Pferd. Schaut der Reiter nicht hin, wohin er reitet, so gibt er dem Pferd keine Richtung vor.
  Der Oberkörper bleibt jedoch dabei mittig über dem Pferd und wird nicht in Bewegungsrichtung gehängt!
- ist Schulter- und Hinterhandkontrolle des Pferdes, nicht Kontrolle der Kopf- und Halsstellung.
- braucht eine stabile äußere Seite des Reiters (Ellbogen am Körper, Faust schließen), um die Pferdeschulter am Ausweichen zu hindern. Das kann so weit gehen, dass in Konterstellung geritten wird, um die Richtung zu korrigieren.
- braucht eine angehobene innere Schulter des Pferdes

Die Hilfen und die Ausrichtung des Reiters zum Abwenden

Innerer Gesäßknochen & innere Hüfte vorn, äußere(r) hinten. Am einfachsten und stabilsten ist es, die gesamte innere Seite vorn zu lassen (Hüfte und Gesäßknochen samt Hand und Schulter) mit der Idee ›der Oberköper ist ein stabiler Kasten‹ (alle Seiten gleich lang) und bleibt immer mittig über dem Pferd.
Die Richtung vorgeben, d.h. Hinschauen, wohin man reitet. Die Kopfdrehung sollte jedoch erfolgen, ohne die Schultern zu ›verdrehen‹.
Der innere Zügel zeigt den Weg (öffnet die Tür).
Der äußere Zügel kontrolliert Haltung und Tempo.

Der Drehsitz zum Abwenden und seine Problematik

In manchen Methoden wird der Drehsitz zum Abwenden gelehrt: Die Idee dabei ist, dass sich die Schulter des Pferdes auf die Schulterdrehung des Reiters einrichtet und die Hüfte des Pferdes auf die Hüfte des Reiters. Bei korrekter Ausführung und gut ausgebildeten Pferden ist der Drehsitz durchaus richtig. Er geht jedoch auf Kosten der Stabilität im Reiteroberkörper und führt zur falschen Verdrehung, wenn er ›überdreht‹ wird – was häufig vorkommt, wenn das Pferd über die Schulter drängelt.

Um was geht es?

Abwenden ohne Verdrehungen im Körper.

Ergänzende Themen

Lenken: Richtungskontrolle ist Schulterkontrolle
Resensibilisierung und Servolenkung
Orientierung im Raum
Die Idee der Bewegung
Innen und außen
Funktion des Zügels
Einwirkung mit dem Zügel
Machen Sie sich ein Bild!
Korrekturen in Konterstellung
Schulterherein
Verdrehungen
Funktionelle Haltung des Reiters
Reiten mit Vorstellungskraft
Das minimalistische Prinzip
Die stabile äußere Seite des Reiters

Federung in den Gelenken

Um was geht es?

Bewegung muss über losgelassene Gelenke abgefedert werden.

Hier ist falsche Spannung im Sitz der Reiterin. Ausgehend von einer falschen Idee der Innenrotation im Bein verdreht sie das Fußgelenk, indem sie nur die Fußsspitze zum Pferd dreht. Zudem gibt sie zu viel Druck nach vorne in den Bügel, hebelt sich damit nach hinten aus dem Sitz heraus und fällt in der Folge leicht ins Hohlkreuz (das Becken steht nicht mehr senkrecht und behindert die freie Rückentätigkeit des Pferdes).

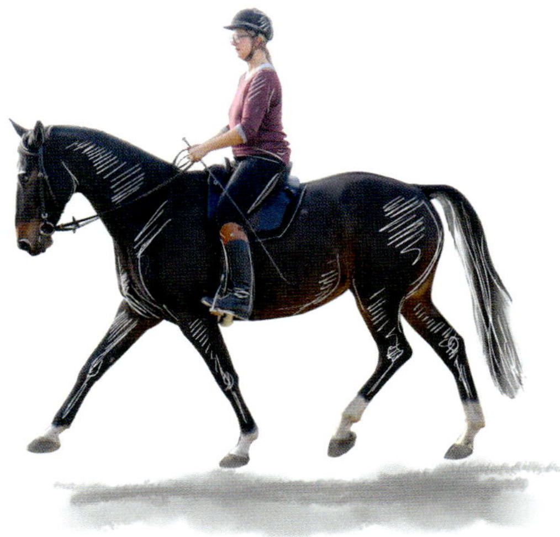

Das Pferd bewegt den Reiter – der Reiter muss sich mitbewegen lassen

Dazu muss die Bewegungsmuskulatur losgelassen sein: Alle Gelenke im Reiterkörper (d.h.in Armen und Beinen) müssen federn. Dazu müssen sie im Normalfall in der entspannten Mittelstellung stehen.
Das gesamte Bein macht die wechselseitige Auf- und Abbewegung des Pferderückens mit.
Der tiefe Absatz entsteht, indem der Reiter es zulässt, dass der Absatz federt. Er darf ihn nicht herunterdrücken. **Den tiefen Absatz macht das Pferd, nicht der Reiter.** Und der tiefe Absatz ist nicht dauerhaft tief.
Der losgelassene, gewinkelte Ellbogen sorgt für eine gleichmäßige Verbindung der Reiterhand zum Pferdemaul.

Auch das Pferd muss seine Gelenke federnd bewegen und darf keines davon festhalten. Zu den Gelenken zählt das Genick; es darf nicht in einer Stellung ›einrasten‹, weil sich dies negativ auf die Rückenbewegung des Pferdes auswirkt.

Losgelassenheit bedeutet losgelassene Gelenke

Eine der größten Schwierigkeiten beim Reiten besteht darin, den ›Spagat‹ zu beherrschen zwischen richtiger Körperspannung (im Oberkörper durch Druck aus der Mitte nach außen sowie durch Innenrotation im Bein und Außenrotation im Arm) und Losgelassenheit in den Gelenken der Peripherie und im Becken.
Korrekte Körperspannung darf sich nie auf die Beweglichkeit des Beckens und der Gelenke in Arm und Bein auswirken. **Dauerhafte Spannung in der Bewegungsmuskulatur ist immer falsche Verspannung. Und Verspannung des Reiters hat Verspannung des Pferdes zur Folge.**

Ergänzende Themen

Losgelassenheit
Funktionelle Haltung des Reiters
Muskelketten im Bein
Muskelketten im Arm
Kontakt zum Pferd
Funktion des Bügels & Bügellänge
Reiten mit Vorstellungskraft
Festgehaltene Gelenke
Becken und Gesäßknochen
Beweglichkeit des Beckens

Die getragene, balancierte Hand

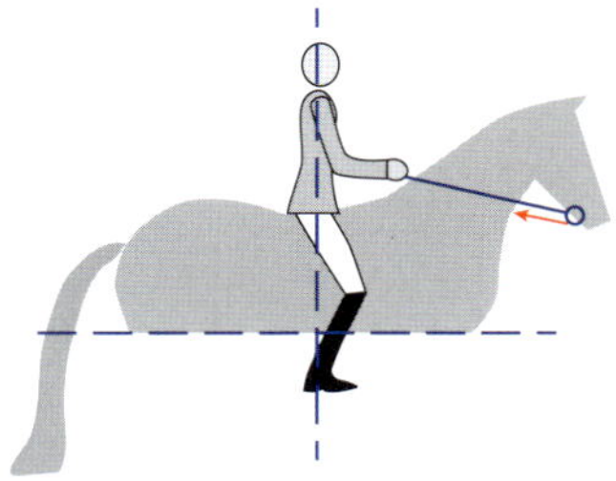

Richtig: Die getragene Hand bei senkrechter Ausrichtung des Reiterkörpers.

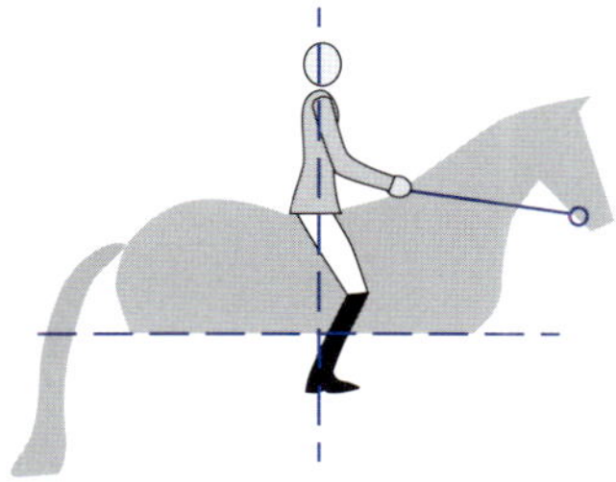

›Main fixe‹ – die kurzfristig neben dem Widerrist festgestellte Hand. Diese darf keinesfalls ziehen und muss vorsichtig eingesetzt werden.

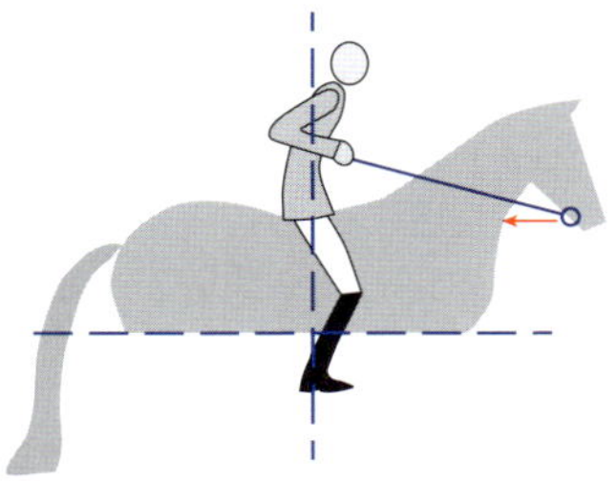

Falsch: Rückwärts ziehen am zu langen Zügel. Der Reiter arbeitet mit Armkraft und kippt nach hinten aus dem Sitz. Das Pferd drückt gegen den Zügel.

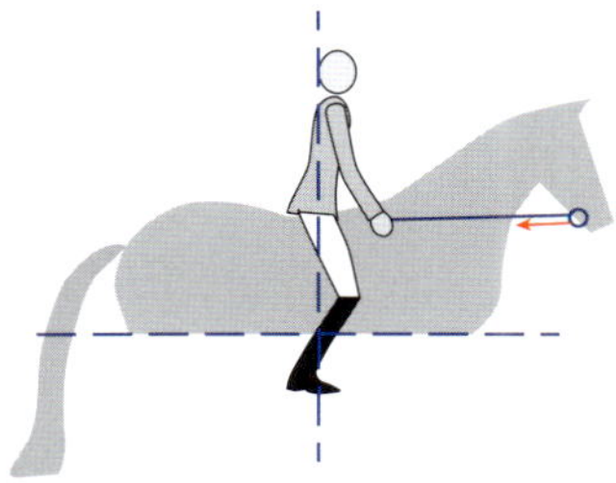

Falsch: Die Hand herunterdrücken. Der Reiter fällt ins Hohlkreuz (Spaltsitz). Das Pferd wehrt sich durch Festmachen der Schulter und Hochdrücken des Halses.

Die Hände vor sich hertragen

Nur die getragene Hand lässt den stabilen Sitz mit losgelassenen Gelenken zu – und damit feine Einwirkung ohne starre Zügelspannung.

Im Einzelnen:

Zügel und Unterarm bilden eine Gerade.
Die Gelenke befinden sich in entspannter ›Mittelstellung‹ – Ellbogen etwa 80–90° gewinkelt, Handgelenk gerade.
Der Oberarm fällt aus der Schulter nach unten.
Der Daumen liegt dachförmig auf dem Zügel.
Die Zügelfaust ist ohne Kraft geschlossen, damit der Reiter den Zustand von Maul und Genick überprüfen kann.
Der gesamte Arm befindet sich in der Außenrotation.
Die Hände bleiben rechts und links vom Widerrist und werden getragen. Nur die balancierte Hand ist eine ruhige und ›**weiche**‹ Hand.

Übungen für eine balancierte Hand

Einhändiges Reiten in allen Gangarten: dabei einen Löffel mit einem Ei balancieren. Ein Wasserglas beim Springen auf dem Trampolin in der Balance halten, so dass nichts schwappt. Gerte aufrecht in der inneren Hand tragen. Hände bewegen – anheben oder breiter stellen. Achselhöhlen bewusst schließen.

Um was geht es?

»Der Ellbogen gehört dem Reiter, die Hand dem Pferd.«

Ergänzende Themen

Führen und Folgen
Kontakt zum Pferd
Becken und Gesäßknochen
Falsche Zügeleinwirkung
Energiekreis
Energiekonzepte
Gegenhalten und Gegensitzen
Stabilität ohne Druck
Losgelassenheit
Bremsen: die Paraden
Konzeptionelle Fehler bei den Paraden
Muskelketten im Arm
Innen- und Außenrotation
Schwämmchen ausdrücken
Hohe und weit gestellte Hand

Hohe und weit gestellte Hand

Um was geht es?

Korrektur mit dem Zügel ohne Rückwärtswirkung.

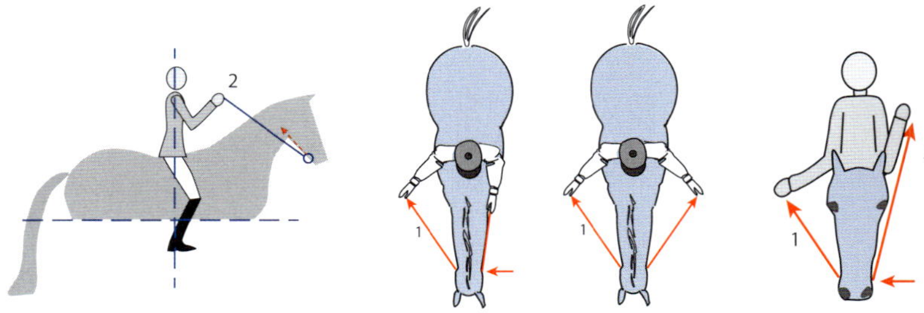

Bild A *Bild B* *Bild C* *Bild D*

Veränderung der Wirk-Richtung der Zügeleinwirkung

Zur Korrektur und bei Schwierigkeiten mit der Zügelverbindung können Korrekturhaltungen der Hände eingesetzt werden. **Ein Rückwärtsziehen am Zügel und eine damit verbundene Abwehrreaktion des Pferdes wird so vermieden.**

Die hohe Hand: wird eingesetzt, um das Pferd dazu zu bringen, im Genick nachzugeben. Der Zügel wirkt aufwärts Richtung Maulwinkel und Ohr des Pferdes (Bilder A und D2). Oft ist es nur der innere Zügel, der aufwärts geführt wird, bisweilen kann diese ›**Aufwärtsparade**‹ auch mit beiden Händen ausgeführt werden. Der Ellbogen bleibt dabei eher nah am Reiterkörper. Der Zügel wird nach Bedarf etwas verkürzt.

Hände auseinanderziehen: Die ›weite Führung‹ hilft dabei, den Pferdehals besser ›zwischen den beiden Zügeln‹ zu halten. Ausweichmanöver des Pferdes wie z.B. ›Hals hochdrücken‹ (über dem Zügel) sind damit schneller zu korrigieren. Junge Pferde werden deswegen grundsätzlich mit weiter auseinander stehender Hand geritten. Dabei bleibt der Ellbogen locker am Körper; nur der Unterarm wird seitwärts bewegt. Der Reiter verstärkt dabei die Außenrotation im Arm und wird stabiler. Es geht darum, einen Kontakt zum Pferd möglichst schnell wieder herzustellen – ohne dabei mit der Hand nach hinten zu wirken (Bild C). Langfristig muss dann die Zügellänge angepasst werden.

Die öffnende Zügelhilfe zeigt dem Pferd den Weg in die Wendung und stellt es im Genick (Bild B und D1). Der innere Unterarm zeigt zur Seite; der Ellbogen bleibt am Körper. Die führende Hand sollte neben der Seitwärtswirkung auch eher Aufwärtstendenz haben.
Achtung: Ziehen Sie nie den Hals in die Wendung hinein!

Korrekturhaltungen der Hand sind vorübergehend und möglichst kurz
Alle Hand- und Zügelhaltungen, die von der Normalposition abweichen, sind nicht für eine dauerhafte Einwirkung gedacht. Sobald ihr Zweck erfüllt ist, muss die Hand wieder ›normal‹ getragen werden.

Ergänzende Themen

Führen und Folgen
Kontakt zum Pferd
Becken und Gesäßknochen
Falsche Zügeleinwirkung
Energiekreis
Energiekonzepte
Gegenhalten und Gegensitzen
Stabilität ohne Druck
Losgelassenheit
Bremsen: die Paraden
Konzeptionelle Fehler bei den Paraden
Muskelketten im Arm
Innen- und Außenrotation

Einhändig reiten

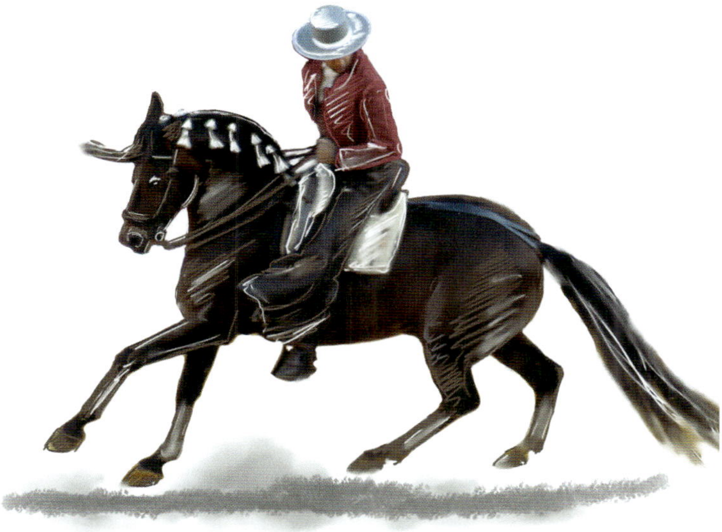

Um was geht es?

Gerade Längsachse des Pferdes und korrekte Ausrichtung des Reiters als Voraussetzung für die Lenkung.

... um ein Ziehen am inneren Zügel zu vermeiden

Das Reiten mit einer Hand hat viele Vorteile.
Ein wesentlicher ist, dass der Reiter gezwungen wird, sich für die Lenkung auf seine Körperausrichtung zu besinnen und fokussiert ›aus der Mitte heraus‹ zu reiten.
Auch das Rückwärts-Ziehen am inneren Zügel ist bei einhändiger Zügelführung nicht möglich. Paraden, Übergänge und Wendungen müssen mit Vorstellungskraft und korrekter Gesäßknochen- und Beckenpositionierung geritten werden.
In den Seitengängen hilft es, das Pferd gerade zu halten und die äußere Schulter zu kontrollieren – vorausgesetzt, die Zügel sind gleich lang.

Nicht schummeln!

Wenn man Reitern in Wendungen ›die innere Hand wegnimmt‹, passiert oft Folgendes: Der Reiter sortiert sich die Zügel so, dass der innere etwas kürzer ist und der äußere eher zu lang – mit dem Resultat, dass das Pferd über die äußere Schulter drängelt und aus der Wendung herausläuft (das gleiche Reaktionsprinzip wie beim Ziehen am inneren Zügel ...). Begreift es der Reiter, dass das Pferd mit gerader Längsachse und sogar in leichter Außenstellung besser abzuwenden ist (sofern seine Ausrichtung und Beckenstellung stimmt), so kann er sich schließlich ›vom inneren Zügel lösen‹.

Ergänzende Themen

Führen und Folgen
Kontakt zum Pferd
Becken und Gesäßknochen
Falsche Zügeleinwirkung
Energiekreis
Energiekonzepte
Gegenhalten und Gegensitzen
Stabilität ohne Druck
Losgelassenheit
Bremsen: die Paraden
Konzeptionelle Fehler bei den Paraden
Muskelketten im Arm
Innen- und Außenrotation
Die stabile äußere Seite des Reiters
Orientierung im Raum

Muskelketten im Bein

Um was geht es?

Stabilität und Losgelassenheit.

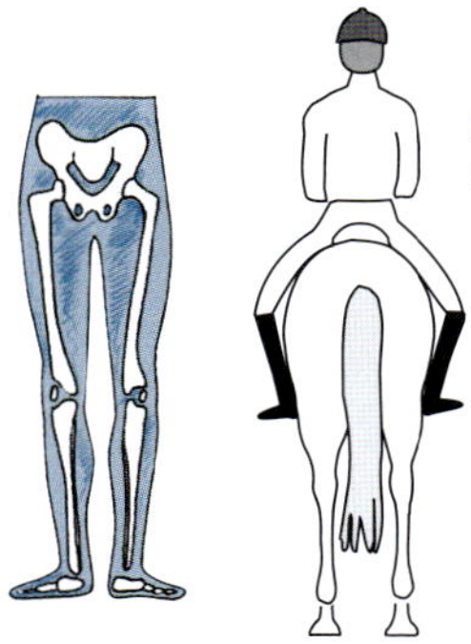

Falsche Außenrotation im Bein

Richtige Innenrotation im Bein

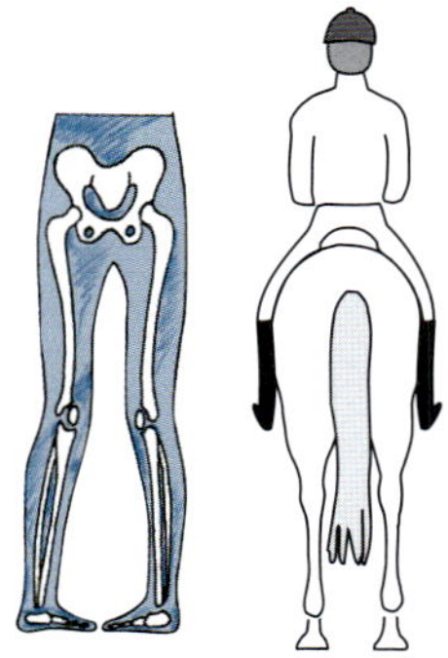

Richtige Innenrotation im Bein (Bilder rechts)
Innenrotation im Bein führt zum richtigen Streckmuster und gibt Stabilität. Ziel: dem frei hängenden Bein etwas mehr Stabilität geben.
Durch Eindrehen des gesamten Beines aus dem Hüftgelenk wird der Oberschenkel isometrisch gespannt. (Man kann von der Idee her auch den Absatz vom Pferd wegdrehen, statt aus der Hüfte einzudrehen, das hat die gleiche Wirkung auf die Muskelkette.)
Diese Oberschenkel-Spannung nimmt Druck vom Pferderücken weg.
Der Fuß dreht sich parallel zum Pferd, die Wade liegt flach am Pferdebauch, die Knie sind weich am Sattel, ohne zu klemmen. Das erhöht die Stabilität, ohne das Becken zu blockieren.
Die Sitzbasis verbreitert sich, d.h. die Gesäßknochen stehen weiter auseinander.

Falsche Außenrotation im Bein (Bilder links)
Außenrotation im Bein führt zum falschen Beugemuster und macht den Sitz instabil.
Die Beine werden aus der Hüfte ausgedreht.
Die Gesäßknochen stehen enger zusammen, die Sitzbasis verkleinert sich.
Die Knie sind ›offen‹ (= auswärts gedreht).
Der Absatz dreht sich zum Pferd, die Fußspitze nach außen.
Absätze und Knie sind meist hochgezogen, auf jeden Fall aber unbeweglich und können nicht federn. Die Unterschenkel klemmen.

Ergänzende Themen

Funktionelle Haltung des Reiters
Treibende Hilfen
Becken und Gesäßknochen
Stabilität ohne Druck
Bremsen: die Paraden
Konzeptionelle Fehler bei den Paraden
Streckmuster und Beugemuster

Streck- und Beugemuster – Auswirkungen der Beinhaltung

Alles, was in der ›Peripherie‹ des Reiters (Arme und Beine) geschieht, hat direkte Auswirkungen auf Stabilität und Beckenstellung.
Dreht der Reiter das Bein in die Außenrotation und/oder zieht den Absatz hoch, so fällt er ins instabile Beugemuster mit Stuhlsitz. Dabei kippt der Beckenkamm nach hinten und behindert die Bewegungen des Pferderückens. Das Beugemuster entsteht auch immer dann, wenn der Reiter Angst vorm Fallen hat (sich ängstlich zusammenkrümmt, um seine inneren Organe zu schützen).

Muskelketten im Arm

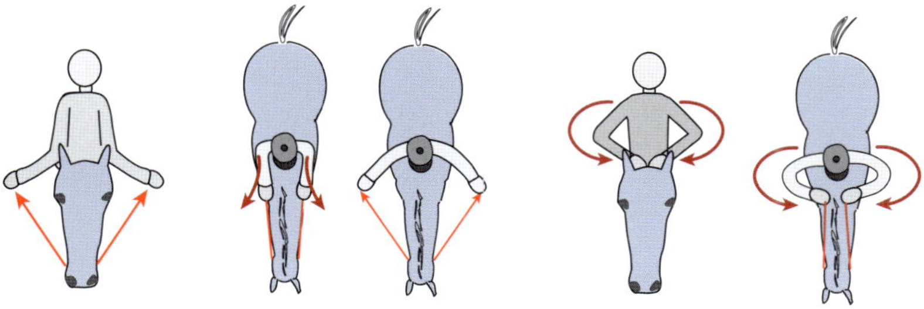

Richtige Außenrotation im Arm und richtiges Seitwärts-Führen / Auseinanderziehen der Hand.

Falsche Innenrotation im Arm.

Richtige Außenrotation im Arm (Bilder links)
Außenrotation im Arm führt zum richtigen Streckmuster und gibt Stabilität. Richtigerweise fühlt der Reiter etwas Spannung auf dem Brustbein. Ziel: Aufrichtung im Oberkörper, ohne ins Hohlkreuz zu fallen.
Im Einzelnen: Die Gesäßknochen zeigen nach unten, der Beckenkamm steht senkrecht. Die Achselhöhlen sind hinten geschlossen. Der Oberkörper ist aufgerichtet und kastenförmig (alle Seiten gleich lang). Die Ellbogen kommen an den Körper und sind gewinkelt. Schultern und Oberarme ›fallen‹ nach unten. Die Hände stehen höher und weiter (auf Hüftbreite). Die Handgelenke sind gerade. Die Daumen liegen dachförmig oben auf dem Zügel.

Falsche Innenrotation im Arm (Bilder rechts)
Innenrotation im Arm führt zum falschen Beugemuster und macht den Sitz instabil.
Die Gesäßknochen zeigen nach vorn, der Beckenkamm ist nach hinten gekippt.
Die Schultern fallen nach vorn. Die Ellbogen sind abgespreizt. Die Handrücken zeigen nach oben. Die Handgelenke sind einwärtsgedreht. Die Daumen sind dabei manchmal durchgestreckt.

Streck- und Beugemuster – Auswirkungen der Armhaltung

Das Streckmuster bezeichnet die aufgerichtete Haltung des Reiters mit Körperspannung bei senkrecht stehendem Becken. Durch das bewusste Schließen der Achselhöhlen erhöht der Reiter die Körperspannung. Zieht er dann bei passender Zügellänge die Hände auseinander, so kann er die Stabilität noch weiter erhöhen – z.B. wenn er den Bewegungsrahmen des Pferdes kurzfristig verstärkt kontrollieren muss.
Überstreckt der Reiter, wie es oft geschieht, wenn er die Anweisung ›Schulterblätter zusammen‹ befolgt, fällt er ins Hohlkreuz und der Beckenkamm kippt nach vorn (Spaltsitz).
Dreht der Reiter **die Ellbogen nach außen**, so fällt die Schulter nach vorn und der Brustkorb zusammen, was zum Bewegung blockierenden Beugemuster führt. Alle Fehlhaltungen des Arm wirken sich direkt negativ auf die Beckenstellung aus.

Um was geht es?

Stabilität und Losgelassenheit.

Ergänzende Themen

Funktionelle Haltung des Reiters
Becken und Gesäßknochen
Stabilität ohne Druck
Bremsen: die Paraden
Konzeptionelle Fehler bei den Paraden
Streckmuster und Beugemuster
Hohe und weit gestellte Hand
Dem Pferd einen Rahmen geben

Beugemuster und Streckmuster

Um was geht es?

Richtige Aufrichtung im Reiteroberkörper.

Ergänzende Themen

Muskelketten im Arm
Muskelketten im Bein
Becken und Gesäßknochen
Funktionelle Haltung des Reiters
Durchlässigkeit
Festgehaltene Gelenke
Federung in den Gelenken

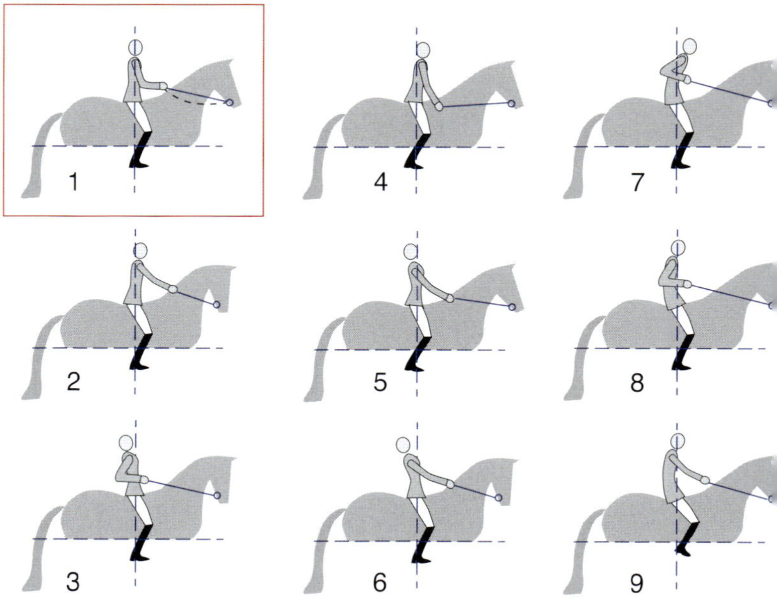

Das richtige Streckmuster (hier mit rotem Rahmen) sorgt für eine senkrechte (neutrale) Beckenstellung, die Bewegung durchlässt:
Der Oberkörper ist korrekt aufgerichtet und dabei stabil und geschlossen (kompakt). die Oberarme hängen senkrecht nach unten. Die Ellbogen sind locker am Körper. Die Achselhöhlen sind hinten geschlossen. Die Hände werden aufrecht getragen. Knie und Absätze sind entspannt.

Falsches Überstrecken (Bilder 2–6) bringt den Reiter ins Hohlkreuz und kippt den Beckenkamm nach vorn: Hier gibt es sehr viele verschiedene Ausprägungen. Befolgt der Reiter die Anweisung ›Schulterblätter zusammen‹, überstreckt er meistens schon. Deswegen bevorzuge ich die Anweisung ›Achselhöhlen hinten schließen‹.

Das falsche Beugemuster kippt den Beckenkamm nach hinten (Bilder 7–9): Der Reiter ist zusammengekrümmt und im Bauch zusammengefallen. Die Schultern fallen nach vorne. Die Ellbogen sind abgespreizt. Der Handrücken ist nach oben gedreht. Der Kopf hängt. Knie und Absätze sind hochgezogen.

Grundmuster erkennen und ›aus der Mitte heraus‹ korrigieren

Es gibt unzählige Varianten von Fehlhaltungen, die das Becken blockieren – mit unterschiedlichsten Ursachen. Wichtig ist, dass die Korrektur über die Sensibilisierung auf die senkrechte Ausrichtung des Beckens erfolgt.

Stabilität ohne Druck

Stabile Haltung darf nicht auf Kosten der Bewegungsfreiheit gehen. Stabilität entsteht durch gutes Gleichgewicht in Verbindung mit richtiger Körperspannung bei losgelassenen Gelenken. Das gilt für Reiter und Pferd gleichermaßen.

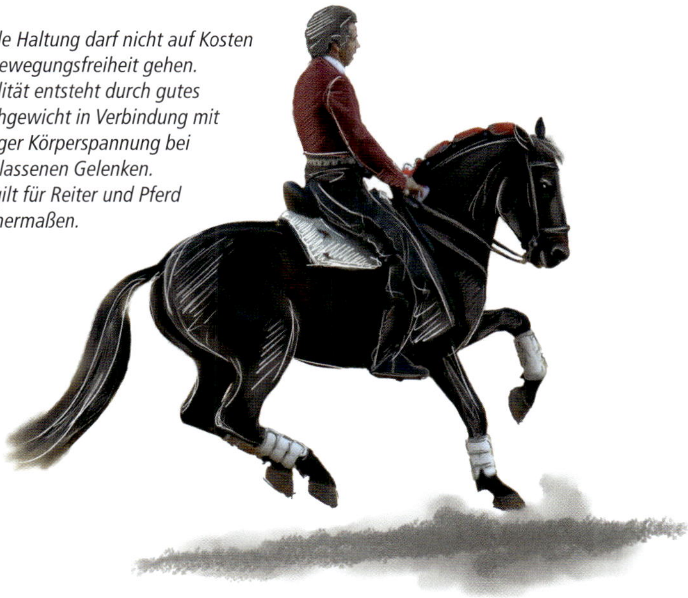

Um was geht es?

Haltung und Bewegungsfreiheit.

Stabiles Gleichgewicht mit wenig Druck aufs Pferd

Der Reiter soll sich selbst zwar stabil halten, dabei aber möglichst wenig Druck (über Knie, Unterschenkel und Zügel bzw. Hände und Arme) ans Pferd weitergeben.
Der Rumpf ist stabil, die Peripherie (Arme und Unterschenkel) uneingeschränkt handlungsfähig. Alle Gelenke sind frei beweglich (das ist die wirkliche Definition von Losgelassenheit).

Nur der Oberkörper ist stabil, Oberarme und Beine hängen frei.
Den Unterschenkel kann man sich ›wegdenken‹, er ist zum Reiten nicht erforderlich. Er wird als ›Signalgeber‹ gebraucht und kann durch die Gerte ersetzt werden. Er darf nicht zum Erhalten der Stabilität im Sitz missbraucht werden (klemmen).
Der Druck des Fußes im Bügel sollte im Normalfall so gering wie möglich sein, um eine Federung in den Gelenken zuzulassen. Der Unterschenkel hängt locker aus dem Knie (= Losgelassenheit in den Gelenken).

Vorstellungsbilder

Der Oberkörper als Fels in der Brandung – ein rechteckiger Kasten (alle Seiten gleich lang).
Der Unterschenkel ist nicht vorhanden.
Bein in die Innenrotation bringen: Absatz vom Pferd wegdrehen.
Die Hand vor sich hertragen.
Energie aus der Bauchmitte ausrichten.

Ergänzende Themen

Druck erzeugt Gegendruck
Kraft
Losgelassenheit
Muskelketten im Bein
Muskelketten im Arm
Die getragene, balancierte Hand
1+1=1 die Balance im System
Funktion des Bügels & Bügellänge
Pferderücken und Reiterbecken
Impuls-Reiten
Haltung bewahren
Funktionelle Haltung des Reiters
Die stabile äußere Seite des Reiters
Bewegungsfreiheit
Freie Balance
Das minimalistische Prinzip
Reiten mit Vorstellungskraft

Das Kreuz mit dem Kreuz

Um was geht es?

Begriffe verstehen.

Statt ›mit Kreuz‹ treiben zu wollen ist es sehr viel eleganter und anatomisch sinnvoller, den Oberkörper ›mit Energie zu füllen‹ und wie einen Felsblock senkrecht hinzustellen. Das lässt nämlich das Reiterbecken senkrecht stehen und hält den Rücken des Pferdes frei. Und der Reiter kommt nicht in die Kraftspirale aus Gegensitzen und Gegenhalten.

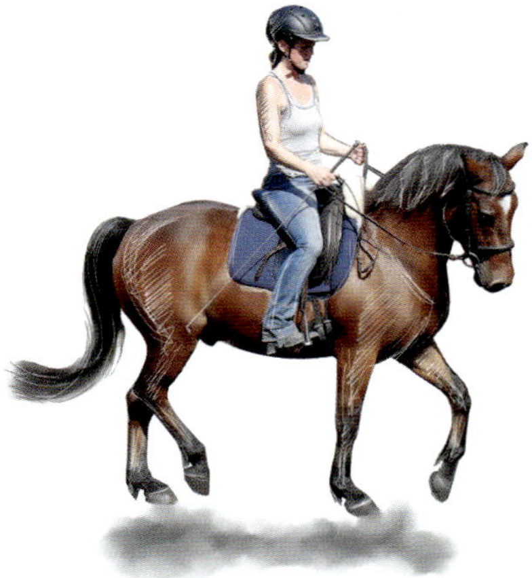

Mit Kreuz reiten / über den Sitz treiben?

In meinen reiterlichen Anfängen galt es als gut, wenn ein Reiter ›mit Kreuz‹ ritt. Gemeint war meistens ein treibend gedachtes Schieben mit dem Becken.
Man kann das Pferd jedoch nicht anschieben mit dem Sitz. Eine schiebende Beckenbewegung in Schritt und Trab stört die Rückenbewegung des Pferdes mehr, als dass sie nützt.
Zudem sieht das ›angestrengte Arbeiten‹ des Reiters auf dem Pferd ziemlich unelegant aus.
Im Galopp sieht das etwas anders aus: Da kann der Reiter durchaus mit einem gezielten ›Hochrollen des Beckens‹ bei aufrechtem, gespanntem Oberkörper den Galoppsprung unterstützen und das Pferd vor sich ›nach oben kommen lassen‹ (Schulterfreiheit).

Gegensitzen und Gegenhalten

Wenn der Reiter ständig mit angestelltem Kreuz (= gekipptem Becken) ›gegensitzt‹, muss er auch ständig ›gegenhalten‹. Pferd und Reiter stützen sich aneinander ab und sind nicht jeder für sich im Gleichgewicht. Die Bewegungsfreiheit für beide geht verloren.

Ergänzende Themen

Bremsen: die Paraden
Dem Pferd einen Rahmen geben
Versammlung
Funktionelle Haltung des Reiters
Aufrichtung
Kraft
Gegensitzen und Gegenhalten
Energiekonzepte
Still sitzen in der Bewegung, Der Wahrnehmungssitz
Haltung bewahren
Treibende Hilfen
Mehr vorwärts = mehr Energie
Konzentriertes Nichtstun
An den Hilfen
Pferderücken und Reiterbecken
Freie Balance
Präsenz statt Ausrüstung
Schulterfreiheit
Der Hals als Balancierstange

Kreuz anstellen, Kreuz anspannen, mit Kreuz reiten …

bezeichnet ein leichtes Kippen des Beckenkammes nach hinten, um die Rückenbewegung des Pferdes kurzfristig zu hemmen, z.B. für eine Parade, ein kurzes Innehalten in der Bewegung. Ein abruptes Abkippen und Verharren in der gekippten Stellung hält das Pferd an (ganze Parade).
Pferde, die schon sehr versammelt geritten werden können, kann man auch eine Weile mit minimal gekipptem Becken reiten, um die Versammlung zu erhalten. Die Barockreiter machen das oft so. Man muss dabei jedoch darauf achten, dass man nicht in die Kraftspirale aus Gegensitzen und Gegenhalten gerät. Wenn das Pferd die Versammlung nicht mehr ohne stärkere Zügeleinwirkung halten kann, sollte man es wieder freier vorwärtsreiten.
Das Pferd braucht sehr viel Kraft in der Hinterhand, um Versammlung über einen längeren Zeitraum zu halten.

Haltungsfehler = Kommunikationsfehler

Fehlende Begrenzung durch den äußeren Zügel: Streckt der Reiter den äußeren Arm aus, statt die Achselhöhle zu schließen und den Ellbogen bei sich zu behalten, kommt seine Schulter außen nach vorn, die äußere Seite wird instabil, die Kontrolle der äußeren Pferdeschulter funktioniert nicht und das Pferd weicht einer geforderten Biegung über die äußere Schulter aus.

Fehlende Orientierung im Raum / Herunterschauen / Kopf hängen lassen: Nicht hinzuschauen, wohin man reitet, erschwert die Lenkung. Das Hängenlassen des Kopfes bringt den Reiter zudem ins Beugemuster.

Asymmetrien im Sitz wie Einknicken in der Hüfte, Hängenlassen einer Schulter, Schräglegen des Kopfes, Verdrehungen im Oberkörper, einseitig mehr Druck im Bügel, ›nicht mittig im Sattel sitzen‹ belasten die Gesäßknochen ungleichmäßig. Das Pferd kann sich mit einem schief sitzenden Reiter nicht sauber ausbalancieren und wird ›Strategien‹ entwickeln, um sein Gleichgewicht zu ›schützen‹. Diese ›Schadensbegrenzungshaltungen‹ legt ihm der Reiter dann gerne als Steifheit aus.

Verdrehung im Oberkörper durch das Nach-hinten-Ziehen der inneren Hand bringt den falschen Gesäßknochen nach vorn: Der Reiter gibt dem Pferd die falsche Richtung vor und verstärkt unter Umständen ein Ausweichen über die äußere Schulter.

Festgehaltene Gelenke des Reiters in Arm und Bein (Klemmen mit dem Bein, Hochziehen des Absatzes, Abspreizen der Ellbogen, Verdrehen oder dauerhaftes Abknicken der Hände) beeinträchtigen die Losgelassenheit, blockieren das Becken des Reiters, verhindern sensiblen Kontakt zum Pferd und effektive Hilfen, behindern die Rückenbewegung des Pferdes.

Heraushebeln / Druck im Bügel: Gibt der Reiter zu viel Druck nach vorn (oder auch nach unten) in den Bügel, versteift er die Gelenke im Bein und hebelt sich nach hinten-oben aus dem stabilen Gleichgewichtssitz heraus. Die Gesäßknochen zeigen nicht mehr senkrecht nach unten. Die feine Wahrnehmung und die präzise Becken-Steuerung über die Schaltstelle ›Sitz‹ sind gestört.

Ausnahmen und Sonderfälle

Bei den Arbeitsreitweisen, z.B. bei der Rinderarbeit, gelten andere Kriterien, als in der gymnastizierenden Dressurarbeit. Dort ist z.B. der Druck in den Bügel durchaus angebracht, um Stabilität zu erreichen und sich bei schnellen Manövern des Pferdes im Bügel abzustützen, um nicht herunterzufallen.

Um was geht es?

Eine Zusammenstellung der häufigsten ›reittechnischen‹ Fehler auf der körperlichen Ebene.

Ergänzende Themen

Beugemuster und Streckmuster
Orientierung im Raum
Festgehaltene Gelenke
Geraderichten
Energiekonzepte
Richtig abwenden
Korrekturen in Außenstellung
Innen und außen
Funktion des Zügels
Kontakt zum Pferd
Muskelketten in Arm und Bein
Treibende Hilfen
Reiten mit Vorstellungskraft
Das minimalistishe Prinzip

Still sitzen in der Bewegung Der Wahrnehmungssitz

Um was geht es?

Bitte nicht stören!

Das Pferd ungehindert seine Arbeit tun lassen: Konzentrieren Sie sich auf Ihre Mitte, lassen Oberkörper und Becken senkrecht und versuchen nicht, das Pferd mit Zügel oder Schenkel irgendwohin zu bugsieren.

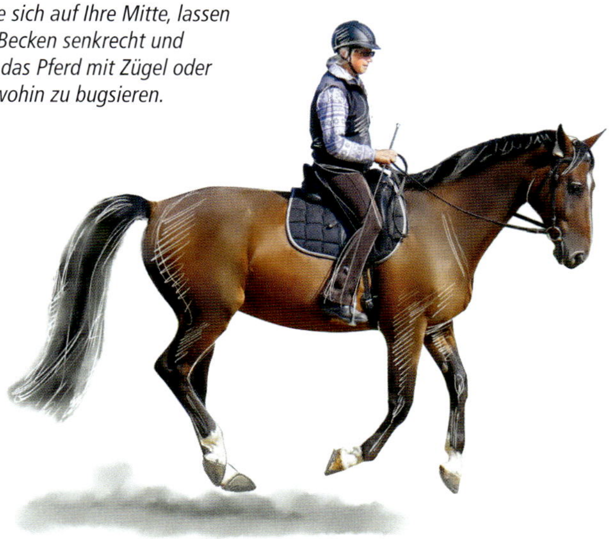

Still sitzen und nichts tun,

... um das Pferd durch ›In-Ruhe-Lassen‹ zu bestätigen, wenn es tut, was es soll.
... um die Spannungsverhältnisse im System sensibel wahrzunehmen.
... um schnell genug reagieren zu können.
... um nicht unnötig Energie zu verschwenden.
... um das Pferd nicht mit ›Dauergeschwätz‹ abzustumpfen.

Bitte nicht stören!

Es gilt die Devise: ›Bitte nicht stören!‹ Nur, wenn der Reiter völlig ausbalanciert und ›ruhig‹ sitzt, kann er die Bewegungsvorgaben des Pferdes aufnehmen und bei Bedarf schnell korrigierend einwirken.
Es geht dabei um größtmögliche **Bewegungsfreiheit** für Reiter und Pferd und um **Handlungsfreiheit**, d.h. gute (sichere) Kontrolle und Steuerung des Pferdes mit wenig Aktion seitens des Reiters.

Warum der Gleichgewichtssitz so wichtig ist

Die korrekte Haltung des Reiters auf dem Pferd in den verschiedenen Gangarten (der Sitz) ist die Voraussetzung für unmissverständliche Kommunikation mit dem Pferd und für ein gutes ›Energiemanagement‹, welches nicht unnötig Energie verschwendet.
Die Hauptsteuerung des Systems ›Reiter plus Pferd‹ erfolgt aus dem Sitz.

Ergänzende Themen

Der Energiekreis
1+1=1 die Balance im System
Reaktionszeiten
Bewegungsfreiheit und Bewegungsvielfalt
Konzentriertes Nichtstun
Stabilität ohne Druck
Beweglichkeit des Beckens
Becken und Gesäßknochen
Freie Balance
Spannungsbogen und Selbsthaltung
Das minimalistische Prinzip
Funktionelle Haltung des Reiters
Funktion des Pferderückens
Funktion des Bügels und Bügellänge
Energiekonzepte
Durchlässigkeit

Beweglichkeit des Beckens

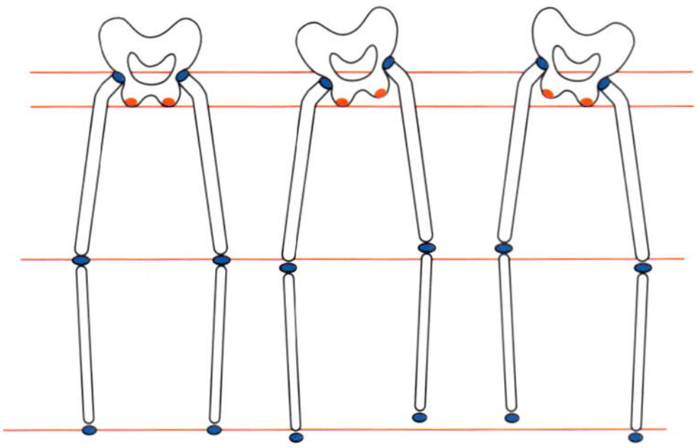

Die Beckenbewegung im Schritt und Trab

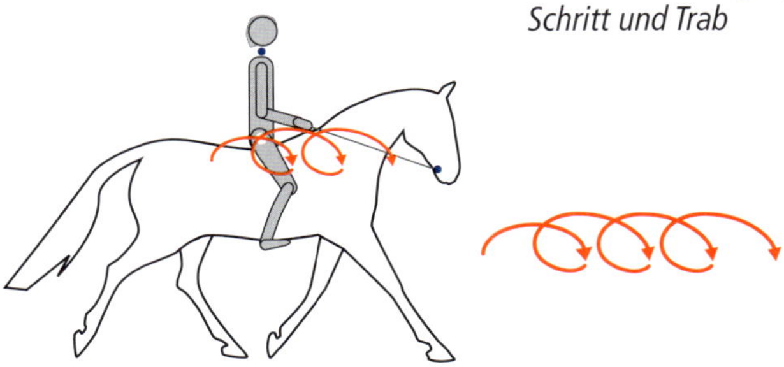

in Schritt und Trab

Die Gesäßknochen des Reiters werden abwechselnd rechts und links angehoben und nach vorn-unten abgesetzt.
Alle Gelenke federn nach unten mit.
Ein festgehaltenes Fußgelenk oder Knie kann bewirken, dass der Reiter nicht mehr sitzen kann.

im Galopp

Das Becken beschreibt eine Rollbewegung von hinten-unten nach vorn-oben. Dabei ist die innere Seite etwas vorgeschoben. Beckenstellung und Oberkörper verändern sich je nach der Bewegungsphase.
Ein Klemmen mit dem Knie oder Unterschenkel beeinträchtigt diese Rollbewegung und bringt den Reiter aus dem Sitz.

Kleine Ursache, große Wirkung

Ein blockiertes Fußgelenk (z.B. durch hochgezogenen Absatz oder zu viel Druck im Bügel) hat direkte Auswirkungen auf die Beweglichkeit des Beckens.
Findet im Fußgelenk keine Federung mehr statt, so muss das Becken doppelt arbeiten, um die Bewegungen des Pferderückens aufzunehmen; bei Pferden mit viel Rückenbewegung schafft es das mitunter (vor allem im Trab) nicht.

Um was geht es?

Bewegung durchlassen.

Ergänzende Themen

Der Energiekreis
1+1=1 die Balance im System
Reaktionszeiten
Bewegungsfreiheit und Bewegungsvielfalt
Konzentriertes Nichtstun
Stabilität ohne Druck
Beweglichkeit des Beckens
Becken und Gesäßknochen
Freie Balance
Spannungsbogen und Selbsthaltung
Das minimalistische Prinzip
Funktionelle Haltung des Reiters
Funktion des Pferderückens
Funktion des Bügels und Bügellänge
Energiekonzepte
Durchlässigkeit
Haltung des Reiters im Schritt
Haltung des Reiters im Trab
Haltung des Reiters im Galopp
Federung in den Gelenken
Festgehaltene Gelenke

Festgehaltene Gelenke

Um was geht es?

Losgelassenheit in der Peripherie.

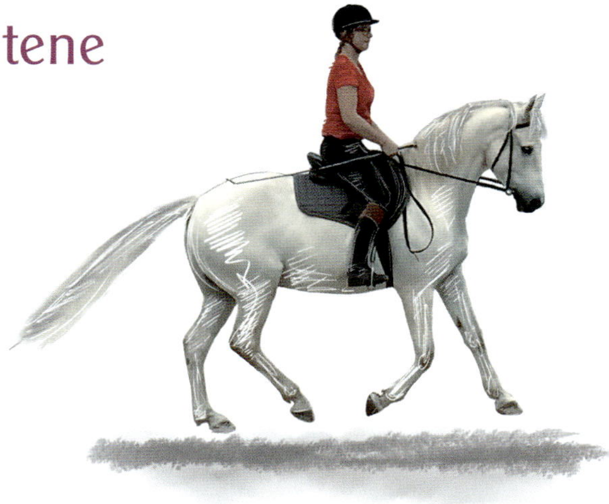

An der waagerechten Gerte erkennt man falsche Spannung in Hand und Arm – hier ein blockiertes Handgelenk.

... in Arm und Bein des Reiters sowie im Kiefer- und Okzipitalgelenk

beeinträchtigen die Losgelassenheit.
blockieren das Becken des Reiters.
verhindern sensiblen Kontakt zum Pferd und effektive Hilfen.
behindern die Rückenbewegung des Pferdes.
Zusammengebissene Zähne, starres Genick *(vgl. Halsstarrig).*

... im Pferdekörper (Beine, Genick, Kiefer)

beeinträchtigen die Losgelassenheit.
stören den Takt.
blockieren den Rücken.
lassen das Pferd ›hart im Maul‹ werden, starre Anlehnung.
(Zusammengebissene Zähne und starres Genick führen dazu, dass der Reiter nicht sitzen kann.)

Die häufigsten Reiter-Fehler, die zu Gelenk- und Beckenblockaden und mangelnder Losgelassenheit führen

Heraushebeln: Gibt der Reiter zu viel Druck nach vorn in den Bügel, versteift er die Gelenke im Bein und hebelt sich nach hinten aus dem stabilen Gleichgewichtssitz heraus. Die Gesäßknochen zeigen nicht mehr senkrecht nach unten. Die Verbindung zum Pferderücken ist gestört.
Absatz aktiv herunterdrücken: blockiert das Fußgelenk und die Federung aller Gelenke im Bein und schließlich das Becken.
Klammern oder Knie / Absatz hochziehen: Becken kippt in die blockierende Stellung.
Arm ausstrecken: blockiert den Ellbogen und lässt die gleichseitige Schulter nach vorn fallen.
Hand dauerhaft eindrehen: bringt den Reiter ins Beugemuster mit gekipptem Becken (s. Bild oben –> abgeknickte Hand = waagerechte Gertenausrichtung).
Einknicken in der Hüfte: Schon allein das Schräglegen des Kopfes ist der Beginn des Einknickens und Schiefsitzens, was in der Folge zu einseitigen Steifheiten in den Gelenken führt.
Herunterschauen: Der Reiter kommt ins Beugemuster, das Becken kippt.
Nacken überstrecken: Ein überzogenes Anheben des Kinns bringt den Reiter ins Hohlkreuz.

Ergänzende Themen

Beugemuster und Streckmuster
Muskelketten im Arm
Muskelketten im Bein
Der Energiekreis
1+1=1 die Balance im System
Reaktionszeiten
Bewegungsfreiheit und Bewegungsvielfalt
Konzentriertes Nichtstun
Stabilität ohne Druck
Beweglichkeit des Beckens
Becken und Gesäßknochen
Freie Balance
Spannungsbogen und Selbsthaltung
Das minimalistische Prinzip
Funktionelle Haltung des Reiters
Funktion des Pferderückens
Funktion des Bügels und Bügellänge
Energiekonzepte
Durchlässigkeit
Haltung des Reiters im Schritt
Haltung des Reiters im Trab
Haltung des Reiters im Galopp
Federung in den Gelenken
Festgehaltene Gelenke
Die getragene, balancierte Hand
Losgelassenheit

Haltung des Reiters im Schritt

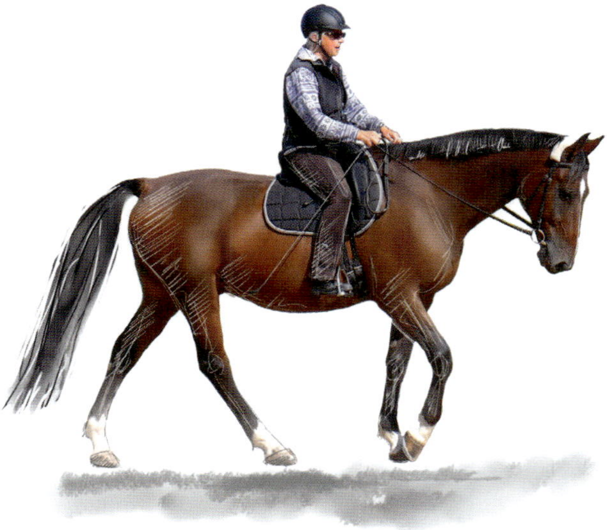

Anschieben verboten

Der Reiter soll seine Körperteile über die ›klassische Gerade‹ übereinander ausbalancieren: Schultern – Hüfte – Absatz liegen auf einer senkrechten Linie.

Das ist kein Formalismus, sondern hat den Sinn, dass nur in dieser Haltung das Becken senkrecht steht (und damit die ungehinderte Rückenbewegung des Pferdes sowie gezielte Einwirkung des Reiters aus der Mitte heraus zulässt). Und dass der Reiter seine Peripherie (Arme und Beine) nicht zum Festhalten oder Balance-Halten missbraucht. Im Schritt ist letzteres noch kein so wichtiges Thema wie im Trab oder Galopp, aber es ist notwendig, im Schritt das Gespür für die richtige, senkrechte Beckenstellung zu entwickeln, um es später im Trab wieder abrufen zu können.

Das Konzept des Schiebens mit dem Sitz sollte aus dem Gedanken des Reiters verbannt werden. Desgleichen die Idee des dauernden Herantreibens an die Hand, weil beides das Pferd in seiner Bewegung stört und den Reiter zu beschäftigt hält, um Reaktionen des Pferdes zu erspüren.

Ideen und Anregungen zum Thema

Versuchen Sie immer wieder, nichts zu tun und nur zu spüren, was das Pferd unter Ihnen gerade macht. In dem Moment, in dem Sie aus dem aktiven Tun herauskommen, werden Sie nicht nur fühlen, was im Pferd vorgeht, sondern auch, was in Ihrem eigenen Körper geschieht – und wo Sie vielleicht selbst Bewegung blockieren (obwohl Sie die Blockade dem Pferd ›in die Schuhe schiebe‹). Erst, wenn Sie wissen, wer der Übeltäter ist, können Sie an der richtigen Stelle eingreifen: das eigene Becken gerade stellen oder dem Pferd eine klare Vorwärts-Hilfe geben, oder was immer sonst gerade sinnvoll erscheint.

Um was geht es?

Balance und Rückenfreiheit.

Ergänzende Themen

Der Schritt
Das Kreuz mit dem Kreuz
Funktion des Pferderückens
Beugemuster und Streckmuster
Muskelketten im Arm
Muskelketten im Bein
Der Energiekreis
1+1=1 die Balance im System
Reaktionszeiten
Bewegungsfreiheit und Bewegungsvielfalt
Konzentriertes Nichtstun
Stabilität ohne Druck
Beweglichkeit des Beckens
Becken und Gesäßknochen
Freie Balance
Spannungsbogen und Selbsthaltung
Das minimalistische Prinzip
Funktionelle Haltung des Reiters
Funktion des Pferderückens
Funktion des Bügels und Bügellänge
Energiekonzepte
Durchlässigkeit
Haltung des Reiters im Trab
Haltung des Reiters im Galopp
Federung in den Gelenken
Festgehaltene Gelenke
Die getragene, balancierte Hand
Losgelassenheit

Aussitzen im Trab

Um was geht es?

Aufrichtung des Oberkörpers bei losgelassenem Becken.

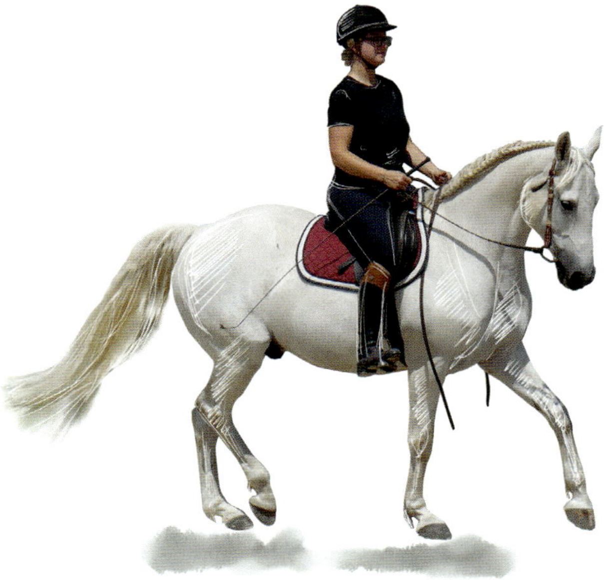

Ergänzende Themen

Kriterien für den Sitz

Das Becken steht senkrecht
Die Gesäßknochen zeigen nach unten, der Oberkörper ist senkrecht.
Die Gesäßknochen werden wechselweise angehoben und nach vorn unten abgesetzt.
Das Bein hängt frei, ohne dass der Fuß aktiv Druck in den Bügel gibt.
Die Gelenke im Bein federn die Bewegung nach unten ab; dafür verändert sich der Winkel in den Gelenken ständig.
Die Hand wird aufrecht getragen; die Faust ist ohne Kraft geschlossen; der Oberarm hängt locker; das Ellbogengelenk federt Bewegung ab.

Häufige Reiterfehler im Trab

Gelenke im Arm oder Bein festgehalten/blockiert.
Klemmen mit dem Unterschenkel.
Außenrotation im Bein, offene Knie, bohrender Absatz.
Zu viel Druck im Bügel nach vorn, Becken zu unbeweglich.
Zu wenig Körperspannung.
Unruhige Unterschenkel oder Hände.
Gesäßknochen zeigen nicht mehr nach unten (verursacht durch Klammern, Rücklage, Hohlkreuz/Spaltsitz oder Rundrücken).
Zu viel Spannung im Zügel. Starre Zügelverbindung.
Keine oder wackelige Verbindung zum Pferdemaul.

Übergänge und Seitengänge im Leichttraben

Parade vom Leichttraben zum Schritt ohne Zügeleinwirkung. Auf Bild 1 streckt das Pferd die Nase in die Luft und drückt den Rücken weg. Es findet keinen Widerstand und entspannt den Hals (Bild 2), balanciert sich aus und nimmt dann mit gedehntem Hals den Schritt auf (Bild 3). Das ist natürlich eine vorübergehende Vorgehensweise, um Gegendruck des Pferdes bei Paraden zu vermeiden.

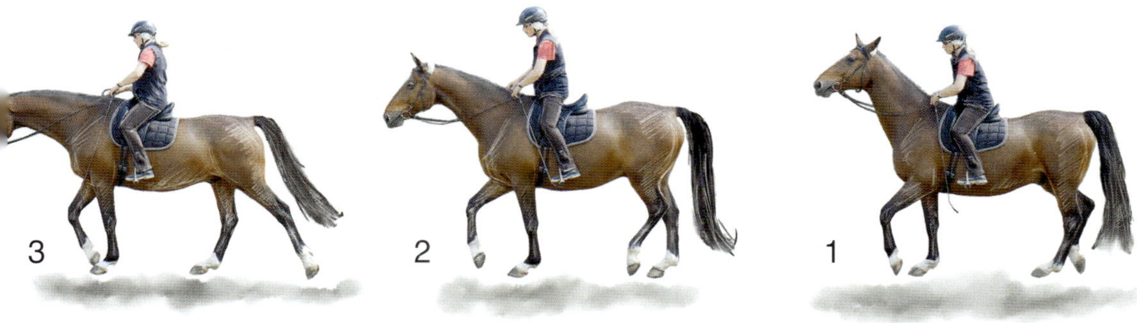

3 2 1

Insbesondere bei Pferden mit Rückenproblemen und Reitern, die gern das Becken festhalten, ist die Arbeit im Leichttraben auch für Übergänge und Seitengänge zu empfehlen. Das ist etwas gewöhnungsbedürftig, hält dem Pferd jedoch den Rücken frei und verhindert, dass der Reiter in Übergängen klemmt oder in die Rücklage fällt.
Wenn ein Pferd sich im Übergang auf die Hand legt oder dagegengeht kann man den Zügel loslassen und es ruhig aus der korrekten Haltung ›herausfallen‹ lassen. Nur kann man es dann nicht aussitzen, weil der Rücken ›weg‹ ist – also trabt man leicht, um weder den eigenen noch den Rücken des Pferdes zu strapazieren (oder geht sogar kurz in den leichten Sitz). Wichtig ist, **aktiv leichtzutraben** und selbst die Energie zu steuern, nicht nur zu nehmen, was das Pferd anbietet, und Übergänge nach unten **auf jeden Fall mit Stimmhilfen zu unterstützen**, damit man den Zügel möglichst wenig einsetzen muss.

Zu beachten:
Übergänge Leichttraben-Galopp-Leichttraben: Das Pferd über Stimmhilfen angaloppieren und eventuell auch im Galopp in den leichten Sitz gehen.
Übergänge Leichttraben-Schritt-Leichttraben: Das Pferd im Leichttraben versammeln und ihm den Trab, z.B. in engen Wendungen, so ›anstrengend‹ machen, dass es gerne Schritt gehen möchte. Erst sitzen bleiben, wenn das Pferd im Schritt ist und dann das Becken senkrecht stellen und mit Energie vorwärtsreiten. Nach dem gleichen Prinzip funktionieren die **Paraden aus dem Leichttraben zum Halten**.

Haltung und Energieentwicklung im ›aktiven‹ Leichttraben

Alle Körperseiten bleiben gleich lang. Die Unterschenkel rühren sich nicht von der Stelle. Den Hüftwinkel beim Aufstehen nach vorn-oben ganz öffnen und aktiv die eigene Energie nach vorn-oben bringen. Beim Hinsetzen leicht vor der Senkrechten bleiben. Möglichst wenig Druck im Bügel. Aufstehen aus dem Knie, statt aus dem Fuß bzw. aus dem Bügel.

Um was geht es?

Rückenfreiheit fürs Pferd. Beckenbeweglichkeit für den Reiter.

Ergänzende Themen

Leichttraben im Gleichgewicht
Versammlung
Haltung bewahren
Zügeleinwirkung
Energiekonzepte
Verbale Hilfen
Kontakt zum Pferd
Funktion des Zügels
Konzentrierter Kontakt, flexibler Rahmen
Die getragene, balancierte Hand
Zügellänge
Übergänge und ihr Nutzen
Bremsen: die Paraden
Konzeptionelle Fehler bei den Paraden
Seitengänge
Versammeln im Leichttraben

Haltung des Reiters im Galopp

Um was geht es?

Das Pferd vor sich nach oben kommen lassen.

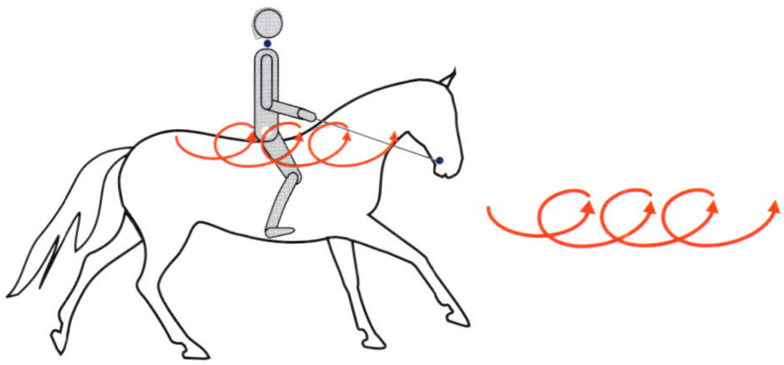

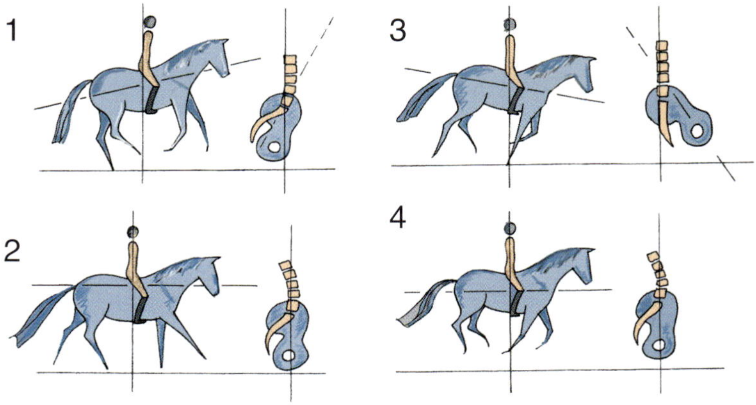

Ergänzende Themen

Der Galopp
Das Kreuz mit dem Kreuz
Funktion des Pferderückens
Beugemuster und Streckmuster
Muskelketten im Arm
Muskelketten im Bein
Der Energiekreis
1+1=1 die Balance im System
Reaktionszeiten
Bewegungsfreiheit und Bewegungsvielfalt
Konzentriertes Nichtstun
Stabilität ohne Druck
Beweglichkeit des Beckens
Becken und Gesäßknochen
Freie Balance
Spannungsbogen und Selbsthaltung
Das minimalistische Prinzip
Funktionelle Haltung des Reiters
Funktion des Pferderückens
Funktion des Bügels und Bügellänge
Energiekonzepte
Durchlässigkeit
Federung in den Gelenken
Festgehaltene Gelenke
Die getragene, balancierte Hand
Losgelassenheit
Einhändig reiten

Das Becken von hinten-unten nach vorn-oben ›hoch rollen‹.

Die Stellung der Gesäßknochen und des Beckenkammes verändert sich je nach Galopp-Phase (siehe Bilder oben). Die innere Seite ›führt‹ die Bewegung optisch. Man kann sich die Bewegung des Reiterbeckens in Form einer Aufwärtsspirale vorstellen.
Durch aktives ›Hochrollen‹ des Beckens bei aufrechtem Oberkörper kann der Reiter das Pferd beim Galoppsprung unterstützen (diese treibende Unterstützung durch die Beckenbewegung funktioniert jedoch nur im Galopp, nicht im Trab oder Schritt).

Die Hilfen zum Angaloppieren

Innere Seite vorschieben: Gesäßknochen, Hüfte, Schulter und Hand vor (›diagonaler‹ Sitz). Dadurch kommt der äußere Schenkel automatisch etwas weiter nach hinten.
Kurzer Impuls mit dem inneren Schenkel.
Ein Gerteneinsatz außen kann helfen, das äußere Hinterbein zu aktivieren, mit dem der Galoppsprung beginnt. Dazu am besten beide Zügel in die innere Hand nehmen.
Die Idee der Galoppbewegung im Kopf haben – sich den Galoppsprung des Pferdes vorstellen.
Das Pferd vor sich ›nach oben‹ kommen lassen (Aufwärtstendenz). Nicht mit dem Oberkörper ›rudern‹ – nicht ›vor dem Pferd galoppieren‹.
In Bewegungsrichtung schauen – dem Pferd eine Richtung vorgeben.
Die Gangart ›ansagen‹ (Stimmhilfe).

Kontakt zum Pferd

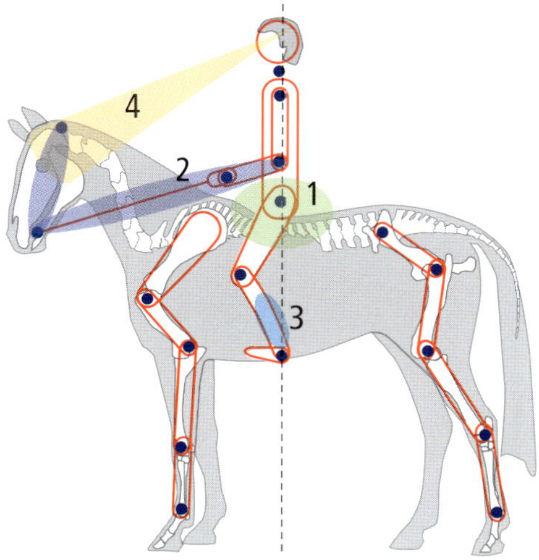

Die wichtigsten Verbindungs- und Schaltstellen

1. Pferderücken – Gesäßknochen – Becken des Reiters
2. Ellbogen des Reiters – Zügelhand – Pferdemaul (= Genick)
3. Unterschenkel – Pferdebauch
4. Und vor allem anderen: die mentale Verbindung

Zu achten ist vor allem auf:
Senkrechte Ausrichtung der Körperteile übereinander! Schulter, Hüfte und Absatz bilden eine Senkrechte. Der Kopf wird frei über dem Rumpf ausbalanciert.
Der Bügel wird auf dem Ballen aufgenommen. Das Bein hängt frei.
Der Oberarm hängt frei. Der Ellbogen gleicht Bewegung aus. Eine ungebrochene Linie führt vom Ellbogen zum Maul des Pferdes (eine weiche Verbindung zum Maul und ein unverkrampfter Kiefer ist Voraussetzung für ein bewegliches Genick des Pferdes).

Guter Kontakt braucht Ruhe und Konzentration, Aufmerksamkeit, Achtsamkeit und eher sparsame Aktionen

... um das Pferd durch eigenes ›Nichtstun‹ zu bestätigen, wenn alles okay ist.
... um die ›Spannungsverhältnisse‹ und den emotionalen Zustand. bei sich selbst und beim Pferd sensibel wahrzunehmen.
... um schnell genug reagieren zu können.
... um nicht unnötig Energie zu verschwenden.
... um das Pferd nicht mit ›Dauergeschwätz‹ abzustumpfen.

Ideen und Anregungen zum Thema

Nur, wenn der Reiter alle Körperteile senkrecht übereinander ausrichtet, kann er im Gleichgewicht sitzen und die Peripherie (Arme, Hände, Beine) ist **handlungsfähig**. Gezielte Einwirkung ist nur möglich mit einer unabhängig vom Sitz getragenen Hand und einem frei hängenden Bein.
Beherrscht der Reiter den unabhängigen Sitz noch nicht, kann er nicht an der Haltung des Pferdes arbeiten. Lässt das Pferd (noch) nicht sitzen, muss viel im Schritt gearbeitet und leichtgetrabt werden.

Um was geht es?

Gleichgewicht und Handlungsfähigkeit.

Kontakt ≠ Festhalten.

Ergänzende Themen

Funktionelle Haltung des Reiters
Becken und Gesäßknochen
Die getragene, balancierte Hand
Muskelketten im Arm
Muskelketten im Bein
Funktion des Bügels und Bügellänge
Reiten mit Vorstellungskraft
Mentale Kontrolle
Hart im Maul?
Leichttraben im Gleichgewicht
Aufmerksamkeit und Konzentration
Sich in die Lage des Pferdes versetzen
1+1=1 die Balance im System
Funktion des Zügels
Zügellänge
Stabilität ohne Druck

Becken und Gesäßknochen

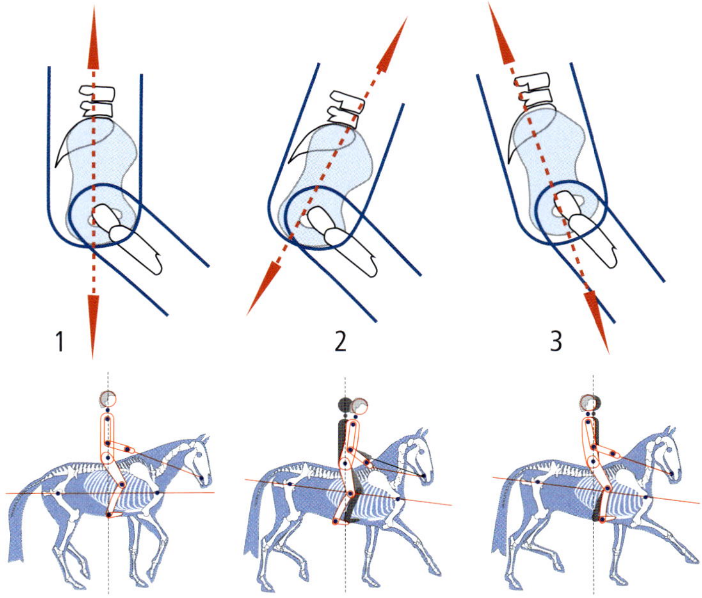

Um was geht es?

In der Bewegung sitzen.

Den Pferderücken freigeben.

Das Becken als zentrale ›Schaltstelle‹ und ›Bewegungsumwandler‹

Das Becken des Reiters ist die zentrale »Schaltstelle« zwischen Reiter und Pferd. Es fungiert als Bewegungsumwandler und Puffer und ist für den Hauptanteil der Richtungs- und Tempokontrolle zuständig.

Stellung von Gesäßknochen (GK) und Beckenkamm (BK)

Richtig für das Sitzen ›in der Bewegung‹:
GK zeigen senkrecht nach unten, BK senkrecht nach oben (1)
Das Becken kann die Bewegungsimpulse aus dem Pferderücken aufnehmen und durchleiten.

Der Reiter sitzt unbeweglich im Hohlkreuz oder kippt mit dem Oberkörper nach vorn, die Vorhand wird belastet:
GK zeigen nach hinten, BK nach vorn, das Becken ist unbeweglich (2)

Der Rücken des Pferdes wird blockiert, das Pferd wird auf die Schulter geschoben:
GK zeigen nach vorne, BK nach hinten, das Becken ist unbeweglich (3)

Ergänzende Themen

Haltung des Reiters im Schritt
Aussitzen im Trab
Haltung des Reiters im Galopp
Richtig abwenden
Bremsen: die Paraden
Leichttraben im Gleichgewicht
Beweglichkeit des Beckens

Sonderfälle Galopp und Leichttraben

Die Richtlinie des senkrecht stehenden Beckens gilt für Schritt und ausgesessenen Trab. Im Galopp verändert sich die Beckenstellung je nach Galopp-Phase.
Im Leichttraben und leichten Sitz wird der Oberkörper etwas nach vorn genommen und die Winkel in Knie, Hüfte und Fußgelenk verändern sich ständig.

Die Ausbildungsskala

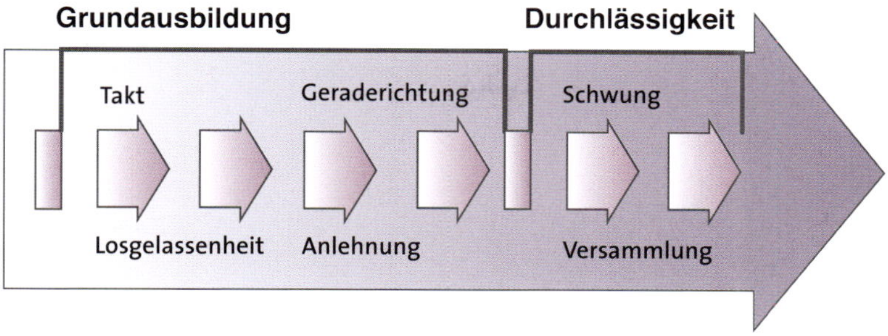

Um was geht es?

Allgemeine Richtlinien für die Ausbildung, die jedoch individuell modifiziert und nicht nach ›Schema F‹ durchgeboxt werden sollten.

... gilt für Reiter und Pferd gleichermaßen:

Es geht um das Erarbeiten von Takt, Losgelassenheit, Anlehnung, Geraderichten, Schwung, Versammlung und schließlich Durchlässigkeit.

Erreicht werden sollen durch die Ausbildung:

- **Losgelassene Balance** mit gleich starken Hinterbeinen und gleich gut gedehnter rechter und linker Seite unter dem Reiter (= **Geraderichtung**).
- **Taktreine Gänge** bei schwingendem, losgelassenem und tragfähigem Rücken.
- Eine **feine ›Anlehnung**‹ am Zügel.
  Der Begriff Anlehnung ist allerdings missverständlich, denn prinzipiell sollen sich Pferd und Reiter unabhängig voneinander im Gleichgewicht halten und sich eben nicht aneinander anlehnen/abstützen (z.B. am Zügel ziehen bzw. sich auf den Zügel legen). **Kontakt** bzw. **Verbindung** zum Pferd treffen es eher.
- **Durchlässigkeit**, d.h. präzise und leichte Reaktion auf die Hilfen des Reiters.
- Verbesserung der **Tragkraft** und der Geschmeidigkeit bis hin zur **Versammlung**.

Die Ausbildungsskala für den Reiter ...

... muss parallel zu der des Pferdes erarbeitet werden:
Der Reiter muss ein **stabiles Gleichgewicht** auf dem Pferderücken erlangen – denn sogenannte unabhängigen Sitz, der es ihm ermöglicht, die Hand abgekoppelt von den Bewegungen des Pferdes zu bewegen.

Ergänzende Themen

Takt
Losgelassenheit
Anlehnung
Kontakt zum Pferd
Geraderichten
Schwung, Motivation
Versammlung
Durchlässigkeit
Tragkraft und Schubkraft
Funktion des Pferderückens
Über den Rücken reiten
Am Zügel, was bedeutet das?
An den Hilfen
Funktionelle Haltung des Reiters
Funktion des Zügels
Federung in den Gelenken
Reiten mit Vorstellungskraft
Das minimalistische Prinzip
Stabilität ohne Druck
Treibende Hilfen
Bremsen: die Paraden
Übergänge und ihr Nutzen
Seitengänge
Freie Balance
Kontakt zum Pferd
Das Pferd fällt auseinander

Takt

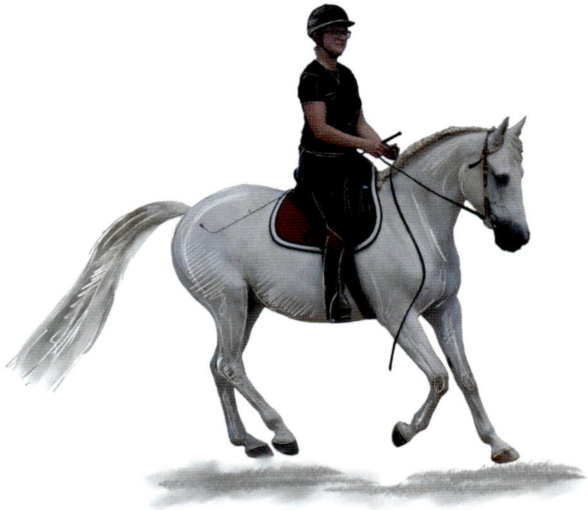

Dieses Galopp-Bild sieht auf den erste Blick schön und richtig aus. Schaut man genauer hin, sieht man, dass in der diagonalen Zweibeinstütze das rechte Hinterbein verzögert aufsetzt. Das linke Vorderbein ist schon am Boden, das rechte Hinterbein noch in der Luft. Hier stimmt der Takt nicht. Das Pferd muss im Verlauf der weiteren Ausbildung in der Schulter noch etwas freier werden und die Hinterbeine mehr beugen, so dass es sich hinten mehr setzen kann und mehr ›bergauf‹ springt.

Um was geht es?

Ruhiger Takt, aber mit hoher Energie und angehobener Schulter.

Ergänzende Themen

Ausbildungsskala
Losgelassenheit
Anlehnung
Kontakt zum Pferd
Geraderichten
Schwung, Motivation
Versammlung
Durchlässigkeit
Tragkraft und Schubkraft
Funktion des Pferderückens
Über den Rücken reiten
Am Zügel, was bedeutet das?
An den Hilfen
Funktionelle Haltung des Reiters
Funktion des Zügels
Federung in den Gelenken
Reiten mit Vorstellungskraft
Das minimalistische Prinzip
Stabilität ohne Druck
Treibende Hilfen
Bremsen: die Paraden
Übergänge und ihr Nutzen
Seitengänge
Freie Balance
Kontakt zum Pferd
Das Pferd fällt auseinander
Schulterfreiheit
Schulterkontrolle
1+1=1 die Balance im System

Raumgreifend, ruhig und langsam/kontrolliert

Ein klarer Viertakt im Schritt, diagonaler Zweitakt im Trab und Dreitakt im Galopp ist das Ziel der Ausbildung in den Grundgangarten. Spezialgangarten wie Tölt, Pass, Walk etc. sind hier ausgeklammert. Die Bewegung des ausgebildeten Pferdes soll klarer im Takt, ruhiger und weicher werden, statt eiliger. Das gilt für alle Gangarten. Das Pferd soll zwar den Hals ›fallen lassen‹, jedoch sich dabei nicht ›hängen lassen‹ und auf die Vorhand fallen, sondern sich in jedem Tempo selbst tragen und die Schulter oben lassen.

Takt in den verschiedenen Tempi

Das Vorwärtsreiten / Aufwecken von langsamen Pferden

Um Haltung herzustellen und gut lenken zu können, brauchen wir die Bereitschaft des Pferdes, auf impulshafte Anfrage sofort vorwärtszugehen. Da Pferde von Natur aus bewegungsfreudig sind, sollte das nach den ersten Gleichgewichtsproblemen beim Anreiten immer möglich sein. Notfalls müssen sie resensibilisiert werden.

Es geht jedoch nicht darum, das Pferd einfach vorwärts zu jagen. Der Takt darf nicht eiliger werden, wenn das Pferd mehr vorwärtsgeritten wird, es werden nur die Schritte / Tritte / Sprünge verlängert (mehr Raumgriff).

Untertouriges Reiten von zu schnellen Pferden

Manche Pferde müssen im Trab ›untertourig‹ geritten werden, um ein Zuviel an Schub aus der Hinterhand zu begrenzen und die Tragkraft zu entwickeln.

Andernfalls werden sie kopflastig, liegen dem Reiter ›auf der Hand‹ und suchen dort eine Stütze für ihr instabiles Gleichgewicht.

Der Takt wird nicht schleppender und das Pferd soll nicht auf der Schulter hängen, sondern nur die Tritte etwas verkürzen.

Freie Balance ...

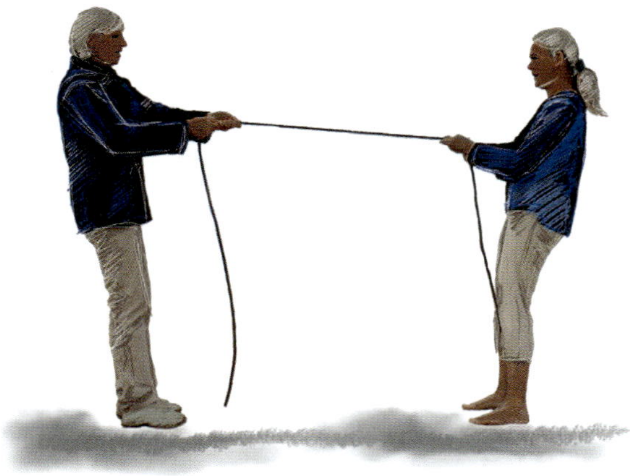

Stützen sich Mensch und Pferd aneinander ab, geht es aus wie beim Tauziehen. Lässt einer los, verliert der andere das Gleichgewicht.

Um was geht es?

Pferd und Mensch müssen sich unabhängig voneinander im Gleichgewicht halten können.

... von Pferd und Mensch

Die für die Elastizität einer Bewegung notwendige »freie Balance« des Pferdes muss sich ohne dauerhaft ›haltende‹ Hilfen entwickeln. Das bedeutet:

- Reiter und Pferd müssen sich unabhängig voneinander ausbalancieren.
- Das Pferd darf keine Gelegenheit bekommen, sich auf dem Zügel abzustützen.
- Der Reiter darf nicht am Zügel ziehen.

Freie Balance schont Kräfte, verbessert das Körpergefühl, sorgt für ›Ökonomie‹ in der Bewegung und verhindert Verschleiß. Die entstehende Bewegungsvielfalt führt zu verbesserter Koordination, die auch das Verletzungsrisiko minimiert.

Das Pferd soll sich selbst ausbalancieren

Sie sind als Reiter zwar für die Balance des Pferdes mit verantwortlich, Sie können es jedoch nicht im Gleichgewicht ›festhalten‹. Stattdessen geben Sie eine Hilfe, ein Signal (bestimmen Richtung, Tempo und Gangart), bleiben selber im Gleichgewicht, stören möglichst nicht und überlassen es dem Pferd, sich mit veränderten Anforderungen (in verschiedenen Lektionen) neu auszubalancieren.

Ergänzende Themen

Ausbildungsskala
Losgelassenheit
Anlehnung
Kontakt zum Pferd
Geraderichten
Schwung, Motivation
Versammlung
Durchlässigkeit
Tragkraft und Schubkraft
Funktion des Pferderückens
Über den Rücken reiten
Am Zügel, was bedeutet das?
An den Hilfen
Funktionelle Haltung des Reiters
Funktion des Zügels
Federung in den Gelenken
Reiten mit Vorstellungskraft
Das minimalistische Prinzip
Stabilität ohne Druck
Treibende Hilfen
Bremsen: die Paraden
Übergänge und ihr Nutzen
Seitengänge
Kontakt zum Pferd
Das Pferd fällt auseinander
Schulterfreiheit
Schulterkontrolle
1+1=1 die Balance im System

Angst vor Gleichgewichtsverlust

Um was geht es?

Das Pferd braucht einen freien Hals, um sich auszubalancieren.

Eine zu starke Zügeleinwirkung zieht das Pferd aus der Balance.

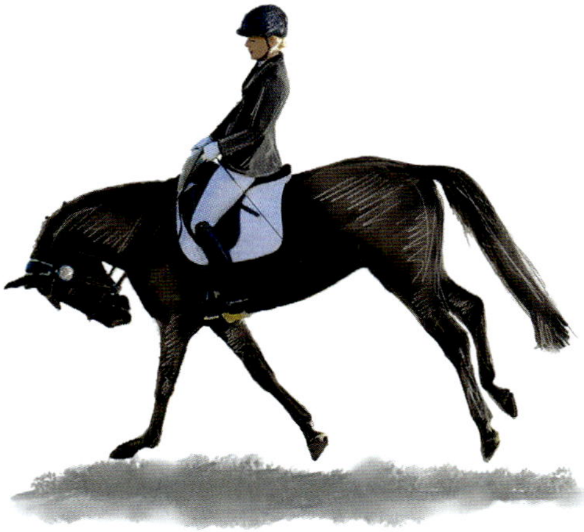

Viele Probleme mit der Kontrolle von Tempo und Richtung resultieren aus der Angst des Pferdes vor Gleichgewichtsverlust

So mancher Mensch kann sich nicht vorstellen, dass ein großes Pferd, welches auch noch 4 Beine zum Abstützen hat, Probleme mit dem Gleichgewicht bekommen könnte, nur weil da jetzt ein Reiter draufsitzt, der maximal 15 % des Pferdegewichts auf die Waage bringt.
Tatsächlich ist das Pferd viel anfälliger für Gleichgewichtsprobleme als die meisten Reiter denken. Insbesondere im Galopp mit Schwebephase und Einbeinstütze kann ein schlecht ausbalancierter Reiter, der das Pferd zudem noch in eine dysfunktionale Haltung auf die Vorhand reitet, weil er den Hals verkürzt oder am inneren Zügel zieht, das Pferd ganz schön in Schwierigkeiten bringen (siehe Bild oben). Wenn dann noch Kraft und Kondition fehlen, hat das Pferd ein echtes Problem.
Je nach Veranlagung wird es versuchen, sein Gleichgewicht durch mehr Tempo zu erhalten und der Reiter hat keine Chance, es gesittet durchzuparieren. Oder es geht nicht vorwärts, versucht, die Beine nicht allzu sehr zu heben, galoppiert nicht an. Das ist oft kein Ungehorsam, sondern pure Angst vorm Umfallen.
Da hilft nur kontrollierte Arbeit im Schritt und Trab mit Biegung und Übergängen, die das Pferd zwingen, sich immer wieder neu zu sortieren. So lange, bis das Pferd Vertrauen zum Gewicht des Reiters und zu dessen Einwirkung bekommen hat.

Größenverhältnisse und Hebel

Kleine Pferde und Ponies können im Verhältnis zu ihrer Größe mehr Gewicht tragen als z.B. ein großrahmiger langbeiniger Warm- oder Vollblüter. Durch ihre kürzeren Beine liegt der Schwerpunkt tiefer, was das Gleichgewicht verbessert. Reiter mit langem Oberkörper können jedes Pferd in Schwierigkeiten bringen, wenn sie den Oberkörper nicht wirklich senkrecht halten, denn dieser wirkt wie ein Hebel.

Ergänzende Themen

1+1=1 - die Balance im System
Stabilität ohne Druck
Kraft
Zu viel Vorwärts
Zu wenig Vorwärts
Treibende Hilfen
Hilfszügel helfen nicht
Übergänge und ihr Nutzen
Bremsen: die Paraden
Das gebogene Pferd
Richtig abwenden
Der Hals als Balancierstange
Schulterfreiheit
Zügellänge
Funktionelle Haltung des Reiters
Freie Balance

Parallelen in der Haltung von Reiter und Pferd

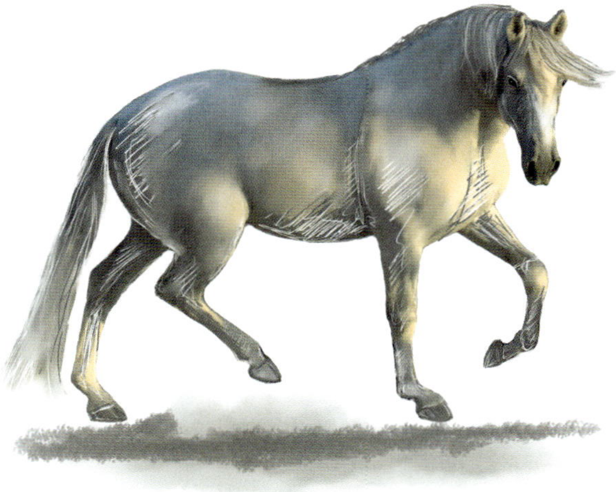

Dieses Pferd zeigt im Spiel ohne Reiter die ideale Haltung, die es im Verlauf der Ausbildung auch mit dem Reitergewicht einnehmen sollte.

Funktionelle Haltung von Pferd und Reiter bedeutet:

Stabilität von Pferd und Reiter durch Körperspannung.
Losgelassenheit von Pferd und Reiter durch losgelassene Gelenke.

Für beide gelten die gleichen Kriterien:

Funktionell statt formal richtig.
Haltung ist Bewegung und Bewegung kann man nicht festhalten.
Funktionelle Haltung sorgt für größtmögliche Beweglichkeit bei größtmöglicher Stabilität im System.

Ideen und Anregungen zum Thema

Jede gute Ausbildung zielt im Endeffekt darauf ab, dass die natürliche Beweglichkeit und ›Ausdruckskraft‹ des Pferdes auch unter dem Zusatzgewicht des Reiters erhalten bleibt, durch richtiges Training wieder hergestellt bzw. bei Pferden mit körperlichen Problemen sogar verbessert wird.

Um was geht es?

Stabilität,
Losgelassenheit
und Beweglichkeit.

Ergänzende Themen

Bewegungsvielfalt
Das Pferd spiegelt den Reiter
Die Idee der Bewegung
Ausbildungsskala
Losgelassenheit
Anlehnung
Kontakt zum Pferd
Geraderichten
Schwung, Motivation
Versammlung
Durchlässigkeit
Tragkraft und Schubkraft
Funktion des Pferderückens
Über den Rücken reiten
Am Zügel, was bedeutet das?
An den Hilfen
Funktionelle Haltung des Reiters
Funktion des Zügels
Federung in den Gelenken
Reiten mit Vorstellungskraft
Das minimalistische Prinzip
Stabilität ohne Druck
Treibende Hilfen
Bremsen: die Paraden
Übergänge und ihr Nutzen
Seitengänge
Freie Balance
Kontakt zum Pferd
Das Pferd fällt auseinander
Schulterfreiheit
Schulterkontrolle
1+1=1 die Balance im System

Fehlhaltungen | Trageerschöpfung

Um was geht es?

Was falsches Training im Körper des Pferdes anrichtet.

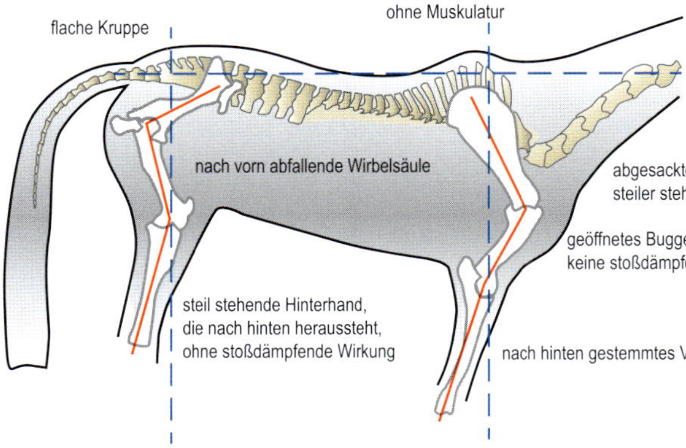

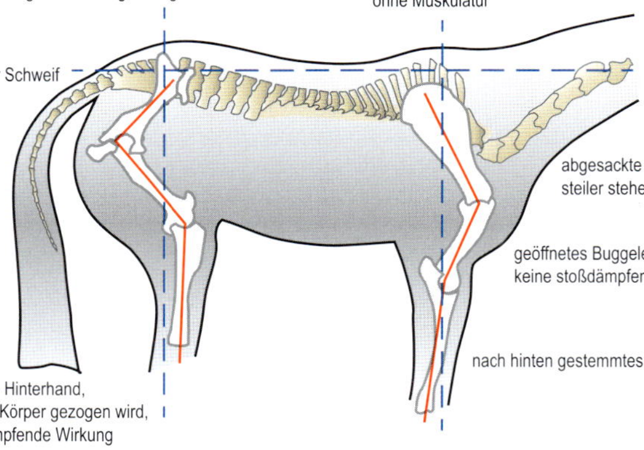

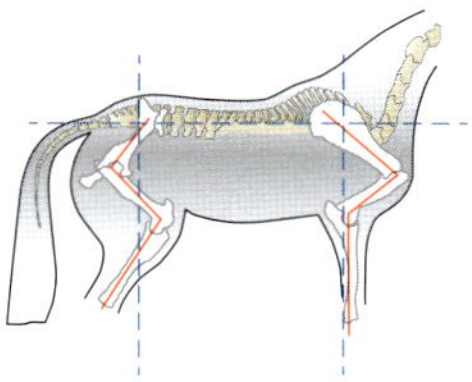

Ergänzende Themen

Die Funktion des Pferderückens
Funktionelle Haltung des Reiters
Haltung bewahren
Funktion des Zügels
Treibende Hilfen
Spannungsbogen und Selbsthaltung
Dehnungshaltung
Schubkraft und Tragkraft

›Trageerschöpfung‹ durch falsches Training

Reiten in Zwangshaltungen bzw. ›ohne Haltung‹, d.h. ohne ausreichende Balance unter dem Reiter führt langfristig zu gesundheitlichen Schäden beim Pferd. Es ist nicht in der Lage, den Reiter über funktionellen Einsatz seines Körpers zu tragen: Muskel-, Gelenks- und Sehnenprobleme sind die Folge.

Funktionelle Belastung des Gelenkflächen und des Rückens

Arbeiten die Gliedmaßen nicht senkrecht zum Boden, so werden die Gelenke ungleichmäßig belastet und der Rücken kann seine Funktion der Energieübertragung von hinten nach vorne nicht übernehmen.
Links in der Seitenleiste ist zum Vergleich eine korrekte Haltung des Pferdes im Gleichgewicht zu sehen (siehe auch Funktionelle Haltung des Pferdes).

Die Funktion des Pferderückens

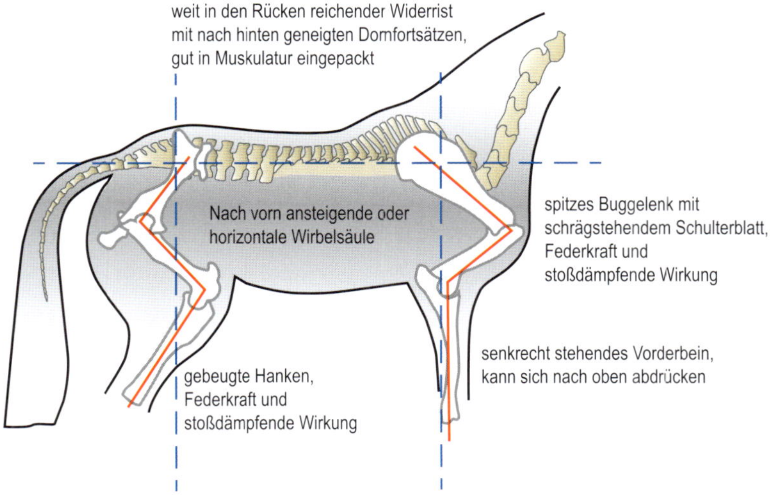

Wirbelsäule und Gliedmaßenstellung eines korrekt ausgebildeten Pferdes

Im Verlauf der Ausbildung muss das Pferd unter dem zusätzlichen Reitergewicht ins Gleichgewicht gebracht werden. Der Rücken spielt dabei eine Schlüsselrolle als **Energieüberträger** von hinten nach vorne. Er braucht **Stabilität** ohne negative Verspannung – in der gängigen Terminologie: einen korrekten Spannungsbogen.
Die Gliedmaßen müssen möglichst senkrecht zum Boden arbeiten, der Hals wird frei getragen. Dafür braucht es ›**Wechselspannung**‹ in der Muskulatur, die die Gelenke bewegt. Die Antagonisten müssen frei arbeiten können.
In Kurzform: **Losgelassenheit in der Bewegungsmuskulatur und positive isometrische Haltespannung sind gefragt.** (Das Gleiche gilt übrigens für die Haltung des Reiters.)
Die Kunst des Reitens liegt darin, Beweglichkeit und Stabilität für beide Beteiligten gleichzeitig zu ermöglichen.

Zwangshaltungen

Jede Form des zwanghaften Festhaltens, der Einsatz von Hilfszügeln oder auch das dauerhafte Einspannen zwischen treibenden und verhaltenden Hilfen behindert das freie Spiel der Muskulatur und verhindert, dass sich das Pferd selbst ausbalanciert und seine funktionelle Haltung findet.
Das bedeutet keinesfalls, dass der Reiter nicht eingreifen soll. Er muss es sogar, um dem Pferd den Weg zur funktionellen Haltung zu zeigen. Impulshafte Hilfen, eigene Stabilität und eine gute Idee der gemeinsamen Bewegung von Pferd und Reiter helfen dabei. Und eine gute Vorbereitung am Boden bzw. an der Hand.

Um was geht es?

Energieübertragung von hinten nach vorne.

Gesunde Haltung.

Isometrische Spannung.

Ergänzende Themen

Becken und Gesäßknochen
Funktionelle Haltung des Reiters
Energiekonzepte
Treibende Hilfen
Bremsen: die Paraden
Übergängeund ihr Nutzen
Resensibilisierung und Servolenkung
Gegensitzen und Gegenhalten
Fehlhaltungen / Trageerschöpfung
Tragkraft und Schubkraft
Stabilität ohne Druck
Losgelassenheit
Kopf- und Halshaltungen des Pferdes
Hilfszügel helfen nicht
Haltung ist Bewegung
Freie Balance
Die Idee der Bewegung
Spannungsbogen und Selbsthaltung
Dehnungshaltung

Spannungsbogen und Selbsthaltung

Um was geht es?

Haltung ohne Zwang
Ökonomische Bewegungen durch zweckmäßige Haltung.

Der korrekte Spannungsbogen sieht je nach Lektion und Ausbildungsstand etwas anders aus. Er braucht jedoch immer den gedehnten Hals und die aktive Hinterhand.

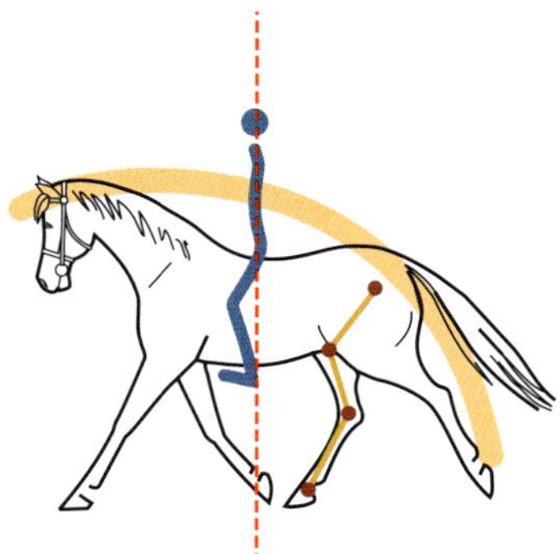

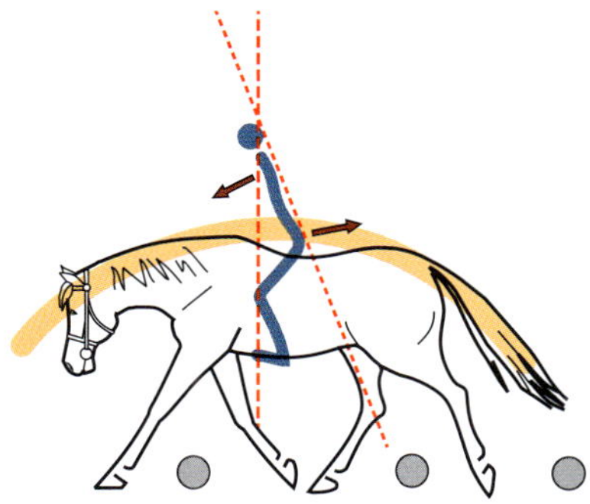

Körperspannung versus Verspannung

Was beim Menschen die Körperspannung ist, ist beim Pferd der Spannungsbogen. Ohne Körperspannung wäre weder Haltung noch Bewegung möglich.
Richtige Körperspannung wird allerdings zur falschen Verspannung, wenn sie mit Zwang hergestellt wird und sich damit negativ auf die Losgelassenheit der Gelenke auswirkt. Verspannung behindert Bewegung und führt langfristig zu Gesundheitsschäden.
Das Pferd soll in der Ausbildung lernen, seine Körperspannung von allein, ohne ständiges Eingreifen des Reiters zu halten (Selbsthaltung). Häufige Übergänge und halbe Paraden ohne durchhaltende Zügeleinwirkung zwingen das Pferd dazu, sich immer wieder neu selbst auszubalancieren. Und dazu nimmt es von allein eine zweckmäßige Haltung ein.

Freude an der gemeinsamen Arbeit, das Pferd in Ruhe lassen

Um einen korrekten (positiven) Spannungsbogen des Pferdes (Selbsthaltung) zu erreichen, ohne das zwanghafte Einspannen des Pferdes, sollte man dem Pferd seine Arbeit so angenehm wie möglich gestalten. Dazu gehört, dass der Reiter genau weiß, was er tut, wann er mit welcher Intensität einwirkt – **und vor allem, wann er damit aufhört**. Und dass er sich selbst immer im stabilen Gleichgewicht hält, um die Bewegungen des Pferdes nicht zu behindern. Es gilt die Devise: Bitte nicht stören und vorsichtig einwirken. Wobei vorsichtig eher achtsam und nicht zaghaft oder zögerlich bedeutet!

Ergänzende Themen

Am Zügel, was bedeutet das?
Schubkraft und Tragkraft
Funktionelle Haltung des Reiters
Losgelassenheit
Gegensitzen und Gegenhalten
Übergänge und ihr Nutzen
Bremsen: die Paraden
Erziehung und Beziehung
Durchlässigkeit
Kontrolle und Selbstkontrolle
Einwirkung: So viel wie nötig, so wenig wie möglich.
Dehnungshaltung
Freie Balance

Dehnungshaltung

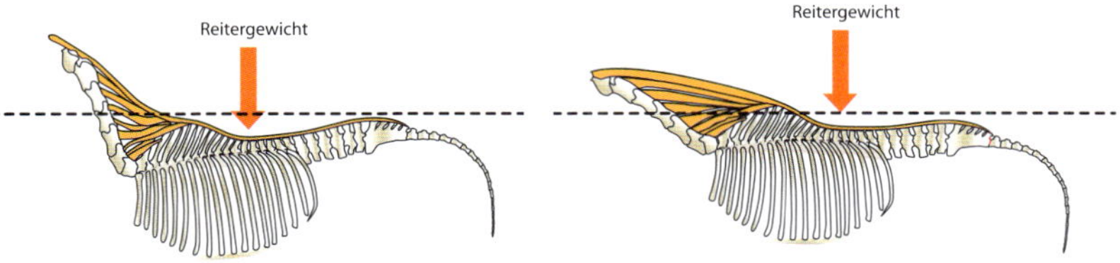

Die korrekte Dehnungshaltung soll den Rücken des Pferdes durch die Spannung des Nacken-Rückenbandes nach oben bringen und tragfähig machen.

Um was geht es?

Zweckmäßige Arbeitshaltung.

Aufbau des Rückens.

Vorwärts-abwärts oder vorwärts-aufwärts?

Eine zweckmäßige Dehnungshaltung – das sogenannte Vorwärts-abwärts-Reiten – soll dem Pferd eine ungehinderte Bewegung mit durchlässigem Rücken unter dem Reiter ermöglichen. Die Tragfähigkeit des Rückens wird dabei aufgebaut. Es gibt jedoch einige wichtige Kriterien für wirklich korrekte Dehnungshaltung:

1. eine aktive Hinterhand, hohe Energie in der Bewegung.
2. eine frei bewegliche, angehobene Schulter.
3. ein gedehnter, frei getragener Hals.
4. ein bewegliches Genick (nicht tiefer als Widerristhöhe getragen)
5. Nase vor der Senkrechten und etwa auf Höhe des Buggelenks (bei Pferden mit hoch angesetztem Hals eventuell auch höher).
6. und vor allem ein angehobener und frei beweglicher Rücken sowie eine insgesamt gedehnte Oberlinie des Pferdes (da kommt der Begriff her).

Die Vorwärts-abwärts-Dehnungshaltung ist eine **vorübergehende** Haltung, die mit fortschreitender Ausbildung durch freie Selbsthaltung (ein Vorwärts-aufwärts-Reiten) ersetzt und dann nur noch zur kurzfristigen Entspannung, als Pausenhaltung, genutzt wird.
Wo die Dehnungshaltung missverstanden und das Pferd mit schleppenden Hinterbeinen, fester Schulter und eingerolltem Hals ›in den Boden geritten‹ wird, ist sie eher schädlich und bringt keinen Ausbildungsfortschritt.

Falsche Dehnungshaltung
Das Pferd hängt auf der Schulter, die Nase ist hinter der Senkrechten, eingerollter Hals, schleppende Aktion der Hinterhand / kein Vortritt, energielos.

Ergänzende Themen

Energiekonzepte
Funktion des Pferderückens
Versammlung
Schulterfreiheit
Hankenbeugung
Diskussion der Dehnungshaltung

Diskussion der Dehnungshaltung

Um was geht es?

Dehnungshaltung hat nichts mit schlaffem Hängenlassen zu tun.

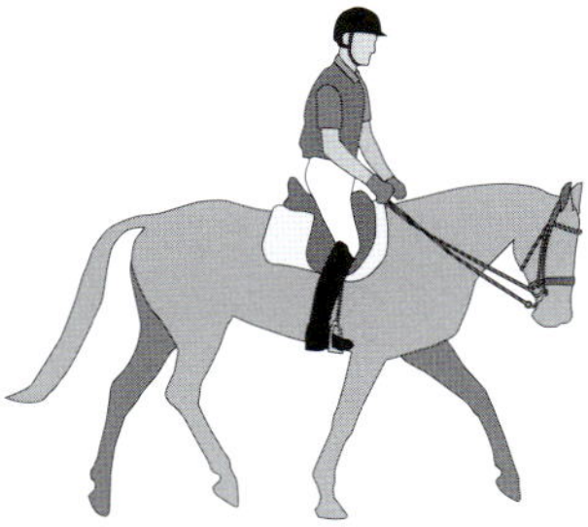

Links in der Randspalte ist eine nicht funktionelle Dehnungshaltungzu sehen – ohne Energie, auf der Vorhand und ohne aktive Hinterhand.

Rechts: Eine eher ›versammelte Dehnungshaltung‹. Durch Verzicht auf Zwangsmittel gibt man dem Pferd die Möglichkeit, eine funktionelle Haltung zu finden, die der Lektion angepasst ist. Zäumung ist hier ein Bosal aus der altkalifornischen Reitweise – eine gebisslose Zäumung ohne Hebelwirkung.

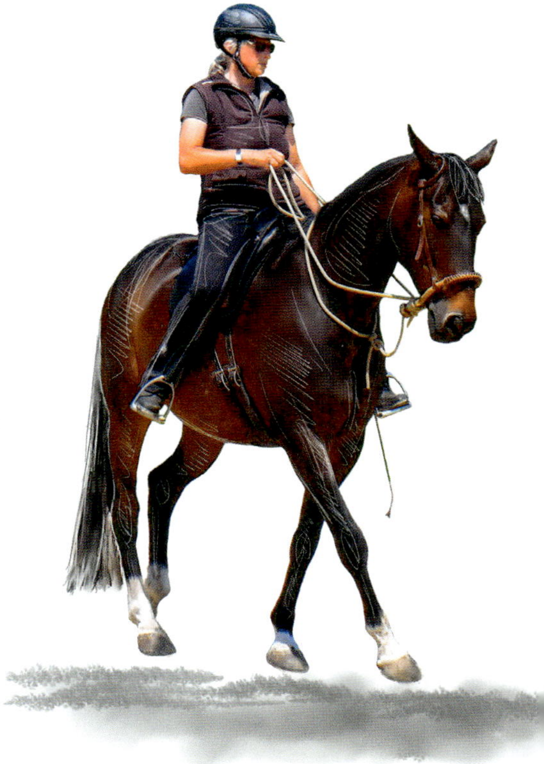

Ergänzende Themen

Funktion des Zügels
Freie Balance
Spannungsbogen und Selbsthaltung
Schubkraft und Tragkraft
Funktionelle Haltung des Reiters
Losgelassenheit
Gegensitzen und Gegenhalten
Übergänge und ihr Nutzen
Bremsen: die Paraden
Hilfszügel helfen nicht!
Erziehung und Beziehung
Stabilität ohne Druck
Durchlässigkeit
Bodenarbeit
Koordination
Bewegungsvielfalt
Bewegungsfreiheit und Beweglichkeit
Versammlung
Hankenbeugung
Schulterfreiheit

Diskussion der Dehnungshaltung

In der letzten Zeit ist die Dehnungshaltung insbesondere bei den Vertretern der Legereté in Verruf geraten, weil sie das Pferd zu sehr auf die Vorhand bzw. auf die Schulter bringt. Zudem gibt es Pferde mit hohem Halsansatz (Iberer und Friesen z.B.), die man nur in einer etwas modifizierten Form der in den Lehrbüchern propagierten Dehnungshaltung reiten kann.

Im Prinzip braucht jedoch jede Haltung des Pferdes (auch die versammelte) einen gedehnten, langen Hals, eine freie Schulter und einen starken, schwingenden Rücken – nur dass sich das Pferd in der Versammlung durch vermehrte Hankenbeugung hinten setzt und die Schulter vermehrt anhebt. Keinesfalls wird der Hals verkürzt. Schulterfreiheit ist ein wesentlicher Bestandteil jeder zweckmäßigen Haltung.

Diskussion der freien Balance

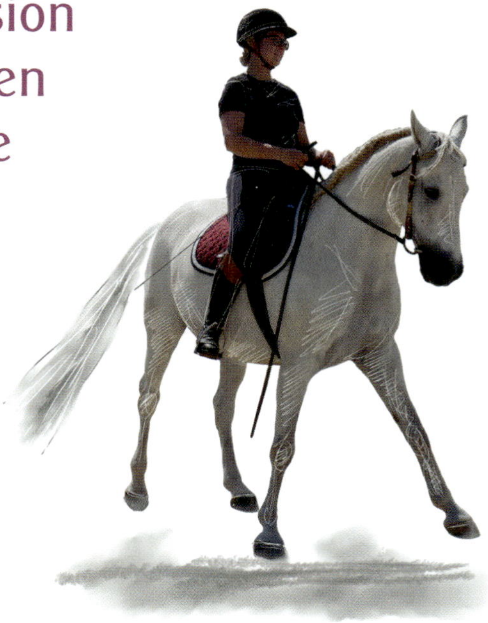

Um was geht es?

Jede Form von Zwang verhindert, dass sich das Pferd selbst ausbalanciert.

Diskussion der freien Balance:

In manchen Ausbildungssystemen wird ein insgesamt erhöhter Muskeltonus erzeugt, weil das Pferd dabei mit horizontal-schiebenden Kräften (Schubkraft) gegen eine durchhaltende Hand arbeitet. Es wird zwischen treibenden und verhaltenden Hilfen eingespannt (die gängige Definition des Spannungsbogens). In der Bewegungsmuskulatur entstehen dadurch falsche isometrische (= dauergespannte) Anteile. Dadurch wird die Bewegungsvielfalt eingeschränkt. Insbesondere die Kombination aus ständigem ›Gegensitzen‹ und ›Gegenhalten‹ macht das Reiten zum Kraftakt.

Jede Form von Zwang verhindert, dass sich das Pferd selbst ausbalanciert. Zwang erzeugt Stress und verhindert, dass das Pferd sich unter dem Reiter wohlfühlen kann. Vermeidung von Zwang bedeutet allerdings nicht, dass man das Pferd einfach laufen lässt, wie es möchte – auch das führt nicht zum Erfolg, sondern ist in den meisten Fällen gesundheitsschädlich fürs Pferd. Stattdessen muss der Reiter ihm durch Erziehung und gezielte Einwirkung mit sparsamen Impulsen immer wieder eine Anleitung geben, wie es besser mit dem Reitergewicht klarkommen kann.

Leider haben die meisten Reiter nicht gelernt, sich ohne straffen Zügel nur über einen Gleichgewichtssitz auszubalancieren und die Bewegung des Pferdes durchzulassen. Und so sieht man häufig bis in die hohen Dressurklassen Bewegungen, bei denen der Reiter am Zügel nach hinten zieht und das Pferd sich entweder auf den Zügel legt oder sich in die Brust beißt. Das hat nun allerdings weder etwas mit einem korrekten Spannungsbogen noch mit freier Balance zu tun.

Ergänzende Themen

Funktion des Zügels
Freie Balance
Spannungsbogen und Selbsthaltung
Schubkraft und Tragkraft
Funktionelle Haltung des Reiters
Losgelassenheit
Gegensitzen und Gegenhalten
Übergänge und ihr Nutzen
Bremse: die Paraden
Hilfszügel helfen nicht!
Stabilität ohne Druck
Durchlässigkeit
Erziehung und Beziehung
Bodenarbeit
Koordination
Bewegungsvielfalt
Bewegungsfreiheit und Beweglichkeit
Versammlung
Hankenbeugung
Schulterfreiheit

Versammlung und Aufrichtung

Um was geht es?

Freies Spiel der Kräfte.

Erhabene Vorwärts-Aufwärts-Bewegung.

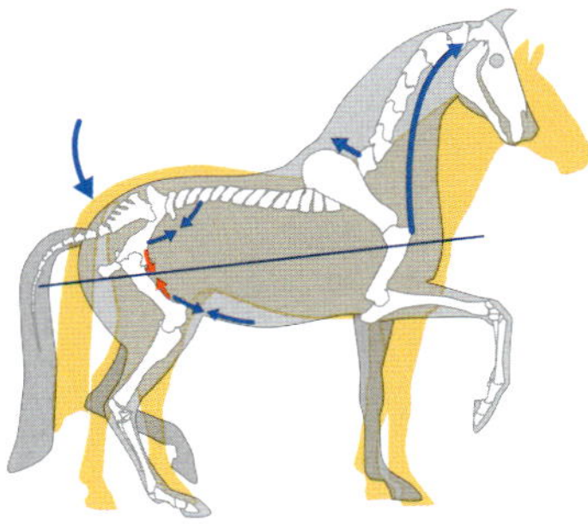

Korrekte Versammlung mit gesenkter Kruppe und langem Hals.

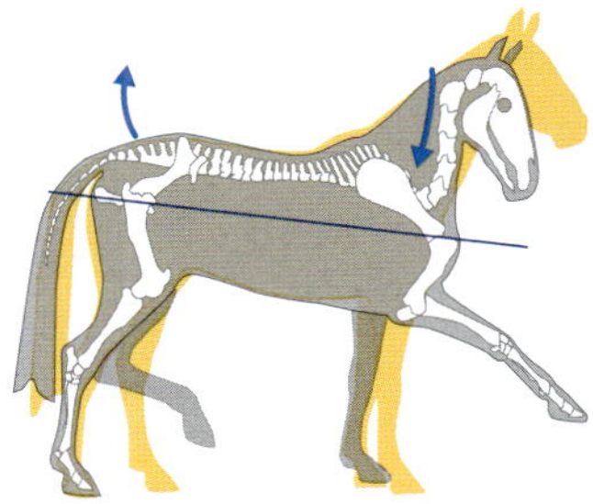

Falsche Versammlung mit verkürztem Hals und hoher Kruppe.

Versammlung ist natürlich

Versammlung ist eine natürliche Haltung, die das Pferd z. B. bei der Flucht, bei Spiel-, Kampf- und Imponierverhalten einnimmt.
Versammlung nimmt Last von der Vorhand weg und sorgt für Schulterfreiheit. Ein korrekt versammeltes Pferd kann mit beweglicher Schulter und ›leichter‹ Vorhand schnell auf Hilfen zur Richtungs- und Tempoänderung reagieren. Es ist perfekt ausbalanciert, wird damit leichtrittig und lässt den Reiter bequem sitzen.
Mit dem Zusatzgewicht des Reiters fällt ihm dies natürlich schwerer, weil es mehr Kraft dafür aufwenden muss, sich in eine ›Aufwärts-Balance‹ zu bringen. Diese Kraft muss durch Ausbildung entwickelt werden – und das ist eine langwierige Angelegenheit.

Aufrichtung

Optisch hervorstechendes Merkmal guter Versammlung ist der höher getragene Hals. Dieser kommt durch Anheben der Pferdeschulter und Senken der Kruppe (siehe Hankenbeugung) zustande und bleibt lang mit Nase vor der Senkrechten (relative Aufrichtung). Die Aufrichtung darf nicht mit der Hand erzwungen werden und der Hals darf sich nicht verkürzen.

Erhöhen der Energie

Richtige Versammlung bedeutet: **Langsamer reiten mit mehr Energie.** Das Pferd wird nicht einfach langsam gemacht, wie manche Westernreiter Versammlung definieren. Aus korrekter Versammlung muss man das Pferd jederzeit in eine Verstärkung ›herauslassen‹ können.

Senkrechte Arbeit der Beine und längere Stützphase

In der korrekten Versammlung arbeiten die Beine des Pferdes senkrecht zum Boden und verweilen etwas länger in der Stützphase als beim flotten Vorwärtsreiten.

Ergänzende Themen

Funktion des Zügels
Freie Balance
Spannungsbogen und Selbsthaltung
Schubkraft und Tragkraft
Funktionelle Haltung des Reiters
Losgelassenheit
Gegensitzen und Gegenhalten
Übergänge und ihr Nutzen
Bremsen: die Paraden
Hilfszügel helfen nicht!
Stabilität ohne Druck
Durchlässigkeit
Erziehung und Beziehung
Bodenarbeit
Koordination
Bewegungsvielfalt
Bewegungsfreiheit und Beweglichkeit
Hankenbeugung
Schulterfreiheit
Trabverstärkungen

Fehler in der Versammlung am Beispiel der Piaffe

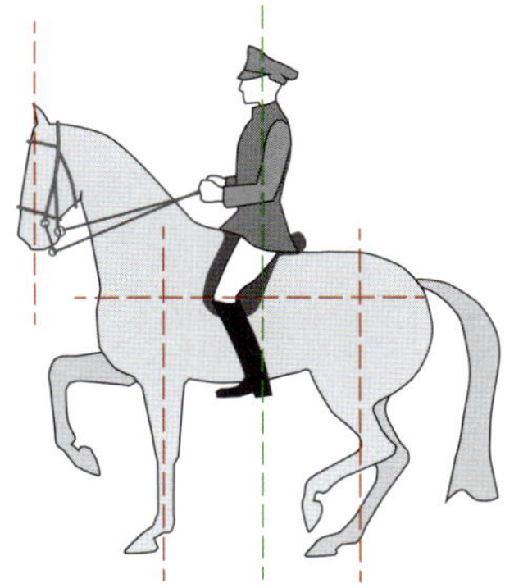

Ausbalancierte Piaffe mit korrektem Spannungsbogen des Pferdes.

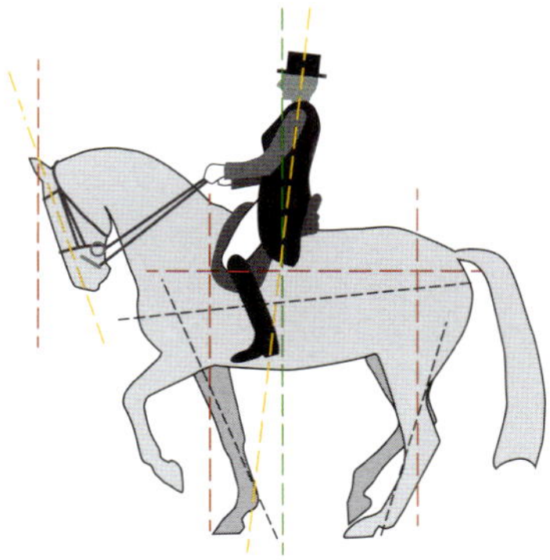

Unausbalancierte Piaffe in ungesunder, verspannter Haltung.

Die Piaffe als Gradmesser für korrekte Versammlung

In der Piaffe zeigt sich, ob die Versammlung wirklich korrekt ist.

Auf dem Bild oben links stimmen alle Parameter: Die Beine arbeiten senkrecht zum Boden. Die Aufrichtung kommt aus der angehobenen Schulter bzw. dem angehobenem Rumpf, sodass die Nase vor der Senkrechten bleiben kann. Die Kruppe ist gesenkt, die Hinterbeine arbeiten im ›Beugegang‹. Der Reiter sitzt aufrecht und ausbalanciert – mit ausreichender Körperspannung und freiem Becken, alle Körperteile sind sauber übereinander ausgerichtet.

Auf dem Bild oben rechts stimmt nichts: Die Vorderbeine sind nach hinten gestemmt, die Hinterbeine weit unter den Körper gestellt. Der Hals ist verkürzt und das Pferd beißt sich in die Brust – verursacht durch zu viel Handeinwirkung. Die Rückenlinie fällt nach vorne ab – mit hoher Kruppe und tiefer Schulter. Durch Rücklage schiebt die Reiterin das Pferd zusätzlich auf die Schulter. Das Pferd ist hinter dem Zügel und unterbricht den Spannungsbogen, indem es der Zügeleinwirkung ausweicht.

Gängige Praxis

Leider ist das, was man auf dem rechten Bild sieht, die gängige Praxis in Turnierprüfungen der schweren Klasse. Das Bild wurde von einem Turnierfoto 1:1 abgezeichnet. Diese Haltung ist auf Dauer gesundheitsschädlich, weil die Gelenke ungleichmäßig belastet werden und die Muskulatur durch die Zwangs- bzw. Fehlhaltung in der Verspannung arbeitet.

Um was geht es?

Gleichgewicht und gesunde, tragfähige Haltung.

Ergänzende Themen

Funktion des Zügels
Freie Balance
Spannungsbogen und Selbsthaltung
Schubkraft und Tragkraft
Funktionelle Haltung des Reiters
Losgelassenheit
Gegensitzen und Gegenhalten
Übergänge und ihr Nutzen
Bremsen: die Paraden
Hilfszügel helfen nicht!
Erziehung und Beziehung
Stabilität ohne Druck
Durchlässigkeit
Bodenarbeit
Koordination
Bewegungsvielfalt
Bewegungsfreiheit und Beweglichkeit
Hankenbeugung
Schulterfreiheit
Trabverstärkungen
Kraft
Becken und Gesäßknochen

Stellung und Biegung

Um was geht es?

Die Längsachse des Pferdes nicht ›verbiegen‹.

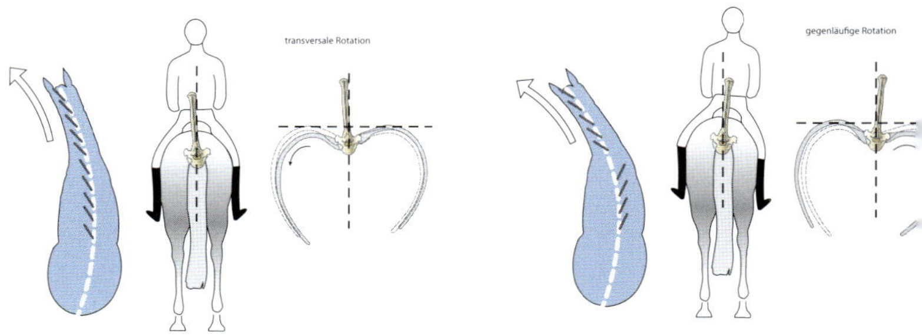

Längsbiegung

In jeder Längsbiegung erfolgt eine einseitige Rotation der Wirbelsäule. Bei richtiger Biegung neigen sich alle Dornfortsätze nach innen (Bild links); der Reiter kann mittig sitzen. Bei Überbiegung des Halses neigen sich die Dornfortsätze der Halswirbel nach innen und die im Brustbereich nach außen (Bild rechts). Der Reiter wird nach außen gesetzt. Die Biegung sollte also im Normalfall gleichmäßig erfolgen.

Die Dehnung der hohlen Seite ist das Problem: Dem Pferd fällt es schwer, seine hohle Seite zu dehnen. Deswegen wird es immer versuchen, sich der Längsbiegung zu entziehen, wenn die hohle Seite außen ist.

Stellung im Genick

Die Stellung im Genick bezeichnet ein leichtes Drehen des Pferdekopfes bei von vorne senkrechter Nasenlinie, so dass der Reiter das innere Auge schimmern sieht.

Verwerfen

Bleibt die Nasenlinie des gestellten Pferdes von vorne gesehen nicht senkrecht, so verwirft sich das Pferd.

Dabei kippt es entweder mit dem Genick nach außen und dem Maul nach innen oder umgekehrt.

Den inneren Zügel nach hinten ziehen, mangelnde Kontrolle am äußeren Zügel, zu lange festhalten und andere Handfehler des Reiters führen zum Verwerfen.

Überbiegen

In manchen Reitsystemen wird mit einer kurzfristigen Überbiegung des Halses gearbeitet (Baucher z.B.). Das kann therapeutische Wirkung haben, muss aber sehr gezielt und gekonnt eingesetzt werden, um keinen Schaden anzurichten. Und vor allem darf sich das Pferd dabei nicht verwerfen.

Ergänzende Themen

Seitengänge
Das gebogene Pferd
Innen und außen
Asymmetrien, Natürliche Schiefe
Geraderichten
Korrekturen in Außenstellung
Funktion des Zügels
Freie Balance
Spannungsbogen und Selbsthaltung
Schubkraft und Tragkraft
Funktionelle Haltung des Reiters
Losgelassenheit
Gegensitzen und Gegenhalten
Übergänge und ihr Nutzen
Bremsen: die Paraden
Hilfszügel helfen nicht!
Stabilität ohne Druck
Durchlässigkeit
Erziehung und Beziehung
Bodenarbeit
Koordination
Bewegungsvielfalt
Bewegungsfreiheit und Beweglichkeit
Hankenbeugung
Schulterfreiheit
Trabverstärkungen
Kraft
Becken und Gesäßknochen

Dem Pferd einen Rahmen geben

Das Pfertd muss sein Gleichgewicht und seine Haltung selbst finden – nicht nur in den Arbeitsreitweisen. Der Reiter sorgt nur ab und zu für einen korrigierenden Impuls, wenn etwas nicht in Ordnung ist.

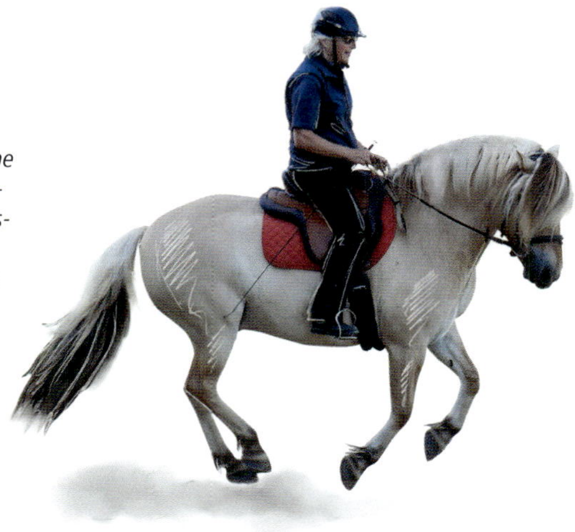

... ohne es einzuspannen und festzuhalten

Auch am losen Zügel kann man dem Pferd einen Rahmen für die Haltung geben, ohne es wie in einem Schraubstock einzuspannen. Der Reiter greift ein, wenn das Pferd kopflastig wird oder davonrennen will und lässt es ansonsten seine **zweckmäßige Haltung selbst finden**, ohne es durch einen dauerhaft straffen Zügel einzugrenzen.
Durch viele Übergänge, halbe Paraden und ständiges Abfragen der Spannungsverhältnisse im Pferd (und im eigenen Körper) weiß der Reiter immer, ob das Pferd noch im vorgegebenen Rahmen bleibt – und Veränderungen von Tempo und Richtung leicht annimmt.
Tut es das nicht, so wird es ›zur Ordnung gerufen‹ – jedoch nicht, indem man den Rahmen ›dicht macht‹ und versucht, Lektionen und Haltung durch Festhalten zu erhalten, sondern, indem man wiederholt Impulse gibt, und es dem Pferd überlässt, **sich gemäß den Anforderungen immer wieder neu auszubalancieren**. Wenn dabei die Haltung zeitweise verloren geht, wird sie eben neu erarbeitet.
Der Reiter darf dem Pferd keine Stütze für dessen Gleichgewicht anbieten und darf sein eigenes Gleichgewicht nicht über einen zu straffen Zügel erhalten müssen.

Überstreichen | Zügel aus der Hand kauen lassen

In Dressurprüfungen wurde früher das Überstreichen mit der inneren Hand oder auch mal mit beiden Händen gefordert, damit der Richter sehen konnte, dass sich das Pferd auch ohne straffen Zügel selbst tragen kann. Genauso bisweilen das Zügel aus der Hand kauen lassen, um zu überprüfen, ob das Pferd sich an die Hand herandehnt. Beides ist heute leider, besonders in den kleineren Prüfungen, ziemlich aus der Mode gekommen.

Um was geht es?

Flexible Kontrolle.

Ergänzende Themen

Energiekreis
Funktion des Zügels
Freie Balance
Spannungsbogen und Selbsthaltung
Schubkraft und Tragkraft
Funktionelle Haltung des Reiters
Losgelassenheit
Gegensitzen und Gegenhalten
Übergänge und ihr Nutzen
Bremsen: die Paraden
Hilfszügel helfen nicht!
Erziehung und Beziehung
Stabilität ohne Druck
Durchlässigkeit
Erziehung und Beziehung
Bodenarbeit
Koordination
Bewegungsvielfalt
Bewegungsfreiheit und Beweglichkeit
Hankenbeugung
Schulterfreiheit
Trabverstärkungen
Kraft
Becken und Gesäßknochen

Der Schritt

Um was geht es?

Grundlagenarbeit.

Schritt ist schwerer zu reiten als Trab.

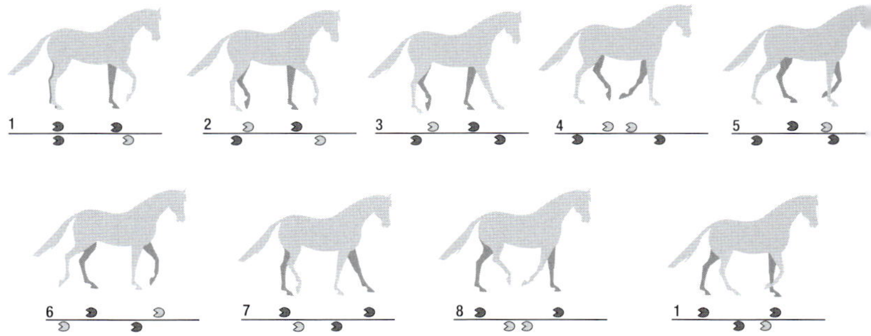

Vorteile und Schwierigkeiten

Der Schritt ist eine schwunglose, schreitende Gangart im Viertakt.

Präzise Schrittarbeit ist ein wichtiger Bestandteil der Gymnastizierung und Ausbildung des Pferdes. Denn nur ein von Grund auf widerstandsfreies Pferd wird auch bei schwereren Übungen noch aufmerksam mitarbeiten. Schrittarbeit ist durchaus nicht langweilig, wenn man sie richtig betreibt – nämlich im Hinblick auf das Ausschalten von Restwiderständen bei schwierigen Lektionen oder ›Problem-Pferden‹.

Ein Problem gibt es jedoch im Schritt: Der Reiter kann nicht auf vorhandenen Schwung zurückgreifen, wie z.B. im Trab. Pferde, die im Schritt schlecht vorwärtsgehen, sind schwer in Gang zu setzen.
Durch richtige Konzepte des Treibens und Resensibilisierungsprogramme kann das jedoch behoben werden.
Tempowechsel im Schritt, Rückwärts-Vorwärts-Übergänge und viele Koordinationsübungen machen den Schritt abwechslungsreich.
Kriterien für guten Schritt: aktive Hinterhand, angehobene Schulter, Nase vor der Senkrechten, frei getragener Hals, geregelter, ruhiger Takt.

Ergänzende Themen

Reaktionsschnelligkeit
Erziehung und Beziehung
Resensibilisierung und Servolenkung
Treibende Hilfen
Rückwärtsrichten
Haltung des Reiters im Schritt

Ideen und Anregungen zum Thema

Das Pferd kann sich im Schritt nicht so schnell durch eine ›Blitzaktion‹ einer geforderten Lektion entziehen. Seine Bewegungen sind langsamer. Sie können seine Intentionen rechtzeitig erkennen und korrigieren, auch wenn Sie noch nicht ganz so reaktionsschnell sind. Sie können ›bequem‹ sitzen und müssen sich nicht darauf auch noch konzentrieren. Zudem bietet der Schritt für das Pferd selbst viel weniger Ansatzpunkte zum Widerstand: Es hat im Schritt keine Gleichgewichtsprobleme. Es kann ohne Probleme anhalten.
Wenn das Pferd in der Schrittarbeit ungehorsam ist, so können Sie davon ausgehen, dass es in jeder anderen Gangart doppelt so viele Schwierigkeiten macht. Also bringen Sie sinnvollerweise zuerst die Arbeit im Schritt in Ordnung.

Der Trab

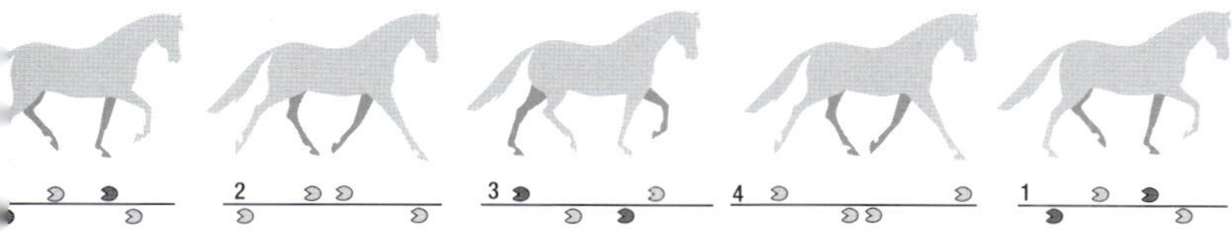

Trab als ideale Ausbildungsgangart

Der Trab ist ein Zweitakt mit diagonaler Fußfolge und einer Schwebephase dazwischen. Der Rücken des Pferdes schwingt auf und ab. Dazu kommt eine leichte seitliche Schwingung.

Der Trab gilt als die Ausbildungsgangart schlechthin: Er bietet mehr nutzbaren Schwung als der Schritt und ist stabiler als der Galopp, der schnell zu Gleichgewichtsverlust führen kann. Ist die Kontrolle im Schritt gefestigt, so kann im Trab gearbeitet werden.

Kriterien für guten Trab: langsamer Takt, aktive Hinterhand, angehobene Schulter, frei getragener Hals, Nase vor der Senkrechten.

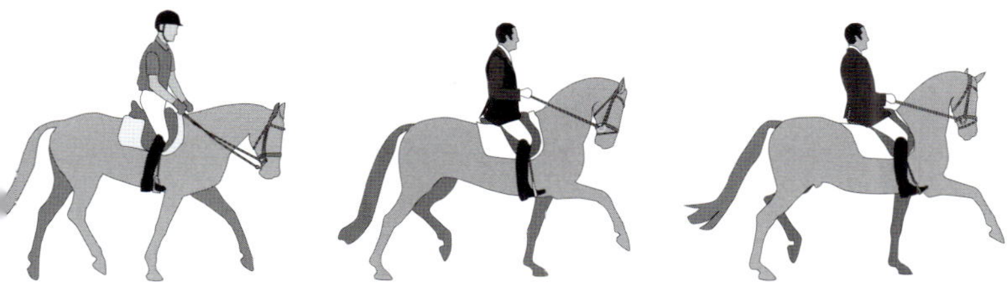

Taktprobleme im Trab

Kurze, abgehackte und trippelnde Bewegungen auf der Vorhand. Nachschleppende Hinterhand. Die Parallelität in den diagonalen Beinpaaren geht verloren: So entstehen falsche Verstärkungen – mit strampelndem Vorderbein und hinten verzögertem Abfußen (siehe Bilder oben).

Ideen und Anregungen zum Thema

Viele Übergänge Trab-Schritt-Trab und Halten-Trab-Halten (auch in den Seitwärtsbewegungen!) machen das Pferd aufmerksam und aktivieren Hinterbeine und Bauchmuskeln. Zudem bieten sie dem Pferd immer wieder kurze Erholungspausen.
Wenn das Pferd im Trab noch nicht sitzen lässt, können die Seitengänge auch im Leichttraben ausgeführt werden. Oder man sitzt aus, fordert immer nur ganz wenige Tritte und pariert dann wieder durch.

Um was geht es?

Der Trab als ideale Ausbildungsgangart.

Ergänzende Themen

Trab-Verstärkungen
Versammlung
Takt
Leichttraben im Gleichgewicht
Parallelität der Beinpaare
Die positive Diagonale
Übergänge und ihr Nutzen
Bremsen: die Paraden
Funktion des Pferderückens
Funktion des Zügels
Die getragene, balancierte Hand

Der ›selbsttätige Schenkel‹

Um was geht es?

Den ›selbsttätigen Schenkel‹ umleiten.

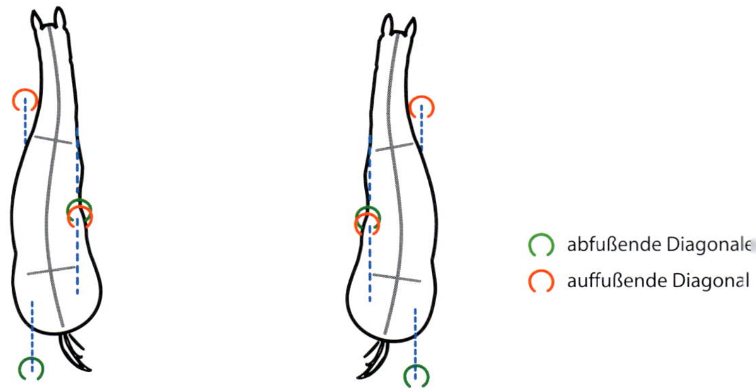

… und die seitliche Schwingung des Pferderückens

»Das Pferd holt sich seine treibenden Hilfen selbst« sagt man. Das gilt insbesondere für den Schritt und etwas eingeschränkt auch für den Trab. Das liegt daran, dass Rippen und Bauch des Pferdes sich beim Auffußen eines Hinterbeins seitlich verschieben und gegen den Schenkel des Reiters stoßen. Das wechselseitige Treiben im Schritt, immer dann, wenn der Pferdebauch gegen die Wade gedrückt wird, leitet sich aus dieser seitlichen Schwingung ab.

Für eine Verfeinerung der Hilfengebung muss jedoch mit der Zeit diese selbsttätige Hilfe entfallen, so dass das Pferd nur noch einen Schenkel-Impuls bekommt, wenn der Reiter mehr Energie will. **Dazu leitet man den Impuls, den das Bein vom Pferdebauch bekommt um nach unten**: Der Reiter stellt sich vor, dass das Bein nach unten federt, statt gegen den Bauch zu fallen (in dem Moment kommt der Absatz etwas tiefer). Das ist im schwunglosen Schritt etwas schwieriger als im Trab aber prinzipiell eine rein ›mentale Fingerübung‹, wenn man weiß, was man will.

Ergänzende Themen

Losgelassenheit
Federung in den Gelenken
Reiten mit Vorstellungskraft
Treibende Hilfen
Der tiefe Absatz
Funktion des Bügels und Bügellänge
Muskelketten im Bein
Funktionelle Haltung des Reiters

Ideen und Anregungen zum Thema

Der dauerhaft klopfende Schenkel ist immer ein Zeichen für feste Gelenke im Bein, genauso wie die unruhige Hand zeigt, dass Handgelenk und Ellbogen verkrampft sind. Beides wirkt sich direkt negativ auf die Beckenbeweglichkeit aus: Der Reiter kann nicht sitzen und das Pferd macht den Rücken zu – ein Teufelskreis, der nur mit ›Konzentration auf die Mitte‹ und Hineinspüren in den eigenen Körper beim Reiter zu unterbrechen ist.

Trabverstärkungen

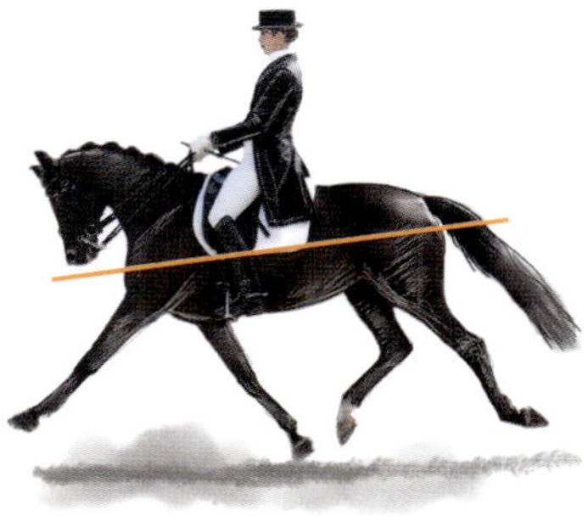

Falsche Trabverstärkung auf der Vorhand. Das Vorderbein hat den typischen ›Spannungs-Schnick‹, die Hinterbeine arbeiten nicht nach vorne, der Hals ist zu eng, die Nase hinter der Senkrechten.

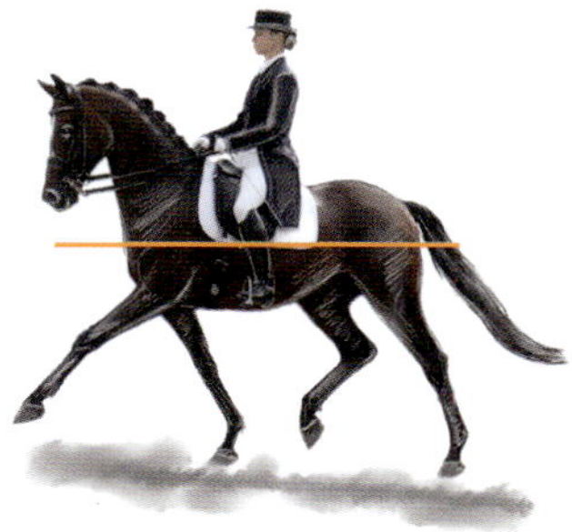

Gute Trabverstärkung aus der Versammlung heraus: mit guter Parallelität der Beinpaare, Schulterfreiheit und Vorwärts-Aufwärts-Ausrichtung.

Um was geht es?

Versammlung ist die Grundlage guter Verstärkungen.

Gute Verstärkung braucht Versammlung

Das klingt paradox, ist jedoch recht leicht zu erklären.
Eine Verstärkung muss vorwärts-aufwärts geritten werden: mit angehobener Vorhand, freier Schulter, getragenem Pferdehals und aktivem Vortreten der Hinterhand mit gebeugten Gelenken.
Das sind ähnliche Kriterien wie die für die Versammlung. Insbesondere Hankenbeugung und Schulterfreiheit brauchen gymnastizierende Vorarbeit. Das Pferd muss Federkraft in den Hanken entwickeln, bevor es eine Verstärkung zustandebringt, die nicht nach unten ›in den Boden‹ gelaufen ist.
Der Takt darf in der Verstärkung nicht eiliger werden. Nur die Tritte verlängern sich. Vermehrtes Vorwärtstreiben an die stehende Hand produziert meist nur ein eiliges Laufen mit verspanntem Rücken und fester Schulter, so dass der Reiter nicht mehr sitzen kann.
Das wichtigste Kriterium für richtige Verstärkungen ist, dass der Reiter sitzen kann. Das Pferd muss ihn in die Bewegung mitnehmen.

Die Verstärkung einfach herauslassen ...

Kann man das Pferd schon etwas versammeln, kann man Tempounterschiede reiten: Arbeitstrab, dann eine kurze Reprise im versammelten Trab, z.B. in der Ecke, fordern, um das Pferd zu einem verstärkten Beugen der Gelenke zu bringen. Das ist anstregend. Und wenn man das Pferd dann aus dieser anstrengenden Haltung entlässt, bekommt man ein paar Tritte Trabverstärkung nach vorn-oben ›geschenkt‹. Sobald das Pferd ins eilige Laufen kommt und sich auf die Hand legt, pariert man wieder durch zum Arbeitstempo oder auch zum Schritt. Keinesfalls sollte man am Anfang eine ganze lange Seite fordern; das Pferd wird es nicht durchhalten.

Ergänzende Themen

Versammlung
Takt
Leichttraben im Gleichgewicht
Übergänge und ihr Nutzen
Bremsen: die Paraden
Funktion des Pferderückens
Funktion des Zügels
Die getragene, balancierte Hand
Versammlung
Hankenbeugung
Schub- und Tragkraft
Druck erzeugt Gegendruck
Parallelität der Beinpaare
Schulterfreiheit
Schulterkontrolle
Die positive Diagonale
Der Hals als Balancierstange
Angst vor Gleichgewichtsverlust

Der Galopp

Um was geht es?

Probleme mit der Stabilität unter dem Reiter.

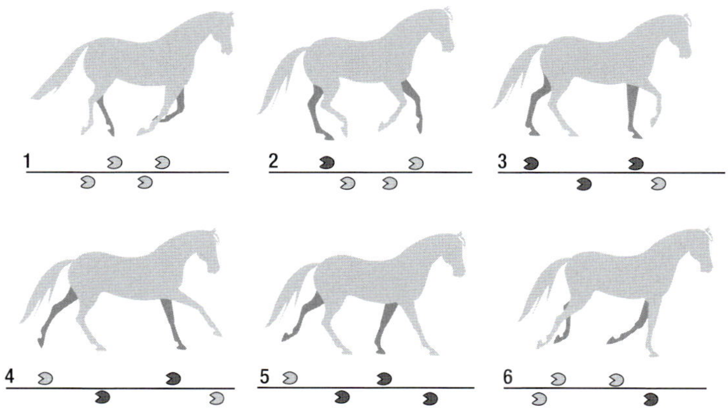

Eine Aneinanderreihung von einzelnen Sprüngen

Der Galopp ist ein asymmetrisch gesprungener Dreitakt mit Schwebephase. Fußfolge und Takt im Galopp am Beispiel des Rechtsgalopps
1. Schwebephase – alle Beine sind in der Luft.
2. Phase: das linke (äußere) Hinterbein stützt (Einbeinstütze hinten) und schiebt dann das Pferd nach vorne.
3. Phase (Bilder oben 3,4): rechtes inneres Hinterbein und linkes äußeres Vorderbein stützen (diagonale Zweibeinstütze). Auf Bild 4 sieht man das optisch führende rechte Vorderbein.
4. Phase: das Pferd berührt mit dem rechten Vorderbein den Boden, kurzfristig sind 3 Beine am Boden.
5. Phase: das rechte – optisch führende – Vorderbein stützt (Einbeinstütze vorne).
Danach folgt wieder die Schwebephase.

Schwebephase und Einbeinstütze vorne machen den Galopp instabil. Insbesondere, wenn der Reiter nicht im Gleichgewicht sitzt oder das Pferd mit einem ziehenden inneren Zügel behindert, bekommt das Pferd massive Gleichgewichtsprobleme. Manche Pferd versuchen das über Geschwindigkeit auszugleichen, andere galoppieren einfach nicht mehr an, wenn sie unsicher werden.

Häufige Takt- und Gleichgewichtsprobleme im Galopp

Viertakt statt Dreitakt, laufend
Verzögertes Auffußen des Hinterbeins in der Diagonalen
Zu eilig und auf der Vorhand, kopflastig, Schulter belastet
Zu eng im Hals, Nase hinter der Senkrechten

Ergänzende Themen

Takt
Übergänge und ihr Nutzen
Bremsen: die Paraden
Funktion des Pferderückens
Funktion des Zügels
Die getragene, balancierte Hand
Versammlung
Hankenbeugung
Schub- und Tragkraft
Druck erzeugt Gegendruck
Schulterfreiheit
Schulterkontrolle
Die positive Diagonale
Der Hals als Balancierstange
Angst vor Gleichgewichtsverlust
Haltung des Reiters im Galopp
Freie Balance
1+1=1 die Balance im System

Losgelassenheit

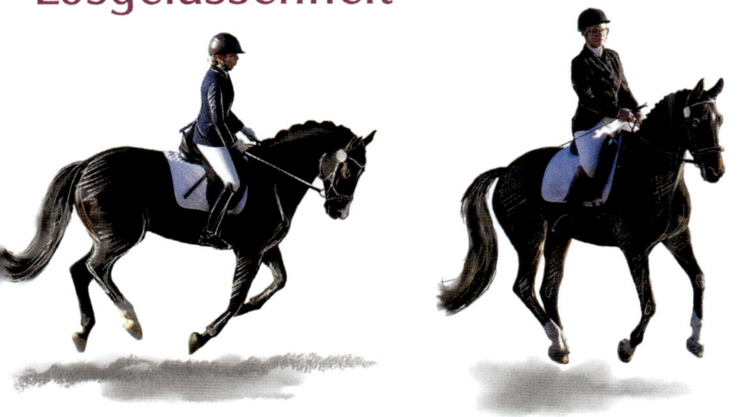

Zwei Mal eine fast gleiche Galopp-Phase (zudem in der gleichen Prüfung).
links: Das Pferd ist auf der Vorhand, zu eng im Hals und wird durch den zu stark angenommenen inneren Zügel aus der Balance gebracht. So kann es sich nicht loslassen.
rechts: Das Pferd befindet sich in korrekter Selbsthaltung, hat die Schulter angehoben und kann sich ungehindert bewegen und so auch loslassen.

Ein Pferd, welches losgelassen ›über den Rücken‹ geritten wird, geht williger vorwärts und hat bessere Schulterfreiheit.

Kriterien für Losgelassenheit

... Der Spannungsbogen ist ungebrochen.
... Der Rumpf des Pferdes ist stabil.
... Die Schulter ist etwas angehoben.
... Die Energie aus den aktiv vorschwingenden Hinterbeinen kommt ungehindert über den Rücken nach vorne durch.
... Der Reiter kann sitzen – auch in Verstärkungen.
... Treibende und verhaltende Hilfen des Reiters kommen leicht durch.

Losgelassenheit braucht Vertrauen

Der Reiter muss das Pferd dazu bringen, dass es sich unter ihm entspannt (loslässt) und wohlfühlt. Dazu muss er eine zweckmäßige Haltung von ihm fordern und eine solche auch selbst einnehmen.
Viele Pferde haben sich eine vermeintliche ›Schadensbegrenzungs-Haltung‹ zugelegt, weil sie kein Vertrauen zur Einwirkung des Reiters haben. Aus dieser fehlerhaften Haltung muss sie der korrigierende Reiter notfalls mit kurzfristigem Eingreifen an der richtigen Stelle herausholen. Dazu braucht er eine klare Idee, was er erreichen will.

Zusammenhänge

Die Stufen der Ausbildungsskala können nur abgearbeitet werden, wenn **die Losgelassenheit immer wieder neu erarbeitet wird**. Neue schwierige Lektionen und temporäre Probleme können kurzfristig zu einem Verlust der Losgelassenheit und zu Verspannungen führen. Langfristig müssen diese jedoch immer wieder beseitigt werden, sonst geht es auf Kosten der Pferdegesundheit.

Um was geht es?

Losgelassenheit braucht Gleichgewicht sowie Hals- und Schulterfreiheit.

Ergänzende Themen

Funktionelle Haltung des Reiters
Vertrauen gegen Vertrauen
Schulterfreiheit
Schulterkontrolle
Freie Balance
Dehnungshaltung
Durchlässigkeit
Die Ausbildungsskala
Hilfszügel helfen nicht
Funktion des Pferderückens
Reiten mit Vorstellungskraft
Takt
Übergänge und ihr Nutzen
Bremsen: die Paraden
Funktion des Zügels
Die getragene, balancierte Hand
Versammlung
Hankenbeugung
Schub- und Tragkraft
Druck erzeugt Gegendruck
Parallelität der Beinpaare
Die positive Diagonale
Der Hals als Balancierstange
Angst vor Gleichgewichtsverlust
Haltung des Reiters im Galopp
Freie Balance
1+1=1 die Balance im System

Kriterien für Losgelassenheit

Um was geht es?

Körperliche Anzeichen für positive und negative Spannung.

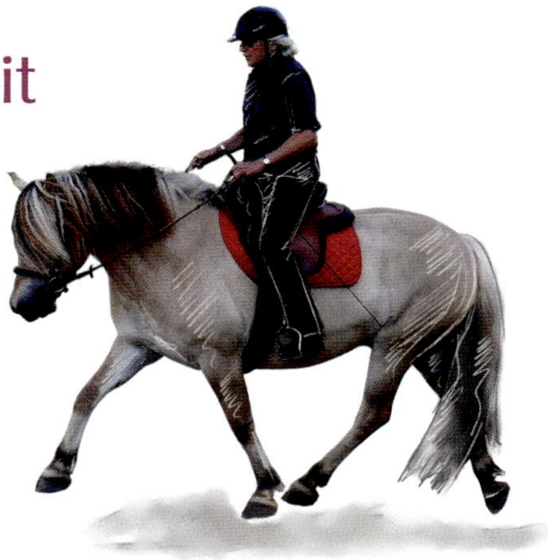

Das losgelassene Pferd lässt den Reiter sitzen und kann sein Bewegungspotenzial voll ausschöpfen.

Ergänzende Themen

Aufmerksamkeit und Konzentration
Funktionelle Haltung des Reiters
Vertrauen gegen Vertrauen
Schulterfreiheit
Schulterkontrolle
Freie Balance
Dehnungshaltung
Durchlässigkeit
Die Ausbildungsskala
Hilfszügel helfen nicht
Funktion des Pferderückens
Reiten mit Vorstellungskraft
Takt
Übergänge und ihr Nutzen
Bremsen: die Paraden
Funktion des Zügels
Die getragene, balancierte Hand
Versammlung
Hankenbeugung
Schub- und Tragkraft
Druck erzeugt Gegendruck
Parallelität der Beinpaare
Die positive Diagonale
Der Hals als Balancierstange
Angst vor Gleichgewichtsverlust
1+1=1 die Balance im System

Kriterien für das losgelassene Pferd

- Der Schweif wird getragen und pendelt.
- Das Pferd ist im Maul entspannt und kaut leicht mit geschlossenem Maul (sofern ein Gebiss im Maul ist).
- Das Pferd schnaubt ab und lässt den Hals fallen.
- Der Hals wird entspannt getragen – das Genick ist der höchste Punkt.
- Das Pferd geht taktklar und kann ein gleichmäßiges, ruhiges Tempo halten.
- Die Ohren bzw. das innere Ohr ist zum Reiter gedreht. (Das Pferd ist ›ganz Ohr‹, es hat die Aufmerksamkeit beim Reiter.)

Anzeichen für ein verspanntes, aufgeregtes, unwilliges Pferd

- Eingeklemmter Schweif oder dauerndes Schweifschlagen.
- Wütendes, kurzes Prusten; das Pferd versucht, dem Reiter die Zügel aus der Hand zu reißen.
- Kauen mit offenem Maul oder Zähneklappern.
- Herausdrücken des Unterhalses (Alarmhaltung).
- Kopfschlagen, gekräuselte Nüstern.
- Trippeln, Auskeilen, Rückwärtsrennen.
- Unklarer Takt, ungleichmäßiges Tempo.
- Durchfall, ständiges Äppeln.

Nur ein Pferd, das sich im psychischen und physischen Gleichgewicht befindet, kann sich loslassen!

Auch wenn der Reiter nicht schuld ist, ist er verantwortlich für eine Verbesserung der Umstände

Selbst, wenn Aufregung nicht immer etwas mit falschem Reiten zu tun hat, muss der Reiter versuchen, dem Pferd die Ruhe – innere Losgelassenheit – zurückzugeben, ohne die eine Ausbildung nicht möglich ist.

Anlehnung = Genickkontrolle

Anlehnung ohne dauerhaft straffen Zügel und ohne Krafteinwirkung.
Es geht nur darum, dass der Reiter die Spannungszustände im Pferd erkennt.

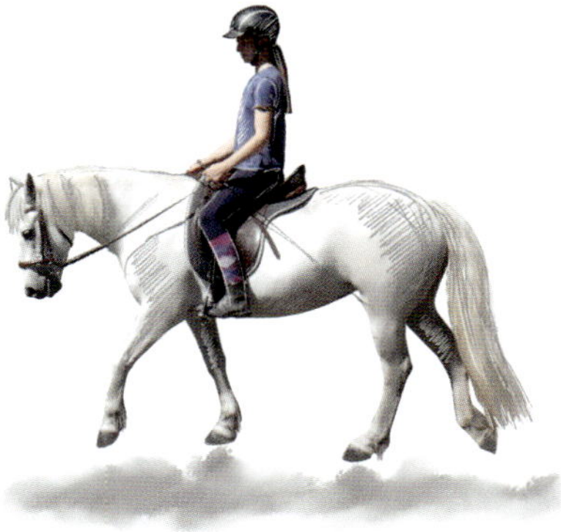

Funktionelle (Selbst-)Haltung ohne Stütze

Oberstes Gebot bei der Ausbildung zum Reitpferd ist, dass der Rücken des Pferdes nach oben kommt und tragfähig wird. Dazu muss das Pferd den Kontakt mit der Hand des Reiters suchen (der Begriff ›Anlehnung‹ in der Ausbildungsskala). Es darf sich jedoch nicht auf dem Zügel abstützen, sich darauf legen oder dagegen ziehen. Umgekehrt darf dies der Reiter auch nicht. Andernfalls ziehen beide in ›bester Manier‹ gegeneinander und behindern sich gegenseitig in der Beweglichkeit. Selbsthaltung beider Partner mit freiwilligem Kontakt ist gefragt.

Anlehnung bedeutet nicht,

- dass der Reiter den Kopf des Pferdes trägt,
- dass das Pferd am Zügel zieht,
- dass der Reiter am Zügel (nach hinten) zieht.

Anlehnung bedeutet stattdessen ›Genickkontrolle‹

- Der Reiter spürt/weiß, was das Pferd mit Genick, Maul und Rücken tut (er erkennt den Zustand des Spannungsbogens am Zustand des Genicks).
- Das Pferd sucht den Kontakt mit der Hand, missbraucht den Zügel jedoch nicht als Stütze.
- Der Reiter kontrolliert der Weichheit des Genicks und die Energie im System, **bevor** das Pferd die Haltung aufgibt. Er fragt das Pferd praktisch ab durch ›Spielen mit dem Maul und mit der Vorwärtsenergie‹.

Anlehnung = Kontrolle der Zügelverbindung = Genickkontrolle

Abfragen von Pferd und Reiter: mit Energie und Spannung spielen

Spielen mit der eigenen Körperspannung und Energierichtung.
Faust öffnen und schließen, ›Schwamm ausdrücken‹.
Beweglich bleiben und immer wieder bewusst Spannung aus dem System nehmen, um das Pferd zu belohnen.
Die Reaktionsbereitschaft des Pferdes auch dann abfragen, wenn alles in Ordnung ist – in Form von halben Paraden: »Bist du bereit, zu reagieren, wenn ich jetzt eine Veränderung fordere?« Das Reiten von Übergängen ist dafür ideal.

Um was geht es?

Selbsthaltung des Pferdes mit impulsartiger Kontrolle durch den Reiter.

Ergänzende Themen

Funktionelle Haltung des Reiters
Vertrauen gegen Vertrauen
Schulterfreiheit
Schulterkontrolle
Freie Balance
Dehnungshaltung
Durchlässigkeit
Die Ausbildungsskala
Hilfszügel helfen nicht
Funktion des Pferderückens
Reiten mit Vorstellungskraft
Takt
Übergänge und ihr Nutzen
Bremsen: die Paraden
Funktion des Zügels
Die getragene, balancierte Hand
Schub- und Tragkraft
Druck erzeugt Gegendruck
Die positive Diagonale
Der Hals als Balancierstange
Angst vor Gleichgewichtsverlust
1+1=1 die Balance im System
Kontakt zum Pferd

Anlehnungsprobleme

Um was geht es?

Voraussetzungen für die ›richtige Anlehnung‹ schaffen.

Energiekontrolle.

Dehnen der äußeren Seite durch Übertreten-Lassen. Damit kann man das Pferd dazu bringen, die äußere Seite loszulassen und mobilisiert den gesamten Lendenbereich.

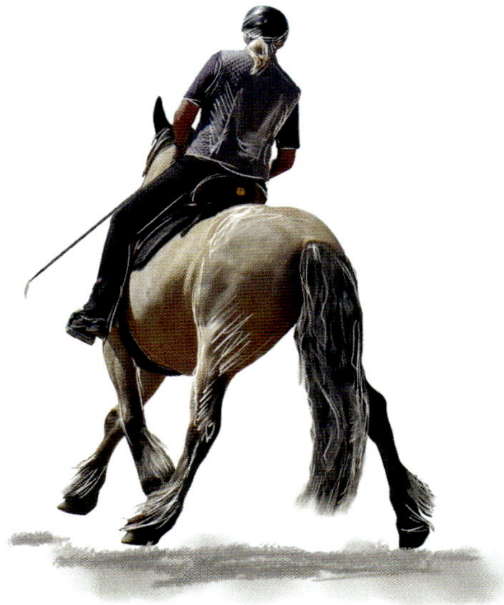

Ergänzende Themen

Funktionelle Haltung des Reiters
Vertrauen gegen Vertrauen
Schulterfreiheit
Schulterkontrolle
Dehnungshaltung
Durchlässigkeit
Die Ausbildungsskala
Hilfszügel helfen nicht
Funktion des Pferderückens
Reiten mit Vorstellungskraft
Takt
Übergänge und ihr Nutzen
Bremsen: die Paraden
Funktion des Zügels
Die getragene, balancierte Hand
Schub- und Tragkraft
Druck erzeugt Gegendruck
Die positive Diagonale
Der Hals als Balancierstange
Angst vor Gleichgewichtsverlust
Freie Balance
1+1=1 die Balance im System
Kontakt zum Pferd

... sind meist Rücken- und Gleichgewichtsprobleme

Pferde, die sich gegen den Zügel wehren oder keine zweckmäßige Haltung einnehmen wollen, haben meistens ein Thema mit der Energieübertragung über den Rücken und mit dem Gleichgewicht. **Selbsthaltung und Schulterfreiheit herstellen sowie den Rücken ›freigeben‹ ist hier die Devise.**

Korrektur-Maßnahmen:

Anheben der inneren Hand oder beider Hände, um die Schulter(n) des Pferdes oben zu behalten.

Nachgeben (Druck wegnehmen), um dem Pferd die Stütze zu entziehen. Je nach Pferdetyp (zu langsam, zu schnell) dabei eher vorwärts oder eher untertourig reiten (Energiekontrolle).

Übertreten lassen, um die äußere Seite zu dehnen (und damit zum Loslassen zu bringen).

Nicht versuchen, eine erwünschte Kopf- und Halshaltung um jeden Preis, womöglich mit Hilfszügeln, herzustellen.

Richtige Anlehnung entsteht von allein, wenn alles andere stimmt

Die korrekte Haltung von Kopf und Hals des Pferdes gilt bei vielen Reitern als das Hauptkriterium für gutes Reiten. Viel wichtiger und vor allem **Voraussetzung** für gute Kopfhaltung ist jedoch die aktive Arbeit der Hinterhand, die ungehinderte Rückentätigkeit sowie Schulterfreiheit des Pferdes, die erst die ›gute‹ Haltung von Hals und Kopf möglich machen. Wer also in erster Linie an der Halshaltung arbeitet, ›zäumt das Pferd vom Schweif her auf‹.

Geraderichten des Pferdes

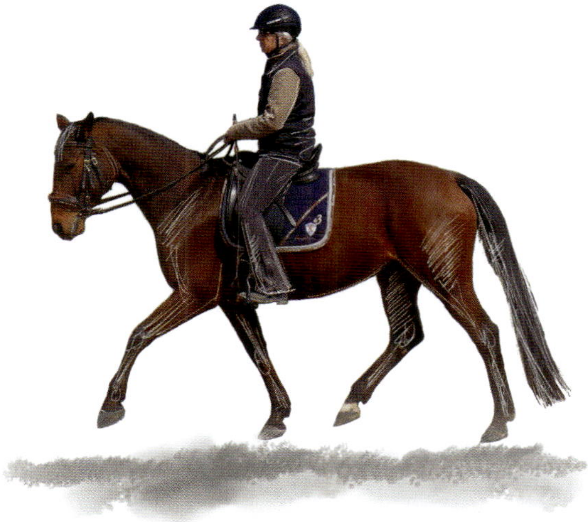

Das Grundproblem der Asymmetrie

Jedes Pferd ist (wie jeder Mensch) von Natur aus asymmetrisch. Die **natürliche Schiefe** muss in jeder Stufe der Ausbildung immer wieder neu bearbeitet werden.

Das Pferd hat ein schwächeres und ein stärkeres Hinterbein, eine gedehnte, starke (auch oft ›steife‹ Seite genannt) und eine hohle Seite mit verkürzter Muskulatur, die sich schlecht dehnen lässt.

Geraderichten des Pferdes durch Biegung

Durch Gymnastizierung muss diese Asymmetrie ausgeglichen werden, so dass **beide Hinterbeine gleich viel Last aufnehmen und beide Seiten sich gleich gut dehnen können.** Arbeit auf gebogenen Linien und das Reiten von verschiedenen Seitengänge (siehe dort) sind dabei sehr hilfreich.

Parallel dazu muss der Reiter an der Beseitigung seiner eigenen Asymmetrie arbeiten. Ein schief sitzender Reiter überträgt seine Dysbalancen direkt auf das Pferd.

4 funktionell unterschiedliche Hinterbeine auf gebogenen Linien

In einer Wendung muss das innere Hinterbein vermehrt Last aufnehmen und sich beugen. Durch wechselseitiges Biegen kräftigt man das jeweils innere Hinterbein. Auf der rechten Hand hat das Pferd in der Biegung ein rechtes, vermehrt tragendes Hinterbein und ein linkes freies. Auf der linken Hand ist es umgekehrt: ein linkes tragendes Bein und ein rechtes freies.

Geradeausreiten

Viele Reiter haben Probleme, wirklich geradeaus zu reiten.
Das hat vor allem folgende Gründe:

1. Die Asymmetrien von Reiter und/oder Pferd sind noch nicht behoben.
2. Der Reiter fokussiert nicht (fehlende Blickrichtung, auf den Hals schauen).
3. Der Reiter hat seine Beckenstellung nicht unter Kontrolle.
4. Der Reiter versucht, mit Schenkel und Zügel zu korrigieren, ist damit immer zu langsam und sorgt erst recht für ein Schwanken des Pferdes auf der Geraden.
5. Das Pferd tritt nicht sauber über den Rücken nach vorne durch oder blockiert die Energie im Genick und hat deswegen keine Balance.

Um was geht es?

Geraderichten erfordert Biegung.

Ein schiefer Reiter kann das Pferd nicht geraderichten.

Geradeaus reiten ist schwerer, als das Reiten auf gebogenen Linien.

Ergänzende Themen

Seitengänge
Funktionelle Haltung des Reiters
Innen und außen
Schulterkontrolle
Ausbildungsskala
Richtig abwenden
Stellung und Biegung
Empathie
Asymmetrie des Reiters
Orientierung im Raum
Über den Rücken gehen

Die Bedeutung der Seitengänge

Um was geht es?

Übersicht der Seitengänge.

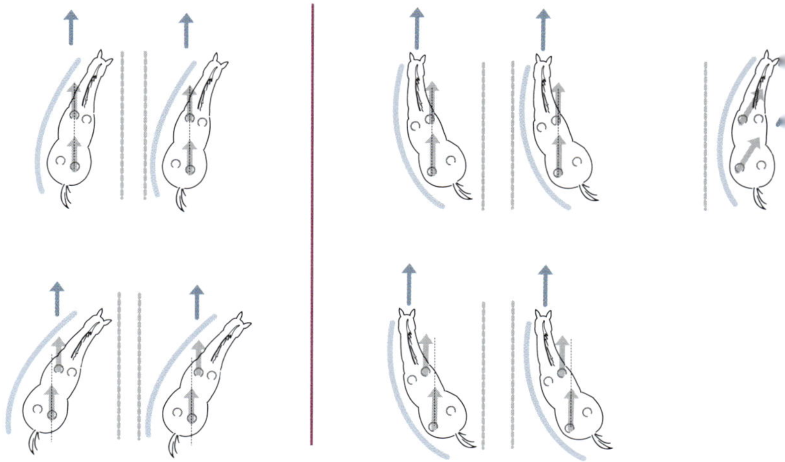

›Vorwärts-Seitwärts‹ und ›Gebogen geradeaus‹

Die Bedeutung der Seitengänge für die Ausbildung des Pferdes:
Sensibilisierung auf die Hilfen des Reiters.
Gezielte Dehnung der hohlen Seite.
Gezielte Stärkung des schwächeren Hinterbeines.
Verbesserung der Balance und der Haltung.
Unabhängige Steuerung von Schulter und Hinterhand.
Trennen von Blickrichtung und Bewegungsrichtung.
Instrumente für die Korrektur, die Richtungs- und Tempokontrolle.

Eine Übersicht:
Schenkelweichen als Vorbereitung für die ›echten‹ Seitengänge.
Sonderfall: Vorhandwendung als Koordinationsübung.

Schulterherein / Konterschulterherein (4 Bilder links)
Travers / Renvers / Traversale (5 Bilder rechts)
Sonderfall: Hinterhandwendung als Travers im Kreis.

Ergänzende Themen

Hinterhandwendung
Vorhandwendung
Travers, Renvers, Traversale
Schulterherein
Innen und außen
Stellung und Biegung
Das Quadrat
Korrekturen in Außenstellung
Bremsen: die Paraden

Begriffsbestimmung

Die Seitengänge können auf 3 und auf 4 Hufspuren ausgeführt werden.
Auf **3 Hufspuren** bewegen sich inneres Hinterbein und äußeres Vorderbein auf einer gemeinsamen Spur, inneres Vorderbein und äußeres Hinterbein auf einer jeweils eigenen.
Auf **4 Hufspuren** bewegen sich alle 4 Beine auf einer jeweils eigenen Linie.

Die Bezeichnungen **Konterstellung** bzw. **Renvers** sind jeweils in Bezug zur Bande und zur Bewegungsrichtung zu sehen.

Seitengänge können auf der Geraden und auf gebogenen Linien (Zirkeln und Volten) ausgeführt werden. Wenn das Pferd alle beherrscht, kann man beliebig zwischen ihnen hin und her wechseln.

Hinterhandwendung / Pirouette

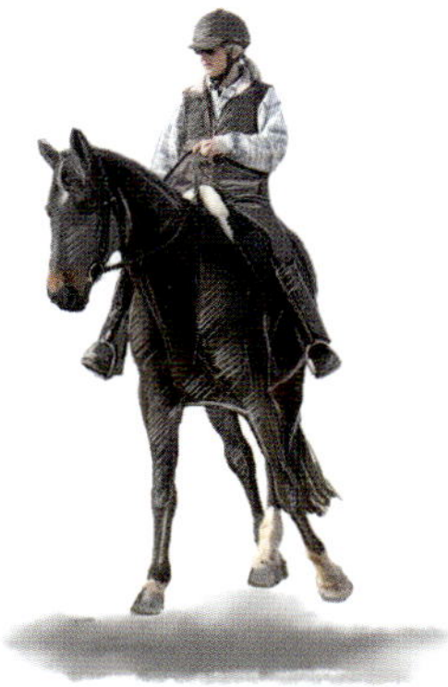

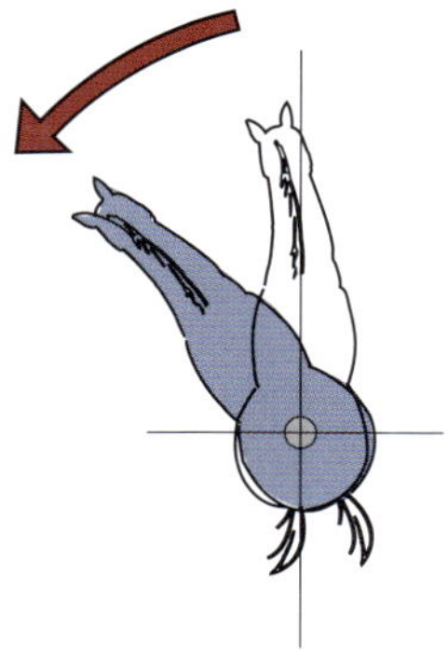

Die Hinterhandwendung ist prinzipiell ein Travers im Kreis

Grundsätzlich muss man die Hinterhandwendung immer als **Vorwärtsbewegung** begreifen. Die Vorderbeine treten um die Hinterhand herum. Das äußere Vorderbein soll vorne überkreuzen, also vor dem inneren Vorderbein seitwärts geführt werden.
Das innere Hinterbein steht dabei nicht drehend am Boden, sondern ›tritt mit‹. Die Hinterbeine dürfen durchaus einen Minikreis beschreiben, um die Vorwärtstendenz zu erhalten.
Hinterhandwendungen werden auch **Pirouetten** genannt. Sie werden normalerweise versammelt im Schritt und im Galopp ausgeführt.
Es gibt ganze (360°), halbe (180°) und Viertelpirouetten (90°). Die halben Pirouetten sind auch als Kurzkehrt bekannt.
Pirouetten brauchen zudem ›Aufwärtstendenz‹, d.h. Bewegungsfreiheit in Schulter und Hals. Insbesondere die innere Schulter des Pferdes darf nicht von einem rückwärts ziehenden Zügel behindert werden.
Auch im Trab kann eine Hinterhandwendung ausgeführt werden – meistens in Form einer Viertelpirouette in einer Ecke.
Sonderfall der Hinterhandwendung im Trab ist der **Spin** der Westernreiter, der in der ›fertigen Version‹ in rasantem Tempo in einer trabartigen Bewegung ausgeführt wird.

Häufige Fehler

Rückwärtstendenz: Das Pferd überkreuzt hinten oder schlägt sich gegen das innere Vorderbein. Meist verursacht durch Festhalten am inneren Zügel.
Zu eng und zu tief / Mangelnde Schulter- und Halsfreiheit: Auch hier wieder verursacht durch falsche Einwirkung mit dem Zügel und durch eine falsche Idee der Bewegung, wenn der Reiter das Pferd mit Kraft in die Wendung hineindrücken will und es vorne nicht herauslässt (vgl. auch Trab-Verstärkungen).
Zu stark im Hals gebogen: Die innere Schulter ist blockiert. Auch hier ist wieder die falsche Idee der Bewegung schuld: Der Reiter kontrolliert nicht die Schulter, sondern versucht, über die Halsstellung zu arbeiten.
Herumgeworfen (Galopp-Piroutte): Das Pferd wirft sich mit wenig Hankenbeugung und ohne Aufwärtstendenz in wenigen Sprüngen herum.

Um was geht es?

Eine Hinterhandwendung ist eine Vorwärtsbewegung!

Ergänzende Themen

Die Bedeutung der Seitengänge
Die Idee der Bewegung
Schulterfreiheit
Schulterkontrolle
Versammlung
Das Quadrat
Freie Balance
Kopf- und Halshaltung des Pferdes
Funktion des Zügels
Die getragene, balancierte Hand
Richtig abwenden
Stellung und Biegung
Das gebogene Pferd
Travers, Renvers, Traversale
Vorhandwendung
Schulterherein
Innen und außen
Korrekturen in Außenstellung
Bremsen: die Paraden

Die Vorhandwendung

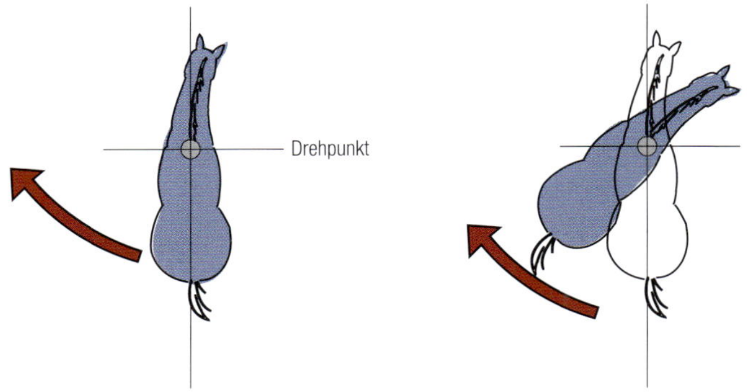

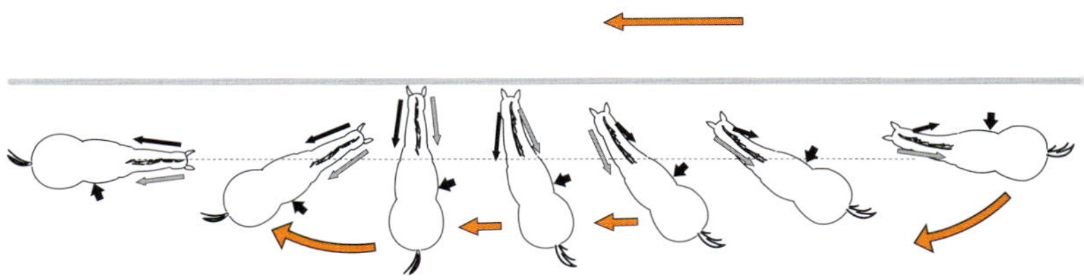

Um was geht es?

Bessere Koordination.

Etablierung der Schenkelimpulse.

Ergänzende Themen

Die Bedeutung der Seitengänge
Die Idee der Bewegung
Schulterfreiheit
Schulterkontrolle
Versammlung
Das Quadrat
Freie Balance
Kopf- und Halshaltung des Pferdes
Funktion des Zügels
Die getragene, balancierte Hand
Richtig abwenden
Stellung und Biegung
Das gebogene Pferd
Travers, Renvers, Traversale
Hinterhandwendung, Pirouette
Schulterherein
Innen und außen
Korrekturen in Außenstellung
Bremsen: die Paraden
Druck erzeugt Gegendruck
Schenkelweichen

Koordination

Die Vorhandwendung hat hauptsächlich koordinatorischen Wert für Reiter und Pferd. Sie dient dazu, dem Pferd die Schenkelimpulse des Reiters verständlich zu machen.
In Verbindung mit dem Schenkelweichen kann sie dem Reiter die Wirkung des kontrollierenden äußeren Zügels verdeutlichen (siehe Beispiel oben): Der Reiter befindet sich im Schritt auf der linken Hand. Er stellt das Pferd nach rechts und reitet im Schenkelweichen an der Bande entlang. Dann beginnt er, mit dem äußeren (linken) Zügel stärker zu parieren und die Vorwärtsbewegung zu begrenzen, bis das Pferd in Form einer Vorhandwendung die Hand wechselt. Der Reiter befindet sich jetzt auf der rechten Hand und kann die gleiche Übung auf dieser Hand seitenverkehrt wiederholen.

Dosierter Einsatz der treibenden und verhaltenden Hilfen

Bei dieser Koordinationsübung kommt es darauf an, dem Pferd genug Bewegungsfreiheit (vor allem einen langen Hals) zu lassen. Werden die Zügelhilfen zu stark gegeben, wird das Pferd einfach stehen bleiben. Zieht der stellende Zügel nach hinten, wird das Pferd nur den Hals abknicken, aber nicht übertreten. Wird der Schenkel bohrend eingesetzt, wird das Pferd dagegendrücken. Zudem sitzt der Reiter nicht mehr mittig auf dem Pferd und kippt in Richtung des bohrenden Schenkels aus dem Sitz.

Schenkelweichen

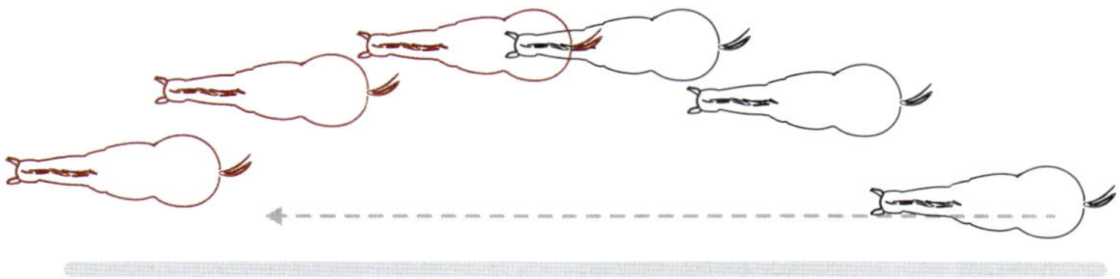

Viereck verkleinern und vergrößern mit gerader Längsachse des Pferdes (Schenkelweichen).

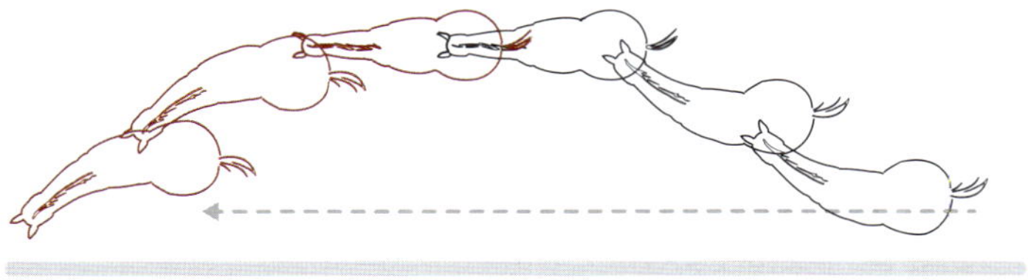

Viereck verkleinern und vergrößern im Travers – die Vorstufe zur Zickzack-Traversale.

Koordination

Wie die Vorhandwendung hat auch das Schenkelweichen weniger gymnastizierenden Wert als vielmehr koordinatorischen. Das Pferd ist in der Längsachse nicht gebogen. Eine leichte Stellung im Genick (gegen die Bewegungsrichtung) ist erwünscht, muss jedoch nicht zwingend sein. Wichtig ist es, das Pferd in der Längsachse gerade zu halten und es damit am Ausweichen mit der äußeren Schulter zu hindern. Wie bei der Vorhandwendung wird hier die Wirkung des äußeren Zügels etabliert.
Schenkelweichen ist die Vorübung für die Seitengänge mit Stellung und Biegung: Schulterherein und Travers / Traversale.
Es ist für das Pferd weniger anstrengend und für den Reiter koordinatorisch weniger anspruchsvoll.

Die Übung ›Viereck verkleinern und vergrößern‹ (Bild oben) schult die Orientierung im Raum beim Reiter und die aufmerksame Reaktion des Pferdes auf die Hilfen.

Schwierigkeiten erhöhen

Die gleiche Übung ›Viereck verkleinern und vergrößern‹ kann auch in einer fortgeschrittenen Version im Travers ausgeführt werden (Bild unten). Das ist prinzipiell ein Teil der in schweren Dressurprüfungen geforderten Zickzack-Traversale.

Um was geht es?

Koordination und Reaktion auf die Hilfen.

Ergänzende Themen

Die Bedeutung der Seitengänge
Die Idee der Bewegung
Schulterfreiheit
Schulterkontrolle
Versammlung
Das Quadrat
Freie Balance
Kopf- und Halshaltung des Pferdes
Funktion des Zügels
Die getragene, balancierte Hand
Richtig abwenden
Stellung und Biegung
Das gebogene Pferd
Travers, Renvers, Traversale
Hinterhandwendung
Vorhandwendung
Schulterherein
Innen und außen
Korrekturen in Außenstellung
Bremsen: die Paraden

Travers, Renvers, Traversale

Um was geht es?

Dehnung der äußeren Seite.

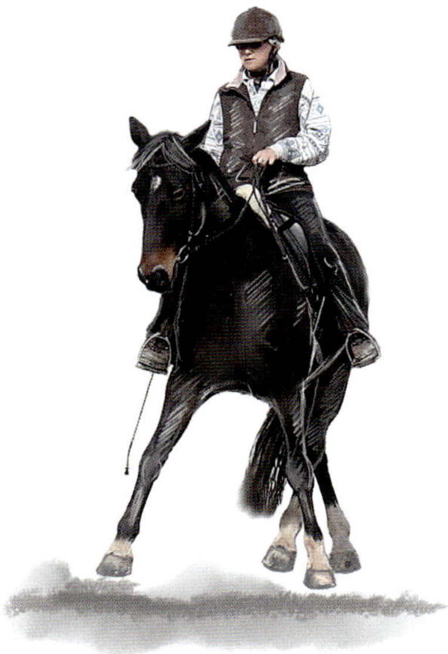

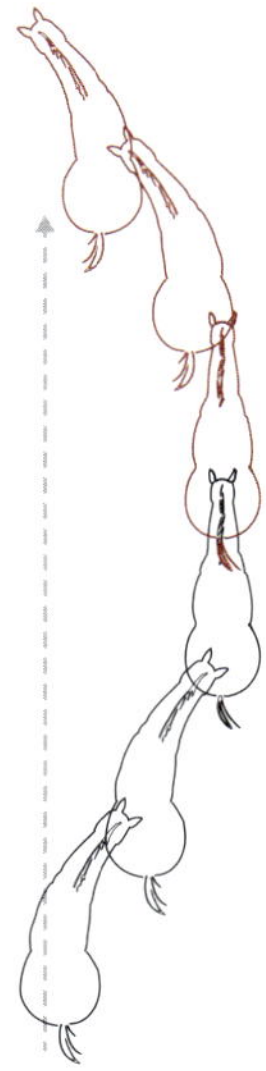

Ergänzende Themen

Die Bedeutung der Seitengänge
Die Idee der Bewegung
Schulterfreiheit
Schulterkontrolle
Versammlung
Das Quadrat
Freie Balance
Kopf- und Halshaltung des Pferdes
Funktion des Zügels
Die getragene, balancierte Hand
Richtig abwenden
Stellung und Biegung
Das gebogene Pferd
Schenkelweichen
Hinterhandwendung
Vorhandwendung
Schulterherein
Innen und außen
Korrekturen in Außenstellung
Bremsen: die Paraden

Die Seitengänge mit Stellung und Biegung in Bewegungsrichtung

Der einzige Unterschied zwischen den Seitengängen mit Stellung und Biegung in Bewegungsrichtung und den Hinterhandwendungen ist tatsächlich die Fortbewegung des Pferdes im Raum, die der Reiter über seine Kopfdrehung (seine Ausrichtung) steuert.
Travers und Renvers sind gleiche Bewegungen und unterscheiden sich nur durch die Lage der begrenzende Bande (siehe Übersicht). Die Traversale unterscheidet sich vom Travers durch die Bewegungsrichtung. Bewegen sich beim Travers Vor- und Hinterhand auf verschiedenen Spuren auf der Geraden bzw. auf der Zirkellinie, so ist die Traversale eine Diagonale im Raum. Den meisten Pferden fällt die Traversale schwerer als das Travers. Das liegt daran, dass in der Diagonalen die Vorhand führen und das äußere Beinpaar noch weiter seitwärts in die Bewegung hineintreten muss. D.h. die Dehnung der äußeren Seite verstärkt sich und die Schulterfreiheit muss noch etwas stärker sein.

Sitz und Ausrichtung des Reiters in Traversbewegungen

Inneren Sitzknochen in Bewegungsrichtung vorschieben, Blickrichtung in Bewegungsrichtung, Oberkörper gerade und mittig über dem Pferd, Kontrolle der Vorwärtsbewegung und Biegung sowie des Abstellungsgrades am äußeren Zügel, leichte Stellung am inneren Zügel, innere Hand vorne und oben lassen – fertig! So einfach ist das – wenn man gelernt hat, seine eigene Position auf dem Pferd ständig ›abzufragen‹ und zu korrigieren, bevor man am Pferd herumkorrigiert.

Schulterherein

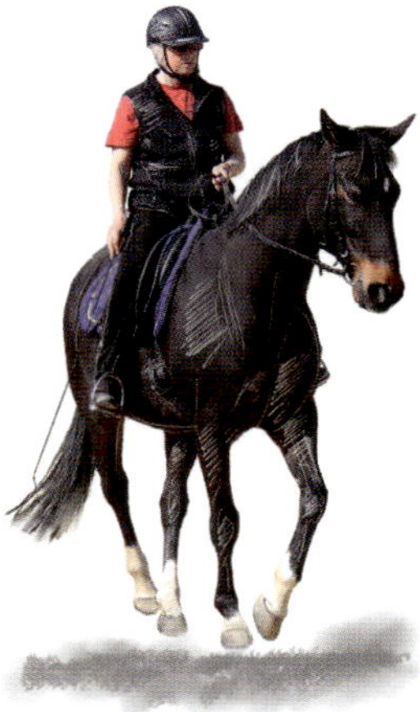

Der Einstieg in die ›gebogenen‹ Seitengänge

Schulterherein ist die Kontrollübung schlechthin: Damit kann man das innere Hinterbein gezielt zum Aufnehmen der Last animieren, die äußere Seite des Pferdes dehnen und die Wirkung des äußeren Zügels auf das innere Hinterbein erfahren.
Stellungswechsel in Schultervor (als Vorstufe zum Schulterherein) und Schulterherein sind gut geeignet, um ein Ausweichen des Pferdes über die Schulter zu verhindern bzw. zu korrigieren.

Teilen Sie das Schulterherein in Ihrer Vorstellung in zwei Phasen

Phase 1: Abwenden (die Pferde-Schulter nach innen hereinführen)
Der Reiter tut so, als wolle er abwenden: innerer Gesäßknochen und innere Hüfte vor, Blickrichtung in Bewegungsrichtung (Kopfdrehung nach innen), Stellung des Pferdes nach innen (der seitwärts-wirkende innere Zügel muss leicht verkürzt werden), der äußere Zügel gibt so viel nach, dass das Pferd den Hals etwas nach innen stellen kann, hält jedoch kontrollierende Verbindung. Diese Phase dauert so lange, bis das Pferd die Schulter in einem Winkel von 30–45 Grad vom vormaligen Hufschlag nach innen hereingenommen hat. In der Praxis geht das sehr schnell und der Reiter muss aufpassen, dass er die Phase des Umschaltens in Phase 2 nicht verpasst.
Phase 2: Umschalten zum ›Geradeausreiten mit gebogenem Pferd‹
Das Pferd ist jetzt in der für das Schulterherein richtigen Abstellung vom Hufschlag; es soll jedoch nun nicht weiter nach innen kommen, sondern ›gebogen geradeaus gehen‹, also mit den Hinterbeinen auf dem Hufschlag bleiben und mit den Vorderbeinen nach innen versetzt gehen. Dieses Umschalten ist ein kritischer Moment, denn es muss schnell, kontrolliert und trotzdem ruhig geschehen. Beim Umschalten ändert der Reiter seine Ausrichtung (Kopfdrehung) und die Positionierung der Gesäßknochen: äußerer nach vorn, innerer nach hinten; er schaut nun leicht nach außen in Bewegungsrichtung, erhält jedoch die Innenstellung und die Position der Schulter des Pferdes auf der zweiten Spur mit kurzen seitwärts wirkenden Impulsen des stellenden inneren Zügels. Der äußere Zügel ist dafür zuständig, Stellung, Biegung und Abstellung vom Hufschlag zu kontrollieren.
Der innere Schenkel treibt in der Umschaltphase mit kurzen Impulsen seitwärts. Er wirkt auf das innere Hinterbein und biegt das Pferd. Der äußere Schenkel verhindert das Ausfallen der Hinterhand nach außen und erhält die Biegung. Er liegt dazu etwas weiter hinten.

Mit Verfeinerung der Hilfengebung werden die Schenkelhilfen und auch der Einsatz des stellenden inneren Zügels immer unwesentlicher. Das Pferd richtet sich unter Beckenstellung und Blickrichtung des Reiters aus.

Um was geht es?

Die zwei Phasen des Schulterherein.

Ergänzende Themen

Die Bedeutung der Seitengänge
Die Idee der Bewegung
Schulterfreiheit
Schulterkontrolle
Versammlung
Das Quadrat
Freie Balance
Kopf- und Halshaltung des Pferdes
Funktion des Zügels
Die getragene, balancierte Hand
Richtig abwenden
Stellung und Biegung
Das gebogene Pferd
Travers, Renvers, Traversale
Hinterhandwendung
Vorhandwendung
Schenkelweichen
Innen und außen
Korrekturen in Außenstellung
Bremsen: die Paraden

Schwung | Energie | Motivation

Um was geht es?

Schwung = Motivation.

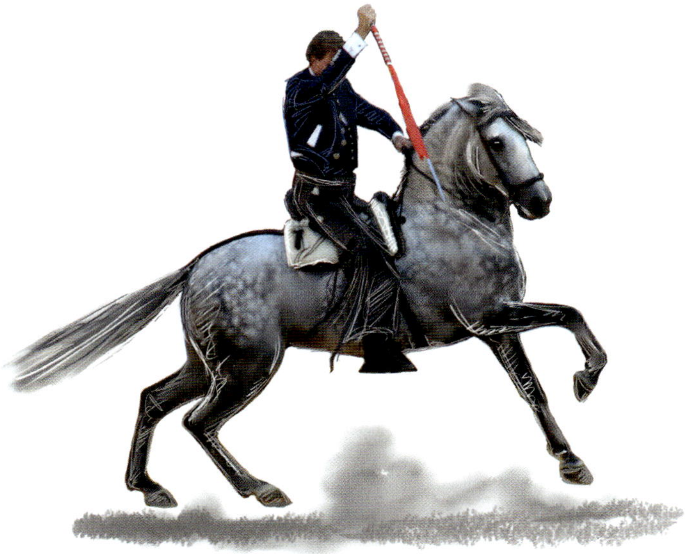

Die Enwicklung des Schwungs steht eher am Ende der Ausbildungsskala

Schwung erfordert einen stabilen Rücken des Pferdes, der die Energie aus der Hinterhand ungehindert nach vorne durchleitet und ist nicht zu verwechseln mit gespannten Tritten.
Um wirklich Schwung zu entwickeln braucht das Pferd Kraft und Beugefähigkeit in den Hinterbeinen (Hankenbeugung) und es muss Freude an der Bewegung haben. Nur dann ist es motiviert genug, auf minimale Impulse genug Energie zur Verfügung zu stellen, um ausdrucksvolle Bewegungen zu zeigen.

Ergänzende Themen

Hankenbeugung
Versammlung
Dem Pferd eine Aufgabe geben
Energiekreis
Über den Rücken gehen
Stabilität ohne Druck
Freie Balance
Spannungsbogen und Selbsthaltung

Ideen und Anregungen zum Thema

Arbeitspferde oder auch Stierkampfpferde (oben) sehen oft mehr Sinn in der Ausführung von bestimmten Manövern und Bewegungen als ›reine‹ Dressurpferde. Wenn sie verstanden haben, was von ihnen verlangt wird, liefern sie die nötige Energie freiwillig und arbeiten motiviert mit.

Schubkraft und Tragkraft

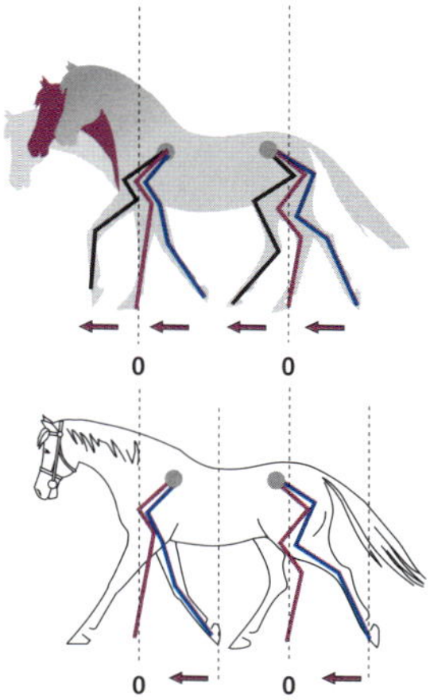

Schubkraft

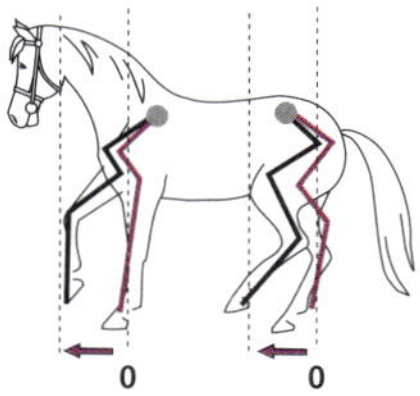

Tragkraft

Schubkraft bei Rennpferden: Maximale Schnelligkeit bei schlechter Lenkbarkeit.

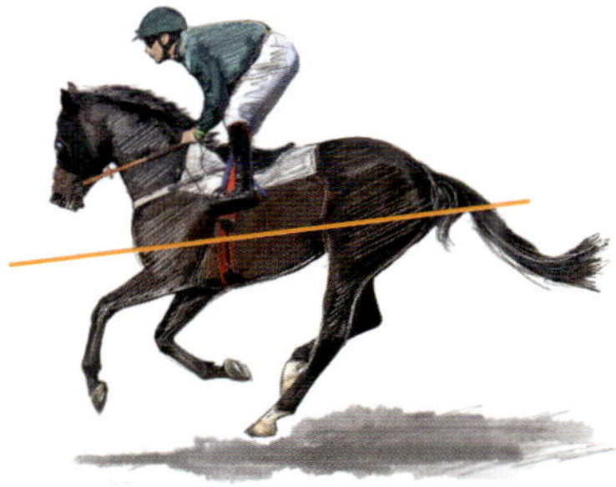

Tragkraft bei Reitpferden: Leichte Lenkbarkeit Schulterfreiheit und tragfähiger Rücken.

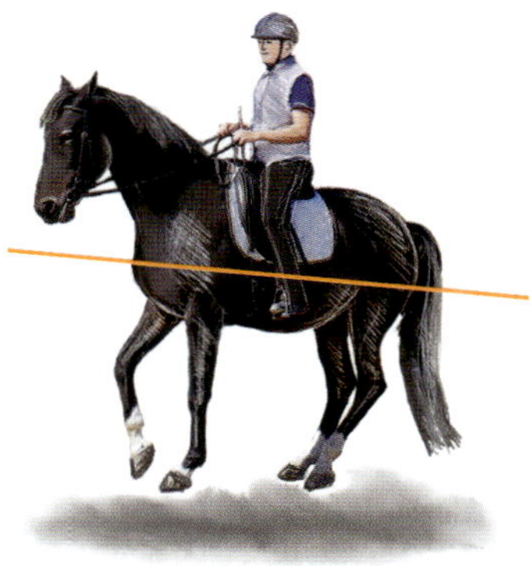

Für ein besseres Gleichgewicht unter dem Reiter muss Schubkraft aus der Hinterhand teilweise in Tragkraft umgewandelt werden.

In seiner Eigenschaft als Reitpferd sollte man das Pferd im Verlauf der Ausbildung versammeln. Dafür müssen die horizontal schiebenden Kräfte in tragende umgewandelt werden.
Eine Arbeit ›auf der Hinterhand‹ mit angehobener Vorhand stärkt den Rücken, verhindert Überlastungsschäden an Sehnen und Gelenken und verbessert die Kontrolle des Pferdes durch den Reiter.
Das gilt nicht nur für die Dressur, sondern auch für die Arbeitsreitweisen, in denen es auf gute und leichte Lenkbarkeit ankommt.

Ausnahmen

Bei Rennpferden kommt es auf Schnelligkeit und maximalen Raumgewinn an. Für den Einsatz in Rennen wird dementsprechend die Schubkraft nicht umgewandelt. Soll das Rennpferd jedoch nach Ende seiner Rennkarriere als Reitpferd dienen, sollte es hinsichtlich verbesserter Tragkraft **umgeschult** werden.

Um was geht es?

Tragfähigkeit, Balance und Lenkbarkeit.

Ergänzende Themen

Versammlung
1+1=1 die Balance im System
Richtig abwenden
Stellung und Biegung
Das gebogene Pferd
Schulterfreiheit
Bremsen: die Paraden
Kraft
Freie Balance
Spannungsbogen und Selbsthaltung
Funktion des Pferderückens
Hankenbeugung
Becken und Gesäßknochen

Hankenbeugung

Um was geht es?

Federwirkung und Balance.

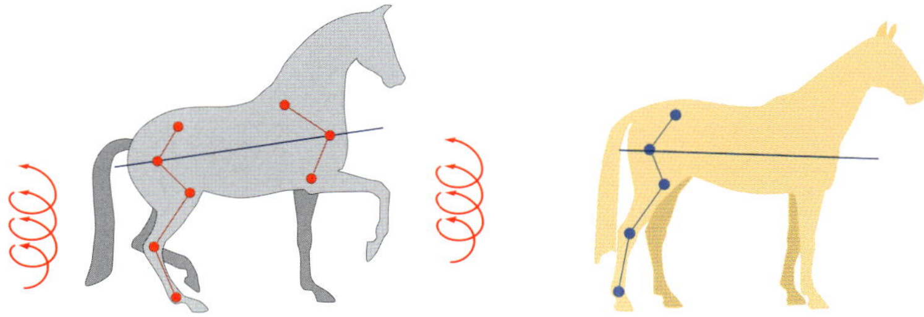

Kraftentwicklung und Federwirkung in der Hinterhand für korrekte Versammlung

Für die Versammlung braucht das Pferd Kraft in der Hinterhand. Es muss die Hanken (= Gelenkgruppe Hüfte, Knie und Sprunggelenk) beugen können, vergleichbar mit den **Kniebeugen** beim Menschen.
Je mehr Kraft das Pferd in der Hinterhand bekommt und deswegen besser im Beugegang (mit ›Hankenbeugung‹) arbeiten kann, umso besser kann es sich versammeln.
Ein richtig versammeltes Pferd arbeitet mit senkrecht ausgerichteten Beinen; die Kruppe erscheint tiefer als die Schulter, der Hals wölbt sich frei nach vorn-oben, die Nase ist vor der Senkrechten.
Seine Bewegungen werden weicher, es lässt den Reiter besser sitzen. Durchlässigkeit (Reaktionsbereitschaft) und Losgelassenheit verbessern sich bei korrekter Versammlung.

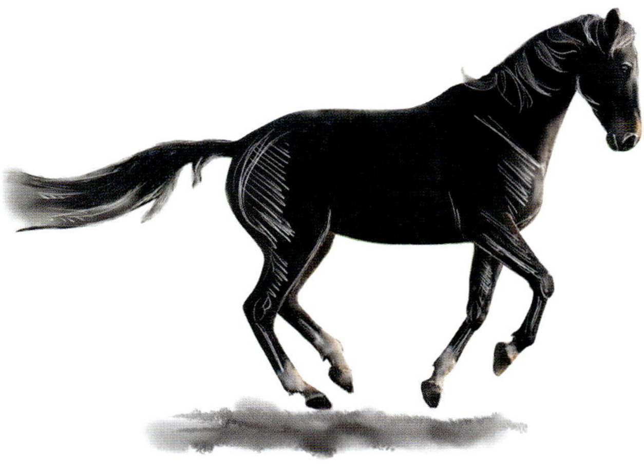

In der Natur zeigt das Pferd alles, was wir für eine korrekte Dressurausbildung brauchen

Auch im Spiel bzw. auf der Koppel sieht man, dass Pferde Hankenbeugung und Versammlung zeigen, wenn sie sich vorteilhaft präsentieren wollen.

Ergänzende Themen

Versammlung
Freie Balance
Reaktionsbereitschaft herstellen
Prompte Reaktionen einfordern
Funktion des Pferderückens
Kraft
Präsenz statt Ausrüstung

Durchlässigkeit

*Nur mit einem durchlässigen Pferd funktioniert die Servolenkung.
Und nur ein durchlässiger Reiter behindert das Pferd nicht in seiner Beweglichkeit.*

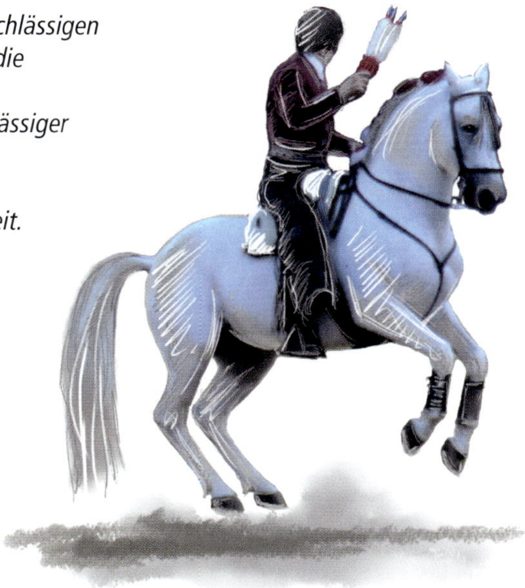

Um was geht es?

Die Energie durchlassen.

Reiter und Pferd müssen gleichermaßen durchlässig sein

Die Bewegung des Pferdes darf nicht vom Reiter blockiert werden. Die Hilfen des Reiters sollen ungehindert beim Pferd durchkommen. Um das zu gewährleisten, muss die Haltung von Reiter und Pferd stimmen.
Beide müssen Bewegung durchlassen. Dafür braucht der Reiter das bewegliche Becken und das Pferd einen freien und trotzdem stabilen Rücken. Beide brauchen Losgelassenheit in den Gelenken.

Ideen und Anregungen zum Thema

Nur wenn das Pferd durchlässig ist, können Sie die Energie aus dem ›Motor‹ des Pferdes, der Hinterhand, lenken und kontrollieren (›die Hilfen kommen durch‹ sagt man). Macht das Pferd an einer Stelle seines Körpers ›dicht‹ und blockiert, dann ›versickert‹ an dieser Stelle die Energie aus der Hinterhand. Und wo nichts mehr ist, da können Sie auch nichts lenken. Ihre kontrollierenden Hilfen können nur greifen, wenn ›Energie von hinten‹ da ist und diese auch vorne ankommt. Lässt das Pferd die Hinterhand schleifen, verspannt den Rücken oder hält die Schulter fest, verpufft die Bewegungsenergie im System und fehlt zum Lenken.

Dasselbe passiert, wenn der Reiter durch ein festgestelltes Becken den Energiefluss im System blockiert. Auch der Reiter muss prinzipiell durchlässig sein und die Bewegungsenergie des Pferdes mit einem beweglichen Becken und losgelassenen Gelenken durch seinen eigenen Körper durchlassen.

Ergänzende Themen

Losgelassenheit
Ausbildungsskala
Pferderücken und Reiterbecken
Die Beckenstellung
Resensibilisierung und Servolenkung
Hankenbeugung
Schulterfreiheit
Beckenbeweglichkeit
Becken und Gesäßknochen
Funktionelle Haltung des Reiters

Kriterien für ›gute‹ Haltung

Um was geht es?

Bewegungsfreiheit und Stabilität bei ökonomischem Energieeinsatz.

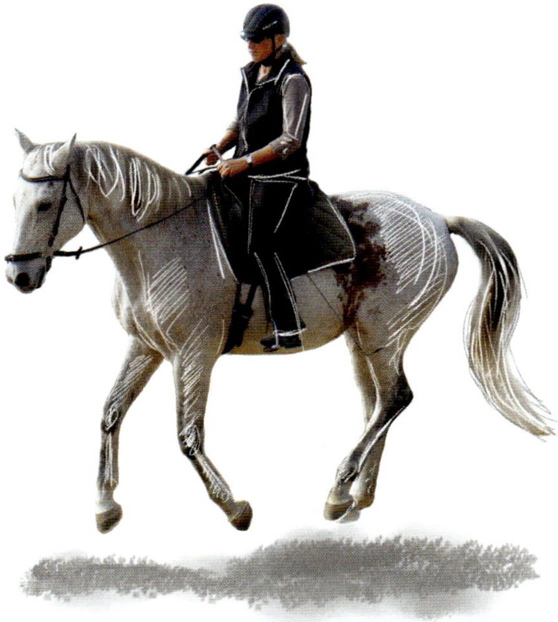

Selbsthaltung des Pferdes im Galopp – gebisslos mit LG-Zaum und am losen Zügel.

Haltung in einem sich bewegenden System ist dann funktionell, wenn sie für Pferd und Reiter größtmögliche Bewegungsfreiheit bei guter Stabilität und kleinstmöglichem Energieeinsatz zulässt.

Was zu bedenken ist:

- Funktionell statt ›formal richtig‹.
- Dem Pferd Freiraum lassen, sich selbst auszubalancieren.
  Der Reiter muss es aushalten, dass das Pferd bisweilen ›aus der Haltung fällt‹.
- Wie viel (Zügel-)Kontrolle ist zweckmäßig? Haltung wird nur zu einem sehr geringen Teil mit dem Zügel kontrolliert.
- Dehnung der Oberlinie, ohne Schulter und Vorhand zu überlasten: offene Ganaschen, Nase vor der Senkrechten, Hals lang und frei getragen.
- Die Grenzen von ›Nase tief‹: Wann ›vorwärts-abwärts‹ nicht sinnvoll ist.
- Individualität und Exterieur beachten. Die funktionelle Haltung eines Friesen sieht anders aus als die eines Vollblüters.

Ergänzende Themen

Haltung des Reiters im Galopp
Funktion des Pferderückens
Haltung bewahren
Der Energiekreis
Spannungsbogen und Selbsthaltung
Diskussion der Dehnungshaltung
Versammlung
Gebisslos?
Bewegungsfreiheit und Beweglichkeit
Freie Balance
Sehen lernen
Die positive Diagonale

Haltung und Balance ...

Je nach Lektion und Ausbildungsstand verändert sich die Haltung von Pferd und Reiter.

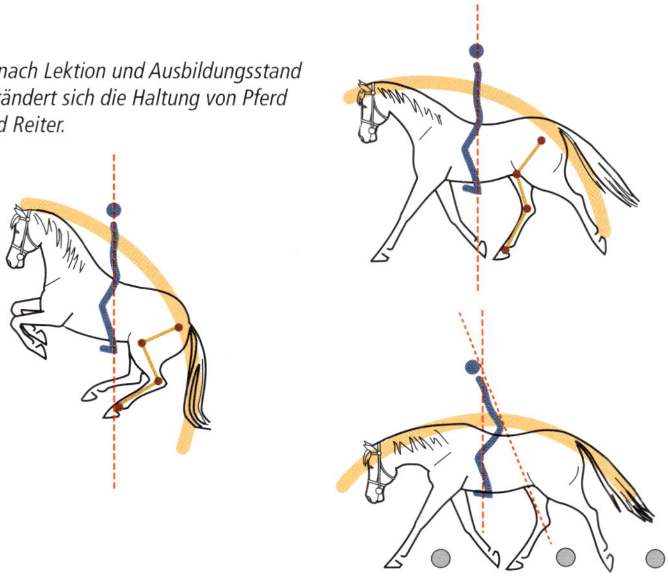

... sind untrennbar miteinander verbunden

Haltung muss immer wieder neu hergestellt sowie den Gegebenheiten, d.h. dem Ausbildungsstand und der Lektion, angepasst werden. Das Gleichgewicht verändert sich in jedem Augenblick und sowohl Reiter als auch Pferd müssen sich ständig neu ausbalancieren, um die Beweglichkeit in vollem Umfang zu erhalten.

Korrekte Haltung ermöglicht maximale Bewegungsfreiheit und optimale, d.h. leichte Kontrolle von Tempo und Richtung.

Kriterien für gute Balance

Frei getragener Hals, Schulterfreiheit durch angehobene Schulter, aktive Hinterhand mit gebeugten Hanken, Verkleinerung der Stützbasis, schnelle Reaktionsfähigkeit und -bereitschaft.

Übergänge reiten, um Balance immer wieder neu herzustellen

Mit dem Reiten von Übergängen zwingt man das Pferd dazu, sich immer wieder neu auszubalancieren. Das funktioniert jedoch nur, wenn der Reiter im Übergang auf einen straffen Zügel verzichtet. Notfalls nimmt er es auch kurzfristig in Kauf, dass das Pferd die Haltung verliert. Es geht darum, dem Pferd eine Stütze zu verweigern. Andernfalls wird das Pferd insbesondere in einem Übergang nach unten versuchen, sich auf die Hand des Reiters zu legen und auf die Vorhand fallen, statt seine Hinterbeine durch Vortreten und Winkeln zum Ausbalancieren zu nutzen.

Um was geht es?

Gute Haltung = gute Balance.

Ergänzende Themen

Übergänge und ihr Nutzen
Funktionelle Haltung des Reiters
Bremsen: die Paraden
Hankenbeugung
Bewegungsfreiheit und Beweglichkeit
1+1=1 die Balance im System
Becken und Gesäßknochen
Sehen lernen
Die positive Diagonale
Parallelität der Beinpaare
Denkanstöße

›Über den Rücken gehen‹

Um was geht es?

Stabilität und Rückentätigkeit.

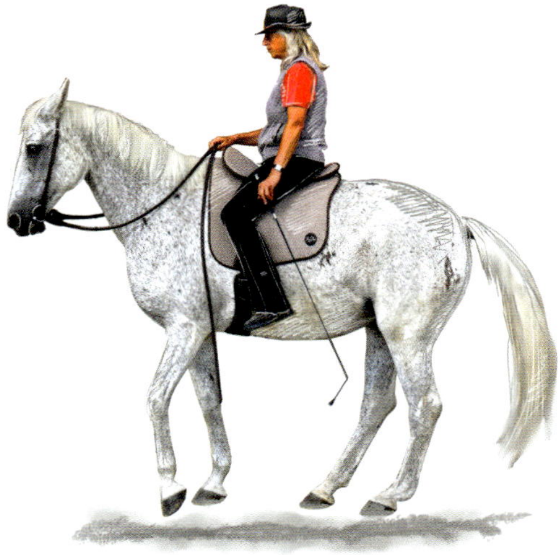

Gut für den Rücken: Im korrekten Rückwärtsrichten kommt der Rücken nach oben, die Schulter wird frei und die Kruppe senkt sich. In der Vorwärtsbewegung sollte dieses Grundprinzip erhalten werden.

Der stabile, losgelassene und durchlässige Pferderücken ...

... überträgt die Energie aus dem ›Motor‹ Hinterhand ungehindert nach vorne (Servolenkung, Durchlässigkeit).
Er stellt zudem die wichtigste gefühlte Verbindung (Schaltstelle) zum Reiter dar.

Wesentliche Punkte für eine funktionelle Haltung mit guter Rückentätigkeit des Pferdes:
Das Becken des Reiters muss die Bewegung des Pferderückens ›aufnehmen‹. Rückenbewegung darf nicht durch den Reiter behindert werden, wenn das Pferd vorwärtsgehen soll.
Der Reiter kann den Rücken freigeben, um die Energie durchzulassen (vorwärts) und den Rücken blockieren, um Bewegung zu hemmen (verhalten).
Durch Erhöhung der Energie und mentale Vorstellungskraft kann der Reiter den Pferderücken praktisch nach oben ziehen.
Starres Festhalten und Hilfszügel gehen immer zu Lasten einer guten Rückentätigkeit.

Ergänzende Themen

Funktionelle Haltung des Reiters
Spannungsbogen und Selbsthaltung
Die Funktion des Pferderückens
Durchlässigkeit
Resensibilisierung und Servolenkung
Kontakt zum Pferd
Rückwärtsrichten
Funktion des Zügels

Schenkelgänger und Rückengänger

In älteren Reitlehren findet man bisweilen die Bezeichnungen Schenkelgänger und Rückengänger.
Mit Schenkelgänger wird ein Pferd bezeichnet, welches weitgehend auf vorwärtstreibend gedachten Druck mit dem Reiter-Schenkel reagiert.
Rückengänger ist das Pferd, welches auf Freigeben oder Blockieren der Energie mittels des Reiterbeckens reagiert.
Rückengänger sind mit deutlich weniger Kraftaufwand zu lenken, weil sie gelernt haben, auf leichte Impulse mit dem Bein zu reagieren.

›Am Zügel‹ – was bedeutet das?

Um was geht es?

Paraden als Gradmesser für gute Zügelverbindung.

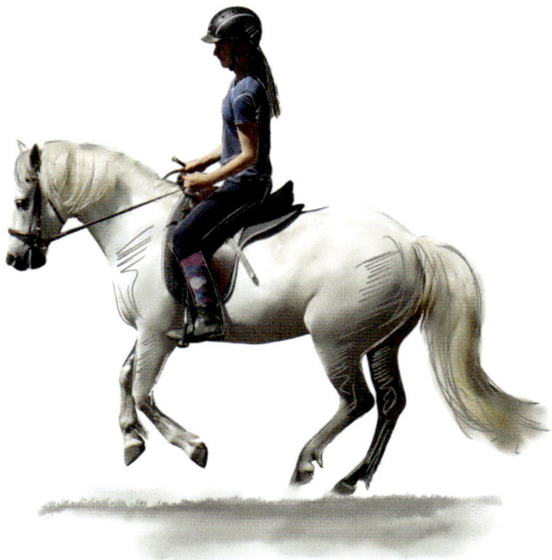

Am Zügel heißt prinzipiell in Selbsthaltung. Das Pferd darf nicht mit Kraft im Arm ›zusammengehalten‹ werden. Der Reiter muss nur Präsenz zeigen und den Oberkörper mit ›Energie füllen‹.

Kontakt am Zügel suchen, aber ›von der Hand wegreiten‹

Das Pferd soll **im Genick nachgeben** (›am Zügel stehen‹, ›den Zügel annehmen‹), damit es nicht im ›starren‹ Genick die Energie aus der Hinterhand blockiert und den Rücken festhält.
Es darf jedoch **keine Stütze in der Hand** des Reiters finden (sich nicht auf den Zügel legen), weil es damit auf die Schulter fällt.
Und es darf sich **nicht hinter dem Zügel verkriechen** (zu viel nachgeben) und damit den Spannungsbogen unterbrechen.
Es soll **Vertrauen zur Hand des Reiters haben**, eine Verbindung zulassen und schließlich sogar suchen, so dass man ›auf Kommando‹ die Nase nach vorn und den Hals in die gedehnte Haltung bekommen kann. Das bezeichnet man mit **›an die Hand heranreiten‹**. Es geht dabei auch immer darum, den Hals als ›Balancierstange‹ frei zu lassen (und nicht zu verkürzen) und das Pferd langfristig **›von der Hand wegzureiten‹**. Zügelkontrolle soll im Verlauf der Ausbildung immer mehr zur Feinkontrolle werden, die Hauptkontrolle erfolgt über Veränderung der Körperspannung und Beckenstellung und über die mentale Verbindung.

Funktionell richtiges ›Am-Zügel-Stehen‹ ist abhängig vom Ausbildungsstand und Exterieur des Pferdes und gewährleistet einen tragfähigen Rücken und eine gute Balance, die Selbsthaltung ohne dauerhaft straffen Zügel ermöglicht.

In jeder Parade zeigt sich, ob das Pferd korrekt am Zügel steht

Die Reaktion des Pferdes auf Paraden ist ein guter Gradmesser für das richtige ›Am-Zügel-Stehen‹. Hat man bei einer Parade das Gefühl, dass das Pferd nach unten zieht und auf der Hand liegt, so stimmt die Zügeleinwirkung und -verbindung nicht.

Ergänzende Themen

Kopf- und Halshaltungen des Pferdes
Becken und Gesäßknochen
Über den Rücken gehen
Funktion des Pferderückens
Die getragene, balancierte Hand
Übergänge und ihr Nutzen
Bremsen: die Paraden
Freie Balance
Spannungsbogen und Selbsthaltung
Der Hals als Balancierstange
An den Hilfen
Machen Sie sich ein Bild!
Reiten mit Vorstellungskraft
Die stabile äußere Seite des Reiters

Kopf- und Halshaltung des Pferdes

Um was geht es?

Genau hinschauen, um die Haltung zu beurteilen.

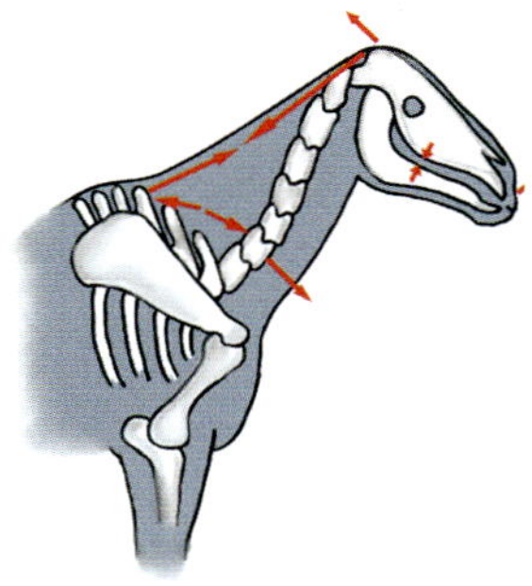

Über dem Zügel mit herausgedrücktem Unterhals. Mit dieser Halshaltung ist das Nackenrückenband nicht gespannt und der Rücken hängt durch.

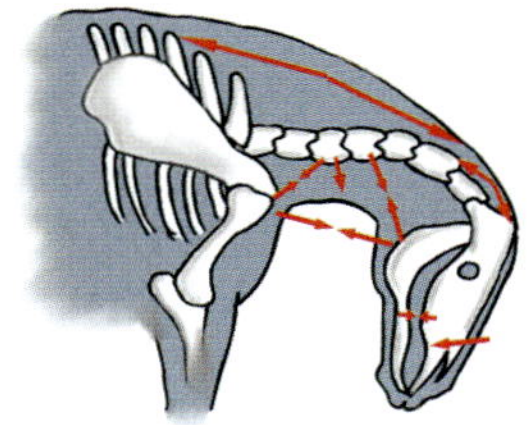

Zu eng im Hals. In dieser Haltung sind Kiefer und Schulter des Pferdes fest. Das Genick ist überdehnt, der Rücken nicht tragfähig.

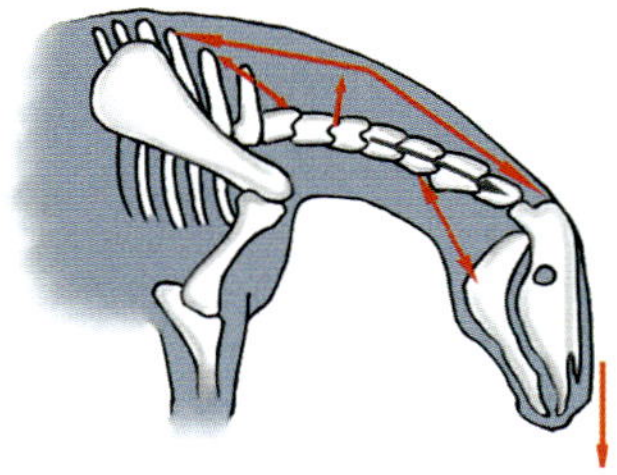

Gedehnte Haltung für eine Entspannungspause: Entspannter Kiefer, gedehnte Oberlinie und Nase vor der Senkrechten. Das ist jedoch keine dauerhafte Arbeitshaltung, weil der Hals etwas zu tief eingestellt und das Pferd zu sehr auf der Vorhand ist.

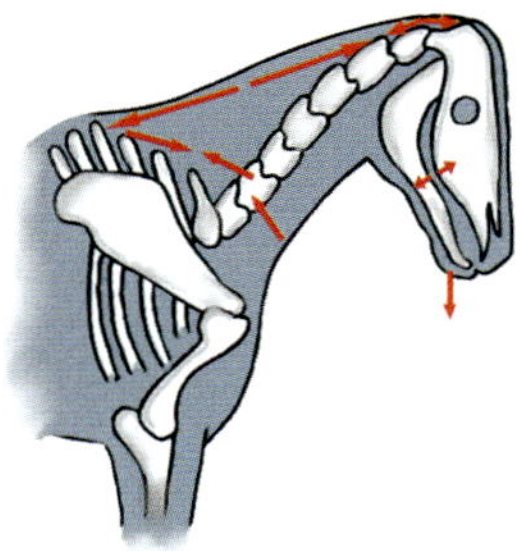

Angemessene Arbeitshaltung ohne Versammlung. Der Hals ist frei getragen, di Schulter oben, die Nase vor der Senkrec ten, das Genick der höchste Punkt.

Ergänzende Themen

Arbeitsfähiger Grundzustand
Versammlung
Schulterfreiheit
Funktion des Pferderückens
Dehnungshaltung

Richtig oder falsch? Viele Haltungen werden hinsichtlich ihrer gesundheitlichen Auswirkungen falsch eingeschätzt

Das Bild oben rechts illustriert eine recht verbreitete und von vielen als durchaus richtig erachtete Hals- und Kopfhaltung. Es handelt sich jedoch schon um eine gesundheitlich nicht zuträgliche Zwangshaltung mit überdehntem Genick und gestauchter Halswirbelsäule.

Die Haltung unten links geht bei den meisten als korrekte Dehnungshaltung durch. Sie taugt jedoch nur als Pausenhaltung; für gymnastizierende Arbeit ist sie ungeeignet, weil das Pferd auf der Schulter hängt.

Der Hals als Balancierstange

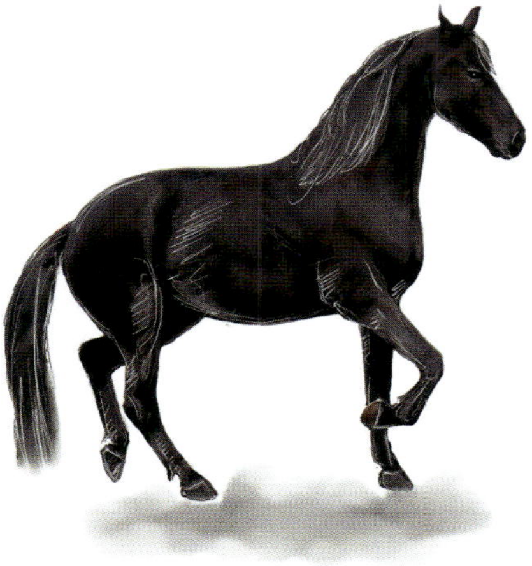

Diese Friesenstute zeigt auf der Koppel alle Elemente der korrekten Versammlung: angehobene Schulter, frei getragener Hals, Lastaufnahme mit den gewinkelten Hinterbeinen und gesenkter Kruppe sowie senkrecht unter dem Rumpf arbeitenden Beinen.

Um was geht es?

Den Hals freigeben und das Pferd von allein seine Haltung finden lassen.

Balance an leichter Hand

Es besteht ein direkter Zusammenhang zwischen dem Anheben des Halses und des Rumpfes bzw. der Schulter und dem Vortritt mit den Hinterbeinen.
Je entspannter und freier getragen der Hals, umso weiter können die Hinterbeine vortreten und umso mehr wird der Rücken angehoben. Das gilt für Dehnungshaltung und Versammlung gleichermaßen.
Ein verspannter Hals und ein festes Genick werden sich immer negativ auf den Vortritt der Hinterbeine und die Rückentätigkeit auswirken.

Freie Selbsthaltung, ohne Stütze durch den Reiter, ist das langfristige Ziel der Ausbildung: 50 Gramm Zug auf dem Zügel sollte das Maximum an Druck sein, was für Paraden und Lenkung eingesetzt wird (kurzfristige Spannungsspitzen zur Korrektur ausgenommen). Das Pferd muss den Hals als Balancierstange frei haben.
Die korrekte Halshaltung richtet sich nach dem Exterieur des Pferdes. Es gibt jedoch Richtlinien, die für alle Pferde gelten: Die Nase ist vor oder an der Senkrechten. Das Genick ist der höchste Punkt. Der Hals bleibt lang. Nur dann ist der Spannungsbogen korrekt, d.h. das Nackenrückenband ›tragfähig‹ gespannt und die Haltung stabil.

Die ›formal richtige Haltung‹ nicht erzwingen

Solange das Pferd den Unterhals nicht aktiv herausdrückt, kann es auch durchaus eine Haltung einnehmen, die nach landläufiger Meinung mit ›über dem Zügel‹ bezeichnet werden kann. Wenn der Rücken dabei stabil und oben bleibt und die Hinterbeine gut arbeiten, kann man diese Haltung leicht über dem Zügel erst einmal ignorieren. Wenn das Pferd schließlich den Rest falscher Spannung ablegt, so ergibt sich die korrekte Haltung von allein.

Ergänzende Themen

Ausbildungsskala
Versammlung
Einwirkung mit dem Zügel
Spannungsbogen und Selbsthaltung
Über den Rücken reiten
1+1=1 die Balance im System
Funktion des Pferderückens
Schulterfreiheit
Kopf- und Halshaltungen des Pferdes
Freie Balance

Das gebogene Pferd

Um was geht es?

Mit Reitergewicht gelten andere Gleichgewichtsgesetze als ohne.

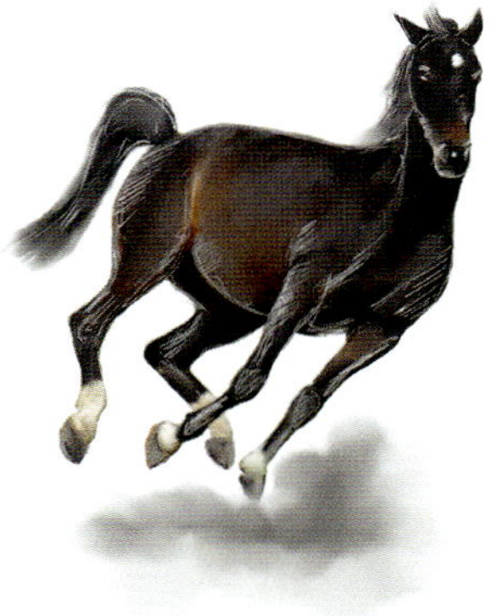

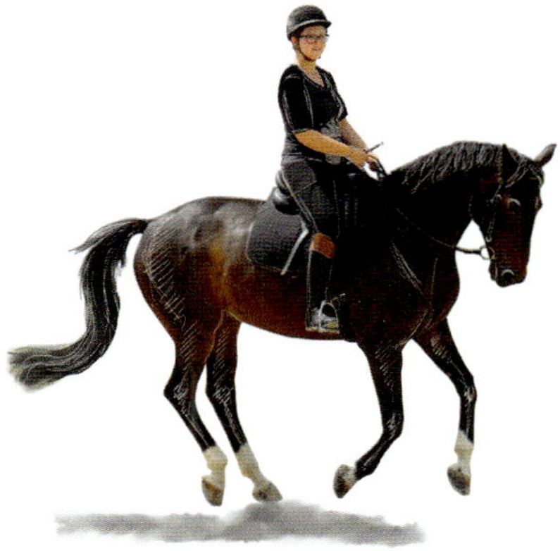

links: Freie Pferde stellen ihren Hals, insbesondere in schnellen Wendungen, nach außen und kippen über die Schulter in die Wendung hinein. Mit dem Reiter obendrauf geht so etwas schief.
rechts: Das gerittene Pferd muss lernen, beide Schultern oben zu lassen. Dabei darf es der Reiter nicht mit einem straffen inneren Zügel behindern.

Das Pferd muss in Wendungen gebogen werden

... um der Zentrifugalkraft entgegenzuwirken.
... damit es nicht in die Wendung hineinkippt und die innere Schulter zu stark belastet. (Innere Schulter oben behalten, Schulterfreiheit herstellen).
... um die freie Balance unter dem Reitergewicht auch auf gebogenen Linien zu erhalten.
... um es langfristig geradezurichten.
... damit das innere Hinterbein Last aufnimmt.
... um Richtungs- und Tempokontrolle durch Wechsel von Stelleung und Biegung zu verbessern.
... um die Seitengänge korrekt zu entwickeln.

Balance in der Wendung

Junge Pferde haben zu Beginn der Ausbildung ein Problem mit der Innenstellung in Wendungen. Sie versuchen das genauso zu handhaben wie ohne Reiter (siehe Bild oben) und verlieren dabei vor allem in höherem Tempo die Balance.
Mit Biegeübungen im Schritt kann man dem unerfahrenen Pferd klarmachen, dass es sich mit Reiter anders ausbalancieren muss. Es soll dem stellenden Zügel folgen, dabei aber die innere Schulter oben lassen. Hat es das im Schritt verstanden, kann man es im langsamen Trab probieren. Um im Galopp eine engere Wendung auszuführen, braucht es längere Zeit. Viele junge Pferde können z.B. im Gelände schon ganz gut geradeaus galoppieren mit Reiter, kommen aber in der Bahn noch nicht durch die Ecke, ohne auszufallen.

Ergänzende Themen

Seitengänge
Richtig abwenden
1+1=1 die Balance im System
Innen und außen
Stellung und Biegung

Gute Haltung ist anstrengend ...

Neben einer funktionellen Haltung des Pferdes ist auf diesem Bild schön zu sehen, dass der Reiter sich nicht im Oberkörper verdreht, sondern rein über die Kopfdrehung die Richtung bestimmt. Seine innere Seite (vor allem die Hüfte) bleibt in der Wendung vorne, seine äußere Seite ist stabil.

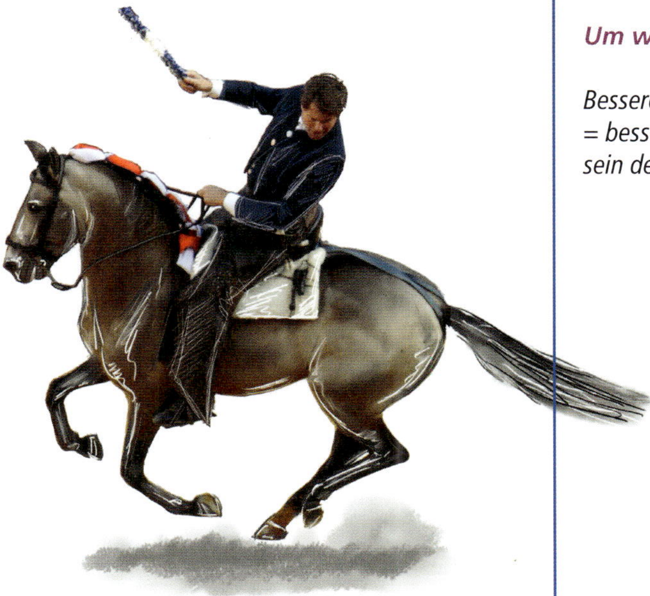

Um was geht es?

Bessere Bewegungsqualität = besseres Selbstbewusstsein des Pferdes.

... und Pferde sind prinzipiell Energiesparer.

Viele Pferde versuchen erst einmal, sich vor anstrengender Arbeit zu drücken und haben dafür diverse Ausweichmanöver parat. Manche Pferde kämpfen auch mit Altlasten, die durch falsches Reiten, alte Verletzungen oder Exterieurmängel bedingt sein können. Es liegt am Geschick des Reiters, den Pferden die Arbeit schmackhaft zu machen. Hat das Pferd erst einmal begriffen, dass es sich besser bewegen kann, wenn es den (angemessen gesteigerten) Forderungen des Menschen Folge leistet, wird es in den meisten Fällen gerne mitarbeiten.
Oft kann man beobachten, dass Pferde mit ›schlechten Bewegungsgewohnheiten‹, die unter dem Reiter gelernt haben, sich besser zu bewegen, in der Rangfolge der Herde aufsteigen. Das ist einer der Vorteile, die das Pferd von der Zusammenarbeit mit dem Menschen hat.

Angemessene Anforderungen

Eine Haltung, wie auf dem Bild oben zu sehen, kann ein Pferd nicht lange durchhalten. Im Training muss deswegen in Intervallen gearbeitet werden. Das Pferd muss immer wieder die Möglichkeit haben, sich mit entspannter Oberlinie zu dehnen, um schmerzhafte Verspannungen zu vermeiden.
Stellen Sie sich vor, sie müssten über längere Zeit Kniebeugen machen und daraus immer wieder nach vorne beschleunigen und wieder stoppen. Das kostet immense Kraft.

Ergänzende Themen

Dem Pferd eine Aufgabe geben

Bewegungsvielfalt

Sich in die Lage des Pferdes versetzen

Bewegungsfreiheit und Beweglichkeit

Funktionelle Haltung des Reiters

Orientierung im Raum

Die stabile äußere Seite des Reiters

Ausweichmanöver

Um was geht es?

Das Pferd unterbricht die Verbindung zum Reiter und entzieht sich der Kontrolle.

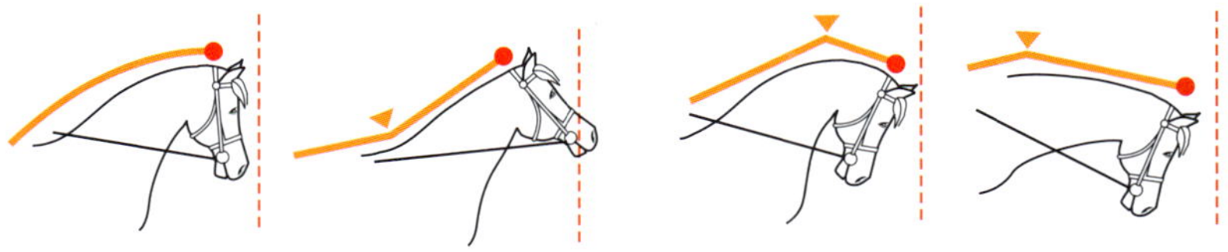

korrekt am Zügel intakter Spannungsbogen

über dem Zügel Unterhals herausgedrückt

hinter dem Zügel Unterbrechung des Spannnungsbogens im 2. oder 3. Halswirbel

auf dem Zügel die Reiterhand dient als Stütze

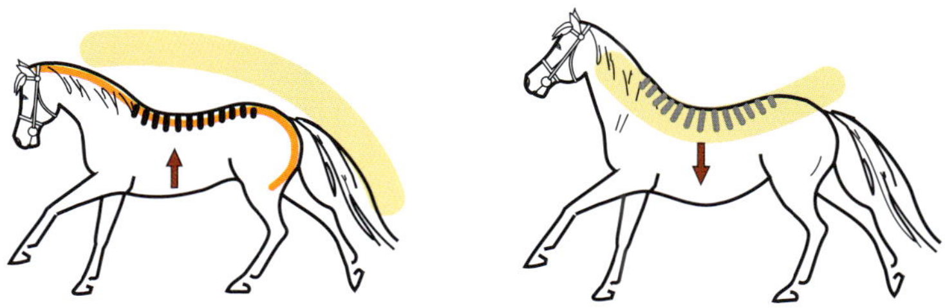

links: Ausbalancierte Haltung mit stabilem Rücken und gespanntem Nacken-Rückenband. rechts: Das Pferd drückt den Rücken nach unten weg und den Hals hoch. Die Bauchmuskeln a beiten nicht, die Hinterbeine sind nach hinten herausgestellt. Hier sind langfristig Rückenschmerzen vorprogrammiert.

Die Hauptprobleme und Ausweichmanöver des Pferdes

- Das Pferd unterbricht den Spannungsbogen.
- Es geht nicht über den Rücken (hält den Rücken fest oder drückt ihn weg).
- Es drückt den Hals hoch oder den Unterhals heraus bzw. die Schulter nach unten (über dem Zügel).
- Es geht mit hoher Kruppe (keine Beugung in den Gelenken).
- Es gibt im Genick nicht nach.
- Es geht hinter dem Zügel oder legt sich auf den Zügel.
- Es liefert keine Energie aus der Hinterhand oder blockiert diese.
- Schlechte Tempo- und Richtungskontrolle:
  Das Pferd geht nicht taktrein, tritt kurz / trippelt, schleppt die Hinterbeine nach.
  Es geht nicht vorwärts. Oder es rennt dem Reiter davon.
- Es kippt in die Wendung hinein. Es drängelt aus der Wendung heraus. Es macht sich auf einer Seite zu hohl (nicht geradegerichtet).
- Das Pferd ist nicht aufmerksam.

Ergänzende Themen

Korrekturregeln
Korrekturen in Außenstellung
Einwirkung mit dem Zügel
Treibende Hilfen
Geraderichten
Takt
Zu wenig Vorwärts
Zu viel Vorwärts
Richtig abwenden
Innen und außen

Zu wenig Vorwärts

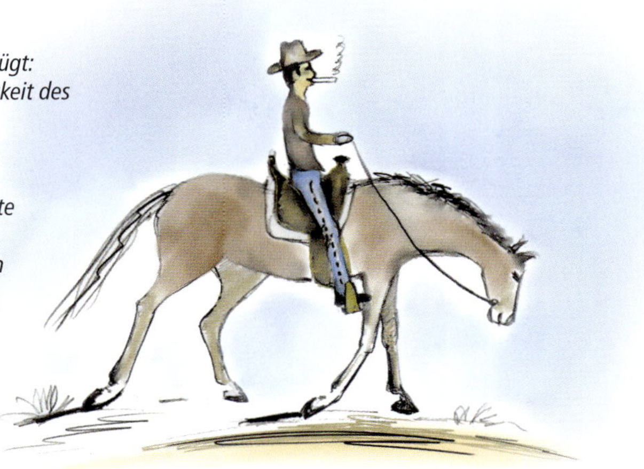

Der Marlboro-Mann lügt: Die scheinbare Lässigkeit des Westernreitens trügt. Auch Westernpferd und Westernreiter brauchen eine korrekte Haltung und gute Energiesteuerung, um das Pferd gesund zu halten.

Um was geht es?

Das Pferd vor die Hilfen bekommen.

Das zu langsame Pferd ...

- produziert nicht genug Energie aus der Hinterhand (die Hinterbeine treten nicht aktiv vor, die Bauchmuskeln arbeiten nicht).
- blockiert die Energie aus der Hinterhand im Rücken oder Genick.
- schottet sich gegen die treibenden Hilfen des Reiters ab und lässt ihn ›verhungern‹ (es muss resensibilisiert werden, s. dort).

Wenn das Pferd nicht genug Vorwärts anbietet, kann es nicht ›in Haltung‹ gebracht werden. Sobald der Reiter einen Zügel etwas annimmt, wird es langsamer werden.

Für eine korrekte Haltung braucht man jedoch ein deutliches Mehr an Energie als für eine reine Vorwärtsbewegung. Man muss das Pferd dazu bekommen, dass es immer ein wenig ›mehr Vorwärts‹ anbietet als wir brauchen (= vor die Hilfen bekommen). Nur dann können wir mit halben Paraden Haltung herstellen.

Das funktioniert nach dem Prinzip: **die Hinterbeine zum Vortreten animieren; dann durch halbe Paraden den Schub nach vorne begrenzen und nach ›oben‹ in Haltung ›umleiten‹.**

Urteilsvermögen und Konzepte des Reiters sind gefragt

Wenn Pferde überhaupt kein Vorwärts mehr anbieten, kann das folgende Hauptursachen haben:

1. Sie haben ein körperliches Problem und Schmerzen: Rückenschmerzen, Probleme mit den Hufen (Stellung, Sohlenprobleme etc.), Blockaden ... Bevor man wirklich mit ihnen arbeiten kann, muss das Problem medizinisch behoben werden.
2. Der Reiter macht konzeptionelle Fehler: fordert keine prompten Reaktionen auf Hilfen ein, lässt die Energie nicht durch oder liefert selbst keine Energie.

Hier geht es darum, die Ursachen zu finden und einen vernünftigen Plan zu machen, was wo geändert werden sollte: Muss der Reiter an seiner Haltung arbeiten? Muss das Pferd eine Weile ohne Reitergewicht gearbeitet werden?

Ergänzende Themen

Treibende Hilfen
Vorwärts
Resensibilisierung und Servolenkung
Vorwärts = mehr Energie
Energiekonzepte
Bodenarbeit
Handarbeit
Spannungsbogen und Selbsthaltung

Die Bauchmuskeln

Um was geht es?

Richtige Bauchmuskelarbeit macht den Rücken des Pferdes stabil und steuert die Beckenstellung des Reiters.

In dieser Haltung arbeiten die Bauchmuskeln des Pferdes nicht. Es drückt den Rücken weg und der Bauch hängt nach unten. Das Nacken-Rückenband ist nicht gedehnt/gespannt.
So kann das Pferd den Reiter nicht schadensfrei tragen. Ein rückwärtswirkender Zügel oder auch Hilfszügel wären hier fatal – genauso wie das Aussitzen. Durch Biegeübungen kann man dem Pferd klarmachen, dass es sich besser ausbalancieren kann, wenn es den Hals fallen lässt.

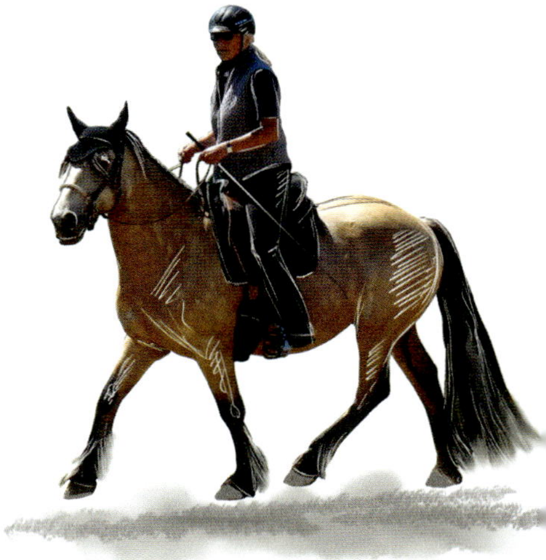

Warum ein Hängebauch des Pferdes oft nichts mit zu viel Heu zu tun hat

Um das Nacken-Rückenband zu dehnen und den Rücken stabil zu machen, müssen die Bauchmuskeln des Pferdes arbeiten. Sie sind beteiligt am Vortreten der Hinterbeine und am Anheben des Rückens. Pferde, die einen ausgeprägten Hängebauch haben, lassen im Allgemeinen den Rücken nach unten durchhängen. Durch dieses Hohlkreuz werden die Hinterbeine in ihrer Beugefähigkeit massiv beeinträchtigt und arbeiten eher steif nach hinten heraus. Der Mensch kann das am eigenen Leibe testen, indem er mit starkem Hohlkreuz läuft und versucht, die Knie zu beugen. (Als Gegentest: mit Rundrücken laufen und die Schultern locker hängen lassen: Die Knie können sich beugen, die Schritte werden viel länger und der Bewegungsablauf weicher und leichter.)

Mit den Bauchmuskeln kippt der Reiter das Becken

Um das Kreuz anzustellen, also den Beckenkamm nach hinten zu kippen (für ein kurzes Innehalten in der Bewegung = Parade), müssen auch beim Reiter die Bauchmuskeln arbeiten, d.h. sich in diesem Fall verkürzen.
Zudem braucht er sie in Form von isometrischer Spannung, wenn er die Energie im Oberkörper erhöhen will (mehr Aufrichtung, mehr Präsenz). In diesem Fall baut der Reiter aus der Bauchmitte Druck von innen nach außen auf, wie beim Naseschnäuzen – und komprimiert sie wieder durch Außenrotation im Arm mit geschlossenen Achselhöhlen. So kann er im Oberkörper ›kompakt‹ bleiben, ohne das Becken in eine Bewegung hemmende Stellung zu kippen.

Ergänzende Themen

Dehnungshaltung
Versammlung
Funktionelle Haltung des Reiters
Freie Balance
Sich in die Lage des Pferdes versetzen
Das Kreuz mit dem Kreuz
Beckenstellung und Gesäßknochen
Bremsen: die Paraden
Funktion des Pferderückens
Muskelketten im Arm
Muskelketten im Bein
Atmung
Streckmuster und Beugemuster

Zu viel Vorwärts

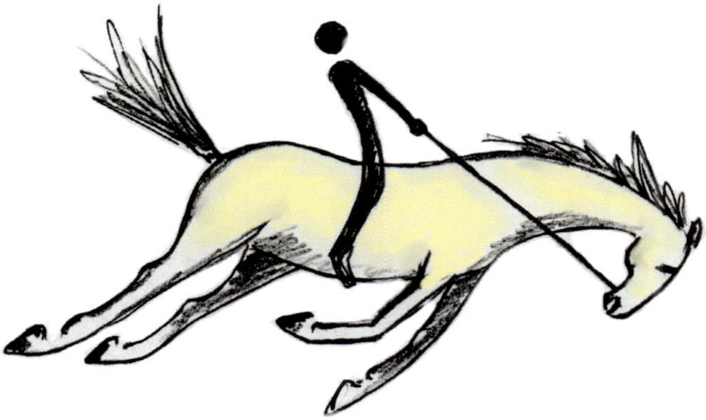

Um was geht es?

Das Pferd rennt seinem Gleichgewicht hinterher.

Das zu schnelle Pferd ...

produziert zu viel Schub aus der Hinterhand, überlastet deswegen Schulter und Vorhand.
sucht eine Stütze in der Hand.
ist nicht unter dem Reiter ausbalanciert (es rennt seinem eigenen Gleichgewicht hinterher und dem Reiter davon).
hat kein Vertrauen zum Reiter und versucht, sich der Kontrolle zu entziehen.
ist manchmal auch einfach nur ungezogen.

Rennen aus Aufregung oder Angst vor Gleichgewichtsverlust

Nervöse und unsichere Pferde versuchen, sich durch Flucht nach vorn den von ihnen als zu hoch empfundenen Anforderungen zu entziehen. Sie rennen der Einwirkung des Reiters davon.
Rückenschmerzen sind auch ein häufiger Grund für rennende Pferde. Oberstes Gebot für den Reiter ist dann, die Ruhe und das Vertrauen des Pferdes in die Einwirkung des Reiters wieder herzustellen.
Zur Not durch Schrittarbeit oder auch Arbeit an der Hand bzw. am Boden.

Ideen und Anregungen zum Thema

Es hat keinen Sinn, ein Pferd, welches noch nicht gut im Gleichgewicht ist und der Einwirkung des Reiters davonrennt, einfach nur müde zu machen, indem man es rennen lässt. Damit festigt man eine kopflastige Haltung auf der Vorhand, die später schwer zu korrigieren ist. Sinnvoller ist eine Arbeit im Schritt und langsamen Trab mit Biegung, Seitengängen und koordinatorischen Übungen, um das Pferd besser in die Balance zu bringen, und – bei ungezogenen Pferden – es abzulenken und zu disziplinieren.

Ergänzende Themen

Schubkraft und Tragkraft
Handarbeit
Bodenarbeit
Korrekturmaßnahmen
Angst vor Gleichgewichtsverlust
Anhaltereflexe installieren
Richtig abwenden
Seitengänge
Bremsen: die Paraden
Schulterfreiheit
Schulterkontrolle
Takt
Sehen lernen
Denkanstöße
Kontakt zum Pferd
Freie Balance
Funktion des Pferderückens

Hand-, Konter- und Kreuzgalopp

Um was geht es?

Energiekontrolle und Gleichgewicht.

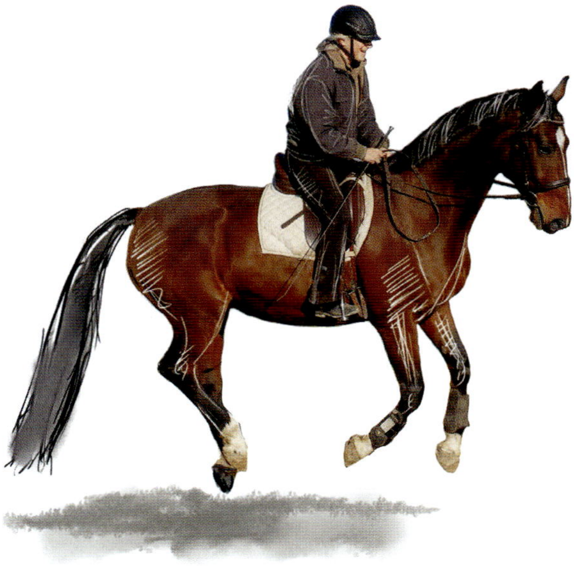

Auf der rechten Hand soll das Pferd im Rechtsgalopp, auf der linken im Linksgalopp anspringen. Das ist der Handgalopp.
Rechtsgalopp auf der linken Hand und Linksgalopp auf der rechten Hand wird als Außengalopp oder Kontergalopp bezeichnet, der in mittelschwereren Dressurprüfungen gefordert werden kann.
Bewegen sich die Beine des Pferdes vorne im Rechts- und hinten im Linksgalopp oder umgekehrt, ist dies der – immer falsche – Kreuzgalopp.

Häufige Fehler im Galopp
Gelenke bzw. Beckenbewegung blockieren.
Klemmen/Festhalten mit dem Unterschenkel oder Knie.
Bohren mit dem Absatz. Außenrotation im Bein.
Mit dem Oberkörper rudern, nach vorn fallen, ›vor dem Pferd galoppieren‹.
Oberkörper zu weit hinten, Rücklage.
Innere Hand nach hinten ziehen.
Innerer Unterschenkel zu weit vorn und zu viel Druck im inneren Bügel (Heraushebeln aus dem Sitz).

Ergänzende Themen

Innen und außen
Funktion des Pferderückens
Funktionelle Haltung des Reiters
Spannungsbogen und Selbsthaltung
Haltung im Galopp
Freie Balance

Ideen und Anregungen zum Thema

Sinnvollerweise wird der Galopp erst gefordert, wenn das Pferd im Trab gut im Gleichgewicht ist und in Selbsthaltung gehen kann. Auch die Haltung im Galopp sollte ohne allzu viel Einwirkung mit dem Zügel erreicht werden können. Zur Überprüfung wird der innere Zügel immer wieder lose (Bild oben).

Lektionen und die Idee dahinter

Diese Galopp-Pirouette hat ihren Sinn verfehlt. Statt Schulterfreiheit und Beweglichkeit durch eine Arbeit auf der Hinterhand zu erhöhen, wird das Pferd extrem in seiner Beweglichkeit eingeschränkt und fällt auf die Vorhand.

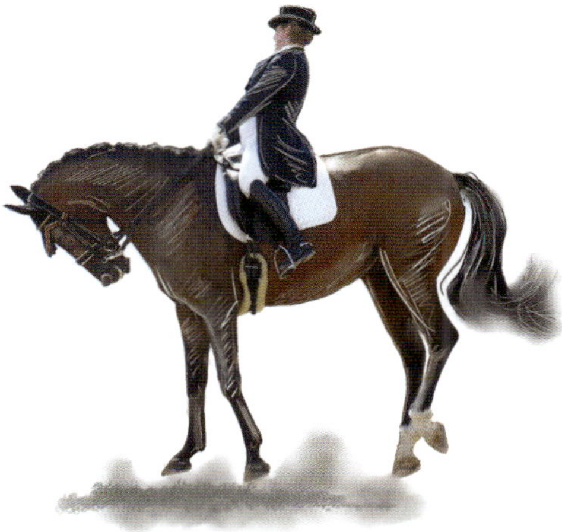

Um was geht es?

Lektionen = Funktions-Gymnastik fürs Pferd.

Mehr Bewegungsfreiheit.

Dressurlektionen sind nicht Selbstzweck ...

... sondern sollen dem Pferd helfen, sich besser unter dem Reiter auszubalancieren, kräftiger und geschmeidiger zu werden.

Es geht bei den Lektionen um Gymnastizierung, Beseitigung der Asymmetrie und Gesunderhaltung durch sinnvoll gestaffelte Dehn- und Kräftigungsübungen – d.h. im Prinzip um die Abarbeitung der Punkte der Ausbildungsskala. Und das braucht Zeit, wenn man die Übungen korrekt und pferdegerecht ausführen will!

In den letzten Jahren ist es leider in Mode gekommen, schon siebenjährige Pferde in schweren Dressurprüfungen vorzustellen. Und da wird dann schnell mal eine Piaffe ›hingetrickst‹, ohne dass das Pferd die nötige Muskulatur schon aufgebaut hat. Das kann mit den wenigsten Pferden langfristig ohne Überlastungsschäden ausgehen, wenn man bedenkt, dass das Wachstum mit sieben Jahren oft noch nicht abgeschlossen ist.

Auch das Training von ›frühreifen‹ Quarter Horses für die Reining Futurity, in der dreijährige Pferde starten, und schon eine Menge Sliding Stops im Training ›auf dem Buckel‹ haben, ist der Gesundheit der Pferde nicht zuträglich – weder physisch noch psychisch.

Für Rennpferde, die zweijährig ihre ersten Rennen laufen, gilt das gleiche. Wenn man sich Vollblüter anschaut, die aus dem Rennbetrieb ausgemustert und zum Reitpferd umgeschult werden, kann man sehen, wie stark sie sich noch verändern, bis sie sieben oder acht Jahre alt sind. Leider ist Zeit im Pferdesport oft Geld – und die Pferde müssen es mit frühem Verschleiß ›ausbaden‹.

Ergänzende Themen

Ausbildungsskala
Geraderichten
Kraft
Zeitfaktoren
Bewegungsfreiheit und Beweglichkeit
Freie Balance
Präsenz statt Ausrüstung
Sehen lernen
Stellung und Biegung
Funktion des Zügels
Einwirkung mit dem Zügel
Spannunhgsbogen und Selbsthaltung
Dehnungshaltung
Kopf- und Halshaltung des Pferdes

Anhaltereflexe installieren

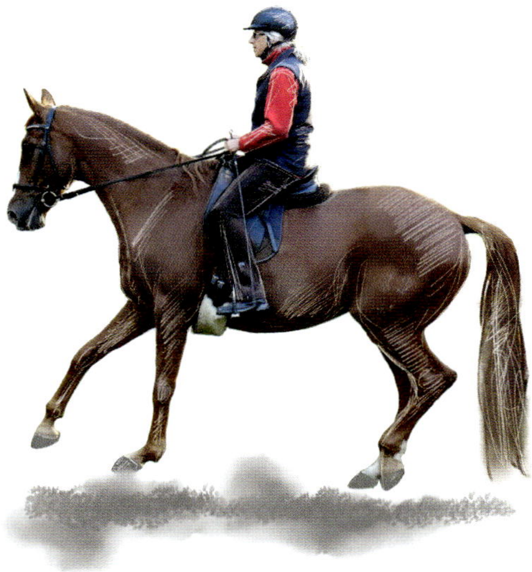

Um was geht es?

›Die Bremse ohne Handeinwirkung installieren‹.

Ergänzende Themen

Vertrauen gegen Vertrauen
Bremsen: die Paraden
Übergänge und ihr Nutzen
Hände weg!
Hilfen als antrainierte Reflexe
Druck erzeugt Gegendruck
Hilfszügel helfen nicht!
Übergänge und Seitengänge im Leichttraben
Verbale Kommandos
Ausbildungsskala
Geraderichten
Kraft
Zeitfaktoren
Bewegungsfreiheit und Beweglichkeit
Freie Balance
Präsenz statt Ausrüstung
Sehen lernen
Stellung und Biegung
Funktion des Zügels
Einwirkung mit dem Zügel
Spannungsbogen und Selbsthaltung
Dehnungshaltung
Kopf- und Halshaltung des Pferdes

Zuverlässiges Anhalten als Sicherheitsfaktor und Arbeitserleichterung

Versuchen Sie nie, ein Pferd durch Handeinwirkung anzuhalten. Erstens haben Sie nicht genug Kraft dafür und zweitens wird das Pferd Ihnen dabei ›auf die Hand brummen‹ und auf der Vorhand stoppen. Signale zum Anhalten werden immer nur impulshaft gegeben, damit das Pferd nicht dagegen ankämpfen kann (Prinzip Stotterbremse).

1. Sie können Ihrem Pferd das Anhalten angenehm machen, indem Sie es jedesmal loben und eine Weile ausruhen lassen oder auch mal ein Leckerli geben.

2. Pferden, die schlecht anhalten und stehen bleiben, macht man die Gangart, aus der angehalten werden soll unbequem – z.B. durch enge Wendungen oder Seitengänge (wenn die schon funktionieren). Solange, bis das Pferd froh ist, wenn es anhalten darf. Dann loben und bestätigen wie unter Punkt 1.

3. Arbeiten Sie mit einem verbalen Kommando für Halt. Beginnen Sie immer im Schritt. Weil es dem Pferd leichtfällt aus dem Schritt anzuhalten, können Sie ausschließen, dass es das, was Sie verlangen, körperlich noch nicht kann.

4. Nutzen Sie jede Möglichkeit, den Zügel loszulassen. Oft bleibt ein Pferd in dem Moment stehen, in dem der Zügel losgelassen wird. Gegen den angenommenen oder gar ziehenden Zügel würde es ankämpfen.

5. Gehen Sie immer davon aus, dass das Pferd Ihr Anhalte-Signal befolgen wird. Befürchten Sie, dass es das nicht tut, wird es genau das tun.

Übergänge und ihr Nutzen

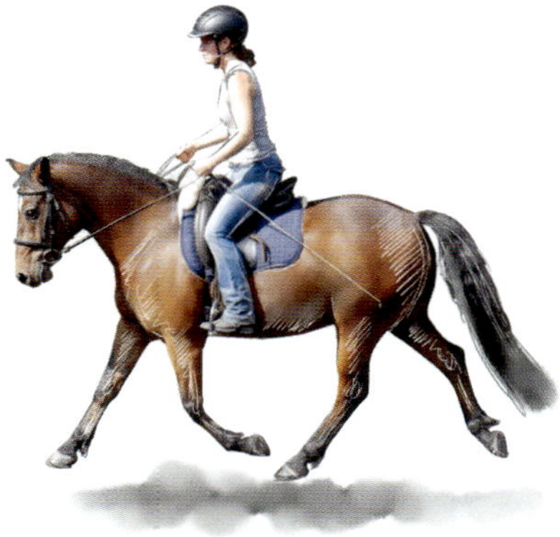

Übergänge und Tempounterschiede durch Verschiebung der Energie. Hier sieht man ein gut ausbalanciertes Pferd mit angehobener Schulter und positiver Diagonale: Das Hinterbein fußt einen Augenblick früher auf als das diagonale Vorderbein.

Was sie bewirken sollen und wie man sie richtig reitet

Übergänge sind alle Veränderungen in Tempo und Gangart nach oben und nach unten. Sie aktivieren die Hinterbeine des Pferdes, fordern verstärkte Bauchmuskelarbeit und damit Rückentätigkeit, fördern Aufmerksamkeit und Losgelassenheit und dienen der Verfeinerung der Hilfengebung. Übergänge und Paraden sind untrennbar verbunden.
Nach oben: höhere Gangart oder Verstärkung des Tempos innerhalb einer Gangart. **Nach unten:** niedrigere Gangart, Anhalten oder Verlangsamung des Tempos mit hoher Energie innerhalb einer Gangart (halbe und ganze Paraden, Versammlung).
Das Pferd soll alle Übergänge mit aktiver Hinterhand und freier Schulter ausführen (**Aufwärtstendenz**), dabei weich im Genick bleiben und sich nicht auf der Reiterhand abstützen.
Idealerweise ist in jedem Übergang – nach oben **und** unten – der Zügel lose, **so dass das Pferd keine Stütze findet und keinen Anlass hat, sich gegen den Zügel zu wehren**. Das Pferd soll sich frei ausbalancieren. Die ›richtige‹ (Hals-)Haltung ist anfangs zweitrangig und ergibt sich später von allein. **Keinesfalls wird ›gegengehalten‹**, bis das Pferd langsamer wird bzw. steht.
Das erfordert **gute Vorbereitung jedes Übergangs** in der vorigen Gangart bzw. im vorigen Tempo: Die Haltung wird in Ordnung gebracht, das Pferd vom Zügel weggeritten – sodass es ›ungestört‹ und ausbalanciert in die neue Gangart ›hineingleiten‹ kann.

Die Parameter für die Hilfengebung des Reiters

Der Oberkörper bleibt immer stabil, kastenförmig und senkrecht. Die Zügellänge wird dem Rahmen des Pferdes angepasst: Halsverlängerung immer zulassen! Die Hände dabei oben und vorne lassen. Nicht rückwärts ziehen.
Bildhafte Vorstellung: Der Übergang soll weich, stockungsfrei und gleitend erfolgen.
Passende Becken- und Gesäßknochen-Stellung für vorwärts bzw. verhaltend.
Angezogenes Kreuz (= gekipptes Becken) und angenommenen Zügel schon während des Übergangs loslassen, so dass das Pferd den Rücken frei bekommt und sich ungehindert ausbalancieren kann.

Um was geht es?

Verbesserung der Balance und der Kontrolle.

Verfeinerung der Einwirkung.

Bessere Koordination.

Ergänzende Themen

Am Zügel, was bedeutet das?
Die positive Diagonale
Vertrauen gegen Vertrauen
Bremsen: die Paraden
Übergänge und ihr Nutzen
Hände weg!
Hilfen als antrainierte Reflexe
Druck erzeugt Gegendruck
Hilfszügel helfen nicht!
Übergänge und Seitengänge im Leichttraben
Verbale Kommandos
Ausbildungsskala
Geraderichten
Kraft
Zeitfaktoren
Bewegungsfreiheit und Beweglichkeit
Freie Balance
Präsenz statt Ausrüstung
Sehen lernen
Stellung und Biegung
Funktion des Zügels
Einwirkung mit dem Zügel
Spannungsbogen und Selbsthaltung
Dehnungshaltung
Kopf- und Halshaltung des Pferdes

Seitengänge mit Stellungswechsel

Um was geht es?

Verfeinerung der Hilfengebung.

Vermehrte Gymnastizierung.

Trennen von Stellung und Bewegungsrichtung.

Ergänzende Themen

Geraderichten
Seitengänge
Korrekturmaßnahmen
Schulterkontrolle
Schulterfreiheit
Ausweichmanöver korrigieren
Travers, Renvers, Traversale
Schulterherein

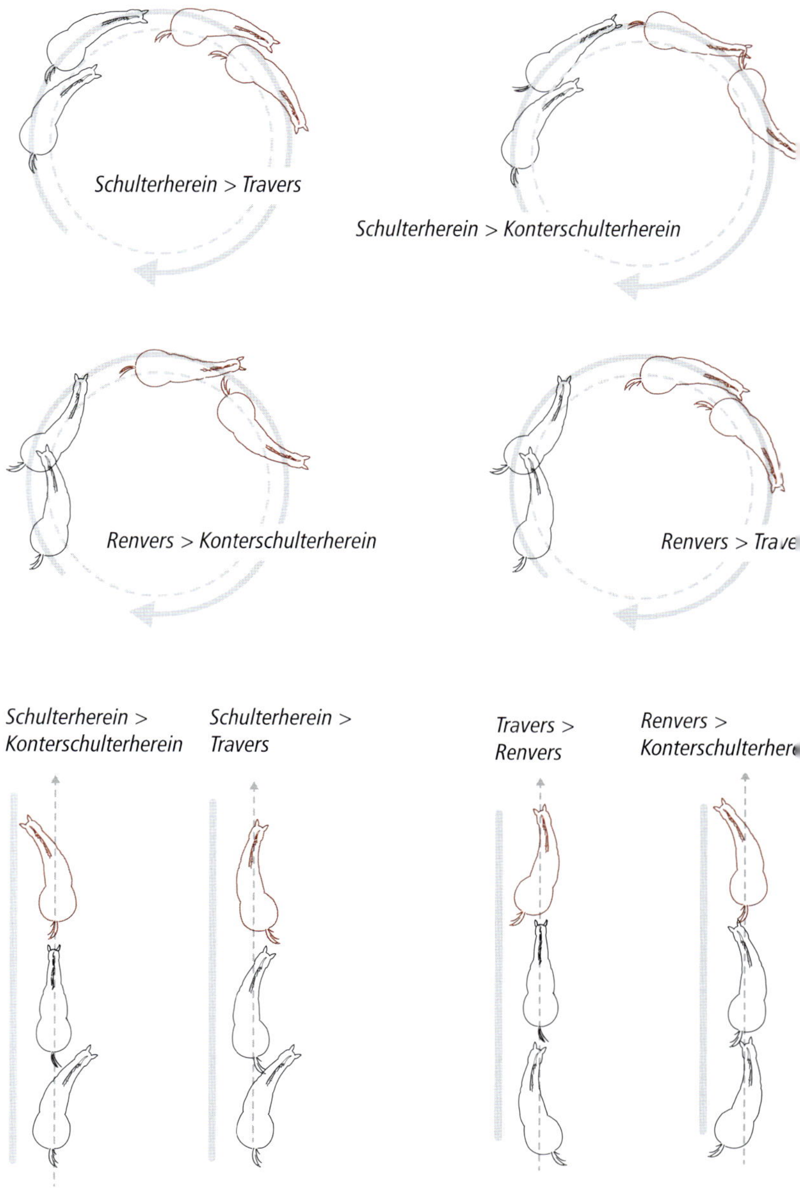

Geraderichten für Fortgeschrittene

Für die fortgeschrittene Gymnastizierung empfiehlt sich das Wechseln von Stellung und Ausrichtung in den Seitengängen sowohl auf dem Zirkel als auch geradeaus. Mit den Übungen hat man zudem effektive Korrekturmöglichkeiten, wenn das Pferd über die Schulter kippt oder wegdrängelt: Man wechselt einfach innen und außen. **Achtung: Bitte nur in kurzen Reprisen üben, das ist anstrengend!**

Ausweichmanöver korrigieren

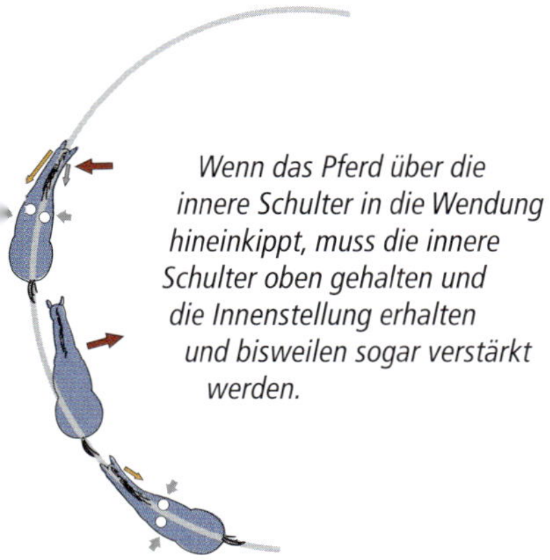

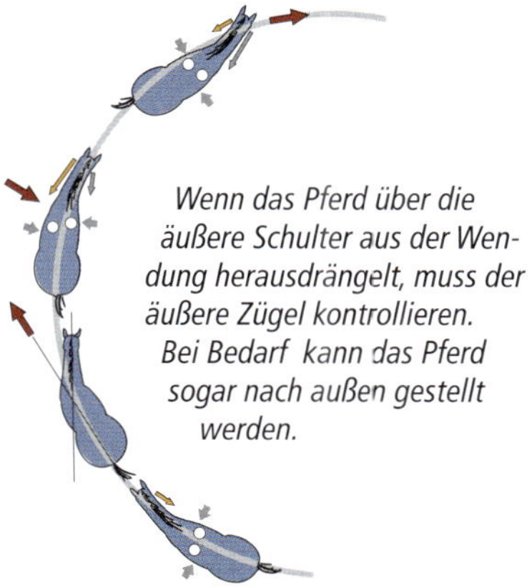

Um was geht es?
Das Pferd dorthin stellen, wohin es ausweicht.

Richtungskontrolle ist Schulterkontrolle

Wenn das Pferd in eine Wendung hineinkippt oder aus dieser herausdrängelt, muss die jeweilige Schulter am Ausweichen gehindert werden. Die einfachste Form der Schulterkontrolle ist, die ausweichende Seite von der äußeren zur inneren zu machen. **Man stellt das Pferd in die Richtung, in die es ausweicht.**
Kippt es mit gerader Längsachse in Richtung der Wendung (z.B. in die Zirkelmitte hinein), so wird die Innenstellung hergestellt oder verstärkt und die innere Schulter oben gehalten. (Bild oben links)
Drängelt es über die äußere Schulter heraus (Bild oben rechts), so wird die Schulter mit Annehmen des äußeren Zügel kontrolliert. Dazu ist es bisweilen nötig, dass der Reiter die ausweichende Seite zur inneren Seite macht und das Pferd z.B. auf dem Zirkel nach außen stellt. Auch hier muss mit der stellenden, etwas nach oben wirkenden Hand die Schulter oben gehalten werden.
Damit das Pferd nun nicht aus dem Zirkel herausläuft, muss die Ausrichtung des Reiters stimmen: Hüfte in Bewegungsrichtung vorschieben, Kopfdrehung und Kontrolle am jetzt neuen äußeren Zügel (auf der Innenseite des Zirkels).

Seitengänge als Voraussetzung für die Korrektur des Ausweichens

Die oben beschriebene Kontrolle kann nur gut funktionieren, wenn das Pferd schon die Grundübungen im Schulterherein oder wenigstens Schenkelweichen beherrscht und wenn die Wirkung von innerem und äußerem Zügel wirklich getrennt worden ist.

Ergänzende Themen

Schulterkontrolle
Schulterfreiheit
Innen und außen
Becken und Gesäßknochen
Beckenbeweglichkeit
Richtig abwenden
Einwirkung mit dem Zügel
Stellung und Biegung
Seitengänge
Schulterherein
Orientierung im Raum
Die hohe und weit gestellte Hand
Funktion des Zügels

Das Quadrat

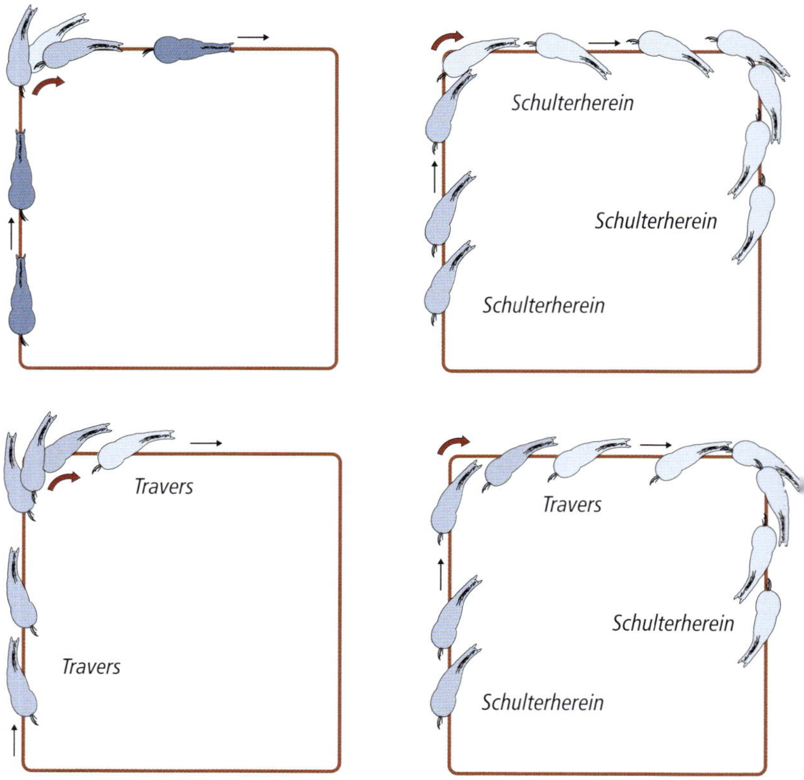

Um was geht es?

Feinabstimmung und Koordination.

Ergänzende Themen

Seitengänge
Schulterherein
Travers, Renvers, Traversale
Hinterhandwendung
Stellung und Biegung
Orientierung im Raum
Die Idee der Bewegung
Vorwärts
Treibende Hilfen
Lenken: Richtungskontrolle
Innen und außen
Einwirkung mit dem Zügel

Feinabstimmung der Hilfen in der Quadratübung

In der einfachsten Form der Quadratübung oben links geht das Pferd an den Seiten geradeaus, in den Ecken beschreibt es eine Viertelpirouette (= Hinterhandwendung um 90 Grad).
Statt geradeaus kann an den Seiten Schulterherein oder Travers geritten werden. In den Ecken wird jeweils Stellung und Ausrichtung geändert.
Das Quadrat ist eine hervorragende Übung zur Feinabstimmung aller Hilfen. Es kann in der fortgeschrittenen Variante in allen Gangarten geritten werden. Im Galopp stellt es eine gute Vorbereitung für die ganze (360°-)Pirouette dar.

Orientierung im Raum und Ausrichtung des Reiterkörpers

Idealerweise reagiert das Pferd bei den Stellungs- und Richtungswechseln im Quadrat auf Kopfdrehung und Beckenausrichtung des Reiters. Es sollte freiwillig (bzw. auf leichten Impuls) vorwärtsgehen und weder mit dem Schenkel irgendwohin geschoben, noch mit dem Zügel dorthin gezogen werden. Man kann sich vorstellen, dass der Reiter das Pferd hinter seiner Ausrichtung ›herlockt‹, statt es mit Druck des Beins in die gewünschte Richtung zu schieben. Die innere Hand wird bei Bedarf leicht nach innen geführt (stellt das Pferd). Die äußere kontrolliert die Abstellung des Halses.

Rückwärtsrichten

Rückwärts mit angehobener Schulter und gesenkter Kruppe. Der Reiter steuert über Energieverschiebung ›aus der Mitte‹. Der Zügel verhindert nur ein ›Nach-vorne-Wegtreten‹ des Pferdes. Wenn das Pferd etwas klemmt, kann die Gerte je nach Bedarf am Hinterbein oder an der Schulter eingesetzt werden. (Das hier verwendete Bosal hat eine mit einem Halfter vergleichbare Wirkung, was ein Rückwärtsziehen mit der Hand unmöglich macht.)

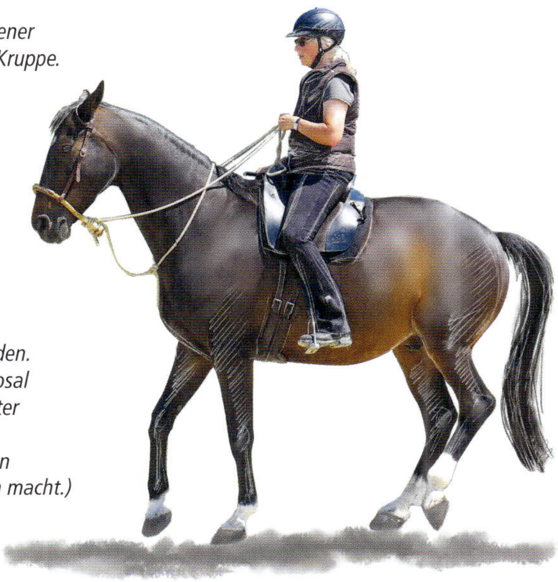

Um was geht es?

Die Rückwärtsbewegung wird nicht über Zügeleinwirkung gesteuert.

... als Gradmesser für korrekte Ausbildung

Am Rückwärtsrichten kann man die Art der Ausbildung sowie Gehorsam und Durchlässigkeit des Pferdes erkennen.
Ein Pferd, welches spannungsfrei und ohne Widerstand rückwärtsgeht, zeigt, dass sein Rücken oben ist und dass seine Haltung stimmt.

Richtiges Rückwärtsrichten

... mit lockerer, angehobener Schulter.
... ohne sichtbaren Unterhals und ohne Widerstand.
... über den Rücken, mit aufgewölbtem Rücken.
... flüssig und im diagonalen Zweitakt.
... mit untergesetzter Hinterhand, alle Hufe werden angehoben.
... ohne viel Zügeleinwirkung seitens des Reiters.

Fehler beim Rückwärtsrichten

Heruntergedrückte Pferde-Schulter.
Weggedrückter bzw. durchhängender Rücken.
Hinterhand nach hinten herausgestellt.
Unterhals herausgedrückt.
Hufe schleifen über den Boden.
Schleppend, zögernd und taktunrein.
Der Reiter versucht, das Pferd mit dem Zügel rückwärts zu ziehen.

Ergänzende Themen

Beweg' die Füße
Rückwärts = Vorwärts
Energiekonzepte
Funktion des Pferderückens
Reiten mit Vorstellungskraft
Schulterfreiheit
Schulterkontrolle
Versammlung
Hankenbeugung
Gebisslos?

›Beweg‘ die Füße‹

Um was geht es?

Zwei Phasen des Rückwärtsrichtens.

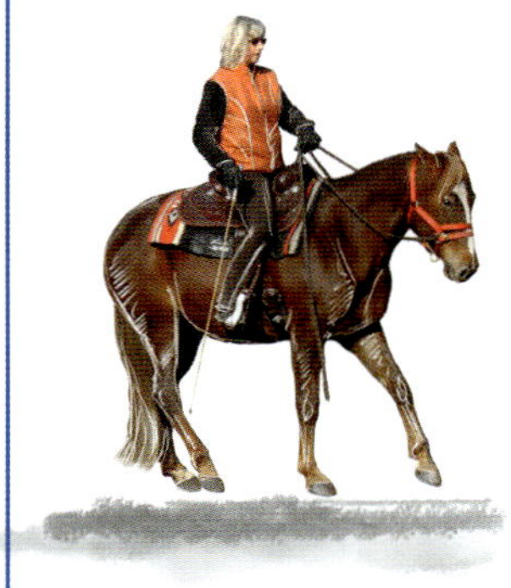

Die Hilfengebung für Rückwärts ist nicht an eine bestimmte Reitweise gebunden. Wichtig ist nur, dass das Pferd sich nicht gegen die Hilfen wehrt.

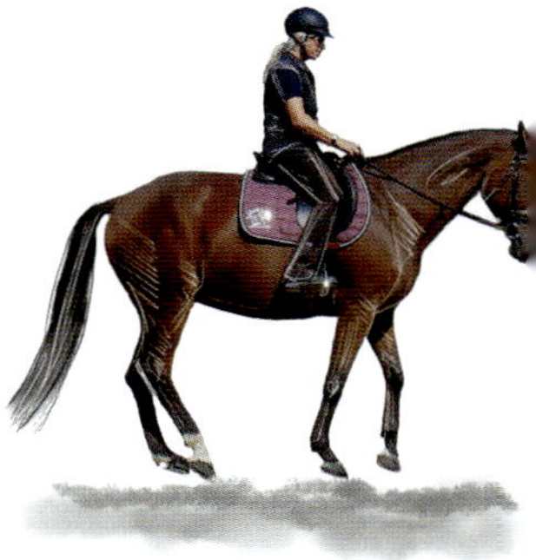

Trennung von Genickkontrolle und Signalen für ›Rückwärts‹

1 Genickkontrolle ›ohne Bein‹ – 2 Rückwärts ›mit Bein‹
Schritt für Schritt mit Loslassen des Zügels bei jedem richtigen Tritt.

Die Trennung in zwei Phasen sorgt dafür, dass sich das Pferd Tritt für Tritt selbst ausbalanciert und sich nicht gegen den Rückwärtsimpuls wehrt. Ein schnelles Loslassen am Zügel verhindert ein ›Festmachen‹ in der Schulter, das Schleifen der Vorderhufe über den Boden sowie das Herausstellen der Hinterhand.

Versuchen Sie nie, das Pferd mit dem Zügel rückwärts zu ziehen!

Rückwärts = vorwärts
Die Hilfen für das Rückwärtsrichten in zwei Phasen

1 Genick im Halten zum Nachgeben bringen – ohne Schenkelhilfe:
Zügel seitwärts auseinanderziehen, vibrierende Impulse am Zügel, Körper- und Oberschenkelspannung halten, noch kein Signal mit dem Unterschenkel. An ›Nachgeben im Genick‹ denken.
2 Vibrierender Schenkel mit der Idee »Pferd, beweg‘ die Füße«:
An Rückwärts denken, Energiekugel aus der Mitte nach hinten verschieben, Stimmsignal für Rückwärts (z.B. »back« oder »zurück«).
Das Antreten nach vorne durch einen kurzen Impuls am Zügel und ein Stimmsignal verhindern.
Den ersten Ansatz für ›Rückwärts‹ durch sofortiges Loslassen am Zügel belohnen.
Das Rückwärts Tritt für Tritt fordern.
1 Zurück zu Phase eins (Genick nachgiebig machen im Halten – ohne Bein), wenn das Pferd den Hals hochdrückt oder sich sonstwie wehrt.
2 Erneut einen Tritt rückwärts fordern mit vibrierendem Schenkel (mit Bein).

Eindeutige Unterscheidung der Schenkelsignale für Rückwärts und Vorwärts
Kurzer Klaps/Heranfallen lassen des Schenkels ans Pferd: bedeutet vorwärts
Vibrieren / Wackeln aus dem Fußgelenk: bedeutet rückwärts
Andere Unterscheidungen sind zulässig: z.B. das Zurücklegen beider Schenkel für die Rückwärtsbewegung oder auch das Anheben beider Hände: Die Hauptsache, das Pferd weiß ganz genau, wann vorwärts und wann rückwärts gefordert ist.

Ergänzende Themen
Funktion des Zügels
Energiekonzepte
Hankenbeugung
Versammlung
Schulterfreiheit
Reiten mit Vorstellungskraft

Parallelität der Beinpaare im Trab

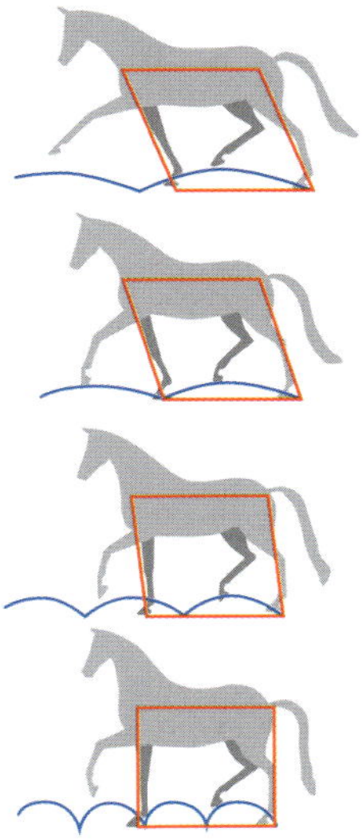

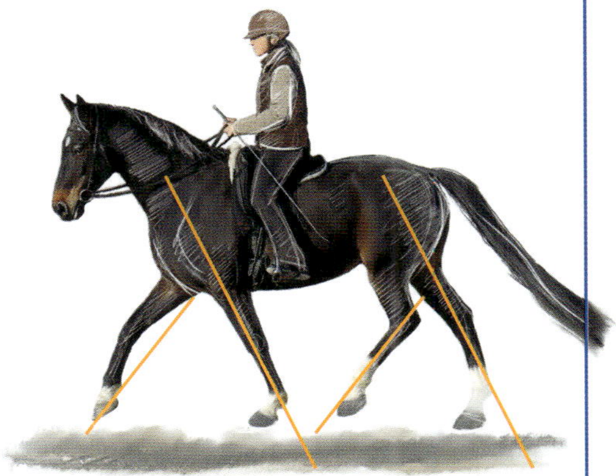

Funktionelle Bewegung ohne falsche Spannung

Die Parallelität der Beinpaare und der frei getragene Hals des Pferdes sind sowohl im Arbeitstempo als auch in den Verstärkungen und der Versammlung Kriterien für funktionelle Bewegung. Das gilt für alle Reitweisen. Die orangen Linien verdeutlichen hier die Parallelität. Wird sie zerstört, um die Vorhand spektakulärer arbeiten zu lassen, als es der natürliche Ablauf zulässt, wird die Bewegung gesundheitsschädlich. Eine Rücklage im Sitz, wie sie häufig in Verstärkungen zu sehen ist, sollte vermieden werden, denn sie bringt das Pferd dazu, die Schulter zu überlasten.

Verkürzung der Trittlänge vs Untertreten in der Versammlung

In der Versammlung tritt das jeweilige Hinterbein **nicht** vermehrt unter den Pferdekörper, sondern sogar weniger, da sich die Trittlänge verkürzt, wie man an der unteren Zeichnung links sehen kann. Die Bewegungen werden kürzer und erhabener.
Die **Verweildauer** der stützenden Beinpaare auf dem Boden erhöht sich allerdings in der Versammlung gegenüber dem flotten Vorwärtsreiten.

Um was geht es?

Balance in der Bewegung.

Vermeiden von falscher Spannung.

Ergänzende Themen

Stabilität ohne Druck
Takt
Trab-Verstärkungen
Sehen lernen
Losgelassenheit
Funktion des Pferderückens
Funktion des Zügels
Falsche Zügeleinwirkung
Die getragene, balancierte Hand
Versammlung

Schulterkontrolle

Um was geht es?

Bewegungsfreiheit und Richtungskontrolle.

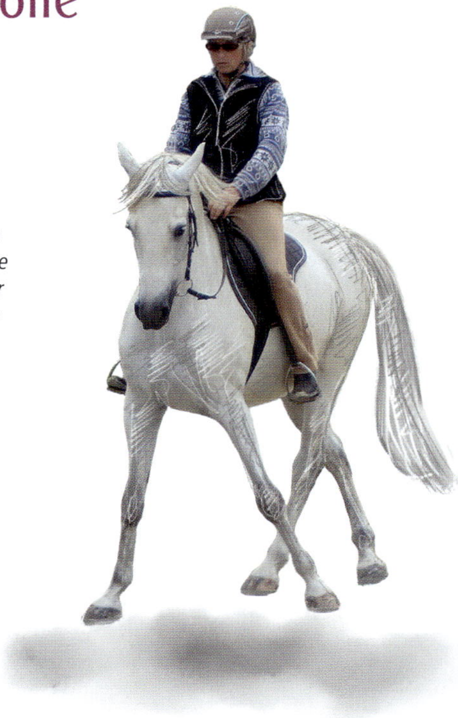

Kontakt am äußeren Zügel und Loslassen des inneren Zügels sowie eine weitgehend gerade Längsachse des Pferdes und ein mittig sitzender Reiter gewährleisten gute Kontrolle bei gleichzeitig guter Schulterfreiheit.
Das Pferd kann sich ungehindert selbst ausbalancieren.

Schulterkontrolle bedeutet Kontrolle der Längsachse

Um die äußere Schulter des Pferdes beim Abwenden und bei den Seitengängen am Ausweichern zu hindern, muss das Pferd mit dem äußeren Zügel in der Längsachse gerade gehalten werden.
Dazu braucht der Reiter eine stabile äußere Seite. Und er darf nicht am inneren Zügel festhalten oder ziehen.
Je mehr er versucht, das Pferd mit dem inneren Zügel auf Kurs zu halten, umso mehr wird dieses den Hals nach innen verbiegen und über die äußere Schulter wegdrängeln.

Anheben der inneren Schulter

Schulterkontrolle bedeutet auch, dafür zu sorgen, dass das Pferd die innere Schulter oben behält. Ein nach oben gerichteter Zügelimpuls, die **Aufwärtsparade**, kann verhindern, dass das Pferd die Schulter nach unten drückt.

Schulterkontrolle und das Herstellen von Schulterfreiheit greifen ineinander und sind eng mit einer korrekten (Hals-)haltung des Pferdes verknüpft. Geht das Pferd gegen die Hand, ist zu eng im Hals, hinter oder über dem Zügel, so gestaltet sich sowohl die Schulterkontrolle, als auch der korrekte Einsatz des äußeren Zügels als schwierig.

Ergänzende Themen

Korrekturen in Außenstellung
Stellung und Biegung
Richtig Abwenden
Geraderichten
Funktion des Zügels
Innen und außen
Versammlung
Seitengänge
Die stabile äußere Seite des Reiters
Hohe und weit gestellte Hand
Die getragene, balancierte Hand
Schulterfreiheit
Kopf- und Halshaltungen des Pferdes

Schulterfreiheit

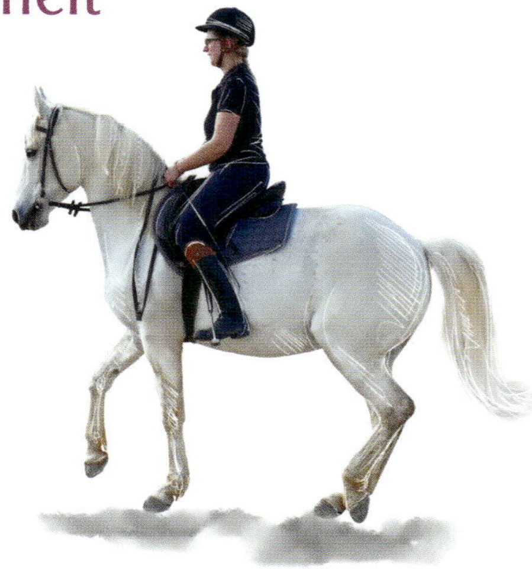

Anheben des Rückens, Hankenbeugung und Senken der Kruppe bei vorsichtiger begrenzender Einwirkung mit dem Zügel (hier ist er schon wieder lose) führen automatisch zum Anheben der Schulter und damit zur Schulterfreiheit.

Schulterfreiheit bedeutet Halsfreiheit

Damit das Pferd die Schulter für weites Vorgreifen z.B. in Verstärkungen frei bekommt, braucht es einen frei getragenen Hals und einen gewissen Versammlungsgrad, damit in der Bewegung Last von der Vorhand weggenommen wird. Das Pferd muss dazu in Selbsthaltung gehen und sich ohne einen dauerhaft straffen Zügel unter dem Reitergewicht ausbalancieren. Häufiges Reiten von Übergängen ›ohne Zügel‹ und von Seitengängen verbessert die Schulterfreiheit.
Rückwärts-Vorwärts-Übergänge, Antraben und Angaloppieren aus dem Halten und aus dem Rückwärts sind außerdem hilfreich.

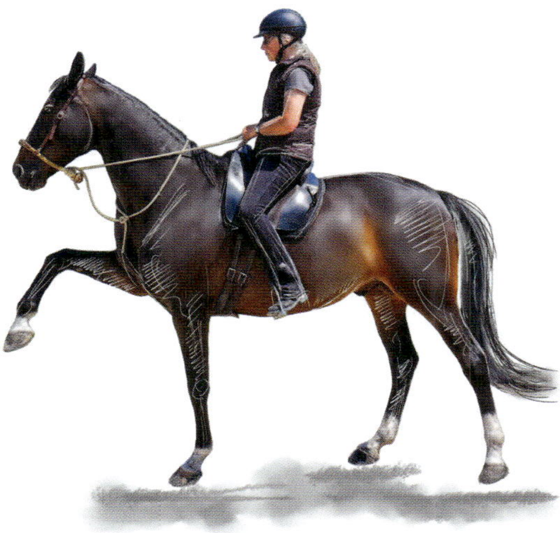

Schulterfreiheit durch Anheben des Beines und Rotation im Schulterblatt. Das Pferd richtet sich gleichzeitig vermehrt auf.

Der spanische Schritt als gute Übung für die Schulterfreiheit

Das Anheben und Strecken des Beins nach vorne-oben ist eine gute Übung für mehr Schulterfreiheit und Aufrichtung.
Man kann den spanischen Schritt schon gut am Boden vorbereiten. Unter dem Reiter ist er jedoch eine große Herausforderung für das Gleichgewicht des Pferdes. Es dauert recht lange, bis das Pferd es schafft, sich so gut zu koordinieren, dass es nicht vergisst, seine Hinterbeine mitzunehmen und ohne zu schwanken geradeaus gehen kann.

Um was geht es?

Bewegungsfreiheit.

Ergänzende Themen

Korrekturen in Außenstellung
Stellung und Biegung
Richtig abwenden
Geraderichten
Funktion des Zügels
Innen und außen
Versammlung
Seitengänge
Freie Balance
1+1=1 die Balance im System
Übergänge und ihr Nutzen
Bremsen: die Paraden
Hankenbeugung
Aufrichtung

Die positive Diagonale

Um was geht es?

Fehlerhafte Taktverschiebungen und dysfunktionale Haltungen erkennen und korrigieren.

Genau hinschauen.

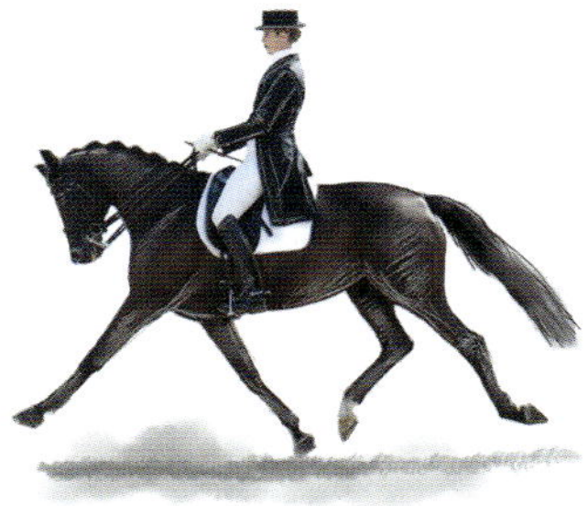

Negative Diagonale: Das rechte Vorderbein ist noch am Boden, das linke Hinterbein schon in der Luft, das Pferd ist auf der Vorhand (und zudem viel zu eng im Hals).

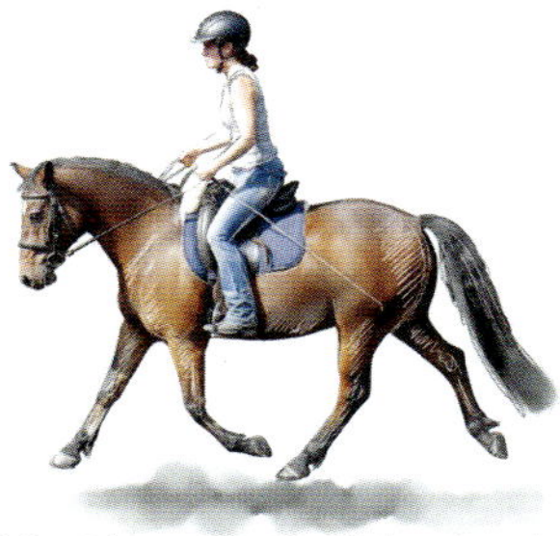

Positive Diagonale: Das linke Hinterbein fußt hier etwas früher auf, als das rechte Vorderbein. Das Pferd trägt sich selbst mit freiem Hals und Nase vor der Senkrechten.

Richtige und falsche Fußfolgen · Taktprobleme

Stimmt die Balance des Pferdes unter dem Reiter nicht (z.B. festes Genick, mangelnde Schulterfreiheit, festgehaltener Rücken, zu starke Belastung der Vorhand), so wirkt sich das auf den Takt aus und führt zu Taktfehlern.
Im Schritt kommt es zu passartigen Verschiebungen, im Trab geht die Parallelität der Beinpaare verloren und im Galopp stimmt die diagonale Zweibeinstütze nicht. Links ist jeweils ein Beispiel für eine dysfunktionale Bewegung/Haltung und rechts eines für eine funktionale zu sehen.

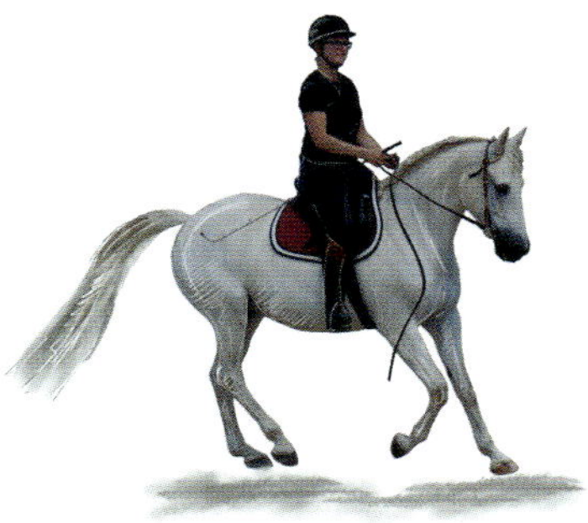

*Negative Diagonale im Galopp: Das rechte Hinterbein ist noch in der Luft, während das linke Vorderbein schon aufgefußt hat.
Die Kruppe erscheint höher als der Widerrist. Trotz der optisch vermeintlich richtigen Halshaltung fällt das Pferd auf die Schulter.*

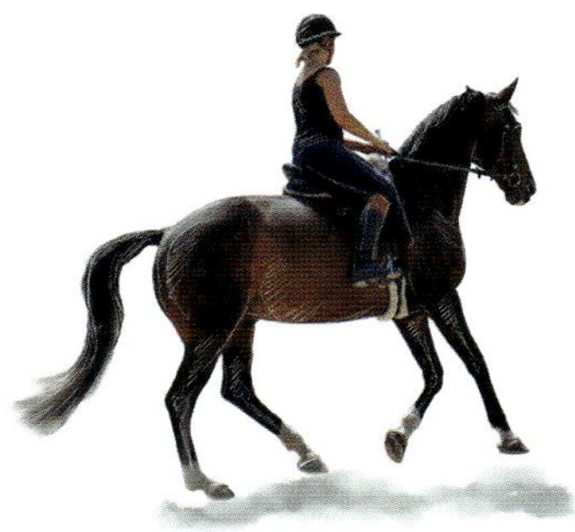

Positive Diagonale im Galopp: Das linke Hinterbein ist minimal früher am Boden, als das rechte Vorderbein. Die Kruppe erscheint niedriger als der Widerrist. Das Pferd galoppiert mit freier Schulter und Aufwärtstendenz

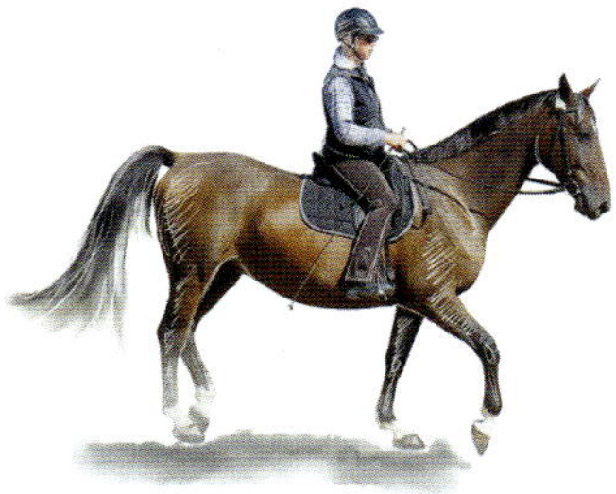

Dysfunktionale Haltung ›ohne Rücken‹ im Schritt: Mangelndes Vortreten mit den Hinterbeinen, hohe Kruppe, nach unten durchhängender Rücken, sichtbarer Unterhals und heruntergedrückte Schulter.

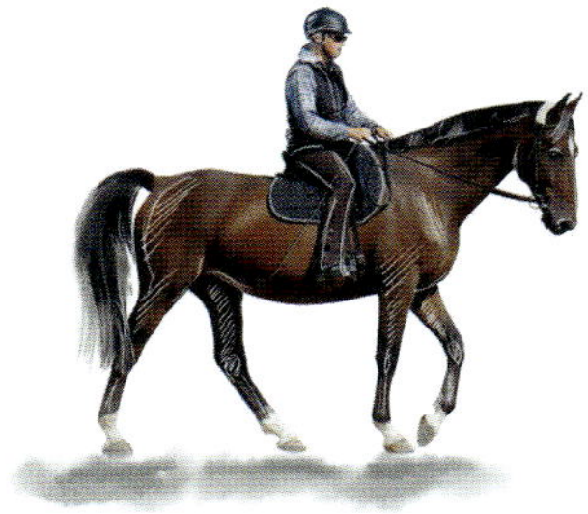

Das gleiche Pferd in deutlich besserer Balance im taktreinen Schritt ›über den Rücken‹ – mit angehobenem Rücken, gedehnter Oberlinie, frei getragenem Hals und aktiver Hinterhand.

Ergänzende Themen

Schulterfreiheit
Takt
Parallelität der Beinpaare
Der Galopp
Der Trab
Der Schritt
Sehen lernen
Spannungsbogen und Selbsthaltung
Freie Balance

Gegenhalten und Gegensitzen

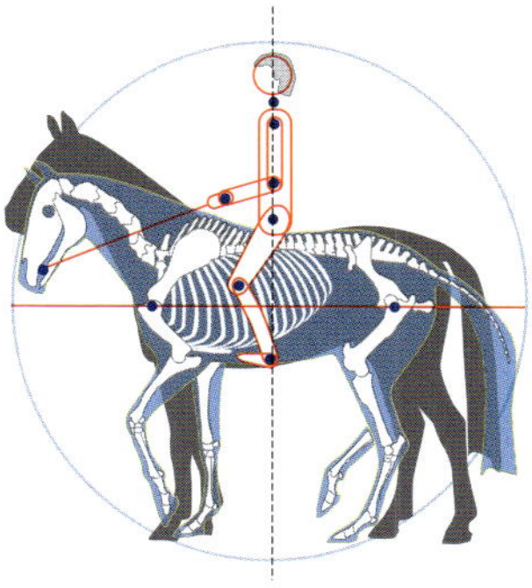

Jeder der beiden Partner befindet sich alleine im Gleichgewicht.

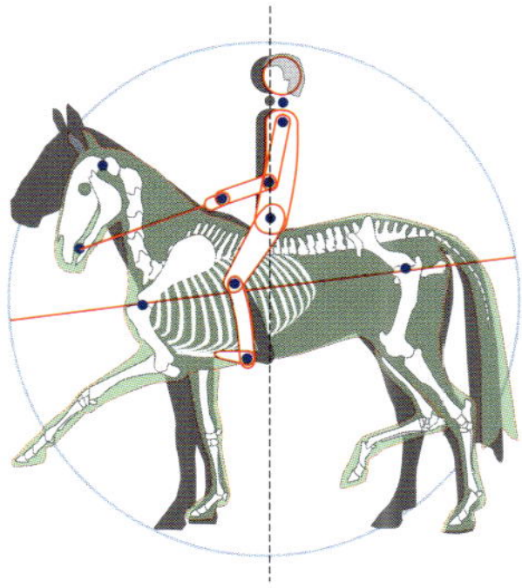

Pferd und Reiter ziehen gegeneinander; das Pferd überlastet die Schulter und ist auf der Vorhand.

Freie Balance vs Tauziehen

Was ein dauerhaft gekipptes Becken des Reiters bei starrer Hand und fester ›Anlehnung‹ im System anrichtet.

Pferd und Reiter dürfen sich nicht aneinander abstützen.
Zieht man das Pferd unter dem Reiter weg, sollte er senkrecht auf den Füßen landen und weder nach vorne noch nach hinten kippen.
Gibt der Reiter den Zügelkontakt auf, sollte das Pferd weder Takt noch Haltung verlieren.
Beides ist nicht gegeben, wenn das System Reiter plus Pferd unter falscher Dauer-Spannung gehalten wird, indem der Reiter mit gekipptem Becken und eventuell noch zurückgelegtem Oberkörper gegen die haltende Hand mit straffem Zügel ›schiebt‹.
Wie man an der Energielinie auf dem rechten Bild oben sehen kann, bringt der Reiter das Pferd damit auf die Schulter. Der Hals des Pferdes verkürzt sich, die Tritte werden gespannt, im Trab geht die Parallelität der Beinpaare verloren.
Der Reiter würde nach hinten kippen, wenn das Pferd plötzlich verschwunden wäre. Insgesamt befinden sich die beiden Partner nicht im Gleichgewicht und in negativer (Ver)Spannung.
Auf dem linken Bild befindet sich das System im Gleichgewicht; beide Partner könnten ohne die Stütze es anderen auskommen.

Diskussion des gekippten Beckens

Bei einem weit fortgeschrittenen Pferd, was schon längere Zeit in Versammlung arbeiten kann (und nur bei einem solchen!), kann unter Umständen tatsächlich mit minimal gekipptem Becken geritten werden, um das Pferd in der Versammlung zu halten. Allerdings **ohne den straffen Zügel**, um dem Pferd den Hals als Balancierstange frei zu lassen.

Um was geht es?

Keine unnötige Spannung.

Keine Energieverschwendung.

Unabhängig voneinander die Balance halten.

Ergänzende Themen

Freie Balance
Energiekreis
Becken und Gesäßknochen
Funktion des Zügels
Funktionelle Haltung des Reiters
Funktion des Pferderückens
1+1=1 die Balance im System
Schulterfreiheit
Schulterkontrolle
Losgelassenheit
Takt
Der Hals als Balancierstange
Parellelität der Beinpaare
Die positive Diagonale

Schlusswort · Danksagung

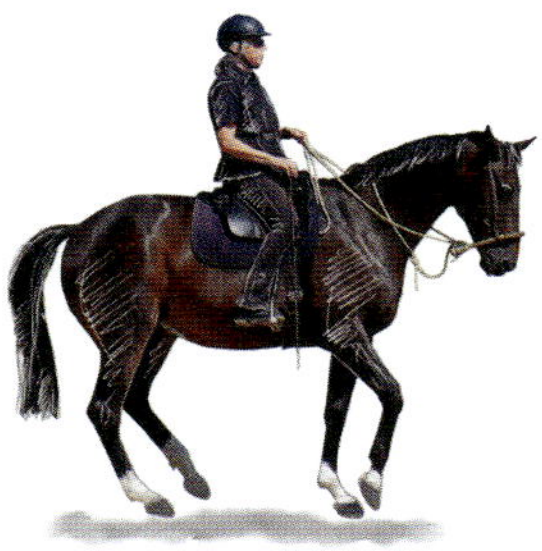

An dieser Stelle möchte ich mich bei allen Reitern und Pferdebesitzern bedanken, mit deren Pferden ich die letzten Jahre arbeiten durfte. Insbesondere die eher ›schwierigen‹ Pferde mit körperlichen Problemen oder Einschränkungen und deren positive Entwicklung durch funktionelle Arbeit haben mich in meinen Ideen zu einer Ausbildung bestärkt, die Mensch und Pferd die größtmögliche Beweglichkeit bei gleichzeitiger Stabilität garantiert.
Die Gedanken und Überlegungen in diesem Buch sind das Ergebnis aus vielen Jahren Ausbildungsarbeit in verschiedenen Reitweisen (hauptsächlich Western und Klassisch). Sie erheben keinen Anspruch auf Vollständigkeit und Ausschließlichkeit. Gemäß dem Motto: ›Gutes Reiten reicht‹ möchte ich vermitteln zwischen verschiedenen Methoden, deren Vertreter sich leider bisweilen stark an formalen Richtlinien orientieren und nur noch die eigenen Ansichten gelten lassen. Ich finde, Toleranz ist vonnöten – allerdings mit der Einschränkung, dass jede Methode den anatomischen und psychologischen Gegebenheiten von Mensch und Pferd entsprechen muss – und die sind auf der einen Seite vom Prinzip her gleich und auf der anderen Seite typbedingt äußerst unterschiedlich – das macht die Sache so spannend. Es gibt keine absoluten Wahrheiten, sondern nur individuelle Interpretationen der reiterlichen Wirklichkeit, die sich idealerweise auf genaue Beobachtungen des Ist-Zustandes stützen.

Wie schon im Vorwort erwähnt, haben der Verlag und ich uns entschieden, dem ganzen Buch einen illustrativen Charakter zu geben und so habe ich alle Fotos grafisch überarbeitet.
Die Autoren der Fotos, auf denen ich selber reite, und die meistens in der ›normalen‹ Alltags-Arbeit entstanden sind, möchte ich im folgenden in alphabetischer Reihenfolge nennen: Karin Anders · Daniela Bach · Jernny Breimer · Katharina Deutschbein · Jessica Dörsam · Julia Eldracher · Martina Engelberg · Kristin Eschedor · Astrid Förster · Anja Gebauer · Julia Jung · Florian Kupke · Andrea Löffler · Bettina Meints-Korinth · Michaela Michel · Effi B. Rolfs · Anne Schwab · Silke Stenger · Miriam Stickler · Heidrun Süßmuth · Verena Troschke · Jutta Walenski.
Auch die Reitschüler, die im Buch mit ihren Pferden abgebildet sind, möchte ich kurz vorstellen: Lilly Haug mit Korsarz · Antonia Herbert mit Amira · Julia Eldracher mit Korsarz und mit meinem Calvados · Judith Linke mit Magic · Katja Mittelbachert und Fiona Heyde mit Bijou · Julia Reichert mit Sunny · Lena Steppat mit Lilli

Einige Zeichnungen, die ich für das Buch von Dr. Barbara Gorsler ›Typisch Pferd? – typisch Mensch!‹ gemacht habe, sind hier noch einmal verwendet, weil sie einfach gut zum Thema passen. Aus dem gleichen Grund sind einige Illustrationen aus dem Buch ›Alles Bronco, oder was?‹, welches ich vor einigen Jahren mit Effi B. Rolfs zusammen herausgebracht habe, hier zu neuen Ehren gekommen.

Die Autorin

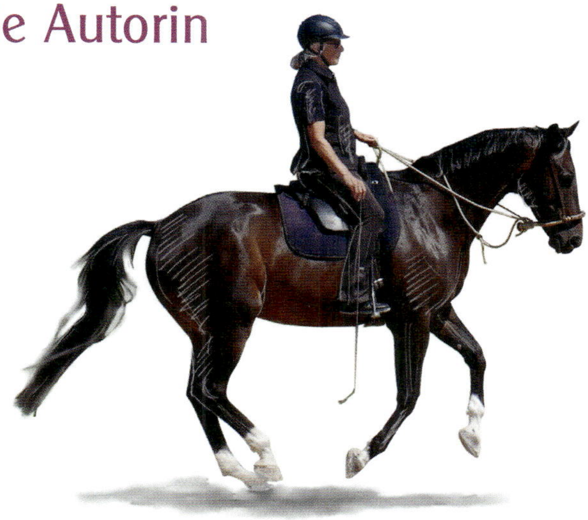

Kerstin Diacont widmet sich seit 35 Jahren der ganzheitlichen Ausbildung von Pferd und Reiter. Sie nutzt dabei Know-how aus verschiedenen Reitweisen, aus anderen Sportarten, aus der Körper- und Energiearbeit sowie aus dem mentalen Training.

In den letzten Jahren setzt sie sich vermehrt mit dem Beziehungsdreieck Reiter–Pferd–Coach auseinander (*siehe auch ›Beziehungskompass Reiter–Pferd–Coach‹ in Zusammenarbeit mit dem Sportpsychologen Dr. Sören Baumgärtner*). Und vor allem mit den häufigen ›sprachlichen‹ Missverständnissen zwischen Trainer und Reitschüler sowie zwischen Reiter und Pferd (*siehe auch ›der 7. Sinn des Reiters*).
In vielen weiteren Büchern stellt sie ihr Konzept für ein harmonisches Miteinander von Mensch und Pferd vor. Grundidee ist dabei die Vorstellung von Mensch und Pferd als ein geschlossenes System in Bewegung, das vom Menschen gesteuert und vom Pferd mit Energie versorgt wird. Gleichgewicht, Losgelassenheit, Bewegungsfreiheit und Stabilität sind dabei die Schlüsselbegriffe für das gesamte System.

Ein zentrales Element ihres Ausbildungskonzeptes ist präzise Körpersprache und der ausbalancierte und stabile Sitz des Reiters, ohne den dieser nicht deutlich mit dem Pferd kommunizieren kann. Zudem braucht der Reiter eine gute Vorstellung von dem, was er erreichen will – und vor allem auch davon, wie das aussehen und sich anfühlen soll. Die dargestellten Ausbildungsprinzipien sind nicht an ein bestimmtes Ausbildungssystem gebunden und funktionieren für alle Pferde und Reitweisen.
Das Thema ›Leichte Kontrolle‹ mit impulshaften Hilfen liegt ihr besonders am Herzen, weil immer wieder zu sehen ist, dass Reiter zuviel und mit Kraft in Arm und Bein oder einem falschen Konzept von Druckverstärkung arbeiten, statt mit einer funktionellen ›Idee der Bewegung‹.

Register

Präzise Kommunikation · feine Hilfen Verständnis für den Partner Pferd

Wer die komplexe Beziehung zwischen Mensch und Pferd besser verstehen möchte und mit feinen Hilfen statt mit Druck und Kraft reiten will, der findet in den beiden folgenden Büchern viele Anregungen und Übungen.

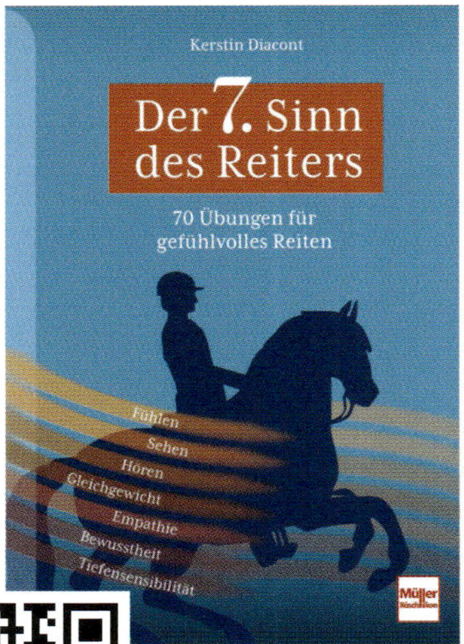

QR-Code für einen ausführlichen Blick ins Buch

Leserstimmen zum Buch ›Der 7. Sinn des Reiters‹
»... sehr gute und anschauliche Praxiserklärungen und vor allem Übungen zur Wahrnehmung. Es zeigt mir wieder einmal auf sehr anschauliche Art, dass man auch im Sattel sensibel, empathisch und vor allem achtsam mit sich und deshalb auch mit dem Partner Pferd umgehen kann. Ein schönes Buch, etwas weg von der Schul-Lehre, deshalb nicht 08/15.«
»Die Übungen sind für jeden problemlos umzusetzen. Was mir besonders gut gefällt, dass auch gezeigt wird wie – und warum – es falsch ist.«
»Das Buch ist für Anfänger und Fortgeschrittene geeignet. Alles bestens erklärt und man kommt wieder ins Fühlen. Das Pferd wird sich bedanken!«

Kerstin Diacont
Der 7. Sinn des Reiters · 70 Übungen für gefühlvolles Reiten
160 Seiten, 330 Bilder · ISBN 978-3-275-02284-7 · € 19,95/€ (A) 20,60

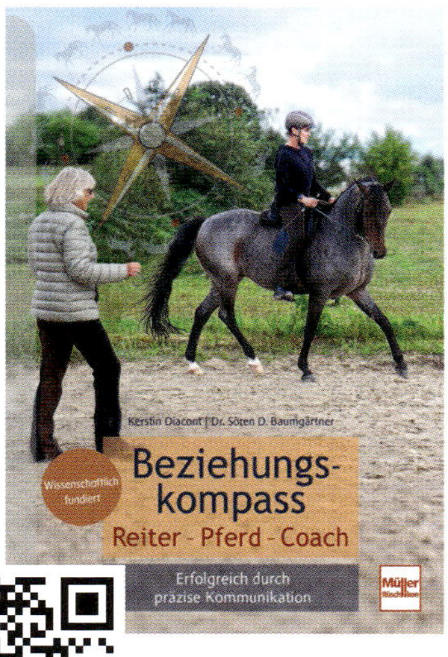

QR-Code für einen ausführlichen Blick ins Buch

Leserstimmen zum Buch ›Beziehungskompass‹
»Nach über 30 Jahren Pferdeerfahrung als Reiterin und Trainerin, ziehe ich mir hier gute Ideen und Coachingtipps raus. Wie heißt es so schön, als Reitlehrer ist man nicht nur Trainer, man ist auch Dolmetscher, Freund/Freundin, man ist Therapeut und gleichermaßen Menschen-und Pferdeversteher. Das Buch gibt zu allem etwas wieder. Sehr klare Kaufempfehlung!«
»Diese neue Mischung aus Reitlehre, Coaching und Kommunikation funktioniert perfekt. Die vielen Bilder, die klare Struktur und die hilfreichen Hinweise machen es leicht, dranzubleiben. Übrigens gibt es auch noch Bonusmaterial, das über QR-Codes erreichbar ist.«
»Dem Leser werden umfassende theoretische Kenntnisse vermittelt und praktische Methoden wie beispielsweise die Blickschulung an die Hand gegeben.«
»Besonders gelungen sind die vielen anschaulichen Beispiele, die verständlich erklärt werden und praxisnah sind. Das Buch regt dazu an, über die eigene Beziehung zum Pferd, zum Trainer und zu sich selbst nachzudenken.«

Kerstin Diacont I Dr. Sören D. Baumgärtner
Beziehungskompass Reiter - Pferd - Coach
Erfolgreich durch präzise Kommunikation · 176 Seiten, 150 Bilder
ISBN 978-3-275-02335-6 · € 24,90/€ (A) 25,60

Überall, wo es Bücher gibt und auf
www.mueller-rueschlikon.de
Service Hotline 071178 992 151

Änderungen in Preis und Lieferfähigkeit vorbehalten

Müller Rüschlikon